现代外国哲学

Modern Foreign Philosophy

张庆熊 孙向晨 主编

2018 年春季号 总第 14 辑

上海三联书店

序 言

张庆熊 孙向晨

中国现代外国哲学学会曾在 20 世纪 80 年代(1981—1988 年)编辑出版了学会集刊《现代外国哲学论集》[①] 2 辑,《现代外国哲学》9 辑,共计 11 辑,在国内学术界产生很大影响,后由于经费等原因停办。2007 年,复旦大学现代哲学研究所与中国现代外国哲学学会恢复集刊,截至 2011 年,共出版 2 辑。2017 年 10 月,复旦大学哲学学院与中国现代外国哲学学会决定继续编辑出版《现代外国哲学》(半年刊),每年出版 2 辑。《现代外国哲学》再次复刊得到中国现代外国哲学学会名誉理事长江怡教授和理事长尚杰教授及学会广大会员的大力支持,获得丰富稿源。在此基础上,我们短期内就完成了 2018 年春季号的编选工作。

作为中国现代外国哲学学会的学刊,我们觉得有必要回顾一下该刊创办的初衷和历程,以便明确主旨,吸取经验,再接再厉,更好地为我们学会的学术研究工作服务。杜任之先生是中国现代外国哲学研究会第一任理事长。他在为《现代外国哲学论集》第 1 辑(北京:三联书店,1981 年 9 月)写的开篇文章《要积极开展现代外国哲学的研究》中的第一句话是:"《现代外国哲学研究》问世了,我祝贺它的诞生,希望它有助于促进我国学术界积极开展对现代外国哲学的研究。"确实,"有助于促进我国学术界积极开展对现代外国哲学的研究"就是我们这本学刊始终应该坚持的主旨。为什么要研究现代外国哲学呢?杜任之谈到,哲学总是与科学技术、政治经济联系在一起的,哲学反思时代问题,引领人的思想和社会的发展,"无论是为了了解世界各国的哲学思潮,掌握他们针对

[①] 有关《现代外国哲学》集刊的名称,在一开始并不统一,前 2 辑称为《现代外国哲学论集》,而杜任之理事长在为该学刊第 1 辑所写的开篇文章中,把它称为《现代外国哲学研究》,自第 3 辑起统一称为《现代外国哲学》。——编者注

当代资本主义的现状和自然科学的新成就所提出的新问题、新理论，也无论是为了研究和分析外国哲学家对马克思主义哲学的评论，我们都应该积极开展对现代外国哲学的研究。"他强调，在文革十年浩劫中，蒙昧主义的闭关锁国政策致使我国学术界本来就很薄弱的现代外国哲学研究更加落后，甚至处于耳目闭塞的状态。"在个别青年人中出现的对现代外国哲学的盲目崇拜，正是这种闭关锁国政策的直接后果。其实，对待现代外国哲学一概否定也罢，盲目崇拜也罢，都反映了对事情缺乏分析的态度，而这种态度得以形成和流传的一个重要因素，则根源于对现代外国哲学不了解，少研究。"回顾改革开放以来 40 年的历程，我们在研究现代外国哲学方面取得长足进展。但现在面临着新的问题，有一种极左的声音又在响起，仿佛蒙昧主义的封杀政策又成了治国良策。在此，杜任之先生的以下一段话值得我们珍视："坚持实事求是不仅意味着对别人的错误的批驳要有充分根据，要具体分析，而且也意味着要敢于肯定现代外国哲学中某些合理的因素。我们必须否定一切应该否定的东西，我们也应该肯定一切应该肯定的东西。任何形式的虚无主义、宗派主义，都是和马克思主义哲学格格不入的。"

这第 1 辑的第 2 篇文章是洪谦写的《欧行哲学见闻》。时任中国现代外国哲学研究会名誉理事长的洪谦先生毕业于维也纳大学，是维也纳学派创立人石里克的学生。他于 1980 年在奥地利的维也纳和英国的牛津待了几个月，时隔几十年，旧地重游，感慨万千。此文既有学术访谈的心得，参加学术会议的简介和对新出现的哲学思潮的评论，又描述了与老朋友久别重逢的喜悦，对故人往事的伤感和对城市风貌变迁的乡愁。这篇《欧行哲学见闻》在当时的学界反响很大，至今读来依然津津有味。《现代外国哲学论集》第 2 辑的第 1 篇文章是江天骥的《访美哲学见闻》。1980 年底至 1981 年 6 月江天骥先生在美国访问了几间有代表性的大学，参加了美国哲学会东部分会年会，同一些美国哲学家接触和交谈，他据此写下了自己的印象和观感。他的这篇文章对当时中国学界了解美国哲学发展的情况同样起了很大作用。第 2 辑的第 2 篇文章是熊伟的《海德格尔是一个哲学家——我的回忆》。这篇文章对照 1976 年《明镜》第 23 期上发表的海德格尔访问记，回忆他自己在留学期间对海德格尔的一些印象，评述了海德格尔的哲学思想和政治品行。这篇文章的可贵之处是凭借原始的记录和设身处地的感受，恰如其分地分析了海氏的哲学思想及其与纳粹的政治关系。学刊从第 3 辑起改由人民出版社出版，刊名改为《现代外国哲学》。第 3 辑学刊的第 1 篇文章是熊伟的《欧美之行》。这篇文章在当时也产生很大感染力。由此我们想到,在继续编辑《现代外国哲学》学刊时应继承这一传统,为学会成员提供一定篇幅,刊载他们的访学见闻、留学回忆录,记录他们的"哲思之旅",这对于及时提供第一人称的观感,活跃学会成员在思想和情感上的交流,大有裨益。本学刊致力于为现代外国哲学学会服务,也把对学会举办的年会等活动的报道及评述放在优先地位。

《现代外国哲学》第 7 辑是"存在主义专辑",第 8 辑是"苏联哲学专辑"。2007 年复刊后的《现代外国哲学》第 1 辑是"杜威、实用主义与现代哲学"专辑。专辑便于集中论题,不失为一个好主意,但考虑到现代外国哲学学会近年来已经成立许多专业分会,如"中国现象学专业委员会""分析哲学专业委员会""法国哲学专业委员会""德国哲学专业委员会"等,并且这些专业委员会都有自己的专业学刊,所以就没有必要出版专辑了。我们的一个折中的方案是,可以开设一些专栏,集中讨论现代外国哲学中的一些专题和热点问题。多年来,现代外国哲学学会几乎年年都召开年会,这些年会有相对集中的论题,我们可以据此设立专栏。

最后,关于如何办好这本学刊的指导思想和方法论问题,我们觉得杜任之先生在 1979 年 11 月 17—24 日在山西省太原市举行的"全国现代外国哲学讨论会"上的发言《关于现代西方哲学研究和批判的方法论问题》仍然值得我们重视。他论述了如下 9 个要点:(1)我们的立场和态度是什么?(2)区别唯物主义和唯心主义,要全面研究判断;(3)区别辩证法与形而上学,发展辩证法;(4)区别对待学术观点与政治态度;(5)区别自然科学成就和哲学观点问题;(6)对阶级根源与认识论根源的分析应当加以区别;(7)区别哲学根本问题上的错误与局部问题上的正确,注意发现哲学论证中的逻辑错误;(8)要对哲学影响和社会政治影响加以区别;(9)要把专题研究与综合研究、深入研究与全面研究适当地结合起来。1979 年的太原会议是我国建国以来专门讨论现代外国哲学的第一次盛大的学术会议。如今差不多 40 年过去了,我们在现代外国哲学的研究方面取得长足进步。上世纪 80 年代做的只是一些简单介绍和评述,对学术名著的翻译刚刚起步,如今已有大量研究专著和全集的翻译出版。但在指导思想和方法论问题上,似乎 40 年一周期,有些看来早就弄清楚的问题,现在似乎又模糊了。希望这是辩证法的螺旋上升。让我们再一次重申实践是检验真理的根本准则,明确"实事求是"和"思想解放"的原则,深入认识和广泛吸纳世界各国文化之精华,走向复兴中华文化和实现人类从各种形式的奴役中解放出来的康庄大道。

2018 年 2 月 15 日

目 录

Contents

程序正义的价值与局限 *

李石

【摘　要】程序正义要求做出集体决定的过程要平等、公开、准确和维护尊严,具有这些特征的决策程序具有内在价值。程序正义与结果正义之间因三个原因而产生偏差:认知错误、背景条件和交叉程序。自由市场不能保证其初次分配的结果的正义,不能充当分配领域的纯粹程序正义。

【关键词】程序正义　结果正义　内在价值

　　20 世纪 70 年代,约翰·罗尔斯(John Rawls)所著《正义论》一书的出版引发了学术界对于分配正义的热烈讨论,同时也将程序正义理论引入到对社会分配的讨论中来。程序正义是一种与结果正义相对的观念,这一观念主张,任何做出集体决策的程序(不论这一决策是事关国家大事的政治安排、针对个人的司法审判还是对于公共益品的分配)都应该符合一定的道德原则,而且对于此程序是否正当的判断应该独立于对程序的结果是否正当的判断。程序正义观念在政治、司法以及分配领域都有重要的应用。举例来说,政治领域"一人一

＊　本文获得中国人民大学国际关系学院院内科研项目(共享发展:社会公正问题研究)资助。

票"的民主制度,司法审判中由法律所规定的严格而公开的审判程序,以及对教育机会进行分配的考试制度……都是国家做出集体决策的重要程序,都与程序正义的应用息息相关。

本文将对程序正义的内在价值、程序正义与结果正义的复杂关系,以及自由市场是否构成分配领域的纯粹程序正义等相关问题进行深入的分析。

一、程序正义具有内在价值

人们对于程序正义具有什么样的价值常常感到困惑:如果一个决定对于当事人有利,那么人们为什么还会在乎做出决定的过程是怎么发生的呢? 做出决定的程序自身是重要的吗? 正义的程序应该符合哪些道德标准? 为了解答这些问题,我们首先考察一下在政治、司法以及分配领域的重要的程序正义都具有怎样的特征,应遵循哪些道德原则。

首先,程序正义要求"平等待人",这一点在政治领域的民主制度当中有集中的体现。举例来说,假设一个班级的成员需要决定去哪里春游,可能有三种方式做出这一决定:(1)由老师决定;(2)由班干部决定;(3)由全体同学投票决定。在这三种方式中,第一种方式可以简单地对应一人决定的"君主制";第二种方式对应强者决定的"寡头制";而第三种方式则对应多数决定的"民主制"。相信大部分人(除了班干部以外)都会选择第三种方式,因为,即使第三种方式并不能保证每个人的想法都得到实现,但是,它至少能保证每个人的想法都被听到,而且都为集体决定增添了分量。

人们的道德直觉往往是哲学家进行理论建构的基础。康德的道德律令要求"把每一个人当作目的王国的合法成员"[①],这在当代政治哲学讨论中被阐述为"平等待人原则"。根据这一原则,我们在做出事关每个人的决定时必须同等地听取各方面的意见,不能因人们在种族、性别、社会阶层或知识背景上的差异而给予各种意见不同的权重。如上述例子中,在决定去哪里春游的问题上,普通同学应有与老师和班干部同等的投票权,不能因老师和班干部拥有的权力而给予其意见更高的权重;或者,班里某同学对春游这一主题有更多的相关知识和信息,他可以向大家说明这些情况,但其意见同样不能占有更高的权重。我们可以将这个例子放大到政治生活的领域,例如,英国计划举行全民公投决

---

① 伊曼努尔·康德:《道德形而上学原理》,苗力田译,上海:上海人民出版社,2012年,第37页。

定是否留在欧盟,那么在这样的民主过程中,那些对欧盟有充分了解的知识精英、行使国家政治权力的政治家,以及掌握国家经济命脉的企业巨头……都与普通公民一样,只有投"一票"的权利。因为民主制度要求,每个人的声音都被平等地听到。总之,"平等待人"是程序正义的道德要求,正是基于平等与民主之间的天然联系,民主制虽然自古以来饱受批评,却仍然是政治制度的核心价值。

第二,程序正义要求"过程公开",在司法审判中这一点尤为重要。戴维·米勒(David Miller)在讨论程序正义符合人们的道德直觉时,举了电影《被告》[2]中的例子:一个被强奸的妇女将强奸她的人告上法庭,但此案并没有如其所愿地开庭审理。被告律师与原告律师通过商议达成一致,将罪犯送进了监狱。也就是说,这一案件虽然没有经过公开的审理程序,但在私下的商议中,这一案件同样达到了公开审判可能会得到的结果。然而,剧中的女主人公却为此感到非常痛苦,她本来以为自己可以在法庭上陈述对方的犯罪事实,可以有在公众视野下披露罪犯、讨还公道的机会。然而,事情悄无声息地解决了,罪犯虽然受到了应有的惩罚,可是受害者的声音却没有被听到。显然案件的私下解决剥夺了受害者的某些权利。一个司法程序不应该是私下进行的,必须在法官和陪审团的见证之下,公开、公正地展开。内在于程序正义的"公开"原则要求应将程序中应用的规则和标准向当事人解释清楚,使其理解施行于他的程序是如何进行的。这就像在做治疗之前,医生要向病人或其家属说明治疗的具体方案、用什么药、有什么副作用,等等,而不是没有任何解释直接进行治疗。

第三,程序正义要求"准确"反映参与者的信息,这一点在社会分配领域非常重要。考试制度是最常见的对教育机会进行分配的程序。然而,对于考试制度的诟病可能从有这一制度开始就从未停止过。这与"考试"很难准确反映参与分配者的信息有关。在理想的情况下,一次"公正的考试"应该准确地反映出考生在与其申请获取的教育机会相关的各方面的能力和知识。然而,没有任何试题能设计得如此完美,同时也不是所有考生都能完全正常地发挥,于是在考试中总有走运的人和不走运的人,各种偶然因素造成了考试很难做到准确反映人们的知识和能力。基于考试结果而进行的资源分配,从而也就很难保证公平。但是,与其他更容易作弊的评价机制相比,考试还算是最准确的程序了。因此,虽然这一制度一直受到批评,却仍然沿用至今。对于其他资源的分配同

---

② 这是一部由乔纳森·卡普兰导演,朱迪·福斯特和凯莉·麦吉利斯主演的影片,1988 年上映,片名译为《暴劫梨花》。

样存在准确的问题：例如，国家想要给那些经济困难买不起房的人进行补贴，这就需要准确地知道人们的居住情况和收入情况，然而这将是一桩耗时耗力、繁琐无比的差事。为此，政府部门需要搜集许多相关信息：个人的收入和住房情况、个人的家庭关系、其亲属的收入和住房情况，还有各种可能造假的问题……这些复杂的个人情况使得国家很难做到对参与分配者的准确了解，或者要耗费过多的时间和精力以获得准确信息，但如果没有准确的数据，国家就不能保证分配的公平。所以说，"准确"是程序正义的一个核心要求，但却是一个在实践中很难满足的要求。

米勒总结了程序正义应该具有的四种性质：平等、准确、公开、尊严，并且认为"尊严"的性质与前三种不同。③ 所谓程序正义所要求的"尊严"，是指一种程序不能以使人们丧失尊严的方式进行。例如，为了保证公共安全需要对乘飞机的乘客进行安检，但安检不能以脱衣服搜身的方式进行，那样会有损乘客们的尊严。再比如，某单位或许想要对供职于该单位的单身妈妈给予某种补助，但为了进行这种补助，就需要了解一些隐私信息，而这会让单身妈妈们感到丧失尊严。程序正义要求施行于人们的程序要保护人们的尊严。

综上所述，平等、公开、准确和尊严是程序正义的四个基本性质，也是程序正义所体现的四种重要的道德原则。米勒认为，这些性质"可使得程序正义超越并凌驾于其产生实质正义之结果的倾向之上"。④ 也就是说，程序正义所体现的道德原则使得程序正义不依赖于其产生的结果而具有"内在价值"。所谓"内在价值"是指"某事物因其本身而有的价值"。基于此，社会成员是为了程序正义本身而欲求程序正义，并非是为了利益、幸福、安全或其他个人目的而欲求程序正义。

程序正义具有内在价值的判断得到了大众心理学研究结果的佐证。E. A. 林德(E. A. Lind)和 T. R. 泰勒(T. R. Tyler)在《程序正义的社会心理学》⑤一书中讨论了程序正义与人们各种相关态度之间的关系。首先，作者认为可以从主观和客观两个角度去讨论正义问题。在政治领域，从古希腊的柏拉图、亚里士多德到当代的罗尔斯和诺奇克，都是从客观角度去建构一种适用于整个社会的正义原则，是将正义当作一种"客观的事态"。约翰•蒂博(John Thibaut)在上

---

③ David Miller, *Principles of Social Justice* (Cambridge/Mass.：Harvard University Press, 1999), p. 101.

④ Ibid. , p. 99.

⑤ E. A. Lind and T. R. Tyler, *The Social Psychology of Procedural Justice* (New York and London：Plenum Press, 1988).

世纪 70 年代的研究,开创性地将心理学研究和程序正义结合起来,揭示了程序正义对人们有关正义问题的态度和判断的影响,拓宽了正义问题的研究领域。⑥所谓"主观正义",是将正义作为一种"主观的、心理的反应"⑦,指的是人们对某一事件或某个程序是否正义的主观判断。在区分主观正义和客观正义的基础上,林德和泰勒总结前人所做的实证研究,得出结论,程序正义具有增进主观正义的效应。具体说来,程序正义具有四个方面的积极效应,林德和泰勒将其称作"程序正义效应"(procedural justice effects):

> 受制于某一程序的人们,当其能发出声音或在某种程度上掌控程序,人们将更容易得出该程序之正义的判断;人们对于程序正义的肯定有助于增进对于分配正义的评价,并增进人们对于分配结果的满意程度;对程序正义的判断有助于增进对权威的认可;对程序正义的判断有助于促进人们的有益行为。"⑧

综上所述,从心理学的角度来看,人们对于某一事态正义与否的判断,在很大程度上受到程序是否公正平等的影响。程序正义自身具有内在价值,其价值独立于程序可能产生的结果,人们因其本身而欲求程序正义。

二、程序正义与结果正义的关系

程序正义与结果正义之间的关系是复杂的,程序正义虽然具有"内在价值",却不是在每种情况下都能保证结果的正义。也就是说,在一些情况下,即使满足了程序正义的要求,人们依然得不到一个正义的结果。罗尔斯为了阐明程序正义与结果正义之间的复杂关系,区分了三种程序正义:完善的程序正义、不完善的程序正义和纯粹程序正义。⑨

所谓"完善的程序正义"指的是人们对结果是否正义存在着独立于程序的判断标准,而且能够设计出一个程序以实现结果正义。"分蛋糕"是完善的程序正义的经典例子:两个女孩分蛋糕,假设平均分配是一种正义的分配结果,那么

⑥ J. Thibaut and L. Walker, *Procedural justice*:*A psychological analysis* (Hillsdale, NJ:Erlbaum, 1975).

⑦ Ibid., p. 3.

⑧ Ibid., p. 204.

⑨ 约翰·罗尔斯:《正义论》,何怀宏、何包钢、廖申白译,北京:中国社会科学出版社,2006 年,第85—87 页。

"谁分蛋糕谁就最后拿蛋糕"的程序就是一个完善的程序正义,因为这一程序足以保证一个平均分配的结果(假定每个人都想要更大块的蛋糕)。然而,现实情况却往往没有这么简单,出于各种各样的原因,人们时常无法设计出一种程序以保证结果的正义。罗尔斯将这种情况称作"不完善的程序正义",亦即存在着独立于程序的判断结果是否正义的标准,但无法设计出一种能保证结果正义的程序。

根据米勒的判断,程序正义出于三个原因而无法保证结果正义:认知错误(cognitive fallibility)、背景条件(background conditions)以及交叉程序(intersecting procedures)。⑩ 首先,司法审判和考试制度不能保证结果正义的原因可以归结为"认知错误"。在司法审判中,我们很容易确定结果正义的标准——给真正的罪犯应有的惩罚。然而,由于审判过程中可能存在的"罪犯的谎言""审判者的错误判断""重要证据的遗漏"等等导致"认知错误"的原因,我们很难保证能找出"真正的罪犯"。而且,无论人们怎样设计司法审判的程序并严格地遵守,都有可能造成冤假错案。⑪ 再比如,选拔人才的考试制度,假设考题确实能够起到反映考生相关能力和知识的作用,但在具体的考试过程中,考生的表达有可能被判卷的老师所误解,并因此而造成误判。所以说,在程序实行的具体过程中,由于存在着不可避免的"认知错误",程序正义往往不能保证最终的结果正义。

第二,在米勒看来,"背景条件"是造成程序正义与结果正义产生偏差的第二个原因。所谓"背景条件",指的是程序参与者各自不同的情况。仍然以"考试"这一分配制度为例:在理想的情况下,考试所要达到的目的是:以分数的高低反映考生们的天分和努力程度,使天资聪慧而勤奋好学的考生得到更优的教育机会。然而,每个考生的具体情况却使得这一结果正义无法实现。我们无法排除下述情况的可能性:某个考生生病了无法正常发挥,或者一些考生来自贫困窘迫的家庭,没有得到与其他考生相当的前期教育,又或者某一考生家里出现意外情况影响了其考试的状态,等等。这些背景条件的不同使得预期的正义结果"以分数准确反映其天分和努力程度"无法得到实现。

第三,在一些情况下,不同程序交叉在一起,也会使得程序正义与结果正义不一致。例如,去看病排队挂号,预期正义的结果应该是"先到先挂"。假设有

---

⑩ David Miller, *Principles of Social Justice*, pp. 95 – 96.

⑪ 笔者在这里并没有想要为那些因玩忽职守而造成冤假错案的司法人员开脱,而是想指出:在程序被严格遵守的情况下,也有可能出现错判的情况。

两个窗口都在挂号，病人可任意选择一个窗口排队等候。如果两个窗口挂号的效率不同，一队慢、一队快，那么排在较慢一队的病人就有可能比较快一队的病人"先到"却"后挂"。可见，两个正义的程序交叉作用的结果却是不正义的。米勒在讨论这个问题时谈到了贫穷陷阱（poverty trap）的问题⑫：假设国家对于失业人员提供救济和补助，其数目与社会中人们可能获得的最低工资相当，那么这些失业人员就可能再也不想工作了，因为一旦找到了工作他们就会失去国家所提供的补助，与费力工作而领取最低工资相比，他们可能更愿意不工作而享受国家的救济。在上述情况中，国家给予失业人员补助是为了保障社会成员基本需求的满足，遵循按需分配原则；而企业雇主付给他们最低工资，并按其业绩进行分配，遵循的是"应得原则"。两个程序都是正义的，但在两种程序交叉作用下的结果却很难说是正义的：一些人不再愿意工作，这既增添了其他社会成员的负担，也不利于失业人员自己的发展。

与程序正义和结果正义之间的关系相关，罗尔斯还讨论了一种特殊的程序正义：纯粹程序正义⑬，其含义是：不存在独立于程序的判断结果是否正义的标准，只存在一种正确的程序，如这一程序被严格遵循，那么其结果不论是什么都应该被接受。换句话说，如果将某种程序当作纯粹程序正义，那即是主张程序正义本身就能保证其结果的正义。罗尔斯将"赌博"作为纯粹程序正义的例子："愿赌服输"，只要赌博的相关规则得到严格执行，其结果就是自愿参与赌博的人们必须接受的。

在当代政治哲学讨论中，纯粹程序正义观念在分配领域的应用引发了激烈的争论。一方面，以哈耶克（Hayek）和罗伯特·诺奇克（Robert Nozick）为代表的自由主义右派极力将社会分配过程归结为一种纯粹程序正义，而这一程序就是他们所推崇的自由市场。另一方面，以罗尔斯为代表的自由主义左派则反对将社会分配过程看作一种纯粹程序正义，主张应兼顾社会的公平而对初次分配的结果进行调节。下面我将具体分析，放任的自由市场是否构成一种纯粹程序正义，对市场初次分配的结果是否不需要进行任何矫正。

三、自由市场与纯粹程序正义

在社会分配领域，"程序"是指"一个机构——一个人或一种制度——向若

---

⑫ David Miller, *Principles of Social Justice*, p. 96.
⑬ 约翰·罗尔斯：《正义论》，第 86 页。

干其他人分配利益的规则或途径";而"结果"是指"在任何时候,不同的个体由此享有各种资源、商品、机会或者权利的事态"。⑭ 如果将社会分配过程当作一种纯粹程序正义的话,那么分配的规则和途径本身就能够确保社会分配中的每个参与者都得到自己应有的份额,而不论分配的最终结果的形式是怎样的。亦即,不论是 1％的人占有了社会中 99％的财富,还是所有人拥有相等的份额,人们都必须无条件地接受初次分配的结果。哈耶克和诺齐克主张不受国家和政府干涉的市场具有纯粹程序正义的性质,也就是说,对于市场的初次分配结果,所有的社会成员都应该无条件地接受,同时,国家和政府也不应通过税收等手段对初次分配结果进行任何调节和矫正。诺齐克认为,自由市场之所以具有纯粹程序正义的特征,是因为市场交换是以"自愿"为基础的,而市场的分配结果仅仅是无数次自愿行为的叠加。因此,正像赌徒"愿赌服输"一样,参与市场交换的所有人都必须接受自愿行为多次叠加之后的结果。⑮

诺奇克的论证看似很有道理,却由于两方面的原因而变得可疑:一是"自愿"概念是对当事人心理状态的描述,人们很难从当事人的选择和行动判断其是否自愿;二是"自愿"行为并非完全可以不受道德规范的约束。首先,"自愿"一词指的是"自己愿意"。⑯ 这一概念描述的是人们的心理状况,因此,我们很难从人们外在的行为和选择来判断人们是否是自愿的,尤其是在人们内心充满矛盾、犹豫不决的情况下。例如,一个赤贫的人不得不以很低的价格出售自己的劳动力,那么,他对于雇主的"压榨"是自愿接受的吗? 又比如,沙漠里一群强盗霸占了仅有的水源并以此要挟当地的居民,那么这些居民在向这些强盗"进贡"的时候,是自愿的还是不自愿的呢? 再比如,一个妈妈为了制止孩子吃太多糖,就对他说:"你再吃糖,老鼠就会来咬你嘴巴哦!"那么这个小孩不吃糖了,是自愿的还是不自愿的呢? 所以说,自愿与否,是对于个人的心理状态的一种描述,也许只有当事人自己才有资格判断自己是否自愿。而旁观者总是缺乏客观的依据以确定人们的行为是否出于自愿。因此,诺奇克的论据——市场就是人们自愿交换的叠加,这一判断并不总是正确的。当下述情况出现的时候——奸商囤积居奇,或者某人生活于极度困窘之中而不得不进行"绝望交易"(desperate

---

⑭ David Miller, *Principles of Social Justice*, p. 93.

⑮ 有关"转让正义"的论述,参见诺奇克:《无政府、国家和乌托邦》,姚大志译,北京:中国社会科学出版社,2008 年,第 180 页。

⑯ 参见《现代汉语词典》(第 5 版),北京:商务印书馆,2001 年,第 1810 页。

exchange)⑰，又或者一些商家联合起来抬高某些必需品的价格——就很难说人们的交换行为还是自愿的。

第二，即使我们假定放任市场中的交换行为都是自愿的，也不能保证基于市场的初次分配之结果的正义。因为，人们的"自愿"行为，必须受到法律和道德的约束，而基于"自愿"行为得到的分配结果也必须根据相关的道德原则（例如：正义、平等）而进行调节。自人类有市场以来，就存在着"非法交易"。换言之，自由市场中出现的自愿交换有可能违背人们的道德直觉，其中包括：人口买卖、毒品交易、金钱与权力的交易、金钱与荣誉的交易、权力与荣誉的交易，等等。"自愿"并不能使人们所有交换行为获得天然的正当性，在市场交换中人们的自愿行为必须受到道德规范和法律制度的约束和限制。在现代政治制度中，对于"自愿"行为的最根本的约束是"权利"。亦即，自愿行为要以不侵犯他人的权利为界限，否则就要受到限制，甚至是惩罚。例如，人口买卖，由于侵犯了被卖者的人身自由，所以是被禁止的；又比如，金钱与权力的交换，因其侵犯了受权力支配的普通公民的政治权利，而应该被禁止。由于自愿的交换需要受到道德和法律的限制，基于自愿交换的市场及其分配结果也必须参照人们共同接受的道德原则而进行调节。所以说，自由市场并不构成分配领域的纯粹程序正义，为了实现实质的正义，人们需要参照独立于分配程序的标准而对分配的结果进行评价和调控。

综上所述，程序正义要求做出集体决定的程序具有平等、公开、准确和维护尊严的特征。具有上述特征的程序具有内在价值。然而，具有内在价值的程序正义因三方面的原因而不能保证结果的正义：认知错误、背景条件和交叉程序。纯粹程序正义是一类特殊的程序正义，其程序自身即能保证结果的正义，而无需依据独立的标准对结果进行评价。自由市场虽然理论上基于自愿交换，但并不能保证其分配结果的正义，也就不能充当分配领域的纯粹程序正义。

作者简介：李石，政治哲学博士，中国人民大学国际关系学院政治学系副教授，北京大学哲学系博士后，研究方向为政治哲学、西方政治思想史。

---

⑰ 绝望交易是指处于极度困境中的人们以很低的价格出售自己仅有的东西。例如：卖淫、卖身为奴，以及以极低价格出卖自己的劳动力。与此相关的法规有：8小时工作制、最低工资法、健康和安全规章，等等。

西方政治哲学与当代
中国公平正义问题

杨玉成

【摘　要】从思想史上看,政治哲学一直以正义为核心课题,因此它在审视当代中国公平正义问题方面有其独特的优势。罗尔斯的公平正义观对于构建当代中国公平正义理论框架具有重要的借鉴意义。当前国内学术界对社会不公的关注,经常过多地聚焦于经济和社会利益分配方面,而对基本自由或权利的优先地位的强调还不够到位。

【关键词】正义　公平正义　当代中国公平正义问题

公平正义问题是当代中国的重大现实问题。从思想史上看,政治哲学一直以正义为核心课题,所以它在认识和处理公平正义问题方面有其独特的优势。我们将首先论述西方政治哲学认识和处理公平正义问题的理论框架,而后运用这个理论框架分析当代中国社会公平正义现状和问题,并提出进一步解决公平正义问题的思路和措施。

一、政治哲学审视公平正义问题的理论框架

（一）什么是政治哲学？

顾名思义，所谓政治哲学就是关于政治的哲学，就是以政治作为自己的反思对象的哲学分支。人们通常认为，政治的构成要素包括政治制度、政治人物（领袖、民众）和政治事件或政治行为（革命、暴动、选举）等。政治哲学主要是以政治要素当中最具稳定性的要素——政治制度作为研究对象。从人类历史上看，国家无疑是最重要的政治制度，所以政治哲学把国家这一重要政治制度作为自己的聚焦点。在西方语言文字中，"政治"一词最初来自古希腊文的"城邦"或"国家"一词，因此从词源意义上说，政治哲学就是有关国家的哲学，就是以国家作为主要研究对象的哲学。

当然，有人可能会提出疑问：政治学也研究国家，政治哲学与政治学到底有什么不同？我们的理解是，政治学主要是对国家的结构及其运行机制做经验式的研究，而政治哲学主要是对国家做规范研究，主要是研究和讨论用于评价国家制度的道德标准。比如，古希腊著名哲学家柏拉图的主要政治哲学著作《理想国》研究"城邦的正义"或"国家的善"。亚里士多德的《政治学》也以研究"国家的善"为主题。古罗马哲学家西塞罗的《论共和国》的核心问题是"什么是最好的政治制度"。近代最重要的政治哲学著作霍布斯的《利维坦》和洛克的《政府论》主要讨论国家的起源及其行使的职权是否能够得到道德上的辩护，是否具有道德上的合法性。从评价政治制度的道德标准这个角度看，正义、自由、平等、民主通常被看作是评价政治制度的主要道德范畴，它们自然构成政治哲学的基本范畴，其中正义又经常被看作是最重要的范畴。

我国古代思想家对于政治的性质，也有类似的看法。按照儒家经典《论语》的记载，孔子在季康子问政时回答道："政者，正也。子帅以正，孰敢不正？"[①]孔子的这一名言代表着儒家对"政治"的理解：政就是"正"，就是要"帅以正""正己而正人"。为政者首先要自己端正，然后才可以"正人"。季康子是掌权者，所以孔子对他说，"子帅以正，孰敢不正？"也就是说，掌权者自己行为端正，社会自然就风清气正。当然，孔子的话主要是从"为政者"的个人道德品质这个角度讲的，如果我们用现代制度正义观念来改写孔子的这句话，

---

① 参见朱熹：《四书集注》，长沙：岳麓书社，1993年，第199页。

那么,所谓"政治"就是以"正"施治,也就是以正义为根本原则设计社会制度并施行国家治理。

(二) 什么是公平正义?

我们要弄清楚什么是公平正义,首先就应该搞清楚什么是正义。在中文中,"正义"和"公正"是同义词,它们在英文中对应的是同一个词 justice。英文 justice 是从形容词或副词 just 来的。作为形容词,just 有"公正的""公平的""合理的""不偏袒的""应得的""合法的""适当的"等含义;作为副词,它有"不多也不少""恰到好处"等含义。我们可以把 just 所修饰的对象大致分成两类:其一是个人或个人行为的品质;其二是社会或社会行为的品质。当我们把正义当作个人品质时,指的是某个人为人处事公正合理、不偏袒,比如,法官应有的品质是公正地对待当事人,不偏袒任何一方。当我们把正义这种品质从个人延伸到群体或社会,把它当作社会或国家的品质时,是指社会或国家能够恰如其分地对待其所有成员,给每个成员以"应得",既保障每个成员享有相应的权益,又要求每个成员承担相应的义务。不过,对于"应得"究竟意味着什么,在思想史上不同的思想家有很不相同的解释,从而形成了各种不同的正义观。比较典型的有以古希腊哲学家柏拉图和亚里士多德为代表的差等论正义观,以近代英国哲学家洛克和当代美国哲学家罗伯特·诺齐克为代表的权利论正义观,以近代英国思想家边沁和约翰·穆勒等为代表的功利论正义观,以当代美国哲学家桑德尔和麦金太尔等为代表的社群主义正义观,以当代美国政治哲学家罗尔斯等为代表的公平正义观等。由此可见,公平正义观仅仅是诸多正义观念中的一种。由于篇幅限制,这里单述与本文主题最紧密相关的公平正义观。

罗尔斯明确地把他的正义观称为"作为公平的正义"(justice as fairness)或"公平的正义"(简称为"公平正义")。有人指出,罗尔斯在正义思想史上的一大贡献,就是他首次将公平和正义的内涵综合起来,提出了"公平正义"观念。我们认为这个评价是恰当的。确实,在罗尔斯之前没有人把公平和正义连在一起。在《正义论》(1971年)中,罗尔斯对他所提出并竭力加以论证的两个正义原则的最终表述是:"第一原则:每个人对最广泛的、完整的平等基本自由系统,享有平等的权利,该自由系统与所有人享有的类似自由系统相容;第二原则:社会和经济的不平等应该这样安排,以便它们:(a)在与正义的储蓄原则一致的情况下,给处于最不利地位的社会成员带来最大的利益;(b)依附于机会公平平等条件下职位和地位向所有人开放。"②

上述第一个正义原则主要是继承、坚持、重申洛克以来的权利正义论,并且罗尔斯在他所阐述的优先规则中明确表示,第一原则优先于第二原则,即他把保障公民基本自由或权利摆在优先地位,而把有关经济和社会利益分配的原则摆在第二位。近代以来西方思想家一直强调要切实保障公民的基本自由或权利,并且这些主张在现实生活中也得到相应的贯彻落实,所以有些西方学者认为这个原则的创新意义不大,也没有多少可以讨论的空间。但是,我们认为,罗尔斯把保障公民基本自由置于优先地位,对于解决我们的公平正义问题来说具有特别重要的意义。其原因是,尽管改革开放以来,我国在保障公民基本自由或权利方面已经获得重要进展,但从近年来司法领域所暴露出来的一些突出问题看,我们在这个方面还有很长的路要走,所以我们应该格外重视研究和讨论这个原则。然而,令人遗憾的是,当前国内学界在讨论公平正义时,往往过度地聚焦于经济和社会利益分配方面的不公正,而对于基本自由或权利方面不公正的关注还远不到位。

上述第二原则涉及经济和社会利益方面的分配,即基本自由之外的一些重要价值的分配,这些重要价值大致包括机会、权力地位、收入和财富等。概括地说,该原则的主要意思是,涉及经济和社会利益分配方面的制度安排首先必须符合机会公平平等原则,在满足这一前提条件之后,一方面要尽可能照顾社会弱势群体,保证他们的生活境遇不断改善;另一方面也要适当考虑社会精英群体的要求,要充分调动他们的积极性,发挥其聪明才智,以便创造出更多的社会财富。用通俗的话说,这个原则坚持"做大蛋糕"和"分好蛋糕"的有机结合。其实质是试图对功利主义正义观或经济自由主义正义观进行修正或改良,一方面力图为二战后西方国家普遍实行的干预经济和社会利益分配的经济社会体制的合理性提供更为有效的辩护;另一方面又主张适当限制国家干预的程度和范围,克服国家过度干预所带来的负面效应,避免过度干预可能造成的低效率。

总的看来,罗尔斯的正义原则有三个要义:一是权利公平;二是机会公平;三是兼顾公平与效率的分配正义。由此也可以看出,罗尔斯的公平正义观与我国当前所强调的"权利公平、机会公平、规则公平和分配公平"观念确有异曲同工之处。所以,无论从理论逻辑还是从现实逻辑看,罗尔斯的公平正义观对于构建透视当代中国公平正义问题的理论框架,无疑具有重要的借鉴意义。

---

② John Rawls, *A Theory of Justice* (Harvard University Press, 1971), p. 302.

二、从公平正义观角度认识当代中国公平正义问题

（一）当代中国公平正义状况的进展

从罗尔斯的公平正义观看，我们认为，当代中国在社会公平正义方面总体上获得了历史性的进步，但依然面临诸多困境。罗尔斯把保障基本自由或权利方面的正义要求摆在首要地位，把经济和社会利益分配方面的正义要求摆在第二位。我们应该充分认识罗尔斯这种排序的深刻含义。从第一正义原则看，也就是从衡量社会公平正义程度的首要原则看，改革开放以来我们在基本自由保障方面的进步应该说是巨大的。在改革开放之前，我国民众实际上享有的自由权显然是很有限的，近30多年来，我国民众实际享有的自由权无疑获得前所未有的进步。从总体上看，民众的思想和言论自由、迁徙和流动自由、择业和创业自由以及生活方式自由不断得到扩展，这也是我国经济社会能够得以持续发展的重要原因。从第二正义原则看，我国社会公平正义的进展也很显著。比如，在发展机会方面逐渐从改革开放前的强调家庭出身转向强调能力和业绩，在收入分配方面我们逐渐克服平均主义，逐步建立按要素贡献分配的体制机制，这些都属于分配正义的进步。

（二）当代中国公平正义方面的突出问题

尽管我们在公平正义方面总体上取得长足进步，然而由于法治建设和社会建设相对滞后等原因，我们还存在一些突出难题。

1. 保障公民基本自由或权利方面的难题还有待进一步破解

我们认为，罗尔斯把保障基本自由或权利列为第一正义原则的理由是基本自由或权利事关人身安全，对人而言至关重要，而第二正义原则所涉及的经济和社会利益分配毕竟是第二位的。常言道："名利地位乃身外之物"，只要不危及基本生存，人们对身外之物的多少有一定的承受弹性。而基本自由或权利的缺乏则直接危及人身安全，很难容忍。在保障个人的基本自由或权利方面，司法公正极其重要，因为它是一个社会的底线公正。正如习近平总书记所说的："司法机关是维护社会公平正义的最后一道防线"，③要是这最后一道防线也被

---

③ 习近平：《近平谈治国理政》，北京：外文出版社，2014年，第148页。

突破的话,社会的底线公正就会遭到践踏,公民的人身自由和安全堪忧,社会安全感下降。在当今中国,基本自由或权利方面的保障确实存在值得担忧的地方,离"让人民群众在每一个司法案件中感受到公平正义"这个目标还有很大的距离。近年来披露的一些典型的冤假错案给我们敲响了警钟,使司法公正问题凸显出来。不断披露的冤假错案不禁使人惊呼:冤假错案到底有多少?而制造冤假错案的刑讯逼供、贪赃枉法、假公济私等司法顽疾,让普通人也不免对自己的人身自由和安全感到忧虑:假如将来某一天我们自己也不幸陷入刑讯逼供,我们是否能扛得住?司法不公实际上让所有公民的人身安全都受到某种潜在的威胁,从某种意义上说,这种可能造成社会恐惧和不安的非正义是国家机构对所有人的伤害,是最严重的非正义。

2. 经济和社会利益分配方面的不公正依然相当突出

首先,居民收入差距依然没有得到有效缓解。近几年来,我国居民收入差距有所缩小,但仍然处于过大区间,主要表现为居民收入差距总体较大,城乡居民收入差距较大、区域之间居民收入差距较大以及行业之间收入差距较大。国家统计局数据显示,我国基尼系数 2008 年达到改革开放以来的最高点(0.491),尽管此后逐年有所缩小(2009 年 0.490,2010 年 0.481,2011 年 0.477,2012 年 0.474,2013 年 0.473,2014 年 0.469,2015 年 0.462),但一直都处于过大区间(远远高于 0.40 这样一个国际警戒线)。2009 年我国城乡居民收入比达到改革开放以来的最高点 (3.33 倍),此后开始下降,2014 年城乡居民收入比为 2.75 倍。国际劳工组织 2005 年公布的 36 个城乡差距较大国家的调查数据显示,绝大多数国家城乡收入比都小于 1.6 倍,英美等西方发达国家城乡居民收入比一般在 1.5 倍左右。从区域看,2014 年城镇居民人均可支配收入最高省区和最低省区之间的差距仍然接近 2.3 倍(2005 年是 2.31 倍),农村居民人均纯收入最高省区和最低省区的差距为 3.69 倍(2005 年的 4.39 倍),地区间收入差距有所缩小,但依然很大。从行业收入差距看,少数垄断行业职工收入过高,特别是部分经营者收入过高。

其次,在社会保障、医疗卫生和基础教育等基本公共服务领域,存在投入总量相对不足、投入结构不尽合理、制度设计碎片化、公平性差等突出问题。由于篇幅限制,这里不拟详述。

(三)社会公平正义问题突出的成因

我国社会公平正义问题依然突出的根本原因主要有两方面。首先,法治建设滞后导致对公民基本权利的维护不够到位。"保障公民的基本自由或权利,唯有通过法治这条根本途径",这已经成为现代社会的共识。在人治环境中,任何人的人身权利都得不到切实的保障,包括身处高位者的人身安全也没有保障。最典型的是文革时期法制遭到严重践踏,人治横行,受迫害的不仅有成千上万的知识分子和平民百姓,而且还有大量功勋卓著的党和国家领导人以及干部。改革开放后,我国开始推动中国的法制建设。1997 年 9 月党的"十五大"报告明确提出要依法治国,建设社会主义法治国家,这标志着我国彻底否定"人治",坚定不移地走"法治"道路。当今中国,尽管法治不断得到完善,但屡屡曝光的冤假错案还是反映出我们的法治建设任重道远。

其次,当前我国的社会建设严重滞后于经济发展,导致公民经济与社会权益不公正问题突出。与经济发展水平相比,我国社会发展总体水平明显偏低。据专家研判,我国在经济发展方面总体上处于工业化中期阶段,部分发达地区甚至已经进入工业化后期阶段,但社会结构和社会发展总体水平仍然处于工业化初期阶段,社会发展水平大约滞后于经济发展水平 15 年左右,因此,当前经济发展与社会发展还很不平衡、很不协调,这是产生诸多经济社会矛盾和问题的结构性原因。[④] 2017 年,我国国内生产总值(GDP)达到 827 100 亿元,人均GDP 接近 60 000 元。从单纯的经济指标看,我国经济发展离现代化已经越来越近,但我国社会发展离现代化还有较大的距离,我国社会事业发展不但落后于发达国家,甚至一些指标还低于发展中国家。

社会发展滞后主要表现为社会建设总体投入不足、投入结构不合理,从而导致我国社会基本公共服务供给不足、公平性差。社会基本公共服务短缺在普通民众生活层面看,表现为上学难、看病难、住房难、养老难、环境差等诸多民生困境。在政府支出层面表现为公共服务支出占财政总支出的比例偏低。我们依据财政部网站相关报告的数据制作了中国 2013—2017 年社会建设事务财政支出状况表(见后面的表格)。2013—2017 年,我国财政支出中用于教育、社会保障与就业、医疗卫生、住房保障四项基本民生支出的金额分别为 48 936 亿元、53 873 亿元、57 122 亿元、69 440 亿元、69 671 亿元,占当年财政总支出分别为35%、35.5%、32.5%、36.9%、34.2%,基本上处于徘徊状态。但是,与国际比较显示,人均 GDP 在 3 000 至 6 000 美元的国家,医疗卫生、教育和社会保障公共支出占政府支出的比重平均为 54%,许多国家财政支出用于公共服务的比重

---

④ 陆学艺:《别让社会结构成为现代化的"瓶颈"》,《人民论坛》2012 年第 1 期。

高达 60％—70％,有些国家甚至达到 80％。而我国在基本民生方面的财政支出比例,有的还停留在低收入国家水平。近年来我国社会保障支出占财政总支出一直徘徊在 10％左右,这个支出比例不要说和西方福利国家比,就是与同为"金砖五国"中的南非相比,还有 6％以上的距离。⑤ 国际社会一般认为,医疗卫生支出至少应占政府总支出的 15％,才能建立一个行之有效的卫生体系。我国医疗卫生支出占国家财政支出的比例到 2016 年才达到 7％,与这个标准差距还很大。

2013—2017 年我国在基本民生方面的财政支出状况

财政支出年份	2013 年	2014 年	2015 年	2016 年	2017 年
全国财政总支出(单位:亿元)	139 744	151 662	175 768	187 841	203 330
教育支出及其占财政总支出的比例	21 877　15.7％	22 906　15.1％	26 205　14.9％	28 056　14.9％	30 259　14.9％
社会保障与就业支出及其占财政总支出的比例	14 417　10.3％	15 913　10.4％	19 001　10.8％	21 548　11.4％	24 812　12.2％
医疗卫生支出及其占财政总支出的比例	8 209　5.88％	10 086　6.65％	11 916　6.77％	13 154　7％	14 600　7％
住房保障支出及其占财政总支出的比例	4 433　3.17％	4 968　3.33％	缺　缺	6682　3.55％	缺　缺
城乡社区事务支出及其占财政总支出的比例	11 067　7.91％	12 884　8.5％	15 912　9.05％	18 605　9.9％	21 255　10.4％

资料来源:根据财政部公布的财政年度收支情况和国家统计公报的相关数据整理而成。

另外,在这个总量非常有限的基本公共服务投入中,投入结构又不尽合理,从而使社会不公进一步加剧。比如,在教育公共投入中,用于普通高等教育的比例过高,而用于义务教育、职业教育的比例过低。在社会保障和公共卫生投入方面,用于少数人群的比例过高,而用于普通民众的比例过低。

既然用于基本民生的投入比例较低,那么我们庞大的财政收入到哪里去

⑤ 石勇:《被扭曲的福利》,《南风窗》2012 年第 21 期。

了？这就牵扯到我国公共财政支出结构严重失衡问题：一是我国的行政成本过高，国家财政在一般公务方面支出比重过大；二是用于经济建设的投入巨大。也就是说，在政府掌控资源的总盘子中，对基本公共服务的投入，往往是政府经济建设性投入的剩余，因此，基本公共服务投入的回旋余地比较有限。按照社会公平正义要求，国家公共财政本来应该优先用于基本民生，但目前我们国家公共财政支出的优先顺序有较大偏差，从而影响到改善民生、促进社会公平正义的真正落实。目前财政投入结构表明，我们各级政府对促进社会共享和公平正义的重视程度还不够到位，至少说在真正需要动用真金白银时积极性还不够高。

除了以上两个主要原因外，我国社会发展的诸多失衡与社会发展顶层设计不足密切相关。我们的社会事业发展具有针对解决具体问题的应急性特征，全盘考虑和统筹平衡不足。比如，养老保障制度、医疗保障制度城乡分割、企业与机关事业单位之间分割，造成社会保障"碎片化"，导致不同利益群体利益"固化"，整合起来有很大难度。

三、从公平正义观寻找应对问题的思路和措施

公平正义问题是关系到国家制度设计的重大问题。我们强调维护公平正义是社会主义制度的本质属性，罗尔斯也特别强调正义是社会制度的首要德性，是制定宪法和法律的指导原则，这些断言说的都是制度设计层面的事情。所以，如果我们想要从根本上解决公平正义方面的突出问题，就应当加大顶层设计力度，切实按照公平正义原则，完善和改革有关制度以及体制机制。党的十六届六中全会报告指出："制度是社会公平正义的根本保证"。习近平总书记进一步强调："不论处在什么发展水平上，制度都是公平正义的重要保证。"[⑥]因此，当前及今后一个阶段的重要任务就是要逐步确立社会公平正义的制度保障体系。

第一，要完善人民民主权利保障制度。保障公平正义是政府应尽的职责，主要应该靠政府出手，不能主要依赖市场和社会的自发运作。那么，如何才能调动政府维护公平正义的积极性？或者说如何让政府有动力去维护公平正义？这里的关键是让人民真正"当家作主"。人民群众有共享公平正义的强烈诉求，

---

⑥ 中共中央文献研究室编：《习近平关于全面深化改革论述摘编》，北京：中央文献出版社，2014 年，第 98 页。

如果他们真正有"当家作主"的地位,就有能力去推动政府维护公平正义。西方发达国家在社会保障和社会福利方面做得比较好,甚至有时还会"有点过头""有些超前",主要就在于这些国家的人民经过长期的抗争,已经争取到比较充分的民主权利,从而迫使政府必须努力回应人民的公平正义诉求,不敢稍有懈怠,否则执政地位难保。我国的公共财政支出总是很难优先用于保障基本民生,社会保障和医疗保障制度的"多轨制""碎片化"也长期得不到实质性解决,尽管这里面确实有经济社会发展阶段方面的客观原因,但很关键的一个原因在于,人民当家作主的地位还没有真正落实到位,人民的公平正义诉求还不够"硬气",还不能真正成为推动政府维护公平正义的"硬"动力。所以,保障和发展人民的民主权利,进一步落实人民当家作主的政治地位,进一步推动保障人民当家作主的制度建设,是促进社会公平正义的根本保证。因此,尽管我国的基本政治制度框架应该长期坚持,我们不会搞西方式的宪政民主,但我们必须坚定不移地发展社会主义民主政治,更加切实地保障人民当家作主的政治地位。

第二,切实加紧推进法治建设,使公民基本权利得到更加可靠的保障。自由是法治下的自由,法治是自由的根本保障。保障公民基本自由或权利终究要落实到科学立法、严格执法、公正司法、全民守法等法治建设环节。中国共产党已经充分认识到推进法治建设是当前政治建设的重点,所以,十八届四中全会对"全面推进依法治国"进行专门部署。当然,把这个部署真正落实到位还有很长的路要走。

第三,加强经济和社会利益分配方面的制度建设,进一步加大社会调节力度。在这个方面,我们可以充分借鉴其他国家比较成熟的经验。比如,二战后西方国家在凯恩斯主义的指导下,普遍采取一系列经济政策和社会政策对经济和社会利益分配进行调节。它们普遍采取社会保障、医疗保障、住房保障、所得税、房产税等措施调节收入分配,化解社会矛盾,降低社会风险,构建资本主义的"和谐社会"。对于西方国家积累的成功经验,以及它们所采取的一些行之有效的政策工具,我们当然可以更大胆、更充分地加以借鉴利用。从总的情况看,我们可以采纳的调节政策和工具还有较大的可完善、可拓展的空间。

作者简介:杨玉成,哲学博士,中央党校哲学部教授。

当代批判理论正义观评析

马庆

【摘　要】自由主义正义观是当前西方社会主流的政治哲学理论。作为西方马克思主义的重要代表,批判理论对自由主义正义理论提出了批评,指出这种以分配正义为范式的理论是对正义的狭隘化理解。在阐述了主流正义理论的种种缺陷后,批判理论提出了自己的"正义的批判理论",主张一种多维度的社会正义观。这不仅深化了人们对正义的理解,改变了西方政治哲学近年来的走向,还试图在 21 世纪的新形势下,既建立新的规范理论,同时也继续进行社会批判,为批判理论走出一条新路。

【关键词】正义　西方马克思主义　批判理论

自罗尔斯上世纪 70 年代出版《正义论》以来,正义就成为当代政治哲学和道德哲学的核心议题。从某种意义上讲,罗尔斯的正义理论是当代西方政治哲学的起点,就像金里卡说的,"罗尔斯的理论支配着当代政治哲学的论争,并不是因为人人都接受它的理论,而是因为其他不同的观点通常是在回应罗尔斯理论的过程中产生的。"①当然,在各种正义理论中,占绝对支配地位的仍然是以罗尔斯为代表的自由主义正义理论。面对这种局面,马克思主义者发出了自己的声音,除了传统马克思主义者按照马克思的经典理论对自由主义正义观做了各方面的驳斥之外,西方马克思主义者也从不同角度对以罗尔斯为代表的主流正义理论进行了解读、界定和批判。除了直接援引马克思的相关论述、阐释马克思对正义的看法外②,不少西方马克思主义者还根据当前自由资本主义社会的具体情况(即所谓的发达资本主义社会)对正义问题进行了颇具针对性的阐述。其中最为引人瞩目的,是批判理论对主流正义理论的批评,以及由此提出的"正义的批判理论"(critical theory of justice)。③ 在这些批判理论者看来,罗尔斯等人的主流正义理论把正义单单看成是物品分配的正义,这不仅是对正义问题的褊狭理解,而且这种理解还带来严重的后果,它忽视了正义问题中其他一些同样重要甚至更加重要的议题。因此,正义的批判理论一方面要全面阐释正义问题,从而建立新的正义规范理论;另一方面要继承批判理论的传统,在建立规范理论的同时,继续进行社会批判。从理论影响来看,批判理论对主流正义的批判,不仅深化了人们对正义的理解,而且从中引起了一系列新的政治哲学议题,诞生了承认理论、差异政治等一批新的政治哲学思潮,从某种意义上改变了近些年西方政治哲学的走向。从批判理论自身来看,对正义的探讨也为批判理论自身在新时期的重新建构提供了基础。

一、主流的自由主义正义理论

众所周知,以罗尔斯为代表的主流自由主义正义理论是一种分配正义理论,它关注的是社会上的分配。罗尔斯在其《正义论》第一章中就点明了这一

---

① 威尔·金里卡:《当代政治哲学》,刘莘译,上海:上海三联书店,2004 年,第 19 页。

② 这方面的部分论述,可参见李慧斌、李义天编:《马克思与正义理论》,北京:中国人民大学出版社,2010 年;以及刘鹏:《从遮蔽到解蔽:国内外马克思主义社会正义理论述评》,《理论探讨》2011 年第 5 期。

③ "正义的批判理论"这个名称最早是艾瑞斯·杨(Iris Marion Young)在 1981 年的一篇题为"Toward a Critical Theory of Justice"的文章中提出来的,后来得到了不少批判理论学者的认可,如莱纳·弗斯特(Rainer Forst)就明确以"正义的批判理论"来统称批判理论对正义问题的看法,参见 Rainer Forst, *The Right to Justification* (New York: Columbia University Press, 2012),"Introduction"。弗斯特被誉为法兰克福学派第 4 代领军人物,霍耐特的接班人,对他的简单介绍,参见曹卫东:《法兰克福学派研究近况》,《哲学动态》2011 年第 1 期;以及王凤才:《从公共自由到民主伦理——批判理论语境中的维尔默政治伦理学》,北京:人民出版社,2011 年,第 395—397 页。

点:"一种社会正义观将在一开始就被视作是为确定社会基本结构中的分配而提供的一个标准。"④罗尔斯以"原初状态"下的"基本物品"(primacy goods)的分配,得出了他著名的正义两原则。其中,差异原则旨在改善那些较少受益者的物质状态,这使得罗尔斯的正义理论呈现出鲜明的自由主义式的平等主义主张。

而正是这种自由主义式的平等主义,使得不少学者认为这种主流正义理论可以在很大程度上避免马克思主义的批评。马克思主义对资本主义的正义观的一个传统批评是,这种自由主义的正义只是支持形式上的平等,而忽视了实质上的平等;只是机会上的平等,而不是资源占有上的平等;是以表面上的平等遮蔽了实质上的不平等。但是罗尔斯的差异原则、罗纳德·德沃金的资源平等,以及阿玛蒂亚·森的能力平等,这些当代主流的自由主义正义理论却不像那种以洛克为代表的传统自由主义理论那样,只是停留在形式上的个人财产权方面,而是力图实现人们在物质资源乃至利用资源的能力上的平等。在实质正义方面,这些以平等的分配为主旨的正义理论当然比以往的正义理论要更加接近马克思主义,所以,有学者提出,当前这种主流的分配正义理论与社会主义之间似乎不存在深刻的差异。⑤

除了以实质正义来批评形式正义之外,马克思主义对正义理论的批判还有两个主要路径。第一个路径是反对正义理念本身,也就是说,正义只是一种补救性的措施,旨在协调人们之间的冲突,而马克思主义的目的更高一些,旨在从根本上消除人们之间的冲突。第二个路径则同样强调正义的作用,但认为自由主义的正义只是生产资料私有制的正义,这种私有制本身就是最大的不正义,是正义要解决的首要对象。⑥ 而在分配正义的辩护者看来,马克思主义的这两种批评意见也是不能成立的。首先,就消除正义理念本身而言,他们指出,正义之所以存在乃是因为正义的环境存在。所谓正义的环境,简单来讲主要指的是人类生活的两个现实境况,第一是物质资源有限,第二是人们的同情心有限。⑦虽然马克思提出在未来的共产主义社会中,物质会极大地丰富,人类会形成一种真正优良的共同体,但只要这一天还没有到来,正义的环境就会继续存在,正

---

④ 罗尔斯:《正义论》,何怀宏、何包钢、廖申白译,北京:中国社会科学出版社,1988 年,第 9 页。

⑤ 参见威尔·金里卡:《当代政治哲学》,第 301—303 页。

⑥ 同上,第 305 页。

⑦ 正义的环境首先是由休谟在《人性论》第 3 卷第 2 章中提出的,后来基本成为当前正义理论的共识。参见罗尔斯:《正义论》,第 126—129 页;以及慈继伟:《正义的两面》,北京:三联书店,2001 年,第 2 和 3 章。

义也就会一直有其不可替代的价值。其次,就生产资料私有制而言,他们提出,分配正义不只是对收入和消费资料进行分配,同样也对生产资料以及更加根本的财产所有权进行再分配。因此,马克思主义所反对的资本主义生产关系下的分配结构,恰恰也就是正义理论所处理的范围。就此而言,马克思主义与分配正义并不冲突。⑧

对于这样的辩护,不少西方马克思主义者并不满意。他们一方面承认当前的正义理论有一定的合理性,分配正义不需要完全加以否定,另一方面从分配正义理论的内部逻辑入手,指出其缺陷和不足之处。在这些对分配正义进一步的批判中,批判理论的论述最为深刻,也最有影响。⑨

二、自由主义分配正义观的缺陷

批判理论指出,当前大多数学者认为正义就是关于分配的理论,这种对社会正义的看法是有其合理之处的。它既是对古希腊的"给每个人应得"这个原则的继承,也是对资本主义所造成的贫富差距的补救。从根本上讲,社会正义肯定要涉及到物品的分配。不过,当前主流正义理论常常以物品的分配作为正义的全部内容,这却是错误的。具体来讲,分配正义的不足之处有以下几个方面。

第一,它把社会正义仅仅局限在分配、尤其是物品的分配上,忽视了社会正义其他需要处理的问题。正如南茜·弗雷泽指出的那样,这种注重财富和收入的公平分配的正义观,其实是来自福利国家的政治经济学视角。它阻碍了人们关注其他类型的社会不公,例如身份的不平等、社会的边缘化、政治上的无权等等。在当今世界,在非经济的不公正越来越受到人们重视的情况下,单一维度的分配正义范式也就不再言之成理了。⑩

第二,即使有些学者认识到了把正义局限在分配物质资源上的不足,将正义的范围扩展到了自尊、机会、荣耀等方面,但他们还是按照分配正义的范式来思考正义的逻辑,还是把所有要素(收入、资源、自尊、机会、荣耀乃至权利等)看成是在一些分离式的个人之间分配一些可分配的物品,这仍然没有摆脱对社会

---

⑧ 参见威尔·金里卡:《当代政治哲学》,第307—314页。

⑨ 也许有人会对此有异议,认为其他西方马克思主义者,如分析学派的马克思主义,对正义的看法更为精妙。不过,从近年来西方政治哲学的发展来看,一些热门话题,如承认理论、差异政治等,都是在批判理论对分配正义的批评下推动产生的。就此而言,本文的说法并不为过。

⑩ 参见南茜·弗雷泽:《再分配,还是承认?》,"中文版序言",周穗明译,上海:上海人民出版社,2009年。

正义的错误理解。分配正义虽然在很大程度上把分配看成是物质财富上的分配,但一些有远见的学者已经意识到这种物质分配范式不足以承担社会正义的任务,所以他们有意无意地会把正义的分配领域加以扩展。例如,罗尔斯虽然集中论述了基本物品的分配,但也在一些地方指明,正义不只是物质上的分配,而是要处理更广范围上的议题。⑪ "正义的主要问题是社会的基本结构,或更准确地说,是社会主要制度分配权利和义务,决定由社会合作产生的利益之划分的方式……一个社会体系的正义,本质上依赖于如何分配基本的权利义务,依赖于在社会的不同阶层中存在着的经济机会和社会条件。"⑫

不过,即使如此,罗尔斯等人还是按照分配正义的逻辑来思考那些非物质资源的分配。简单来讲,分配正义的逻辑就是正当地占有。分配正义的各种力量都集中在这一点上,即人们向(别的)人们分配物品。在这里,"分配"的意思是给予、配给、交换等等,而焦点既不集中在制造者的行为上,也不集中在消费者的行为上,而是集中在分配的行为者和物品的领受者上。⑬ 在这种思维范式的指导下,正义的所有情况都是在持有物品的不同个人之间进行物品的比较,不管这种物品是物质上的还是非物质上的,也不管这种物品实际上能否进行分配。例如,艾瑞斯·杨就曾直接质疑,分配自尊是什么意思? 自尊不是一个实体,也不是一种可以测量叠加之物,它不可能抽离出来进行分配。更为关键的是,自尊不是可以脱离具体个人而存在的,它不是某个人的占有品,而是一个人对其自身处境和生活前景的态度。⑭

第三,进一步来讲,分配正义之所以会得出所有事物都可以分配这种荒唐的看法,其深层原因在于它所暗含的社会本体论是错误的。从上面不难看出,分配正义的根本逻辑是占有之间的分配。在分配正义看来,收入是占有,资源是占有,机会是占有,自尊、权利等等都是占有。这种对占有的执迷非常明显地

---

⑪ 值得注意的是,一些学者,包括一些马克思主义学者,在这一点上有不同看法。他们虽然也认为分配正义有种种不足之处,但却以为这些是正义本身的局限,正义的领域只能是分配物品。如果要克服分配正义,就需要在超出正义的领域,在正义之外加入其他的价值,如善、团结等。参见 Charles Taylor, "The Nature and Scope of Distributive Justice", in *Philosophy and the Human Sciences* (Cambridge: Cambridge University Press, 1985)。暂且不论这种说法是否成立,但至少有一点是几乎所有学者都认可的,即作为社会的规范来讲,只有分配正义是远远不够的。

⑫ 罗尔斯:《正义论》,第 7 页。

⑬ 迈克尔·沃尔泽:《正义诸领域:为多元主义与平等一辩》,褚松燕译,南京:译林出版社,2002 年,第 5 页。

⑭ Iris Marion Young, *Justice and the Politics of Difference* (Princeton and Oxford: Princeton University Press, 2011), pp. 26 - 27.

体现了资本主义社会中那种占有式的个人主义。[⑮] 它的所有理论的基点都是原子式的个人对物品的占有。人是孤立的,不依靠于任何社会环境,人的所有目的就是对物品的占有,而物品也是突兀地存在的,脱离了任何的生产过程。在这种模式下,看不到人与人之间的社会关系,看不到物品的生产过程,似乎人和物品就是天然的存在,我们所要做的就是在这些孤立的个人之间分配那些没有任何社会属性的物品。在这里,人是孤立静止的,物品是孤立静止的,社会也是孤立静止的。

显然,以这种分配正义的范式来理解社会正义肯定是错误的。它不但无法解释自尊这类与个人息息相关的价值,更重要的是,它无法解释权利与权力这些政治哲学中的核心概念。正如马克思所说,这种自由主义的权利观"不是建立在人与人相结合的基础上,而是相反,建立在人与人相分隔的基础上"。[⑯] 而事实上,无论是权利,还是权力,都不能理解成是一种占有。权利与权力都是社会关系,而不是物品。权利是人们在相互关系中设定的制度化规则。权利更多指的是做(doing),而不是有(having),指的是能做什么、不能做什么的社会关系。同样,如果把权力理解成排他性的占有,那么我们很容易就把权力等同于拥有权力的少数个人,把权力看成是少数有权者对其他无权者的支配和压迫。这样就看不到权力背后的社会关系,把权力看成是独立于社会过程之外的事物,从而也就认识不到支配和压迫的真正原因。[⑰]

第四,也是最为关键的,分配正义的范式遮蔽了社会的制度背景。它把正义看成是超越任何情境的,反而看不到物品分配其实是来自于生产以及生产方式的。马克思早就告诉我们,"在所谓分配问题上大做文章并把重点放在它上面,是根本错误的。消费资料的任何一种分配,都不过是生产条件本身分配的结果;而生产条件的分配,则表现生产方式本身的性质。"[⑱]这其实是说,不能把全部注意力放在收入、工作或职位这类有形物质和地位的最终状态的配置上,却忽视产生这些根本性的结构的过程。分配只是既有社会制度体系的结果而已。可主流的分配正义范式却忽视了谁来决定生产和分配的结构这个政治问题,好像正义问题就是一个巨大的分配机器,只要输入正确的程序就可以得出正确的答案。这在道德哲学和政治哲学上都是错误的。从道德哲学来看,它把

---

⑮ 对占有式个人主义的论述,参见 C. B. Macpherson, *The Political Theory of Possessive Individualism* (Oxford: Oxford University Press, 1962)。

⑯ 《马克思恩格斯文集》(第1卷),北京:人民出版社,2009年,第41页。

⑰ Iris Marion Young, *Justice and the Politics of Difference*, pp. 31 - 33.

⑱ 《马克思恩格斯选集》(第3卷),北京:人民出版社,1972年,第13页。

正义的主体看成是消极被动的接受者，而不是古希腊那种主体自身的成就，就此而言，这种分配正义观甚至不如古希腊那种基于个人德性和卓越的正义理论。从政治哲学来看，分配正义观遮蔽了非正义问题背后的社会属性。它只注重物品短缺的可矫正性，却无视这种短缺是什么原因造成的，这样就把那些遭受了经济和政治剥削的人看成是和那些受到自然灾难的人一样了。当然，不管是受到了剥削还是遭受了自然灾难的人都需要帮助，但从性质上来看，这两种帮助是完全不同的，前者的境况是因为不正义的剥削和压迫造成的，而后者则是一种自然的不幸。如果我们忽视了这种区别，那么在那些实际上需要正义的时候，可能就会以道德上慷慨相助的方式来结束对正义的探讨。就像弗斯特所说的，自主的人因此从正义的主体转向了正义的客体，成为帮助或慈善的对象。[19]

第五，正是由于分配正义忽视了正义的制度背景，那么这种主流正义理论也就从根本上丧失了其作为政治哲学的功效。就像尚塔尔·墨菲说的，这是一种"没有政治学的政治哲学"。墨菲以罗尔斯为例，指出罗尔斯的正义论是一种不在场的政治哲学。因为现代政治学的一个基本特征就是要在斗争中去组建一种特定的秩序和社会关系，关于正义的话语是斗争的一个部分。而罗尔斯却极力掩饰正义理论的政治特性，反而用道德话语来混同政治话语，回避那些政治概念中诸如权力、冲突、对抗、统治等一系列核心问题。[20]

三、正义的批判理论

由于分配正义范式的上述缺陷，越来越多的学者在主流正义理论之外提出了其他一些规范理论，如上世纪 80 年代出现了社群主义与自由主义之争，90 年代又出现了共和主义、文化多元主义对自由主义的批评。不过，值得注意的是，以上这些理论虽然指出了主流正义的一些不足之处，如原子式的个人不符合人的真实存在、占有式的个人无法建立合理的公共生活、忽视多元文化无法给予人真正的认同等，但它们在批评正义理论的同时，也在不同程度上以其他的价值削弱甚至消解了正义的重要性。从这个意义上讲，这些理论没有真正意识到正义的重要性。相较而言，批判理论对主流正义的批评要更全面一些，一方面它积极扩展正义的范畴，通过把正义从分配正义提升到社会正义，从而让正义

---

⑲ 参见 Rainer Forst, *The Right to Justification*, "Introduction".
⑳ 参见尚塔尔·墨菲：《政治的回归》，王恒、臧佩洪译，南京：江苏人民出版社，2005 年，第 3 章。

继续作为社会规范理论的核心概念;另一方面又不仅是把正义作为一种实存的规范,而是将其看成是对社会支配和压迫的批判,从而把社会正义从单纯的规范理论过渡到了以马克思主义为基础的批判理论。

首先,在扩展正义范畴上,霍耐特与南茜·弗雷泽的"承认理论"可以说是批判理论这方面最著名的代表。就像凯文·奥尔森所说,虽然分配正义仍然具有相当的吸引力,但只有再分配的范式是不够的。于是,一些学者提出了以承认为核心的另一种社会正义范式。这样就出现了两种社会正义的概念,一边是平等主义,认为分配不公是错误承认的基础,另一边是对差异给予敏感关注的批判正义的传统,认为错误承认导致了分配不公。[21] 后一种传统拒绝把承认看成是分配的简单附庸,主张放弃经济主义的观点,创造新的多维度的正义观。其中,弗雷泽提出了正义的三个维度,即经济领域中的再分配、文化领域中的承认和政治领域中的代表权。而霍耐特则干脆以承认作为最基本的范畴,以承认来统摄分配。[22] 虽然霍耐特与弗雷泽在承认与再分配的具体关系上有所争执,但正如弗斯特所说,从广义上讲,他们都属于正义的批判理论。他们都植根于马克思主义和启蒙运动的批判话语,代表着批判理论的两个分支。[23]

除了"承认理论"以外,有些批判理论者还把正义的范畴扩展到了更大的范围。例如,艾瑞斯·杨就说,正义不只是物质财富、自然资源等物品的分配,所有的支配和压迫都是正义关注的对象。[24] 她指出了压迫的五种最突出的形式:剥削、边缘化、无权力、文化帝国主义以及暴力。所以,她认为,我们需要一种激进正义的理论,一种多维度的正义观。这种正义观既不同于主流正义的分配范式,也不同于霍耐特与弗雷泽的"承认"与"分配"的二维模式,而是更加多元化的,囊括了劳动分工、组织决策以及文化等多方面的内容。由此,她也进一步提出了著名的"差异政治"理论。[25] 而弗斯特在总结了霍耐特与弗雷泽的理论以后,也提出了自己的"正义的批判理论"。他指出,正义不应该被看成是主体对物品的客观占有,而是一种主体间的关系和结构。正义的核心概念是人们之间

[21] 凯文·奥尔森编:《伤害+侮辱——争论中的再分配、承认和代表权》,高静宇译,周穗明校,上海:上海人民出版社,2009 年,第 3 页。

[22] 同上,"译者前言"。

[23] Rainer Forst, "First things first: redistribution, recognition and justification", in Danielle Petherbridge (ed.), *Alex Honneth: Critical Essays* (Leiden: Brill, 2011).

[24] Iris Marion Young, *Justice and the Politics of Difference*, p. 3.

[25] 参见 Iris Marion Young, *Justice and the Politics of Difference*;以及杨:《难以驾驭的范畴:对南茜·弗雷泽二元体系的批判》,载凯文·奥尔森编:《伤害+侮辱——争论中的再分配、承认和代表权》。

的相互证成(justification)。正义的首要问题是政治情境下社会关系和权力制度的可证成性。只有以这种方式来探讨社会正义的各种基础,一种激进正义观才有可能。在他看来,正义的批判理论的核心,或者用罗尔斯的术语来讲,正义理论的基本物品,是社会上的执行权力必须要提供证成或人们可接受的理由,并把这些证成转为行动和制度协议的基础。不过,这种"物品"不能"传递"或"接收",而必须在集体商谈过程中形成。㉖ 在弗斯特这种以证成为首要对象的正义批判理论中,所有的社会政治关系的结构都要受到质疑,都要提供可辩护的理由,正义的范畴也远远超出了分配和承认的范围。

其次,从批判理论的研究方法来看,正义的批判理论这种摆脱分配正义的单一范式,重视社会正义的多元范畴的倾向,也符合批判理论一贯的做法。批判理论的前提是,用于批判社会的批判理想是植根于社会经验,并对社会经验进行反思。规范不是来自于别处,而是既定社会现实中可能实现而未实现的规范。批判理论是对历史、社会具体情境的规范性反思。㉗ 规范性反思必须始于历史性的具体环境,否则无从反思。按照批判理论的观点来看,一种好的规范理论必须要对社会和政治情况进行描述和解释。没有社会理论,规范反思是抽象空洞的。在这一点上,主流正义理论恰恰是一个反例。主流正义理论把社会和制度等各种情境都看成是既定的,通常是从几条关于人性或社会性质、理性的普遍前提中推出适用于所有或大多数社会的一些基本原则。这种主流正义理论所标榜的"自立"(self-standing),其实是虚幻的,因为正义理论不可避免地要涉及到具体的社会生活实质,例如罗尔斯的正义论虽然表面上是从一种假想的理论设计中推导而出的,看起来似乎只是一种纯粹的哲学推演,但其实他的不少理论前提都是基于自由资本主义社会的实际情况。㉘

第三,批判理论之所以特别重视正义论,除了正义是当代的理论热点之外,还与批判理论自身的演变有关。自上世纪八九十年代以来,作为西方马克思主义理论传统重镇的法兰克福学派在理论动向上发生了重大改变。虽然现在的法兰克福学派仍然在批判当今资本主义的种种弊端,在反思启蒙以来工具理性所带来的各种病症,但他们越来越积极地加入到西方主流哲学的讨论中去。他们有的是直接对西方主流哲学的热点问题做出评价,例如哈贝马斯对自由主

㉖ 参见 Rainer Forst, *The Right to Justification*, pp. 3–9,13–23,116–121。

㉗ 关于这一点,可参见迈克尔·沃尔泽:《阐释与社会批评》,任辉献、段鸣玉译,南京:江苏人民出版社,2010 年。

㉘ Iris Marion Young, *Justice and the Politics of Difference*, "Introduction".

义、社群主义和共和主义的批评;有的根据主流哲学的思路提出自己的理论,例如霍耐特在对主流正义理论批评的基础上提出了自己的再分配理论("承认"理论);还有的更是直接把热点问题作为自己的研究对象,例如弗斯特就把自由主义与社群主义之争作为自己第一本专著的主题。㉙ 虽然这种倾向遭到了一些人的批评,认为今天的批判理论过于注重规范性,反而丧失了批判性。但从中也可以看出,批判理论不满当前的主流规范理论,企图在批判的基础上有一种"规范性重构"的雄心。㉚ 有鉴于此,一些学者将这二三十年来法兰克福学派称之为"新法兰克福学派",或者称之为法兰克福学派的"政治伦理转向"。㉛

第四,需要指出的是,当今批判理论的正义观还处在发展阶段,尚有不少问题有待进一步的研究。例如,"正义的批判理论"代表着多位批判理论家对正义的看法,而这些理论家的观点既有共通之处,又有相互冲突的地方,如弗雷泽与霍耐特的争论,艾瑞斯·杨对弗雷泽的批评,弗斯特在弗雷泽和霍耐特之外提出了另一种思路等。如何理解他们之间的冲突,如何把他们的不同观点融入"正义的批判理论"是一个比较难以处理的问题。此外,并不是只有"正义的批判理论"在批评自由主义的正义观,社群主义、公民共和主义、文化多元主义乃至女性主义都对自由主义正义观有所批评。而且,有些批判理论家同时也属于其他阵营(如艾瑞斯·杨、本哈比既是批判理论家,又是女性主义者),如何区分"正义的批判理论"与其他思想,这些区别有着什么样的理论重要性,也是值得继续思考的问题。

最后,正如艾米·艾伦在 2016 年出版的新书中指出的那样,在当今这个后殖民或新殖民社会,批判理论的整个根基都必须要在哲学上进行重新的阐述。毕竟,在当前这种认同与差异政治盛行的年代,以哈贝马斯为代表的批判理论那种原有的启蒙时代的进步论,已经越来越无法应对各种特殊主义的挑战。㉜ 如何在新时代下重新论述历史与规范这两个批判理论的主题,正义的批判理论

㉙ Rainer Forst, *Contexts of Justice: Political Philosophy beyond Liberalism and Communtarianism*, translated by John M. M. Farrell, Berkeley and Los Angeles (California: University of California Press, 2002).

㉚ 阿克塞尔·霍耐特:《自由的权利》,王旭译,北京:社会科学文献出版社,2013 年,第 9—24 页。

㉛ 参见童世骏:《批判与实践》,北京:三联书店,2007 年,第 17 页;应奇:《〈伦理学与对话〉译后记》,载韦尔默:《伦理学与对话》,罗亚玲、应奇译,上海:上海译文出版社,2013 年,第 219 页;王凤才:《从公共自由到政治伦理:批判理论语境中的维尔默政治伦理学》,"导论"。

㉜ Amy Allen, *The End of Progress: Decolonizing the Normative Foundations of Critical Theory* (New York: Columbia University Press, 2016), chapter 1.

可以说是在做有益的尝试,同时也在为批判理论的下一步演进做出探索。③

当然,总的来说,从批判理论对分配正义的批评到"正义的批判理论"的提出,批判理论在相当程度上改变了正义的范畴,转换了当代政治哲学的走向。④在这里,我们也看到了西方马克思主义者面对当代政治哲学的主流,是如何积极参与其中并发出自己的声音的。当然,从经典马克思主义的视角来看,批判理论在批评分配正义时,并没有采用马克思的历史唯物主义思想,没有理解生产力的发展会使得正义在实然与应然上达到统一,这无疑在某种程度上丧失了马克思主义的精髓。不过,在当今规范理论越来越受重视的情况下,如何既在规范中坚持批判,又在批判中发展新的规范含义,"正义的批判理论"还是带给我们不少启示,值得我们认真对待。

作者简介:马庆,上海社会科学院中国马克思主义研究所副研究员,研究方向为西方马克思主义、道德哲学与政治哲学。

---

③ 艾米·艾伦对弗斯特的正义批判理论既有批评,也有赞许,批评主要是具体观点和论证上的,而赞许则是指弗斯特代表了批判理论新的发展方向,可参见 *The End of Progress: Decolonizing the Normative Foundations of Critical Theory*, chapter 4.

④ 凯文·奥尔森编:《伤害+侮辱——争论中的再分配、承认和代表权》,第 9 页。

阿伦特错了吗？

——"恶之平庸性"概念的合理性之辩*

马成慧

【摘　要】近年来,随着新史料的出现,对阿伦特"恶之平庸性"概念的批评甚嚣尘上。"恶之平庸性"概念有其自身形成的理路,它既不是在取代"根本恶"的意义上形成的,也不是在把艾希曼作为特殊个案分析后的理论产物。因此,基于史料的批判,难以直达阿伦特这一思考的核心。"恶之平庸性"概念是阿伦特政治哲学思想脉络的关键中介,关联着她的思考出发点与对话传统哲学的理论归宿。只有将阿伦特的思考与现代政治哲学的核心关切联系起来,才能更加准确地把握"恶之平庸性"概念和阿伦特思想的理论地位。

【关键词】阿伦特　恶之平庸性　思　意志　判断

＊ 本文为黑龙江省教育厅项目(项目编号：1351MSYYB018)的阶段性成果。

"恶之平庸性"是阿伦特思想体系中的一个关键概念,也是其思想原创性的重要标志。依凭"恶之平庸性"概念的提出,阿伦特认为自己发现了一种不同于传统文学、神学或哲学所规定的恶的新类型。[①] 扬-布鲁尔(Young-Bruehl)认为,这一概念是使阿伦特广为人知的时代强音。[②]

然而,随着有关艾希曼的历史资料再度进入人们的视野,"恶之平庸性"概念的合理性遭遇了空前的危机。在最近出版的文献中,艾希曼的个人特质再一次被历史学家和思想家们作为模型进行分析。他们指出,艾希曼在法庭上的"平庸"姿态不过是巧妙的伪装,他并非阿伦特所说的那么"愚蠢"和"无思"。反之,在纳粹执政时期,艾希曼是屠杀犹太人的积极执行者,他是一个狂热的、投入的纳粹分子。战后,艾希曼也并未对自己曾经犯下的罪行有任何忏悔的意愿。[③] 这些史料对"恶之平庸性"概念的合理性,甚至对阿伦特后期思想的有效性来说,无疑都是非常致命的诘难。

实际上,"恶之平庸性"概念所要面对的挑战不只来自于当代,也来自于阿伦特之前的时代;不仅来自于历史考据,也来自于理论斥驳。在笔者看来,前现代的、基于哲学理论的质疑,甚至更加关键:阿伦特一直在挑战的哲学传统,真的失却了对"艾希曼之恶"的解释能力了吗?对这一质疑进行回应,是确立阿伦特思想原创性地位的必要考验。本文加入到这种新近再次爆发的争论之中,旨在藉此阐述"恶之平庸性"概念之于阿伦特思想的中介地位,以及阿伦特的政治思考必然的哲学走向。

一、"恶之平庸性"概念提出的理路

阿伦特以艾希曼作为论述"恶之平庸性"概念的模型。这极易导致人们的误解,好像阿伦特是在耶路撒冷观察了审判中的艾希曼之后,才开始思考恶之平庸性的问题。实际上,阿伦特的相关思考很早就开始了。

纳粹的恐怖统治和第二次世界大战,将"恶"前所未有地袒露在人类面前。在庞杂的有关"恶"的各种理论思考中,"恶之平庸性"的概念具有相当高的辨识

---

① Hannah Arendt,*The Life of the Mind·Thinking*(New York:Harcourt Brace Jovanovich,1978),p. 3.

② 伊丽莎白·扬-布鲁尔:《阿伦特为什么重要》,"导言",刘北成、刘小鸥译,南京:译林出版社,2008年,第 1 页。

③ 刘文瑾:《重省〈耶路撒冷的艾希曼〉——当下美国学界关于"恶之平庸"的论战》,《学术月刊》2017 年第 4 期,第 98—99 页。

度。虽然迟至 1960 年，阿伦特才经由艾希曼审判这一语境提出了"恶之平庸性"的概念，但这一概念的形成却有一个较长的过程。1946 年，阿伦特与雅斯贝尔斯在战后重新取得了联系，他们的交流除了对劫后重逢的感慨，更多地涉及到了对纳粹极权统治之恶的批判。伯恩斯坦认为，阿伦特和雅斯贝尔斯这一时期的交流是决定性的，她关于"根本恶"和"恶之平庸性"的思考已经在此埋下了种子，并就此奠定了其余生思考的重要主题——"纳粹罪行的特点问题，如何裁判这种罪行以及刑法传统是否足够充分去处理这种新类型的犯罪"。[④] 需要指出的是，在两人于 1946 年的几封通信中，雅斯贝尔斯提醒阿伦特注意纳粹恶行的"彻底的平庸性"和"乏味的浅薄性"[⑤]，这无疑为阿伦特的思考提供了不可或缺的指引。阿伦特接受了雅斯贝尔斯的说法，但她也敏锐地指出，纳粹罪行的独特之处在于罪行的实施不是以通常的"人"的动机为基础的——"一个人杀死另一些人，不是基于人性的缘由，而是基于灭除'人'这一概念的组织性的企图"。[⑥] 由此，阿伦特对恶的思考转向了极权主义机制与个体行动抉择之间的张力问题。

　　厘清"恶之平庸性"概念的理路，还需要提及阿伦特更早的文本中有关"暴民"的恶的相关阐述。然而，鲜有研究者注意到"恶之平庸性"这一概念的雏形。《极权主义的起源》一书自"反犹主义"展开讨论。在对典型的反犹主义事件——"德雷富斯事件"进行分析的过程中，阿伦特指出了缺乏政治判断能力的暴民的危险性，他们所行的恶与此后的"艾希曼之恶"形异但质同。暴民是德雷富斯事件中不可忽视的因素，他们受到耶稣会和天主教军团反犹主张的蛊惑，冲击国会、走上街头、公开对犹太人施暴。然而，耶稣会和天主教军团敌视犹太人的话语不过是其进行政治宣传的工具和一种斗争的策略而已。"巴拿马丑闻"之后，在法国民众中间的确积聚了排犹的情绪。"反德雷富斯派"的宣传就将这种情绪集合、极端化，引导其成为左右舆论、影响事件进展的意识形态工具。令人感到恐怖的是，这一鼓动很轻易地激起了暴民的狂热响应。对无思的暴民来说，犹太人在事件中的真实处境无关紧要，他们只将犹太人看作一切应当攻击的对象之中最可攻击者。在阿伦特看来，暴民就是"反犹主义"意识形态之下的无思者——他们不具备参与政治活动的合法身份，价值判断摇摆不定，

---

④ Richard J. Bernstein, *Pragmatic Encounters* (New York: Routledge, 2016), p. 141.

⑤ 伯恩斯坦认为阿伦特重复了雅斯贝尔斯的某些观点。参见 Richard J. Bernstein, *Pragmatic Encounters*, p. 146。

⑥ Hannah Arendt and Karl Jaspers, *Hannah Arendt/Karl Jaspers Correspondence 1926-1969*, p. 69；转引自 Richard J. Bernstein, *Pragmatic Encounters*, p. 141。

更加没有思考反犹主张真实指向的兴趣和能力。

阿伦特的这一分析奠定了其解释现代政治危机理论的基础,蕴含着"恶之平庸性"概念的隐蔽根源——意识形态"将人能力中的内在自由换成简单的逻辑外衣,人以此可以几近粗暴地强迫自己,就像他被某种外部力量强迫一样"。⑦虽然德雷富斯事件没有被大书特书的历史影响,但该事件清晰地体现出极权主义形成的三重要素:意识形态的恐怖、共和政治制度的崩溃以及个体政治判断力的匮乏。德雷富斯事件虽然发生在法国,但它的真正后果却出现在德国,它是德国纳粹政权大规模迫害犹太人的一次预演,事实上,也是极权主义政治样态的一次预演。

将阿伦特对暴民和艾希曼的分析对照起来看是很有必要的。"恶之平庸性"概念通常与艾希曼的恶行联系在一起,阿伦特自己也曾指出,对艾希曼之恶的思考,促成了"恶之平庸性"概念的提出。⑧ 阿道夫·艾希曼是德国纳粹政权屠杀犹太人政策的主要执行者,二战后逃亡至阿根廷。1960年5月,以色列特工人员在阿根廷将他秘密逮捕,并将其押解至耶路撒冷接受审判。这一事件引起了阿伦特的极大兴趣。她主动请缨,作为《纽约客》杂志的特约采访撰稿人,远赴耶路撒冷细致地观察了整个审判过程。随后,阿伦特发表了轰动一时且极富争议的《耶路撒冷的艾希曼:关于恶之平庸性的报告》。在这份报告中,阿伦特最终提出了"恶之平庸性"的概念。⑨

"恶之平庸性"概念的首要涵义是行恶之人的"无思"状态。一般意义上的恶行是行为人恶意的外在表现,而阿伦特发现艾希曼的罪行不具有明显的恶意。法庭上的艾希曼显得"既不阴险奸刁,也不凶横,而且也不是像理查德三世那样决心'摆出一种恶人的相道来'。恐怕除了对自己的晋升非常热心外,没有其他任何动机……他完全不明白自己所做的事是什么样的事情……他并不愚蠢,却完全没有思想——这绝不等同于愚蠢,却又是他成为那个时代最大犯罪者之一的因素"。⑩ 在阿伦特看来,艾希曼对德国纳粹意识形态、对屠杀犹太人的政策以及对更为一般性的善恶之别的问题,完全没有思考和辨析的能力。因此,他作恶的原因不是源自某种恶的动机,而是由于缺乏思的能力。阿伦特凭借"恶之平庸性"概念,完成了她对极权主义之恶的理论构建——纳粹政权的极

---

⑦ 阿伦特:《极权主义的起源》(第2版),林骧华译,北京:三联书店,2014年,第586页。

⑧ Hannah Arendt, *The Life of the Mind · Thinking*, p. 3.

⑨ 伊丽莎白·扬-布鲁尔:《爱这个世界:阿伦特传》,孙传钊译,南京:江苏人民出版社,2009年,第368页。

⑩ 阿伦特等:《耶路撒冷的艾希曼》,孙传钊译,长春:吉林人民出版社,2003年,第54页。

恶之中,实际上隐藏着"无思的平庸"这样不易被察觉的因素。

阿伦特经过十多年思索,最终提出这一概念:她对纳粹恶行的反思是"恶之平庸性"概念形成的理论出发点,对极权主义运行机理的解析为讨论"恶"建构了重要的语境。按照"恶之平庸性"概念的规定,某些恶的行为并非以行为人的恶意为必要条件,这类行为人对行为的结果及其影响缺少或不能做出充分的判断。更为关键的是,这种类型的恶所造成的后果是极具破坏性的。阿伦特凭借这一概念,将批判矛头指向特定情况下的恶的隐藏特征——无思(thoughtlessness)。事实上,许多研究者都注意到了阿伦特在不同时期有关恶的不同表述:她把极权主义的恶称为"根本恶"或"绝对恶",把艾希曼之恶定义为"恶之平庸性"。那么,是否像德纳·维拉(Dana R. Villa)所说的那样,阿伦特在对恶的理解上出现了前后矛盾呢? 艾希曼和暴民缺少思考能力而实施的暴行,是否具有某种历史独特性呢? 此外,当新的史料指出艾希曼或许并非"无思"的,阿伦特的有关论点还具有合理性吗?

二、"恶之平庸性"概念的中介地位

"恶之平庸性"概念是阿伦特有关恶的思考的一种结论性表述,是阿伦特理论进路的一个关键节点,但不是其思想的终结。[11] 因此,准确理解"恶之平庸性",需要从阿伦特思想的整体进行把握,仅仅基于有关艾希曼的新史料对"恶之平庸性"进行质疑是缺少足够说服力的。赫尔辛基大学学者 Jari Kauppinen指出,理解阿伦特有关恶的观点,研究者需要面对三个不同层面的问题。

第一,阿伦特认为恶是历史性的,尤其当她谈到根本恶(或绝对恶)之时,她强调的是纳粹统治和第二次世界大战所揭露出来的历史上从未有过的恶。[12] 首先,虽然在纳粹之前,战争中的屠杀并不罕见,但对非敌对的(甚至是纳粹统治下的民众)无辜者(非政治异见者)进行灭绝性的屠杀还是十分罕见的。其次,纳粹政权对人从身体到身份上的摧毁是十分彻底的,这受到了包括阿伦特在内的研究者的广泛关注。集中营摧毁的是人的基本信念,[13]甚至使受害者丧失了

---

⑪ 洪晓楠,蔡后奇:《根本恶到平庸恶的逻辑演进》,《哲学研究》2014 年第 11 期,第 96 页。

⑫ Jari Kauppinen, "Hannah Arendt's Thesis on Different Modes of Evil", in Mika Ojakangas (ed.), *Studies Across Disciplines in the Humanities and Social Sciences*, vol. 8: *Hannah Arendt: Practice, Thought and Judgement* (Helsinki Collegium for Advanced Studies, 2010), p. 48.

⑬ Michal Aharony, *Hannah Arendt and the Limits of Total Domination: The Holocaust, Plurality, and Resistance* (New York: Routledge, 2015), p. 103.

日常的经验感觉。[14] 更进一步讲,受害者面对的是组织化的、机械化的屠杀机制,他们则变成了物质性的对象材料。同时,屠杀的施行者自身就如同卡夫卡所描述的流放地的军官一样,完全沦为杀戮机器的附庸。因此,阿伦特所说的"根本恶"并非康德意义上的、道德性的根本恶。[15] 大多数研究者看到了阿伦特的"根本恶"和康德同一概念的关联性,[16]但两者之间的差异也尤为清楚。康德的根本恶基于道德哲学的立场,揭示人有趋向恶的本性。[17] 他的批判指向的是作为个体的人的主观性;而阿伦特则是从历史性的角度,突出极权主义政治所引发的制度性的极恶。在阿伦特看来,现代道德困境的根源来自伦理和政治层面。因此,理解艾希曼之恶,也需要以这样的宏观背景为基础。这就直接关系到 Kauppinen 所提出的第二个问题。

第二,"根本恶"与"恶之平庸性"之间的差别问题。阿伦特对"恶之平庸性"的表述本身就很值得思考。国内学者在很长一段时间都将这个表述——The Banality of Evil——译为"平庸之恶"。近年来,有学者开始使用"恶之平庸性"或"恶之平庸"这类译法。按照原文的字义,阿伦特的思考应当是指向一种此前不为人知的恶的属性,是一个次级概念;而当我们按照"平庸之恶"的陈述方式去理解她的这个概念时,又似乎她是在阐述一种不同于"根本恶"的恶的新类型。同时,阿伦特自己也的确提出艾希曼之恶是传统的神学和哲学都无法解释的一种恶的新类型。这就更加强化了人们对后一种意义的理解。阿伦特的表达意图究竟是怎样的?要解决这个问题,就要对"根本恶"和"恶之平庸性"的关联性进行考察。著名的阿伦特研究者德纳·维拉认为,阿伦特的这两个概念是不相容的,两者之间存在着明确的张力。因此,阿伦特在后期用"恶之平庸性"替代了"根本恶"的表述。然而,理查德·伯恩斯坦则认为,尽管阿伦特曾在回应肖勒姆的时候表达了她对"根本恶"的某种放弃的态度,"但这并不意味着她否定了自己(此前)对极权统治的分析"。[18] 本文倾向于采取伯恩斯坦的立场——阿伦特将"根本恶"的表述转变为"极度的恶",只是意在说明"纳粹的恶没有深度或者恶魔性的维度",[19]不存在某种深邃的思

---

[14] Ibid. , p. 225.

[15] Jari Kauppinen, *Hannah Arendt's Thesis on Different Modes of Evil*, p. 48.

[16] 刘英:《汉娜·阿伦特关于"恶"的理论》,《武汉大学学报(人文科学版)》2009年第5期,第321—325页。

[17] 康德:《康德著作全集》(第6卷),"纯然理性界限内的宗教",李秋零译,北京:中国人民大学出版社,2010年,第32页。

[18] Richard J. Bernstein, *Pragmatic Encounters*, p. 145.

[19] Ibdi. , p. 146.

想为其支撑。纳粹的恶只是彻底的平庸，"毫无新意的琐碎是它的真实特征"。[20] 依据这样的理解，艾希曼之恶就不过是极权主义的恶的微观展现。根本、极端和平庸性都从属于阿伦特所要致力于解释的极权主义的恶，它们是极权主义的恶的不同侧面。

不过，维拉对艾希曼恶行的特殊性分析是值得关注的：艾希曼并不是纳粹罪犯的典型代表。在纳粹体系之中，除了艾希曼这样因无思而施恶的人，还有很多充满恶意的罪犯。虽然"恶之平庸性"指向的是个体的责任问题，但这当然不是说我们"每一个人都可能成为艾希曼"。[21] 只有注意到艾希曼之恶的特殊性及其背景，由此所做出的评价才具有意义。维拉的评论或许可以解释纳粹极权统治与平庸的艾希曼之间的关系——艾希曼的恶在极权主义的背景下才显得尤为可怕。艾希曼是将自己投入到一种制度之中，在这个制度中，任何一个人都失去了自主的权力。同时，艾希曼的无思加剧了这一恶的制度的发展，使自己成为极权主义恶的一部分，甚至是重要的部分。在没有外在意识形态和制度的环境里，艾希曼的无思对他人来说几乎是无害的，但它极度危险，因为一旦条件满足，它所爆发出的破坏力量要远超过具有恶意的恶。对这一点的理解至关重要，它涉及特殊情境下的判断问题，也是关涉到艾希曼之所以会处于"无思"状态的原因。由此，对阿伦特语境中的恶的分析，就自然地要进入"恶之何所以是"的层面。

第三，阿伦特"恶"的概念的本体论意义。从本体论的层面看，Kauppinen认为，阿伦特的"恶"从属于奥古斯丁的传统，即"恶"是具有客观性（objective）的。恶存在于世界之上，而不是康德所说的人在主观上具有本质的、意向性的恶。恶是会跟随着在世境况的变化而发生变化的某种客观性存在。"在现代的主观性条件下，恶是平庸的（沉沦）。"[22] 按照阿伦特自己的说法，恶是"抵制思的"，"因为思想要探寻某种深度、走向根源，但当它关注恶时，会感到沮丧。因为那里什么也没有。这就是恶的'平庸性'"。[23] 她还进一步指出，艾希曼就是她

---

[20] 这是雅斯贝尔斯在1946年写给阿伦特的信中所使用的表述，无疑对阿伦特有极其深刻的影响。转引自 Richard J. Bernstein, *Pragmatic Encounters*, p. 141。

[21] Dana R. Villa, *Politics, Philosophy and Terror: Essays on the Thought of Hannah Arendt* (Princeton: Princeton University Press, 1999), p. 54.

[22] Jari Kauppinen, *Hannah Arendt's Thesis on Different Modes of Evil*, p. 49.

[23] Hannah Arendt, "The Eichmann Controversy: A Letter to Gershom Scholem", in Hannah Arendt, *The Jewish Writings*, edited by Jerome Kohn and Ron H. Feldman (New York: Schocken Books, 2007), p. 471.

想要借以阐述有关恶这一特性的最好的例子。[24] 在极权主义社会中,艾希曼这类人对自身的行动难以做出有效的反思和判断。在神学意义上,受造者与造物者的联系遭遇了阻隔,神无法引导人走向善,"本真的良知的召唤无法再起作用"。[25] 同时,Kauppinen 像许多其他研究者一样,注意到了阿伦特有关恶的一个重要隐喻,即"恶可以像霉菌一样四处传播,不断扩散并毁坏整个世界"。[26] 极权主义使身处于其中的人们陷入到"思想不能"(inability to think)的状况,使个体呈现出如艾希曼一样的平庸性,这才是它最为恐怖的地方。Kauppinen 借用列维纳斯的思想,将阿伦特的这个比喻引向了本体论的层面。极权主义的恶,是一种比死亡更基础的生存焦虑。[27] 阿伦特一定会赞同列维纳斯的这个观点,因为在她的"政治本体论"之中,恶的基础性地位是不言而喻的。

如此,我们自然会想到海德格尔与阿伦特的观点碰撞,想到他们在伦理学问题上的分歧。在海德格尔那里,政治和伦理问题仅属于"存在者"层面,还不能触及"存在"。但在阿伦特看来,政治生活涌现出一种本体论的意义。这是阿伦特对海德格尔持续进行批判的原因。

我们可以在此回应有关"恶之平庸性"概念的质疑:首先,阿伦特并非否定自己此前关于恶的理论,她是在一个系统性思考的意义上,发展出了有关恶的平庸性的论述;第二,艾希曼和暴民的恶是具有历史独特性的,是一种在特定情况下出现的恶;第三,基于新史料对阿伦特的质疑不是完全充分的,是对阿伦特思想的片面理解,因而忽视了阿伦特思想的体系。所以,以这样的方式对"恶之平庸性"概念进行批判,实际上是难以成立的。本文同意这样一个观点:在阿伦特的政治哲学思想线索之中,"恶"的问题是一个必不可少的中介。阿伦特凭借对恶的思考,意识到西方政治哲学(甚至是哲学)存在的基础性问题。由此,构成了她后期思想的重要脉络:寻找一种能够与传统哲学对话的途径。

三、走向政治"判断":三重结构的精神能力

为了能在相应的哲学层面上与传统思想进行批判性的对话,阿伦特着手进

---

[24] Ibid.

[25] Jari Kauppinen, *Hannah Arendt's Thesis on Different Modes of Evil*, p. 52.

[26] Hannah Arendt, *The Eichmann Controversy: A Letter to Gershom Scholem*, p. 471.

[27] Jari Kauppinen, *Hannah Arendt's Thesis on Different Modes of Evil*, p. 60.

行有关"精神生活"的写作。她十分清楚,对"精神生活"的研究必定会遭遇来自不同方面的质疑和批评。因此,她冒着极大的风险,"从相对安全的政治科学和理论的领域"进入到对那些棘手问题的讨论。㉘ 本文在这里也要做一次有风险的尝试:阿伦特的"精神生活"概念涉及"思""意志"和"判断"等三个维度,对这三者之间关系的梳理,有利于把握"精神生活"的结构和指向。阿伦特并没有明确地给出此三重结构的清晰架构,并且没有完成对"判断"的论述,所以,对此进行论述必然要面临诸多困难。然而,这是从体系化视角理解阿伦特的必经之路。

阿伦特开始探讨精神生活的缘由是哲学之思应对极权主义之恶的困境——哲学家基于高高在上的哲学立场对政治活动进行的解释是缺乏准确性的。因此,阿伦特对精神的解析,是从反对哲学家的基本立场开始的。Kauppinen 甚至指出,对阿伦特来说,"海德格尔和艾希曼或许同样处在她所说的无思的状态"。㉙ 阿伦特并不否认传统哲学所思考的问题的真实性,但她反对传统哲学回答问题的方式。她指出,当我们评说神学、哲学和形而上学已经近于终结的时候,并不是意指"上帝死了"。事实上,我们连上帝存在与否都知之甚少。因此,所谓的"终结",是强调几千年来思考上帝的方式不再令人信服了——"如果有什么死了,那只是有关上帝的传统思想死了"。㉚ 同样地,哲学和形而上学的终结并不意味着"与地上之人共存的古老问题变得'毫无意义',只是构成和回答这些问题的方式失去了合理性"。㉛ 神学、哲学和形而上学的根基是对感觉(sensory)世界和超感觉(suprasensory)世界的二重划分。在这样的背景下,"思"带有抽离于感觉世界、"上升"至超感觉世界的任务。不论是沉思或是理论生活,都自发地不以人间事务为依托和目的。然而,现代以来,二重划分逐步走向末路,传统理论的根基坍塌了。尼采将形而上学比作"概念的彩虹",彩虹的另一端是我们孜孜以求的家园。然而,阿伦特认为,彩虹的另一端没有什么所谓的家园,她也没有跨过彩虹的意愿。㉜ 现代人面对的是一个阿伦特所说的"无以依凭"的世界,这是极权主义的恶产生的不可忽视的思想根源。

对阿伦特来说,哲学和形而上学的失败给我们带来两个契机:首先,我们可以不用背负传统的负担,而享受来自现实体验的巨大财富;第二,思作为哲学家专

㉘ Hannah Arendt, *The Life of the Mind • Thinking*, p. 3.

㉙ Jari Kauppinen, *Hannah Arendt's Thesis on Different Modes of Evil*, p. 62.

㉚ Hannah Arendt, *The Life of the Mind • Thinking*, p. 10.

㉛ Ibid.

㉜ Ibid., p. 176.

属的精神能力已经失去了合理性，如果"思"关联着辨别善恶的能力，那么任何一个正常人都应当具备这种能力。我们应当凭借这两种有利条件，展开对哲学之后的问题的追问。

在《精神生活》中，阿伦特分别对"思""意志"和"判断"这三种精神能力进行了阐述，以政治事务领域的特殊性为指向，试图寻找解决"恶"的途径。作为从事政治生活所需要的精神能力，"思""意志"和"判断"是一个整体性的三重结构。

首先，阿伦特对"何所思"做了关键性的转换，为判断能力的出场开辟了道路。她对康德的"理性"和"知性"划分给予了高度评价。"理性为自己设置的巨大障碍，是基于知性而起，也是基于他为自身目的而设立的全部合理性标准。这个目的就是，平息我们对知识和认知的欲望，满足我们的相关需要……但如果思和理性在超越了认知和知性之后才获得合法性……那么，思与理性当不与知性所关联的内容相关……一言以蔽之，不是对真理的追寻，而是对意义的追索，激起了对理性的需求。真理与意义是不同的"。[33] 如果阿伦特的理解是正确的，康德无疑就是现代实践哲学的一个重要源头。从康德的批判哲学中，能够看到从"形而上学"到"行而上学"的进展，或者说，他的哲学完全就是一种实践哲学。[34] 按照阿伦特的理解，意义不是知性所追索的、确实的知识结构，而是激起人的思想的价值内容。当哲学家用寻找真理的方式去考察政治生活的时候，实际上是误用了思的能力。所以，诸如"意义是什么"这样的提问方式，混淆了知性和理性的不同任务，是形而上学的谬误。意义只能被评价，不能通过主谓结构进行表述。实际上，在探寻意义的过程中，人所做的更多是价值判断——一种基于具体情景的反思性判断。虽然它没有确实的、知识性的标准，但却具有自我对话、自我批判的能力。

阿伦特在此引用了苏格拉底的两个重要的命题：（1）"受恶比作恶好"；（2）"对我来说，更好的情况是，我的七弦琴或者我指挥的合唱队跑调了、声音不和谐，导致多数人与我意见相左，而不是我一个人与自己不和谐、自相矛盾"。[35] 由此，阿伦特依据苏格拉底的论述，强调了思的这种"我与自己进行对话"的"政治性"。这可

---

[33] Ibdi. , p. 15.

[34] 邓安庆：《启蒙伦理与现代社会的公序良俗：德国古典哲学的道德事业之重审》，北京：人民出版社，2014 年，第 100 页。

[35] Hannah Arendt, *The Life of the Mind · Willing*，p. 181. 王晓朝的译文为：（1）"作恶比受恶更坏"；（2）"我的朋友，我想最好是我的七弦琴出了毛病，弹出的曲调不和谐，跑调了，只有我一个人因为跑了调而自相矛盾，所以人类中的大多数都不会同意我的看法，而要反对我。"参见柏拉图：《柏拉图全集》（第 1 卷），北京：人民出版社，2002 年，第 335，368 页。

以被看作是判断的基础。然而，问题在于，这样的自我对话并不能导向政治活动：因为政治行动始终不同于思的活动，当我们共同致力于营建或改造一个共同世界的时候，我与自己对话的模式“不能延伸到政治行动中真正的复数性——我们”。㊱

在政治行动中展现自己的是一个致力于政治生活以及具体行动的“意志的我”。因此，第二，意志促成了政治行动的可能性，为政治判断提供了场景。阿伦特依据其有关哲学和政治相互冲突的观点，将“我”又一次进行了二元划分：即，思维的我和意志的我。㊲ 意志内含着自由和开端，是判断活动得以开始的意义保障，它产生了一个不必然融于“他们”的“自我”。然而，我们思想的两个主要源流，唯心主义和唯物主义，都实际上摧毁了这个“自我”及其关联的“自由”。㊳ 因此，“意志”的主要对手是必然性。阿伦特于此遭遇了最大的困难：政治活动何以开端，何以摆脱必然性。她在这里引入了在不同文本中反复强调的一个富有神学色彩的思想：奥古斯丁有关“出生”的论述。

“人被造出来是一个起点，在此之前没有人存在”。㊴ 阿伦特继而说到，“创造开端的能力根植于出生性之中，而绝不是在创造性之中。它不在于一种天赋，而在于一个事实——人类，即新人，不断地通过出生涌现于世界之中”。㊵ 因而，唯有奥古斯丁的论述给予了政治自由一点希望：打破必然性束缚的政治自由，蕴含在出生的意义当中。在政治领域中，基于意志的自由和作为反思性自我对话的思，不同于哲学的政治活动。应当注意到，现代思想的一个困境，是政治之思的无根性。二战以后，尤其是“大屠杀”之后，我们失去了评判善恶的标准，失去了抵抗恶的能力。在阿伦特看来，政治事务以特殊情境为内容，我们只能依赖于唯一适合的精神能力——判断，在具体情况下决定我们的行动，抵制现代政治的恶。㊶

按照通常的理解，阿伦特是从康德的《判断力批判》中找到了建构政治判断力的思想资源，而那也是她为解决现代政治中出现的“恶”所确立的途径。阿伦特以

㊱ Hannah Arendt, *The Life of the Mind · Willing*, p. 200.

㊲ Ibid., p. 195. 阿伦特面对的问题是从哲学真正转向政治，也就意味着她应对两者之间的区分和转向的可能做进一步说明。然而，这种说明和转向的理由并没有更加充分地出现在她的论述中。阿伦特对哲学和政治、“思维的我”和“意志的我”所进行的分割注定要引起争论。

㊳ Hannah Arendt, *The Life of the Mind · Willing*, p. 195.

㊴ Ibid., p. 217. 同时，参见奥古斯丁：《上帝之城》，王晓朝译，北京：人民出版社，2006 年，第 506 页（王晓朝译文为：“……从上帝最先创造出来的那个人中产生了整个人类”）。另见 Augustine, *The City of God against the Pagans*，影印本，edited by R. W. Dyson，北京：中国政法大学出版社，2003 年，第 511 页。（英译本该句为：“For from one man, whom God created as the first, the whole human race took its origin ...”）

㊵ Hannah Arendt, *The Life of the Mind · Willing*, p. 217.

㊶ Ibid.

其对《纯粹理性批判》的理解为基础,认为康德那些带有明显政治哲学色彩的作品实际上并不是康德最重要的政治哲学论著,而《判断力批判》才包含着他最真切的政治哲学思想。[42] 她尤其关注康德对共通感的论述。首先,阿伦特认为,审美活动本身就带有公共性。美的基础是它的"可交流性"(communicability),仅当人们能够就美的事物进行交流、分享的时候,美才能够显现自身、确立自身。因此,人们审视、理解美,首先要营建一个可供彼此交流的公共领域。[43] 第二,审美活动的可交流性,源于人们之间的共通感。人对美的判断,始终潜藏着对他人观感的判断,"因为我是人且无法在失去他人陪伴的情况下独自存活"。[44] 康德认为,鉴赏的能力来源于共通感(sensus communis),"这种评判能力在自己的反思中(先天地)考虑到每个别人在思维中的表象方式,以便把自己的判断仿佛依凭着全部人类理想,并由此避开那将会从主观私人条件中对判断产生不利影响的幻觉"。[45] 阿伦特强调康德把基于共通感形成的判断与个人的逻辑性判断相对立:认为判断力来自于自身的理性能力大概是错误的,判断力的真正来源是与他人共同存在于世的基本境况。[46] 与他人的相互依存是行动者必须面对的事实,没有这种依存与互证关系,公共领域(世界)将不复存在。因此,进入公共领域,获得公共认同,同时意味着对他人的感知内容负有义务,需要从他人的角度判断自己的行动。从这个意义上说,基于共通感的政治判断力就成为政治行动中非常关键的精神能力。遗憾的是,阿伦特没有来得及完成《精神生活》第三卷的写作。虽然我们大致可以从她有关康德政治哲学的讲演中看到一些线索,但正如编者所说,熟悉阿伦特的人都知道,她即将要写的内容一定不同于之前所讲过的。[47] 因此,阿伦特究竟要展现怎样的思想给我们,将永远无法得到回答。

通过对精神生活三重结构的论述,阿伦特试图建立起可与传统哲学对话的语词系统。然而,阿伦特不是一个"建构型"的思想家,她没能发展出一套完整的思想体系,也没有那么做的打算。正如卡诺凡所说,我们或许只能以"思想链"这种表述来理解阿伦特思想的发展脉络。[48] 阿伦特对思想体系化的反感,与她对那一时代思想特征的理解是密不可分的:"一代人经历了两次世界大战,其

---

[42] 阿伦特:《康德政治哲学讲稿》,曹明、苏婉儿译,上海:上海人民出版社,2013年,第15—20页。

[43] Hannah Arendt, *The Life of the Mind · Willing*, p. 262.

[44] Ibid. , p. 266.

[45] 康德:《判断力批判》,邓晓芒译,杨祖陶校,北京:人民出版社,2002年,第135页。

[46] Hannah Arendt, *The Life of the Mind · Willing*, p. 263.

[47] Ibid. , p. 243.

[48] 玛格丽特·卡诺凡:《阿伦特政治思想再释》,"导言",陈高华译,北京:人民出版社,2012年,第6页。

间一系列局部战争和革命从未间断过，其后被征服者未得到任何和平条约，胜利者也未得到休养生息，却以预料剩下的两个超级大国之间可能发生第三次世界大战而告终……我们看到同一种现象在极不相同的条件下和全然相异的环境里发展——精神上的无家可归达到了前所未有的规模，漂流无根的心绪达到了前所未有的深度"。[49] 在一个无以依凭的时代，追逐思想的体系化使思想误入歧途；同时，在一个充满不确定性的时代，我们的伦理与政治价值都遭受到严重的冲击。这才是"恶之平庸性"概念的意义所在，才是激起阿伦特思考的根本因由。质疑阿伦特的人，会以艾希曼在法庭上伪装自己、欺骗了阿伦特为论据，力图证明阿伦特的思考不过是建立在错误的事实基础之上，其结论必然十分可疑。然而，如果艾希曼并不是一个愚蠢的人，极权主义的意识形态就显得更加恐怖了。具备正常智力却无法分辨善恶的艾希曼，正是"恶之平庸性"最为典型的代表，是个体政治判断能力彻底瓦解的集中体现。我们要如何面对一个支离破碎的世界，如何为无可依凭的政治行动确立方向呢？或许，我们只能从行动中为行动寻找支撑，依照判断能力决定行动，并担负起政治行动所应有的责任。

作者简介：马成慧，复旦大学哲学博士后，牡丹江师范学院副教授，研究方向为伦理学与政治哲学。

---

[49] 阿伦特：《极权主义的起源》，"初版序"，第 vii 页。

"缺失"概念探析

马小茹

【摘　要】缺失(privation)话题渊源悠久。目前,缺失问题仍然处在哲学视野的边缘之地,其本身的欠缺研究处境,有待转换为一个哲学问题。从学理上追溯"缺失"概念,梳理其哲学话语中的三大基本流变图式,主要有本体论意义上的"潜在者-现实者"的万物生成流变图式,生存论意义上的"是其所不是"的人之存在自由图式,现代性批判意义上的"理性缺失-交往理性"重建图式。在分析"缺失"概念的基础上,立足于人类的现实处境,初步指向"缺失"视野下的"非人"状况。

【关键词】缺失　潜在者　是其所不是　工具理性　非人

一、"缺失"何以是一个哲学问题

问题总是在需要解决的时候才可能提出来。哲学是一门地地道道的问题学,"哲学活动就是对超乎寻常的东西作超乎寻常的发问"。当我们深陷现代性危机的困境,不得不面对现实生活世界时,不禁要问:我们该如何存在？我们有没有丢掉什么本属于人之为人的本真东西？当我们有了缺失意识，我们又该如何正视我们的缺失？为什么人们对自我的真正缺失总是意识不到，或者不愿意识到呢？最主要的是，我们为什么不能从理性上越出存在的权威疆域，尝试着、想象着去思考介入早已存在的权威边界之外的未知的"他者"世界，探索一种别样的"例外"呢？① 正如德勒兹所言："'人们何以能对他们一无所知或所知甚少的那些另类事物（else）进行书写？'这种写作活动一定处于知识的边缘，处于所知与无知的分界线上——'惟其如此我们才决定写作'。"②本文对于"缺失"的真切关注，既源于一种特别的学术好奇心——为什么我们对"缺失"问题本身没有足够的理论研究兴趣呢？——更源于对现实处境的怀疑和忧虑。"缺失"问题的研究意蕴深刻；缺失问题的欠缺处境有待其作为一个哲学问题出场。

　　首先，"缺失"是一个不合时宜的"无用"问题。如果从审美经验出发，实有的存在和欠缺的存在是一样的实在，有存在就必然有非存在。对于人，从概率上讲，就会产生一样的可能性旨趣。事实上，我们站在任何意义的存在边界上，都能发现作为存在的"剩余物"，就是那个当作"缺失"的"非存在"的存在。而我们之所以把"缺失"当成一个哲学问题，是因为"哲学的一切根本性发问必定都是不合时宜的。之所以如此，乃因为哲学，或者被远远地抛掷于它的当下现今之前，或者返过头来将这一现今与先前的以及起初的曾在连接起来。哲学活动始终是这样一种知：它非但不会让自己被弄得合乎时宜，相反，它要将时代置于自己的准绳之下"。③

　　其次，"缺失"是关于人的必然性在场否定物。"缺失"是人的"不"存在样式，与人同在同灭。缺失作为哲学问题长期"搁置"，一直没有作为独立的哲学主词登上哲学舞台，根本在于其"虚无"而残缺的特质不符合人类的理性意向旨趣，而理性天生具有统一事物的意志能力——趋向或者说追求完满性存在。可以说，缺失问题根本上是反人类的价值旨趣，谁会感到欠缺一种任何意义上的"缺失"呢？"缺失"是人始终体验着的缺场性存在。人们感兴趣的是什么"在"、为什么"在"、怎么样"在"，所以说，对待缺失问题最好的办法就是漠视缺失问题本身的存在，让它处在彻底的欠缺状态，让它扼杀在观念的摇篮里，永久不得

① 雅斯贝尔斯对"例外"有详细论述："人就是一个例外，例外就是对任何样式的普遍性的实际突破。……"参见卡尔·雅斯贝尔斯：《生存哲学》，王玖兴译，上海：上海译文出版社，2005年，第33—38页。
② 转引自李河：《哲学中的波西米亚人——德勒兹的"重复"概念刍议》，《哲学动态》2015年第6期，第45—53页。亦见 Gilles Deleuze, *Difference and Repetition*, translated by Paul Patton (The Athlone Press, 1994), p. xxi.
③ 海德格尔：《形而上学导论》，王庆节译，北京：商务印书馆，2015年，第22—23页。

翻身。

最后,"缺失"是哲学始终解决又没有解决的问题之一。缺失问题之所以被长期放逐在传统主流哲学领地之外,是因为一直以来,所有学科尤其是哲学的使命决定它的显性问题就是关于"在场的形而上学"意义上的存在问题。可以说,哲学从开始就是应对"缺失"的难题而生的,"缺失"正是形而上学一直苦苦消除的问题。但是随着形而上学在现代性危机面前的反复失语到最终彻底破产,别样的缺场性(absence)存在——"缺失"就幽灵般地显现在时代哲学的地平线上。正如鲍德里亚所言:"过去,一个重大的哲学问题是'为什么总是有些什么而不是什么都没有',而今天真正的哲学问题是'为什么总是什么都没有,而不是有些什么'。"④

其实,我们也没有足够的勇气和想象力去尽早地关注。但是,哲学作为人类特有的智慧之思,它必须不断地超越界限,展开思想冒险行动。今天,哲学已经随着人类的现代性步伐推进到新的临界点:一种高度不确定的眩晕状态,已经远离曾经拥有精神家园之称的"中心点位"的哲学宿营地,开始了哲学意义上真正的"波西米亚人"时代——"是从短暂中抽取出永恒"的时刻。在这一意义上,可以说缺失问题的提出正当其时,"一切反过来都有意义"。缺失作为一个哲学问题的魅力正在于此。⑤ 当拥有千年"至尊"地位的形而上学家族,在比现代更现代的后现代浪潮里,沦为一个能指链上任人嬉戏的符号,形而上学已经无家可归,面对这一严重的哲学危机,到处都是"不存在",我们只能在存在边界之外寻找新的可能性。"缺失"就在人类普遍的精神饥渴中喷涌而出——我们究竟缺失了什么? 今天,从哲学层面对缺失问题发问,正是为了给当下我们迪士尼式"超真实"现实的仙境人为地制造一点难得的严肃气氛和艰难。⑥ 本文纯粹从思想游戏的角度,尝试展开一次小小的思想冒险,初步梳理"缺失"作为一

---

④ 鲍德里亚:《完美的罪行》,王为民译,北京:商务印书馆,2000 年,第 7 页。

⑤ 正如海德格尔所言:"这种无用的东西,却恰恰才是真正地具有威力。这种在日常生活中不被承认有直接反响的东西,却能在一个民族的本真历史活动中生发出最内在的共鸣谐音。它甚至可能是这种共鸣谐音的先声。凡不合时宜的东西都会有它自己独特的那个时辰。"参见海德格尔:《形而上学导论》,第 10 页。

⑥ 海德格尔针对哲学的功用问题时说道:"就本质而言,哲学绝不会使事情变得轻巧,相反,它只会使之愈加艰难。……使历史性亲在变得艰难,而且是在绝对的存在之根基的意义上这样说,这才是哲学的真正功用。艰难给回万事万物,给回存在者其凝重(存在)。为什么这么说呢? 因为艰难是一切伟大者出现的基本条件之一,而我们首先会决定一个历史民族及其伟业的命运算计在内。然而,只有当围绕着事物的某种真知掌控了亲在之际,命运才会出现,而哲学就是开启如此真知的途径和目光。"同上,第 13 页。

个哲学问题的概念话语图式流变。

二、"缺失"概念的词源学解读

"缺失"一词的英文是 privation，[⑦]源于拉丁语 privationem，意指剥夺、使失去（a taking away），主要指欠缺或被剥夺，因此 privation 意味着由本性带来的缺失，是对完满的缺乏。关于"缺失"的神话故事来源，可以追溯到柏拉图的相关文献。尤其是色诺芬的《会饮》篇中关于爱神"爱若斯"的缺失神话，色诺芬针对柏拉图完美无缺的爱神形象，颠覆性地提出：爱若斯（Eros）不是一个完美无缺的神，而纯粹是一个精灵（Damon）。他是其母潘尼娅——贫乏神（Penia）迫于自身极度的缺乏，跟饮了琼浆玉液的丰盈之神波洛斯（Poros）在天神的花园里苟合而得。由于这种出身，他身上汇集了其父母的所有最好和最坏的品行。这样爱若斯就摇摆于纯粹的爱与纯欲望（begehren）之间。由于爱若斯是用巨大的矛盾拼凑起来的精灵，他空洞得就像一个干瘪的气囊，单薄得犹如一只被饿死的蝉。由于他对美好事物的普遍的爱，以及他那持久的不稳定状态，并且主要由于他难以满足的饥饿，当他吞噬了天地之上、之间、之内的一切，就只有无限本身才能满足他。[⑧]

从关于"缺失"的神话来源可以得出：其一，作为缺失的贫乏神 Penia 的出现是随着绝对完满存在极而出现的对立的另一极；其二，贫乏神的存在又是必须依存对应的丰富神（Poros）才能存在，初步体现了人性里缺失与拥有的正反面；其三，爱若斯作为贫乏神与丰富神的产儿具有双重性人格。其中最坏的这一极就是欠缺的一面，他贫乏无比，导致他成为"充满饥渴地吞噬一切"的欲望体，缺乏成了化身为爱若斯神之人的永久宿命。其实从 privation 的成熟词根构成分析看，它来源于 private，其基本词义就是私的、私人的，与 public（公有的）相对立，而公有的就意味着富有、拥有（possession）。人类社会组建初期，财富

---

⑦ 关于"缺失"，本文专指 privation，这里说明，在中文不同翻译者、不同语境里往往有相近的表述，如"缺乏""匮乏""贫乏""不足"等等。在西方哲学史里则根据不同语境，"缺失"的所指是不同的，有表达的差异，比如，lack 主要强调缺失的所指内容，具体指涉宾词，而 absence 则强调缺失物的不在场性，缺场性的存在特质。还有 deficiency 则主要指缺陷，欠缺重在事物的局限性。而 privation 根据词源则主要强调主体的缺失状态。由于本文主要指涉理性的缺失问题，因此选择 privation 表述汉语的"缺失"，也为了文章表述一致的需要。当然在文章具体语境环节中，几种"缺失"的关联词语表述也是在灵活地使用，没有非此即彼的意思，在此需要澄清说明。

⑧ 色诺芬等：《会饮》，刘小枫编，沈默等译，北京：华夏出版社，2000 年，第 158—160 页。

及其他属于部落或公共所有,每个个体都有一个相对完整可靠的共同体归宿,个体与整体部落融为一体,还没有拥有与缺失之分。这里蕴含着作为欠缺产生的深刻的社会根源,从公有制向私有制的转变,也就标志着物质层面,以及精神的欠缺贫乏之开始。也就是说人类由原始的公有制向私有制的转化,意味着人类现实生活方式的根本变化,人整体上由统一走向分离式的存在,从而生成整体与个体的二元对立关系格局,最终使原初质朴的本真一体的富足人性,向贫乏与丰富、缺失与完满的两极分裂展开。⑨

一般意义上,"缺失"概念的哲学基本含义是指:"当其物欠缺一种依照其本性应该具有的属性时,它就处于缺失状态"。⑩ 也即事物之本质的缺失,在此可以明确,缺失本身不是一个实体性概念,而是实体的一个表征、一种属性的欠缺。关于缺失的话题渊源悠久,缺失概念的图式流变曲折。本文从哲学话语流变中,梳理其不同阶段的图式呈现,以便于对缺失问题的研究进一步深入展开。

三、"缺失"概念的图式流变分析

(一)本体论意义上的"缺失"概念图式

关于"缺失"的哲学话题,最早是由赫拉克利特提及的。"缺失"真正作为哲学概念是由亚里士多德提出的,亚氏在其本体论语境下,对"缺失"概念首次做了比较全面的阐述。

1. "缺失"概念的提出及本原性结构分析

关于缺失,亚氏有最经典的定义:如果某物本性自然应有某种属性,它却没有,就是缺失。"缺失自身的本性是非存在(nonbeing)",⑪是介于有与无对立之间的中间性过渡状态。亚里士多德的缺失概念是在承接古希腊本体论语境下为破解存在与生成变化的哲学难题而萌发的"本原应为对立"理论基础上提出来的。因为任何变化者在全部产生里,包括"变成"和绝对产生,都必定有"基础+缺失"的结构关系,都是合成的。包括(1)新产生的东西和(2)发生变化的

---

⑨ "其实并不存在什么'稀缺社会'或者'丰盛社会'之分,因为不管这个社会所拥有的资源实际上有多少,一个社会的耗费都是在结构性过剩或者结构性匮乏的意义上才能被说清。大量的过剩可能与最多的不幸并存。"参见 Jean Baudrillard, *For A Critique of the Political Economy of the Sign* (St. Louis, Mo: Telos Press, 1981), p. 85。

⑩ 尼古拉斯·布宁、余纪元:《西方哲学英汉对照辞典》,北京:人民出版社,2001 年,第 814 页。

⑪ 亚里士多德:《物理学》,张竹明译,北京:商务印书馆,1997 年,第 28 页。

东西。后者有两种含义——或为基础,或为相反者(即亚氏所指的缺失者)。⑫
显然这里的"相反者"就是缺失本身,那个缺失者。这样在事物的变化产生中就
有三个本原,即作为主词的基础(也称质料)就数目而言是一个,就形式而言则
是两个,即质料和相反者——缺失和对立,以及作为宾词的形式,也是一个,因
此确切地说,本原必须是三个。所以说,从事物产生的三个本原论来讲,缺失也
是其中之一的本原要素,并且是事物生成变化不可或缺的元素,尽管缺失呈现
出"不持存"的偶性特征。

2. "缺失"从潜在者到现实者的流变图式

如果说从静态的缺失本原构成图式分析看,缺失在事物"无中生有"的变化
模式中呈现的就是作为相反者的"不存在";那么从动态流变生成的运动图式
看,缺失在事物"有中生有"的"动变"模式中呈现的则是作为潜在者的"未定"的
"动变过程"。首先,缺失作为潜在者的不完备性呈现——作为现实者的尚未展
开,缺失就不是"不存在"而是一种不完备的(εντελεχεια)(1047b1 - 2)存在、可能
性存在。可以说潜在者与"尚未完成的现实者"是同一事物的两种表述,即"物
之为'是'原有二义,变化即潜在之'是'物成为实现之'是'物"。⑬ 其次,缺失在
作为潜在者向现实者的转化中呈现的唯一特征就是"动变",但不是"动变"本
身。"在潜能与完全实现之间,别有一级事物,我称潜能的这种实现过程为动
变"。动变被看作是"未定",就是实际流变过程中的诸多因素引发的不确定
性。⑭ 所以说缺失在"动变"中呈现的就是一种实现,那种"尚未完成的"实现或
者正在进行的过程。

3. 本体论语境下"缺失"概念的哲学意蕴

首先,"缺失"概念的提出,破解了事物存在与生灭不可调和的矛盾,克服了
"不存在就是不存在"的难题,哲学上达到了缺失作为"不存在的存在"的认识高
度。其次,缺失概念的提出对于其后哲学语境中缺失话题的延展,具有极其重
要的理论种子的奠基性支撑。当然,亚里士多德的缺失思想也有其局限性。集
中体现在形而上学的先验性"目的论"假设。很显然,其叙事方式是遵循关于事
物生成的单向性解释路径展开的,即"从潜在者到现实者",具有鲜明的应然指

---

⑫ 同上,第15—18页。
⑬ 亚里士多德:《形而上学》,英文影印本,北京:商务印书馆,1999年,第249页。
⑭ 同上,第238页。

向——作为由缺失而生的变化目的地,就是那个确定无疑的唯一的形式—实体—现实者。而关于事物的另一面:事物消亡、毁灭的变化,则没有进一步展开。而这一不足正是在后现代哲学的激进批判思潮领域里得以充分彰显和在哲学上所克服的。

(二)生存论意义上的"缺失"概念图式

20世纪以来,随着人类的现代性危机不断加剧,人自身的生存境遇面临空前考验,人类不得不进入新一轮的哲学反思。[15] 海德格尔承接"回到生活世界"的号角,首先对形而上学的核心概念"存在"本身发出颠覆性挑战:原创性地提出作为此在的"尚未"的缺失性存在,[16] 颠覆了本质存在的窠臼,标志着哲学的重心转向人的缺失性存在问题。萨特正是在继承海德格尔的此在的"尚未"欠缺

---

⑮ "但是近代哲学的命运仍然是,在它自己没有意识到的素朴性的缠绕下,在新的斗争推动下而获得自我揭露的漫长道路上,完全从头开始探索哲学的根本理想、哲学的真正课题、哲学的真正方法,从头开始去发现这个真正的世界之谜,并把它引上最终解决的轨道上去。……我们在这一发展中成长起来的现代人,发现自己正处于一种在怀疑论的洪流中沉沦下去并因而失去我们自己的真理的危险之中。当我们思考这一困境的时候,我们的目光转到了我们现代人性的历史中去。我们只有通过说明那种人性的历史的统一的意义才能获得自我理解,并因而获得内在的支持。这种人性的历史的意义从来都是重新确立任务而产生的,它是推动哲学探索的原动力。"胡塞尔:《欧洲科学危机和超验现象学》,张庆熊译,上海:上海译文出版社,1988年,第15—16页。

⑯ 这里需要区别海德格尔与布洛赫的"尚未"。首先,此在的存在就是"尚未"。但是作为此在的"尚未"根本上不同于一般存在物的"亏欠"。其次,作为此在的"尚未"的基本含义及其实质。"1.只要此在存在,它就包含一种它将是的'尚未'(not-yet),即始终亏欠的东西;2.向尚未到头的存在的临终到头(以此在方式提尽亏欠)具有不再此在的性质;3.临终到头包括着一种对每一此在都全然不能代替的存在样式。"也就是说,"尚未"的亏欠与此在同在。即"在此在身上存在着一种持续的'不完整性',这种'不完整性'随着死亡告终,这是无可争辩的。但是,只要此在存在,这种'尚未'就'属于'此在。""尚未"表征为此在的"操心"。"操心的这一结构环节无疑说出了:此在中始终有某种东西亏欠着,这种东西作为此在本身的能在尚未成其为'现实的',从而在此在的基本建构的本质中有一种持续的未封闭的状态。不完整性意味着能在那里的亏欠"。最后,此在作为"尚未"的缺失目的指向是终结的"死"。"只要此在存在,它就始终已经是它的尚未,同样,它总也已经是它的终结。死是一种此在刚一存在就承担起来的去存在的方式,死是此在的'尚未'的最终实现,就是此在本身的终结。"以上参见Martin Heidegger, *Being and Time*, translated by John Macquarrie & Edward Robinson (China Social Sciences Publishing House: Chengcheng Books LTD, 1999), pp. 243‑246. 两者虽然都打破形而上学封闭体系,都指向人的存在的可能性,但是布洛赫重点强调的是未来的希望性,也就是乌托邦的构建。由此呈现了两种方式:即观念的乌托邦——"尚未被意识到的东西",和现实的乌托邦——"尚未形成的东西",而且解释了人的"尚未可能性存在":"人不仅是在历史中形成了自身,怀抱并通过过程而出离物质的一切形态的实际可能性"。人就是"主词尚未成为宾词"。推及世界的存在公式"无‑尚未‑全有"。布洛赫说:"本质,换言之,最卓越的质料尚未出现,因此,迄今成功的一切现象都缺乏某种东西,而这种缺失状态恰恰体现了尚未显现的现实一般。"参见布洛赫:《希望原理》,梦海译,上海:上海译文出版社,2012年,第227—228页。

思想的基础上,进一步开辟了"是其所不是和不是其所是"这一人的缺失性存在的自由生存新维度,限于篇幅在此将主要围绕萨特的缺失存在论展开分析。

1. 萨特关于人的"缺失"存在的概念解读

萨特在继承海德格尔的此在的"尚未"欠缺概念的基础上,提出所谓欠缺"就是在所有的内在否定中,最深入存在的否定,在其存在中构成它用以作出这个否认的那个存在与它所否认的那个存在的否定"。欠缺的构成要素包括:(1)欠缺物或欠缺者(虚无性,空缺者的缺场性存在),具体指欠缺什么或者说内容(宾词)。(2)欠缺欠缺物的东西或者存在者;谁欠缺的问题(主词)。(3)一种被欠缺分解又被欠缺者和存在者的综合恢复的整体:即所欠缺者;欠缺者和欠缺物所在的整体所指者,参照者也即相对整全的存在。(4)三位一体的缺失构造关系是通过人的直观与超越实现欠缺作为现象涌现的。人的实在的直观所面临的存在永远是它所欠缺的东西或者是存在者。欠缺者与存在者相互表现,或者被把握,如同还在所欠缺整体的统一中面临着消失一样。欠缺物都是为了……欠缺……。欠缺在世界中的显现方式决定了"人的实在本身就应该是一种欠缺"。[⑰]

2. 萨特的"缺失"表征图式:人的"是其所不是和不是其所是"否定性存在向度

首先,欲望是人的实在性欠缺形式。其主要体现在:"作为人的行为的欲望的实存"。欲望不只是一种自然倾向,"它应该是一种欠缺——但不是一种对象-欠缺,一种被承受的、被它所不是的超越所创立的欠缺:它必须是它自身对……的欠缺。"在此,"欲望是存在的欠缺,它在其存在的最深处被它所欲望的存在所纠缠",欲望证实了人的实在于存在中的欠缺的存在。所以说,欠缺作为人的实在通过在欲望的呈现中,携带着存在者、欠缺者和所欠缺者(肯定方面)

---

⑰ 作为人的存在,本质上就是一种"欠缺"。"在人的世界中,在直观面前表现为不完全的、作为欠缺者的存在是被所欠缺者确立——就是说被它所不是的东西确立——在它的存在中……是不是的东西规定是的东西;这个存在作为与人的超越性相关的东西,在存在者存在中趋向自我之外直至并不按照它的方向存在的存在上去。"……"为了使存在成为欠缺者或所欠缺者,一个存在必须使自己变成自己的欠缺;唯有欠缺的存在能够向着所欠缺者超越存在。"……"欠缺物之所以如此深刻地在其不在场中、在存在者深处出现,是因为存在者和欠缺者是同时在同一整体的统一中被把握并被超越的。而把自己构成为欠缺的东西只有向着一种被分解的宏大形式,自我超越才能使自己构成欠缺。因此,欠缺是以整体为背景的显象。"Jean-Paul Sartre, *Being and Nothingness*, translated and with introduction by Hazel E. Barnes, p. 87。

的三位一体而在存在中不断涌现。其次，人作为欠缺的实在，本质上是自我的不断超越——自由。在萨特看来，人作为欠缺的实在，本质上是自我的不断超越——自由。"人的实在是它自身向着欠缺它的东西的超越，如果它曾是它所是的，它就向着可能是的那个特殊的存在超越。……人的实在乃是向着与从未给定的自我重合而进行的不断的超越。如果我思倾向于存在，那是因为通过我思的提升，它向着存在自我超越，并同时在其存在中被定义为与自我相重合的存在，为了是其所是所欠缺的存在。我思与自在的存在不可分割地联系在一起，并不是作为其对象——而是作为规定其欠缺的一种欠缺。"⑱ 这种自我超越主要经历两个阶段：原始涌现的在统一中被给定的东西就是肯定方面。作为原始涌现的统一尚未实现的我思把握到的整体，它被设想为还不是的或不再是的东西……存在者由此被构成为被肢解者。否定的方面就是自我的自为。"正是自我是其所是；自我可能把自我把握为不是其所是；在自为定义中被否定的关系——自为欠缺的，就是自我——或是作为自在的自身。"⑲ 自为的否定过程就是自我不断从自在的存在超越于不是其所是的那个原初的统一体的靠近。没有合题，不可能整全地作为超越者对整体的完全重合，只有不断地填补欠缺的虚无。最终得出人作为意识到的缺失存在者，人只有一种自由，那就是不断发现自身的缺失并且不断地自由填补缺失。

3. 萨特的缺失理论面临的可能性难题

萨特在人的缺失存在领域已经迈出关键的一步，人之为人的超越自我呈现自由的向度，但是这里需要注意，这一切的前提是行为的实施者必须有完整健全的"自我"人格，"自我"本身作为一个既定的前提在此存在理论预设的虚假风险：首先，实体的"自我"从哪里来？不是每个人都拥有一个完整的"自我"，如果没有"自我"，缺失本身的呈现就是问题，因为不是每一个会说"我"的人都能产生超越意义上的缺失意识的。还有就是以独立的"自我"为前提，与众多的"我"有巨大的差异，他们拥有的理性之光的强弱不同，建构的关于自身及他人的缺失的整体背景显象参照框架也是不一样的。其次，即便有这样完整的"自我"，萨特也忽略了在自我存在的场域之外其实不是什么虚无，而是充实的他者世界，自我只有以实现他者的自由为自由才算是真正的自由之途。当他者的自由处于缺失状态，自我的自由也是欠缺的、暂时性的、过渡性的，最终是不确定的。

---

⑱ Ibid. , pp. 90 - 91.
⑲ Ibid. , pp. 91 - 92.

萨特的自我具有鲜明的形而上学的主体性质,这是其很致命的硬伤。而且自我超越的向度一定是他者及他者与我之间的场域,而不是我的内在本身。相对于亚里士多德的本体论"缺失"概念,萨特的"缺失"思想凸显的是人生存的无限可能性的自由向度,生存不断超越缺失的向度。但是当理性主体人本身面临被现代性肢解的命运时,或者说当理性主体性本身就是一个虚假的构造时,人作为"缺失"性存在,超越缺失,趋向自由的"乌托邦"何以可能呢?[20] 所以,紧接着的对缺失问题哲学关注的理性批判之剑,必须直指作为主体的理性自身的缺失——理性之不可能。

(三)现代性批判话语中的"缺失"概念图式

如果说前面生存论语境中海德格尔、萨特等开创性地提出生存论域中人的缺失性存在维度,有隐约的形而上学烙印,那么,随之而来的现代性批判理论就对作为现代性问题的肇事者——主体本身展开缺失性剖析。这就标志着主体步入不能承受之缺失:现代性主体自身缺失的不断呈现。现代性只能呈现为现实性——时代性与永恒性的交会,而这一现实的聚焦点最终只能落实到主体性上,因为"主体性乃是现代的原则"。最终结果是"主体性不仅使理性自身,还使'整个生活系统'都陷于分裂状态"。为此,哈贝马斯等人展开了理性的批判与反思。

1. 哈贝马斯的理性"缺失"概念的基本含义

在哈贝马斯的现代性批判理性话语中,理性的欠缺主要指:其一,理性曾经拥有过的某种东西,但却失去了——"理性缺少了某些本属于它的东西"(尤其是关于理性的缺失问题,哈贝马斯有过专门论述)。"即欠缺意义下的缺失。理性欠缺了那些它可以拥有、但却因缺乏而痛苦地挂念着的东西。它远离了那些属于它、并且构成它的事物"。其二,人们环视一个至今未曾被所预见的事物填充的空间(某种空缺),并且注意到了一直尚未被填满的空位。而且正因为理性发展程度不一样,"人们以不同的方式来把握理性概念,对它的损失就可以产生

---

⑳ 正如福柯在《词与物》中嘲笑萨特的主体哲学:"对所有那些还想谈论人及其统治或自由的人们,对所有那些还在设问何谓人的本质的人们,对所有那些想从人出发来获得真理的人们,相反地,对所有那些使全部认识都依赖于人本身之种种真理的人们……对所有这些有偏见和扭曲的反思形式,我们只能付诸哲学的一笑——即在某种程度上,付诸默默的一笑。"参见 Michel Foucault, *Les mots et les choses* (Paris: Editions Gallimard, 1966), pp. 353-354;转引自莫伟民:《莫伟民讲福柯》,北京:北京大学出版社,2005年,第205页。

截然不同的观感。当理性的概念十分'单薄'时,只有些许的损失出现,相反,当人们从一个非常富足与充实的理性内容出发时,则将有巨大的损失。过去人们是不是可能对理性太过信赖了? 如果是这样的话,那么人们所论及的或许是上面简短描绘出的第一种情形:理性缺少了某些本不属于它的东西"。㉑

2. 交往理性:哈贝马斯关于现代性问题解决的范式转换

关于现代性的基本态度,哈贝马斯始终坚持"现代性——一项未完成的设计"。现代性作为一个充满各种潜在可能性的"尚未"完成,就是一个有待展开的面向未来的不确定的缺失状态。目前,真正解决现代性问题的出路不是彻底抛弃现代性大厦,而是修复理性的不足,填补理性的空缺,实现真正的理性。为此,哈贝马斯提出只有重建"交往理性",才是克服现代性缺陷的正确途径。首先是主体结构内对坚持理性同一性原则的填补。即对他性、他者的包容力、吸纳力,也就是从工具理性到交往理性、实践理性、审美以及伦理理性转变,这是在肯定现代性的主体原则前提下的完善、补缺、加固主体理性本身。其次是主体结构外包容异质性原则的外增补。就是给面对他者的不可能性空间场域存在的对抗性张力留出余地。划分异质性事物存在的空间余地,承认他者的存在合理性。理性必须无条件地承受遭遇他者的宿命,我们只有承认他者的他性,才能实现真正的总体性。㉒

3. 哈贝马斯交往理性的哲学意蕴及其局限性

首先,哈贝马斯的"交往理性"具有极强的理想主义色彩,是现当代现代性批判理论中破与立兼顾的思想典范。同时,依据哈贝马斯现代性理性缺失的语境分析,我们的理性缺失与哈贝马斯主要所指的理性缺失是有质的区别的。这对于我们来讲,恰恰是哈贝马斯"理性缺失"思想最重要的现实意蕴所在,那就是我们的现代理性建构尚处在"尚未"状态。㉓ 其次,哈贝马斯"交往理性"的局限性在于:这一套话语是典型的西方现代性文明标榜的语词,具有鲜明的"西方现代性话语中心论"特色。对于大多数非西方国家而言,在"双重殖民化"的挤压下,其本身的理性主体性的构建尚未完成,无法真正介入"交往理性"共同话

㉑ 尤尔根·哈贝马斯,雷德尔·斯密特:《对于缺失的意识——一场与哈贝马斯的讨论》,郁喆隽译,北京:商务印书馆,2013 年,第 26、43、58—59 页。

㉒ Wolfgang Welsch, *Unsere postmoderne Moderne* [Our Postmodern Modernists] (Weinheim, Germany: VCH Acta Humaniora, 1987), pp. 62 - 63.

㉓ 李河:《当启蒙遇到国际政治——后发国家的启蒙辩证法》,《求是学刊》2016 年第 5 期,第 27—45 页。

语体系中,客观上是被排除在外的。其理论困境还暴露出其对权力制约的忽视。面对现实问题,难免陷入理论沦为权力"遮羞布"的虚假宿命。哈贝马斯的交往理性范式下的现代性规范设计,一如其他理论都将面临难以克服的现实困境,最终的问题仍然是"交往理性"何以可能的问题。当然,对于现代性主体缺失问题的解决,还伴随着后现代以来另一类激进的解决思路。由于文章篇幅所限,关于缺失的不确定性"流变"梳理暂时搁置。

四、"缺失"概念的初步界定

综上所述,无论是"缺失"词源学含义,还是本体论、生存论以及现代性批判意义上的缺失,尽管哲学语境不同,但都主要是指事物相对一个整体性参照体的不足和欠缺性存在状态。因此,"缺失"广义上可以概括为:由于事物在变化发展中被分离、分化或者被剥夺,导致了相对完整的存在者分化、对立式的"居间性"流变过程,从而形成某物之为某物的属性欠缺或不足的状态。具体包含以下几点:

(一)"缺失"构成要素及其相互关系

(1)作为主词所指的存在物——谁的缺失;(2)作为宾词所指的欠缺物——缺失者或者说欠缺什么;(3)主词对宾词的缺失状态的整体性前提作为统一体参照者(缺失者与被缺失物的合体);(4)以及三要素围绕缺失的消除产生的生成流变转化机制;(5)作为在场性缺失的观念构造者或者说观照者——作为"主体"的人。

(二)"缺失"的主要特征

(1)非实体偶性(non-substance)。作为某物的某属性的欠缺状态,只能是表示主词的某实体的宾词,就如布洛赫所言:"宾词尚未成为主词"。[24]"缺失"不能独立自存,是能指与所指之间的空缺性、不定性存在。(2)主体关联性。"缺失"作为主体对客观事物的某种欠缺状态的一种观念意识,只能是一种特定的主体性观念存在。缺失是主体性构造概念,其具体所指与主体整体缺失视域框架息息相关。(3)对立否定性。缺失表达的总是某物相对……欠缺……,在对

㉔ 布洛赫:《希望原理》,第75页。

立概念中空缺的一方就是缺失，就是不存在，就是否定式"不……"。可以说就同一个缺失所指中，存在者与缺失者彼此通过对立否定的界限来构造着对方。（4）存在居间性。"缺失"作为一个流变性概念，总是表示从无到有或者从有到无的转化过程，总是介于事物存在"终极"与"起点"对立两极之间的过渡流变状态，是一种"居间性"（intermediate）存在。[25]（5）双重流变性。缺失作为流变（flux）性概念，具有两个反向流变趋势：从事物消解毁灭的方向就是从完满的"存在者"流溢、流失，向分离、分化出的破碎的杂多的缺失存在物的衰退。类似于"离心力"牵引导致事物在"漩涡"流变中的不确定性流变倾向，具有哲学意义上的"异质化"趋向。同时，从事物聚合生成的方向就是"潜在者"向自身本性的尚未实现的"现实者"靠拢，展开实现过程。类似于"向心力"的成全完满的收拢、愈合，引起缺失者不断填补残缺、弥补不足、成全实现，具有哲学意义上的"同一化"趋向。

（三）"缺失"作为问题的解决路径

"缺失"的流变方向也就是"缺失"的消除过程，"缺失"作为一种事物的过渡状态必然要趋向下一步，从方向看主要概括为几种可能性：（1）遮蔽缺失问题（意识形态的幻象式缝合），本质上就是对现实的缺失问题的意识缺失，观念性遮蔽缺失的存在。（2）"非此即彼"的替换性回补"缺失"——时间上的回归原初的未经分离的充盈"原点"（结构内部的替补）。（3）"亦彼亦此"的反思缺失，弥补欠缺，趋近完满（结构性整体增补）。表现为人的时间生存维度上的面向未来的"尚未"的充满希望的乌托邦填补（布洛赫的希望哲学）；空间的生存维度上面向"他者"的充满诱惑的未知神秘的"异托邦"（福柯）；哈贝马斯提出的生活世界中的面向"他者（宗教信仰）"的交往理性原则。（4）"非彼非此"不可能之缺失的永恒差异性重复"流变"消解过程。

（四）"缺失"的基本类型

"缺失"从不同角度可以有不同的类型划分，这里主要从四种角度来划分：

---

[25] 亚里士多德认为："既然一切变化都存在于互相反对的双方之间，反对又分为对立和矛盾，矛盾双方之间无物，所以显然，间介只能存在于对立双方之间。任何本性有连续变化的事物，在它到达终极目的之前所自然达到的阶段是谓'间介'。所谓'间介'，意味着至少有三个方面并存，因为上述定义中的'终极'是变化中的对立者（就是说：在变化中除了'间介'之外还有'终极'和'起点'）。"参见亚里士多德：《物理学》，第137—138页。

（1）从作为缺失者的属性本身缺失分为：本质属性的"缺失"与非本质属性的"缺失"，简称根本性"缺失"与非根本性"缺失"。（2）从"缺失"的原因可以分为：自然性"缺失"与人为性（社会性）"缺失"。（3）从"缺失"本身的存在方式可以划分为：整体性逻辑建构意义的应然状态上，就是"缺陷"，呈现为"不完备的""潜在"或"尚未"。从非整体性解构意义中"缺失"本身在动态实然过程上，就是"不确定的""消解""流变"或者"痕迹""延异""播撒"。（4）从"缺失"的存在形态来讲可以分为：观念性缺失和客观性缺失。其实还可以有其他"缺失"类型的划分，各个领域根据研究的需要可以展开各自的划分。

五、结语

结合以上对"缺失"概念的分析，由于本文对缺失问题的提出是在哲学层面上，从人的现代性危机中"非人化"恶性趋势不断蔓延这一现实的困境出发，欲构建一种整全的人格来应对资本主义对人的全面分割、肢解、碎化。所以，本文对"缺失"的研究旨趣在于：意指人的某些本真属性，在复杂而具体的历史文化处境中，尤其是在现代性漩涡中，资本通过全面宰治，各种权力对人的不断强势构造，使人性呈现的严重丧失、欠缺或残缺不足状态，使人呈现"非人"（Non-human）趋向的单面存在样式。㉖ 核心是关涉人之根本的"不能缺失的缺失"问题。主要现实表征就是人性远离神性，丧失本性沦为物性的存在。从整体上讲，人类的理性极权主义张力对外在世界的同一性控制程度达到空前的膨胀，把他者世界拒斥、排除在存在的大门之外，整个世界变成一个单一的"无女人的世界"。㉗ 人们普遍过度相信，以科技理性主宰的单一物化的世俗生活模式，人被驯化为坚硬的、原子式的、冷漠的利益"结晶体"，最终沦为物的符号，人性及其存在达到空前的"碎片化""空壳化"。人普遍地丧失了人之为人在精神层面充满神性的展开，缺失了人性原本就有的亲近并敬畏"他者"的立体生活维度，

㉖ 参见鲍德里亚对于"非人"的论述：起初，野蛮人仅把自己部落的成员叫做"人"，此后，"人"的定义得到极大扩展：它变成一个普遍概念。这甚至就是人们所说的文化。今天，所有人都是人。普遍性的基础不存在于任何其他地方，只存在于这种重言的重叠中：正是在这里，"人"获得了道德法和排他律的力量，因为"人"当下就确立了自己的结构副本：非人。人甚至只是这种对非人的确立；人类进步，文化进步，只不过是一连串的歧视，这些歧视不断地使"他人"成为非人，即宣布"他人"无效。对那些自称为"人"的原始人而言，他人是其他东西。相反，对我们而言，在作为普遍概念的人这个符号下，他人什么都不是。参见 Jean Baudrillard, *Symbolic Exchange and Death* (London：Sage, 1993), p. 125。

㉗ 鲍德里亚：《完美的罪行》，王为民译，北京：商务印书馆，2000 年，第 109—111 页。

普遍性地沦为能指符式的嬉戏人生。

尽管不同哲学论域对缺失问题的关注角度不同,但缺失问题始终是人类面临的一个恒久问题。从人性的缺失视角看,人类一直处在某种介于完满与虚无之间的缺失存在的流变中,重复不断、永无止境。一方面,不停地挣脱作为"一"的"大他者"的控制轨道,向偏离方向逃逸,一方面又依据内在"生命冲动",不断靠近,归依那个不可能到达的完满的"一",找寻"家园"。人类生命神圣而又多彩的意义,就不断地生成在生命"离心"与"向心"之间,永恒"缺失"与"拥有"的"生命轮回"中。今天,人类面对不断超越自我的自由向度与主体的理性之缺失的悖论处境:人已经"面目全非",人性呈现出纵向断裂、横向肢解的严重恶性趋势,陷入"非人"的深渊处境。"非人化"最终流向何方? 无人知晓。在此只能说,"天作孽,犹可违;自作孽,不可活"。

作者简介:马小茹,宝鸡文理学院马克思主义学院副教授,中国社会科学院研究生院哲学系博士研究生,主要研究方向为现代西方哲学。

玛莎·纳斯鲍姆情感理论初探[*]

叶晓璐

【摘　要】本文首先阐述了玛莎·纳斯鲍姆认知主义的情感理论,认为情感具有意向性,情感的意向性体现着有关外在事物的评价性信念,继而阐明了这一情感理论来源于斯多葛主义的情感观以及纳斯鲍姆对斯多葛主义情感观的继承和批判。在此基础上,通过与罗尔斯相关理论的比较,从本体论层面和实践层面阐述情感的重要作用;最后对纳斯鲍姆的情感理论做一简要评述。

【关键词】情感　认知主义　斯多葛学派　尊严　罗尔斯

　　在西方哲学史上,情感向来占据着一个不太重要甚至是不太光彩的位置。在西方哲学的源头——柏拉图的思想中,情感就被视为是非理性的,柏拉图的《理想国》提出要把诗人逐出城邦,因为他认为诗歌会煽动软弱的想象力和情感,迎合灵魂中欲望的维度,诱使人变得放任自流,缺乏节制,破坏了人们对理性的信念。也因此,摒弃情感因素并不是一件无关紧要的事情。一个理想的城邦,必须是哲学王领导的,并且必须要驱逐诗人,这样才能让理性的阳光普

＊ 本文系 2017 年度教育部人文社会科学研究青年基金项目"情感政治视域下的纳斯鲍姆正义理论研究"(项目批准号:17YJC720034)的阶段性研究成果。

照之。

张扬理性的力量,贬抑情感的维度,这就是西方哲学史上的理性主义传统。而对情感的贬抑,则是源于情感的不可控制性以及随之导致的生活上的脆弱性。与情感相连的隐喻往往是"狂风暴雨、洪水滔天、飞沙走石"等自然灾害或者是骚乱、任性、鲁莽等病态性格,以至于情感往往会导致理解力的盲目、意志的堕落、脾气的改变等等,如此不可控制的情感,使得生命成为一个脆弱的过程,一个被偶然性力量所左右的过程。总之,在理性主义的传统中,情感一直背负着不好的名声,以至于理性主义传统的哲学在对待情感问题时,总是想方设法地控制情感、贬抑情感。

对于情感的这一态度,延伸到政治哲学领域亦是如此。"当涉及对重要政治问题与基本正义问题的商讨时,根本不存在理性与激情的恰当结合。换言之,获得有效商议的唯一方式,就是把激情从商议过程中完全剥离出来",因为"这些情感性的意识方式会模糊我们的理性,从而妨碍我们健全的道德判断、公正的司法判决以及公平的政治商议所需的无偏倚性"。[①] 这是布朗大学教授莎伦·R.克劳斯的概括,她强调指出,这种认为情感会模糊理性的观点是西方政治思想史上的主导性观点,也是当今政治理论中的主导性观点,无论是罗尔斯的正义理论,还是哈贝马斯的交往行为理论,都脱不出理性主义的模式。但是,虽然有这种主导性的观点,却也不是唯一的观点,已经有不少的政治哲学家提出了情感在政治哲学领域中的重要地位。本文要介绍的玛莎·纳斯鲍姆的情感理论,就是这种观点的代表。"有一位理论家对情绪(emotion)问题的哲学贡献,于质于量俱显卓著,那就是纳斯鲍姆"。[②]

一

在纳斯鲍姆的思想中,情感并非是一种非理性的力量,她在《躲避人性》一书中明确指出,把所有情感标识为"非理性"的,并由此认为它是"缺乏思想的"(devoid of thought),就如一条鱼或者人类的婴儿一般;甚至是"坏思想"(bad thought),因而在重要的事情上不应该引导我们。这样一种标识是既不清楚,也不能令人信服的,事实上,情感与思想是密切相关的。比如某人因恐惧而屈

---

① 莎伦·R.克劳斯:《公民的激情——道德情感与民主商议》,谭安奎译,南京:译林出版社,2015年,第2页。

② 同上,第64页。

服于一个敲诈者,那么这里的恐惧不仅仅是一种生理冲动,它产生的痛苦是来自于当事人对所承受的伤害的想法。③ 她有一个专门的术语,叫"情感智力"(the Intelligence of Emotion),体现的就是情感与思想的关联性。换言之,情感并非通常所理解的是一种非理性的冲动或欲望,而是自身带有思想的光环。这是纳斯鲍姆很有特色的情感理论,即认知主义的情感理论。

所谓认知主义的情感理论是相对于非认知主义的情感理论而言的,非认知主义的情感理论包括感受主义的情感理论和行为主义的情感理论,认为情感要么是身体的各种感受,要么是人在特定情境下的行为反应或倾向。总之,情感跟外部情境的认知和思想没有什么关系,只是身体的一种本能反应。纳斯鲍姆明确反对这种观点,在《政治情感》一书中,纳斯鲍姆承认在大部分的情感中都存在着非认知的元素(感觉、身体动作),但是"这些非认知元素不具有恒定性,与所讨论的情感类型也没有惯常的关联"。换言之,特定的情感类型与非认知元素并没有恒定和必然的联系。比如,也许恐惧经常与颤抖的感觉相联系,但并不是所有的恐惧心理都会发生颤抖的生理反应;又比如,有人感觉悲伤像胃痛,但是通过仔细观察我们会发现,当这些身体表现改变时,悲伤可能会继续;而且,每个人悲伤的行为表现也不尽相同,有人可能会觉得疼痛,有人会感到筋疲力尽,因而我们不会、也不应该把某种情感类型与任何一种特殊的感觉状态或身体行为,即非认知因素联系起来。④

摆明了自己对非认知主义情感理论的立场之后,纳斯鲍姆提出了自己的认知主义情感理论。她指出,我们每个人都是从个人的观点出发来评价这个世界的,具体而言,情感都有一个"关注圈"(circle of concern),我们的恐惧、悲伤或者其他的情感都不是漫无目的的,而是有所指向的,我们不会为火星上的地震而恐惧,我们只会担心威胁我们自己和我们所关心的受到损害;我们不会为远在天边的陌生人而悲伤,我们只会为我们所关心的人而悲伤。这一切,都是因为情感是有意向性的,它承载着我们的价值判断。⑤

情感的意向性,是纳斯鲍姆所持的认知主义情感理论的基本特征。非认知主义的情感观,无论是感受主义的还是行为主义的,都缺少意向性的维度。感受主义把情感限于生理性的层次;行为主义也只是把情感理解成某种机械的反

---

③ 参见 Martha C. Nussbaum, *Hiding from Humanity·Disgust, Shame, and the Law* (Princeton University Press, 2004), pp. 10 – 11。

④ 参见 Martha C. Nussbaum, *Political Emotions: Why Love Matters for Justice* (The Belknap Press of Harvard University Press, 2013), p. 400。

⑤ Ibid., p. 11.

应,身体现象与外部世界之间无需任何中介,就是如此直接地感受或者反应。但认知主义的情感理论则认为,情感的意向性是连接身体现象和外部世界的中介。换言之,情感是"关于"或"指向"某个对象的,而不是无目的地碰到什么现象就产生什么情感。当我们悲伤时,我们并非是无指向地悲伤,而总是对某个我们关心的人或者某件关切的事受到伤害而表示悲伤,这里的"某个关心的人"或"某件关切的事"就是情感的意向性对象。

情感具有意向性,情感的意向性体现着有关外在事物的评价性信念,即它对外在事物产生评价或价值判断,这个评价性信念构成了情感的意向性成分。有评价和判断,意味着情感必然包含着智力成分,因为只有这样,我们才能对内在于情感的思想进行考察,才能在不同类型的情感之间作出区分,才能对情感所包含的价值进行判断,也才能由此培养适当的情感。

纳斯鲍姆的情感理论来源于对斯多葛主义相关思想的继承和批判。她接受了斯多葛主义对情感的解释,但摒弃了斯多葛主义对情感的判断。简单来说,在认识论中采用"印象说"的斯多葛主义,认为印象是灵魂的一种变化,它由行为主体周边的可感对象所引起,提供了关于事物是怎样的一些信息。面对某个印象,理性的成人会判断印象内容与其所表述的事态之间的关系,如果印象内容表述了正确的事态,他们会表示"认可"并采取相应的行动,反之则会悬置此印象。而当一个人认可某个印象时,他就拥有了一个信念。当然,信念有对有错,错误的信念是意见,正确的信念则是知识。在斯多葛主义者看来,我们对一些外部事物所产生的感觉印象往往会提供一些较为正确的信息,从而使得我们认可这些外部事物的印象,也拥有了对这些外部事物的信念,这没什么问题。但对斯多葛主义而言,认可这些外部事物的信念是错误的,比如我们经常将财富、荣誉、金钱、食物、住所、健康、身体完整、朋友、孩子、所爱的人、公民资格和政治活动等这些外部事物(此处所言的外部事物是一种隐喻的方式,指的是这些元素不能被人自己的意志安全地控制;在这个意义上,人的自身内部有很多东西——例如健康和疾病——是"外部的"⑥)看成是善的,这种价值判断在斯多葛主义者看来是错误的信念。而这类错误的信念,即对上述那些外部事物的信念,构成了斯多葛主义称之为"情感"的东西。毫无疑问,在斯多葛主义看来,唯有美德及其伴随物才是善的,才是正确的信念,因而是值得追求的。而所有的外在事物,对于美德的形成不仅没有助益,甚至是有害的,所以是不值得追求

---

⑥ 参见 Martha C. Nussbaum, *Upheavals of Thought-The Intelligence of Emotions* (Cambridge University Press, 2001), p. 4, n. 2.

的,甚或是需要摒弃的。

纳斯鲍姆接纳了斯多葛主义关于情感是对外部事物的评价性信念这样一种解释,"斯多葛派哲学家对情感的解释,在情感里发现了有意图的指向对象,发现了和非常看重自身控制之外的人和物的某种信念之间的密切联系",[⑦]正是这种发现构成了情感的意向性成分,因而,情感不仅体现了一个人看待和解释某个对象的方式,也体现了关于这个对象的复杂信念。

但纳斯鲍姆不同意斯多葛主义将情感所包含着的那些外部事物的评价性信念看成是虚假的,因而要加以摒弃的立场。"斯多葛学派的思想家认为,情感是这样一种评价性判断,即行动者无法控制的人和事在行动者自己的繁盛中具有很重要的意义。然后,他们继续论证说,所有这样的判断都是虚假的,我们应该尽可能丢弃这种判断"。[⑧] 在纳斯鲍姆看来,人并非是唯灵论的存在,她采用亚里士多德的观点,"亚里士多德把人看作一个'政治动物',即不仅仅是一个道德的和政治的存在物,并且是一个拥有动物身体的人,并且他的人的尊严并不是要反对其动物本质,而是要植根于它,并且植根于其暂时的轨迹"。[⑨] "亚里士多德的观点认为人类是一个既有需求又有能力的生物,他的能力和尊严与其动物性完全紧密相连,所有的能力都需要物质环境的全力支持"。[⑩] 也就是说,人类的繁盛不仅需要美德之类的内在的善,亦需要那些外部的事物的支持,而且那些外部的事物对人而言不仅仅只具有工具的意义,它跟人过一种欣欣向荣的好生活具有内在的联系,因为人类需要那些外部的事物来丰富自己、繁荣自己。但也因为人的繁荣需要倚赖外部事物,而外部事物的不可控制性意味着人类生活的脆弱性,也正是在这个意义上,纳斯鲍姆说:"情感涉及这样一种价值判断,这种价值判断赋予那些在我们之外,且我们并不具有充分控制的事情以极大的重要性,因此,正是我们情感所依附的那些东西,才使我们变得脆弱。"[⑪]

这是纳斯鲍姆一贯以来的观点,在她的成名作《善的脆弱性》一书中,她讨论运气,即"人类行动者缺乏控制的事件"与好生活之间的关系。她批判了"狭

---

⑦ 玛莎·纳斯鲍姆:《诗性正义:文学想象与公共生活》,丁晓东译,北京:北京大学出版社,2010年,第98页。

⑧ 玛莎·纳斯鲍姆:《善的脆弱性——古希腊悲剧和哲学中的运气与伦理》,"修订版序言",徐向东、陆萌译,南京:译林出版社,2007年,第6页。

⑨ 玛莎·纳斯鲍姆:《正义的前沿》,朱慧玲、谢惠媛、陈文娟译,北京:中国人民大学出版社,2016年,第61页。

⑩ Martha C. Nussbaum, *Hiding from Humanity-Disgust*, *Shame*, *and the Law*, p. 344.

⑪ 玛莎·纳斯鲍姆:《善的脆弱性——古希腊悲剧和哲学中的运气与伦理》,"修订版序言",第26页。

隘的人类繁荣观",即把欣欣向荣的好生活确认为"品格的一种高尚状态";批判了柏拉图的理性主义,即把人类的好生活看成是理智的沉思活动,"此一活动尽量从感觉和情感的干扰性影响中将理智分离出来";她从悲剧诗人和亚里士多德那里汲取理论资源,认为"悲剧诗人持有这样一个信念:有力的情感(主要包括怜悯和恐惧)就是关于好的人类生活的洞见的源泉",而亚里士多德"回到了悲剧诗人的某些洞见上,而这些洞见则关系到两个事实:第一,灾难很容易摧毁人类繁荣;第二,情感告诉我们这种不幸所具有的重要性"。⑫ 这一系列的探索,就是为了说明承载着对外部事物的评价和判断的情感与人类过上一种欣欣向荣的好生活息息相关。

二

行文至此,我们可以说,在纳斯鲍姆这里,情感对于人的好生活而言具有本体论的重要性,这一思想也可以归纳为:情感是幸福论的,"情感是一种价值判断形式,它把对个人繁盛具有重大意义的东西归之于个人无法控制的事物"。⑬ 具体而言,纳斯鲍姆始终把人看成是活生生的、有血有肉、有理性有感性、有能力有需求的统一体。在理性主义传统中,在包括罗尔斯的正义论中把人设想成理性人的语境下,她始终强调人性还包括动物性、必死性和有限性,这意味着人必然是脆弱的,他必须倚赖于在我们之外的事物,需要财富、荣誉、金钱、食物、住所、健康、身体完整等诸如此类的外在善,亦需要朋友、孩子、所爱的人、公民资格和政治活动等这些关系性的善来繁荣自己,这是人类生活本身的结构。而情感正是对这些外在事物的价值判断,并赋予这些在我们之外的事物以重要性,"脆弱性观念与情感观念密切相关。情感是对这些脆弱领域的反应,包括我们遭受到的损害,可能遭受的损害,或者很幸运没有遭受的损害"。⑭ 从而使得被理性主义所排除出去的那个领域重新占有一席之地。

这种基础性的理论工作背后渗透着纳斯鲍姆始终如一的理论旨趣:对整全人性的尊重、对每一个人类个体的尊重。在理性主义的传统中,一个人之所以值得尊重,根据在于人的理性,"理性是被如此解释的,即把人类与非人类动物、

---

⑫ 同上,第 4 页。

⑬ Martha C. Nussbaum, *Upheavals of Thought-The Intelligence of Emotions*, p. 22.

⑭ Martha C. Nussbaum, *Hiding from Humanity-Disgust, Shame, and the Law*, p. 6.

把人类与其自身的动物性截然分开的人类特征"。[15] 在柏拉图那里，理想国的王应该是似神存在的哲学王，所谓似神存在就是超越人性的，没有动物性羁绊的天使般的存在；在斯多葛学派那里，内在的美德对人类的兴盛来说已经足够，情感对外在善的评价性判断是虚假的信念；在康德那里，更是明确地划分了自然必然性王国和理性/道德自由王国，处于自然王国中的人性没有尊严可言，人类的尊严和尊严之源泉来源于人类的道德能力。但在纳斯鲍姆这里，整全的人性，无论是理性还是动物性都值得尊重，所以，我们不必对自己的动物性有"原始的羞耻和厌恶"，那只是一种与我们人性的躲避以及一种与全能的需求密切相关的情感。作为整全的人，他的"需求与能力、理性与动物性是完全交织在一起的，而人类的尊严也就是处于困苦之中的血肉之躯所具有的尊严"。[16]

相应地，如果我们的"动物性"本身就有尊严，那么作为人类群体中看上去不那么理性的孩子、老人、残障人从起点上就是值得尊重的，而不是在契约论正义论的框架之外予以同情和慈善的对象。纳斯鲍姆后来提出的可行能力理论，要把被罗尔斯的正义论所排除的残障人、贫困国家的人们（"贫困国家的情况类似于在社会契约第一阶段中的不健全的人"）甚至非人类的动物从理论的起点就纳入到正义之中，而不是在基本政治原则被选择出来之后再予以解决。"正义就在于为诸多不同的存在保障一种有尊严的生活"。[17] 她认为，对于残障人、贫困国家的人们以及非人类的动物，我们不是出于仁慈与怜悯的义务，而是出于正义的义务尊重他们，因而他们的尊严是直接的，而非衍生性的。可以说，纳斯鲍姆的情感理论是其可行能力理论的基础。在她的可行能力理论中，不仅是整全的人性，而且每一个人类个体都是具有尊严的，都是值得尊重的。

作为一位充满了实践精神的自由主义思想家，纳斯鲍姆对情感的重要作用的探讨肯定不会停留在上述的本体论层面。所以，她进而讨论政治情感。因为政治情感关涉着一个社会的稳定，对国家实现其目标的进程产生着巨大的影响。但是，在自由主义的历史上，人们对政治情感的理解却是有误的，"人们会认为只有法西斯主义或者侵略主义的社会才是强烈的情感，只有这样的社会才需要关注情感的培养"，纳斯鲍姆认为这种信念是"错误的"和"危险的"。说它是错误的，因为所有的社会都充满了感情，所有的社会都需要考虑他们文化和价值观的稳定性和安全性，自由主义国家也不例外；说它是危险的，是因为上述

---

⑮ 玛莎·纳斯鲍姆：《正义的前沿》，第91页。

⑯ 同上，第195页。

⑰ 同上，第246页。

想法会让人们认为自由主义的价值观是温和而无聊的，从而失去了情感的力量考虑对失落的同情，对不公正的愤怒，对嫉妒和厌恶的限制等等方面的巨大优势。纳斯鲍姆认为，"所有的政治原则（不论是好的还是坏的）都需要情感上的支持来确保这些原则随时间流逝而保持稳定，所有的体面社会都需要通过培养适当的同情心和爱心来防止分裂和等级化"。[18] 因此，自由主义的社会同样需要情感的培养。关于这一点，纳斯鲍姆指出，像亚伯拉罕·林肯、马丁·路德·金、圣雄甘地和尼赫鲁等这些自由派社会的主要领导者，像约翰·斯图亚特·穆勒、泰戈尔和约翰·罗尔斯这些自由主义思想家，都理解触动公民的内心和激发强烈的情感的重要性。但是他们或者没有自觉到这一重要性，或者囿于理论的限制，无法进一步深入研究这种重要性。

纳斯鲍姆以罗尔斯为例，他认为罗尔斯已然注意到了情感之于正义论的重要性，"在约翰·罗尔斯《正义理论》(1971)这本 20 世纪最伟大的政治哲学著作中，政治情感的主题受到了极大的关注"。[19] 因为罗尔斯已经认识到，一个公正的社会能够稳定的话，不能靠抽象正确的理论，亦不能靠单纯的习惯或者勉强的接受，而是需要真正认可这个社会的原则和制度。换言之，不仅要让人知道正义，更是要发自内心地爱上正义，这里的"真正认可""爱上"都是情感力量的体现。

但是，诚如罗尔斯在正义论中只能把纳斯鲍姆所概括的残障人、贫困国家的人们以及非人类的动物作为第二阶段的、衍生性的，出于仁慈而不是作为基本正义的组成部分一样，他也把情感问题放在了第二阶段上，"首先，理性告诉我们，就法律和公共政策而言，正义意味着什么，它提出了什么要求；然后，一俟这一规范性问题得以解决，我们就步入应用领域，此时我们可以开始思考，该如何把公民社会化，使之习得那些能够支持已得到理性辩护的规范的情感倾向"。[20] 换言之，作为理性主义者的罗尔斯，即便已经看到了情感的重要性，并且期望在其理论中容纳情感，但理性主义的框架或者说契约订立之初，对理性人的假设，使得他最终只能把情感放在理论的第二阶段而非原初状态，这是其理论的内在逻辑，从起点上就决定了情感只能处于补充地位。

也正因为如此，在纳斯鲍姆看来，罗尔斯对情感的关注"针对原则而不是特定的情感"。换言之，罗尔斯已经意识到了政治情感对于一个正义社会之形成

---

[18] Martha C. Nussbaum, *Political Emotions: Why Love Matters for Justice*, pp. 2 - 3.

[19] Ibid. , p. 8.

[20] 莎伦·R. 克劳斯：《公民的激情——道德情感与民主商议》，第 3 页。

的重要性,但由于其理性主义的底色,他只能到此为止,他对政治情感重要性的肯定只是一种抽象的原则。纳斯鲍姆认为,这为她进一步发展罗尔斯的理论留下了空间。

纳斯鲍姆对罗尔斯理论的发展,除了上文已经提到过的她把整全的人性,而不仅仅是理性作为其理论出发点之外,在具体阐释自己的情感理论时,纳斯鲍姆指出,情感有普遍的(generic)和特殊的(specific)之区分,所谓普遍的,就是无论在君主制、法西斯主义还是自由主义社会都需要诸如同情(compassion)、恐惧(fear)、嫉妒(envy)、羞愧(shame)等情感的支撑,以支持其社会的稳定性,从这个意义上讲,情感就像是一个通用工具包;所谓情感是特殊的,就是说虽然上述情感对每一个类型的社会都有用,但具体的社会对每一种情感的理解是不一样的,从而导致其引导和教育的目标亦是不一样的,比如对于自由主义社会而言,它会要求人们为过度的贪婪和自私而感到羞愧,但不会要求人们因为他们的肤色或身体障碍而脸红。[21] 对情感的这样一种特定的解释,渗透着自由主义的价值理念,而对特定情感的具体分析,在罗尔斯的理论中是看不到的。纳斯鲍姆为此专门著书,借助最新的行为学、认知心理学、精神分析学等研究成果,对同情、爱、恐惧、嫉妒、羞愧等情感进行了细致的研究,以使得这些情感能支持自由主义社会的原则和制度,使得人们真正地爱上正义。这是纳斯鲍姆情感理论在实践领域的重大作用。

三

在当今政治哲学领域中理性主义占主导地位的情况下,纳斯鲍姆的情感理论具有极其重要的意义。理性主义模式的政治理论最大的缺陷在于:无法解释人类行动的动力之源,这一动机性缺陷使得像罗尔斯这样的理性主义政治理论家最终也不得不为政治情感留下一点空间。

但是,像纳斯鲍姆这样把情感纳入到政治哲学的起点之中,同样会引起争议:如何做到政治判断中的无偏倚性? 毕竟,并非所有的情感都支持健全的判断。事实上,理性主义者和情感理论家们争论的核心就在于,情感理论家认为理性主义者为动机性缺陷所困,而理性主义者却认为情感理论家为规范性缺陷所困。双方各执一端,但事实上又都在暗地里有所妥协。像罗尔斯,最终不得

㉑ 参见 Martha C. Nussbaum, *Political Emotions: Why Love Matters for Justice*, pp. 22 - 23。

不为政治情感留下了一点空间;而不少情感理论家,也试着要把无偏倚性纳入到情感理论中。纳斯鲍姆走得更远,她指出,情感不仅仅是一种"道德思想的心理辅助",还是"道德思想本身的一部分"。因而,"如果忽略了情感,那么道德思想本身的一部分将会被遗漏";情感不仅仅是"具有推理能力的生物的心理机制运行的动力,也是这个推理生物本身的一部分,是高度复杂和杂乱的那个部分";情感是"人类智力的基本要素,而不是仅仅作为智力的支撑或道具"。所以,我们有"特别强烈的理由来促进政治文化中情感幸福的条件:因为这种观点意味着没有情感发展,我们作为政治生物的推理能力的一部分将会缺失"。[22] 也就是说,纳斯鲍姆的情感理论,不仅仅是要弥补理性主义的动机性缺陷,她更要把情感提高到本体论的高度,从理论的起点上就把情感纳入进来。那么,她的这一做法能成功吗?换言之,她真的能做到既以情感为基础,又能做到无偏倚性吗?

首先,是纳斯鲍姆对情感的定义,这一点,我们在文章的前面部分已经做了比较详细的介绍,这里不再赘述。简单来说,在纳斯鲍姆的情感定义中,思想或者智力因素始终是在情感里面的,早在她的成名作《善的脆弱性》中,她就表明:"情感代表了各种利用了智力的评价性解释,因此我们应该拒斥理性和情感的二分法。"[23]她这样做的目的就是意识到了情感有可能带来的偏倚性,因此始终要为理性保留批判这种偏倚性的地位,诚如她在《思想的剧变》中所言:"说情感应该成为道德哲学主题的一个显著部分,并不是说道德哲学应该信任情感并给予特权地位,或者使它们免于理性的批评:因为它们可能并不比任何其他一些根深蒂固的信念更可靠。"[24]换言之,为了免除情感的偏倚性,她始终不遗余力地在其作品中强调情感中的思想因素,以至于有学者认为她在认知主义的情感之路上走得太远了,因为她经常将情感"界定为思考,而不是思考与感觉的结合"。因此她虽然捍卫了情感之于道德判断的价值,"但其方式在很大程度上却是将情感从中切割出去",所以,"她的观点与标准的理性主义解释存在着惊人的亲缘性"。[25] 这一批评从某种意义上来说是正确的,但诚如批评者所言,她只是与理性主义者存在"亲缘性",而并非就是理性主义者。她不遗余力地把罗尔斯抽象的情感原则发展成具体的情感理论,她期望她的情感理论能使人们不仅是因

[22] Martha C. Nussbaum, *Upheavals of Thought-The Intelligence of Emotions*, p. 3.

[23] 玛莎·纳斯鲍姆:《善的脆弱性——古希腊悲剧和哲学中的运气与伦理》,"修订版序言",第23页。

[24] Martha C. Nussbaum, *Upheavals of Thought-The Intelligence of Emotions*, p. 2.

[25] 莎伦·R. 克劳斯:《公民的激情——道德情感与民主商议》,第68—69页。

为正确的理由而支持社会的原则和制度,更是能热烈赞同并热情拥抱正义的基本观点,仅仅因为她强调情感中的思想要素而怀疑她又投入理性主义的怀抱,这是不公平的。

为了避免情感的偏倚性,纳斯鲍姆提出了"读者或者旁观者的情感",这种情感既能使人们有能力通过想象进入遥远的他者的世界,从而为人们的正义行为提供驱动力,又能避免过于切近的主观个人情感,使得伦理推理和正义判断具有不偏不倚性。当然,纳斯鲍姆知道要做到绝对的不偏不倚是有难度的,但这却是我们需要努力的方向。具体而言,从以下三点入手:

第一,纳斯鲍姆认为想象力在情感中具有重要的作用。在《培养人性》一书中,她提出了一个专门的术语:"叙事性的想象力"(narrative imagination),这种能力使得每个人虽然不可能过上每一种不同的生活,但是却可以设身处地去想象各种生活,从而怀有"了解之同情"之心。纳斯鲍姆认为,想象力是加深和提炼我们自己作为一个复杂时代的历史生命的必由之路,是"通往社会正义所必须的桥梁"。而培养想象力最好的方式就是艺术,音乐、舞蹈、绘画、雕塑、建筑、文学等艺术都能起到培养想象力的作用,尤其是文学,对于这种能力的培养具有特别丰富的贡献。

第二,社会建构在情感中的作用。情感并非是空穴来风,情感的认知内容是由社会规范和具体的社会环境所塑造的。因而,同一种情感在不同的社会规范中就会有不同的体现,"愤怒具有文化的普遍性,因为在所有社会中,人们都会对错误的损害做出反应,但具体的愤怒形式完全是由社会规范所塑造的,诸如什么是侮辱,什么是荣誉等等"。[26] 因而要把公众的情感问题与一套明确的规范性目标联系起来,营造合适的社会政治文化,以培养合适的情感。反过来,合适的情感也会促进合适的社会政治文化,两者相辅相成,共同促进。

第三,生命早期的经验对情感的影响。认知心理学和精神分析学都表明,成年人的情感典型地带有强有力的早期经验的痕迹。纳斯鲍姆指出,甚至孩子在母胎之中时,如若母亲得不到良好的营养,都会影响孩子以后的发展;贫民窟中的孩子,父母自顾不暇,何谈让他们接受教育? 这样的孩子长大后,如何能形成合宜的情感? 鉴于此,纳斯鲍姆认为需要开展一些与家庭合作的项目,尽可能地帮助那些幼童,使他们的情感发展能比较正向。

以上是纳斯鲍姆为了使情感做到无偏倚性所提出的具体建议,对于纳斯鲍

---

[26] Martha C. Nussbaum, *Political Emotions*：*Why Love Matters for Justice*, p. 401.

姆而言,提出理论是第一步,在公共生活中倡导和实践理论,亦是她对自己作为一个知识分子的期许。对于纳斯鲍姆的情感理论,我们用她自己的话作为结尾:"由于罗尔斯是在构建一种完美的理论,而不是在提出一种向真实新体制的转变方案,因此,他并没有论及支持激烈变革的内容。然而,如果我们试着去想象一下,与他的理想相接近的那些事物要怎样转为现实,那么这种转型显然需要进行广泛的情感教育。"⑰其心可鉴,其情可明!

作者简介:叶晓璐,哲学博士,复旦大学哲学学院副研究馆员,研究方向为国外马克思主义和西方道德哲学。

---

⑰ 玛莎·纳斯鲍姆:《正义的前沿》,第 291 页。

列斐伏尔"节奏分析"
理论视域下的"身体"*

关巍

【摘　要】列斐伏尔将对身体节奏分析视为自身对马克思主义最重要的理论贡献。在节奏分析中,列斐伏尔以身体为联结点,揭示社会节奏和生理节奏在身体上的对立统一与复合平衡。列斐伏尔以身体节奏分析为起点,批判资本主义条件下的节奏异化,认为节奏异化是现时代人的异化的重要表现形式。列斐伏尔以节奏分析身体,提供了一种对身体的新理解。

【关键词】列斐伏尔　节奏分析　身体

　　对身体节奏的分析与研究被列斐伏尔视为其对马克思主义最重要的哲学贡献之一。在《节奏分析:空间时间和日常生活》中,列斐伏尔规定了"节奏分析"理论的核心旨趣是要找到一种科学,一个知识的新领域,将节奏与日常生活融为一体,重新思考日常生活的异化问题。身体是列斐伏尔节奏分析理论的核

＊ 本文为辽宁省社会科学规划基金"列斐伏尔节奏分析理论与历史唯物主义研究"(项目批准号:L17CKS007)的阶段性研究成果。

心概念。他指出,"没有一刻,节奏分析和节奏分析的对象能够忽视身体。"①列斐伏尔的"节奏分析"理论以节奏分析为方法,将身体作为节奏化(异化)的载体和时空统一体,以"疾病"和"革命"的双重逻辑,构建了独具特色的人类社会节奏化的"一般原理"和揭露资本主义制度异化本质的"特殊原理",较为彻底地从日常生活异化的现象分析中超拔出来,回答了日常生活"何以被异化、以何异化"这一困扰其日常生活批判理论的核心问题,清理了自身理论的地基。

一、身体:节奏的复合体

列斐伏尔认为,身体是自然生成和社会生成的有机统一。自然与社会以自然节奏和社会节奏相复合的方式在身体上体现出来,表达为身体节奏。列斐伏尔的节奏分析理论以对身体节奏的分析为起点,并将身体节奏作为感知其他节奏的基础和起点,构建以身体为核心的节奏复合图景和节奏分析理论。

在列斐伏尔看来,身体节奏是在自然节奏和社会节奏的双重建构中逐渐形成的,这是人类社会节奏化的一般原理。但是,人们往往比较容易辨识节奏的时间性和规律性,而相对忽视了节奏的自然性。由于人的身体首先是作为自然物而存在的,在自身演化中,身体获得了来自自然、宇宙的自然节奏。但同时,作为社会存在物,社会的理性节奏不断被纳入身体的节奏之中,"社会的、理性的、数字化的、可定量分析的节奏尽管没有根本改变身体自身的各种自然节奏,但却将自己叠加在身体的各种自然节奏之上"。② 因此,身体节奏虽受理性法则控制,表现为有规律的"时间",然而,节奏却与那个活着的肉身紧密关联。

这个肉身——身体的节奏从构成上看,表现为多元节奏的复合。每个器官、每项机能都具有自己的节奏。即,"单从节奏分析角度看,身体是由一束相互区别又互相协调的节奏组成的。人们不仅可以在音乐中产生完美的和声,而且身体也可以产生节奏的集合或者缠绕,也有人称之为一束节奏"。③ 在正常情况下,身体的节奏彼此处于稳定的动态平衡状态,而一旦出现节奏失调,随之而来的将是身体功能性失衡与疾病。从外部来看,外在于身体的环境也是一束节奏,它们存在于自然和社会背景中,不断向身体进行节奏传递,影响和制约着身

---

① Henri Lefebvre, *Rhythmanalysis: Space, Time and Everyday Life* (New York: BLOOMSBURY, 2013), p. 6.
② Ibid., pp. 18 – 19.
③ Ibid., p. 30.

体节奏,甚至造成身体节奏的紊乱。对列斐伏尔而言,电灯这一发明带来的工作时间对休息时间的侵袭、大众传媒对人们日常生活节奏的影响与重塑、社会规训对人们行为的控制和思想干预等皆属此列。

在节奏分析理论中,身体之初,便是节奏的承载者和感知者。身体的节奏是自然节奏与社会节奏的复合,在人类及其社会历史的长期发展演进过程中,二者凝聚于身体,表达为二者的辩证关系。但是,在资本主义制度条件下,这种复合关系发生了深刻变化。资本的逻辑以对生产时间和围绕生产展开的生活时间的控制为基础,建构了自身的线性节奏,表达为资本主义的社会节奏日益影响和控制了身体节奏,成为"领奏",干扰身体的正常自然节奏,带来了身体功能性的节奏紊乱以及精神上的痛苦等问题。列斐伏尔试图以身体为联结点,通过分析人体社会和生物节律的并存,以资本主义条件下身体的功能性紊乱与节奏失衡,折射出现代资本主义社会对人的深刻影响与异化。在列斐伏尔那里,节奏分析理论的工作不是简单地将身体作为研究对象或者客体,而是将身体作为首要的东西,作为研究的起点。通过对自然节奏和社会节奏相符合的身体节奏的分析,揭示在现代资本主义社会中,人的身体受到社会理性节奏的规训,失去了主体性地位沦为了客体的特殊原理。"我们自身、我们自己的身体和肉体,尽管不完全是,但我们也几乎都成了客体(对象)"。④ 但是,身体虽然被"异化"成了"客体",身体自身却仍存在着向和谐节奏复归的趋势和能力,这是"疾病"和"革命"的双重逻辑。从而我们可以看到,被列斐伏尔本人认作日常生活批判理论第四部的《节奏分析:空间时间和日常生活》中,他试图重新考虑其早期日常生活批判理论中对日常生活蕴含革命性这一问题的思考,试图通过身体找到某种促使人类社会和日常生活发生变革,使身体重返"主体"地位的出路和方法。

二、节奏异化:资本主义条件下的身体困境

列斐伏尔和福柯,这两位思想迥异但却共同闪耀于 20 世纪法国思想界的明星,以各具特色的叙事方式和深刻的理论洞见,共同指向现代资本主义社会的权力机制及其规训方式,前者开拓了以身体为核心的资本主义日常生活节奏化(异化)的理论与实践,后者创造性地以身体为基础,对以资本主义为主导的

---

④ Ibid. , p. 20.

现代社会无孔不入的微观权力的产生、演化与运行机制进行了深刻而独特的理论探讨。列斐伏尔将身体问题，尤其是资本主义条件下的身体问题，作为理解资本主义以及当今时代的核心问题。他认为，无论是以个体为视角思考社会一般，还是以社会一般为视角反观个体，甚或对俗世与日常生活的具体分析，均以身体为开端。列斐伏尔认为，节奏的异化使身体深陷困境之中。同时，这种身体的困境，成为我们时代最为突出的异化方式。资本主义条件下的身体节奏研究，将会开拓一门新科学、一个新的认知领域。

列斐伏尔认为，虽然在人类的发展演化过程中，自然节奏和社会节奏相互叠加复合，但是，社会节奏干扰和影响着自然节奏，在资本主义制度下这种状况得以完全凸显出来。在我们当今的社会条件下，虽然以身体为核心的节奏分析还未走入哲学视野的中心，但在当今社会生活中，对节奏进行研究并意图干扰或重建人类身体节奏的专家或专业比比皆是。这些节奏干扰既包括病理学、生理学，也包括对人而言具有深刻影响的社会规训。对身体节奏的这种干扰和重构甚或异化进行全面的哲学"诊断"，使身体节奏摆脱异化走向动态的、新的和谐，皆在对节奏进行分析和把握。

在我们的日常生活中，节奏都是以复合形式存在的，并不存在单一的节奏，并且我们也不可能将某一节奏完全抽离于其他节奏对其进行单独分析。比如，作为节奏分析核心内容的身体，它的心脏跳动、呼吸等等，这些器官的复合节奏构成了人体特有的节奏——"交响乐"。在复合节奏中，一旦我们充分感受到某一个节奏凸显出来，那就可能意味着身体失衡。节奏是复合的，同时节奏也是重复的。列斐伏尔指出，节奏蕴含重复，并且可以被定义为运动和重复中的差异。⑤ 对于列斐伏尔而言，理解节奏、节奏干扰乃至节奏控制，均离不开对重复的理解。列斐伏尔认为重复节奏具有两种类型，即循环重复和线性重复。前者源于自然、宇宙，不能被测量。循环节奏是包含差异性的重复，是蕴含"变化"与"生成"的差异性循环，不知不觉地发展自身。后者是社会的，具有同质性，在时间上具有大致相同的间隔。线性节奏在人们生产劳动的时间循环中表现得最为显著。列斐伏尔指出，在当今资本主义社会条件下，线性重复已经成为循环重复的测量标准。在这个过程中，不仅个体身体的自然生物节律受到了干扰，甚至整个资本主义社会都体现为以生产的线性时间统治人类一切社会生活。这就带来了社会节奏，尤其是资本主义的社会节奏与身体节奏的斗争。节奏的

---

⑤ Ibid. , p. 96.

另一个重要特征是开放性。虽然我们的身体看似是一个封闭的整体,但这个整体却是开放和变化的,我们身体的状态及其节奏的变化和动态平衡,很好地解释了这种开放性。

　　基于以上对节奏复合性、重复性和开放性的分析,我们很容易理解,资本主义正是通过影响和干预身体节奏,从而实现了对人们社会生活的全面控制。在《节奏分析:空间时间和日常生活》中,列斐伏尔在很多章节都论述了这一问题。尤其是在第四章"驯马术"中,列斐伏尔用大量的篇幅,以隐喻的方式分析和描述了这种对身体节奏的干扰与重建。他指出:"驯马的节奏似乎更值得进行分析。训练马不同于训练狗,训练拉货的马不同于训练赛马,训练警卫犬不同于训练猎狗。……要实现科学驯马必须考虑多个方面和多种元素,如时值、刺耳的哨声、惩罚和奖励等等。因此,节奏需要进行自我建构。"⑥"在动物被训练的过程中,动物也发挥了'主动性'。……这里的主动性是指在饲养员和训练员的专横指挥下,动物对自己的身体进行了'创作',即这些身体融入了社会实践或人类实践。因此,被训练的动物之身体也就具有了使用价值。它们的身体进行着自我改变,同样它们的身体也被饲养员或训练员所改变。"⑦"饲养员知道驯马术所具有的节奏,教育家知道学习所具有的节奏,舞者和驯兽师知道训练所具有的节奏"。⑧ 在人类社会中,节奏干预和节奏控制表现为社会"规训"对大多数节奏的控制。这种干扰节奏的方法与训练动物具有极大的相似性。社会"规训"的残余时空为人类追求自由遗留了充满幻觉的狭小空间。"尽管如此,他们的脚步声、脚步声的节奏与动作(姿势)并没有发生改变"。⑨ 通常,人们对社会"规训"是无意识的。但列斐伏尔提示我们,无意识这个词并不仅仅表达大脑和信号的关系,社会生活的无意识是带有阶级性的,本质上是社会被统治者对社会统治的无意识。列斐伏尔也深刻地指出,所有这些对节奏的控制与生成都产生了对立效应,甚至可能由于超过限度而发生"破裂"。这种"破裂"是极具破坏性的,在身体上可能表现为某种功能的损坏或者丧失——疾病,但它也可能带来或产生具有丰富创造性的空白和盲点——革命。因此,列斐伏尔强调,若要认识和把握节奏,首要的就是"应该学习节奏转变这一视角,因为这些节奏转变都伴随着革命"。⑩

---

⑥ Ibid., p. 48.

⑦ Ibid.

⑧ Ibid., p. 49.

⑨ Ibid.

⑩ Ibid., p. 53.

在资本主义社会,列斐伏尔认为,本质上,资本是在蔑视生命的基础上建立起来的,并以对身体和生活节奏的裁制为统治基础。资本主义造成了雇主和雇工的出现,造成了贫富分化,形成了资产阶级和无产阶级等等。这论述并没有错,但并不足以用来表明资本的邪恶力量。⑪ 因为资本的逻辑是线性的,资本的节奏是线性节奏而非循环节奏。资本的节奏不具有创造性,而是同质性的重复,这就造成了资本的本性就是抵制人的。"资本能够进行生产但不能进行创建,资本再生产着自身、模拟着生活。由此,生产和再生产趋向统一"。⑫ 资本主导下的世界,是一个线性节奏干扰的、破坏循环节奏的世界。以身体为载体的循环节奏和线性节奏共同构成了身体节奏,资本主义条件下线性节奏对身体节奏的裁制也就从根本上表明了资本主义制度不仅仅在道德上是恶的,就连资本主义本身也是敌视人的,本质上是恶的。资本的节奏本质上是线性的,同质性的,不具有差异性和创造性,但是为什么在通常的理解上,我们很难认识到这一点,反而认为资本主义制度虽然是金钱主导的私有制社会,但却能够创造出丰富多彩、光怪陆离的商品与生活呢? 列斐伏尔认为,这要从资本线性节奏的现实表现来寻找答案。他指出:"资本的节奏就是兼具创造和毁灭的节奏,其中的创造是指资本可以创造任何事物,如存在、人类等等;资本的毁灭作用需要借助战争、扩张、发明和残忍的干预、投机等等。"⑬这是资本线性节奏的表现,而非资本节奏的本质。

三、以身体诊断节奏:紊乱与和谐

列斐伏尔认为,节奏分析学家以身体为起点,通过"倾听"身体的节奏,综合感知资本主义的节奏及其异化性。从节奏分析角度讲,身体是由一束彼此相互区别又互相协调的节奏组成的。这些节奏来自自然、来自社会,身体节奏处于两者辩证统一关系所带来的动态平衡中。为了理解和把握节奏,节奏分析学家首先必须对自身身体节奏进行深切的把握和领会,之后才能将节奏分析转向外部。列斐伏尔指出:"节奏分析学家首先倾听的是自己的身体。为了理解外部节奏,节奏分析学家必须要先了解身体的节奏。因此,他的身体被视为一个节拍器。"⑭节拍器

---

⑪ Ibid. , p. 61.

⑫ Ibid. , pp. 62 – 63.

⑬ Ibid. , p. 65.

⑭ Ibid. , p. 29.

的作用是衡量节拍,节奏分析学家以自身的身体为节拍器,度量节奏。

列斐伏尔将节奏分析学家的工作理解为经验的、综合感官的感性分析,旨在对资本主义条件下的身体和社会进行诊断。一方面,由于身体本身就是感性的肉身,感觉器官及其带来的直接经验,是我们认识事物和分析问题的基础性条件。所以,"节奏分析学家动用了他所有的知觉。他认为他的呼吸、血液循环、心跳以及他的讲话风格都具有地标意义。"⑮另一方面,列斐伏尔认为,我们需要借助综合感官而非简单地主要依赖视觉。视觉本身并没有问题,成问题的是视觉的接收对象、呈现方式——媒体。媒体通过视觉,充斥、占据并塑造着日常生活,也"显示"着日常生活,但这种显示的方式具有间接性,其所显示之物是经过精心挑选并加以"处理"的。这既带来了认识的片面性,削减了事件本身的丰富性和冲击性,同时人们也"无需"直接经验世界,而只需坐在电视机、收音机的旁边或电脑屏幕前。如此往复,人们就会由于缺乏切身感受而失去对事件、对象应有的感受、反应和判断。所以,"他(节奏分析学家)没有给予任何一个知觉以损害其他知觉的特权"⑯,"他(节奏分析学家)不是在抽象地通过身体进行思考,而是在真实的世俗世界中思考身体"。⑰列斐伏尔深刻认识到,在当今的社会条件下,"社会通过驱逐丰富的感官知觉而实现了'无色、无味、无知觉'的同质化和齐一化,但反过来同质化和齐一化却使社会处于衰退、中和的状态中"。⑱

节奏分析学家的主要工作方法是"倾听"。对身体节奏的"倾听"是易于实现的,比如心跳、脉搏等等。"节奏分析学家必须在把自身和所观察的对象置于非病理状态的前提下去理解某一节奏"。⑲因为只有理解和感受身体节奏的正常状态才能辨识并把握非正常状态。然而,"倾听"社会节奏则并非易事。本质上,社会节奏不仅如身体节奏一般是复合的,而且还是带有意识形态的,尤其带有统治阶级的意识形态。我们很难保证在"倾听"节奏时不带有其色彩。在列斐伏尔看来,节奏分析学家的工作虽困难重重,但却并非毫无可能。节奏分析学家摒弃干扰的具体方法是:"他必须进行自我教育(即自我训练或接受培训),因此也就必须努力工作,去改变自己对世界、对节奏乃至对周围环境的感知和构想。相应地,也必须以一种连贯的非病理学的方式去改变他的情感。他只需借用和接收整个身体及其所有的知觉就可以接收到来自所有科学的知识,如心

---

⑮ Ibid. , p. 31.

⑯ Ibid.

⑰ Ibid.

⑱ Ibid.

⑲ Ibid.

理学、社会学、民族学、生物学乃至物理和数学。节奏分析学家必须借助表征的曲线、相位、周期及循环来识别这些表征。与专家所使用的仪器设备相比,节奏分析学家探寻的是一条跨学科路径。当然,节奏分析学家并没有摒弃空间,只是比较而言,他对节奏更加敏感。他会像一位听交响乐的观众一样来倾听房子、街道和城镇。"[20]在摒弃干扰的前提下,节奏分析学家既注重"倾听""领奏",同时还高度重视复合节奏中的"噪音""低语""沉默"等。"噪音""低语"和"沉默"并非无节奏、无意义,反而包含着丰富意蕴,包含着反对齐一性的差异性、抵制"领奏"的多元化趋势,甚至是从整体中分化出来的欲望等等。在列斐伏尔看来,一旦某种与"领奏"不和谐的单一节奏凸显出来,社会将发生带有革命性的"瞬间"事件。

节奏分析学家"倾听"人类社会节奏的平台是"窗台"。在列斐伏尔看来为了理解和把握社会节奏,我们必须使自己既处于节奏之内、又处于节奏之外,而"窗台"为我们提供了很好的位置和平台。"阳台和露天平台这一不可思议的发明,给了我们审视的'视角'"。[21] 列斐伏尔以一个具有良好视野并能容纳丰富信息的朝向巴黎中心的"窗台"为平台,提供了一个进行社会节奏分析的范例。通过窗台,街道和人流展现在我们面前。嘈杂的人流和车流如同潮水的波动一般,随着交通指示灯的变化而发生变化,人流的方向可能是工作场所、可能是旅游胜地、可能是购物中心。巨大的空间张嘴吞噬着并将人群吐出,以便容纳更多的人群。人群、车流、建筑都在发出或显示着自身的节奏。这些节奏是以工作-休息-工作为主要方式的线性节奏与日常生活循环节奏辩证统一的结果。节奏分析学家通过调动自己的综合感官进行节奏分析,以其能够对其进行把握。列斐伏尔从根本上认为现代资本主义社会及其统治方式,是通过线性节奏有策略地、隐蔽地,不断控制和掌握循环节奏而得以存续和统治的社会。但是,从窗户向外看,我们看不到直接的国家及其社会控制,而只能通过各种"图像"或者所谓的遮蔽了本真存在的"存在者"意识到国家的控制和掌握。这些东西非常繁杂,包括广告、文化、艺术、游戏、宣传、工作细则、城市生活等在内的所有事物。因此,对列斐伏尔而言,这是一个无所不在、无孔不入的如黑影般隐现的国家。[22]

节奏分析学家以透过"存在者"而重现"存在"为根本任务。在列斐伏尔看来,媒体在我们的时代,尤其是在资本主义社会,起到了重要的社会控制作用。

---

[20] Ibid. , p. 32.

[21] Ibid. , p. 37.

[22] Ibid. , p. 47.

媒体占据着日常生活,它"创造"了日常生活,也"显示"着日常生活。对我们而言,这种被媒体化的一天似乎无穷无尽、永无止境。姑且不论媒体的内容如何,简单就媒体通过"图像"展示"此处"与"他处"就足以表达媒体对真正的"现实"或真实"存在"的损害。"存在者冒充存在,并将假象融入到社会实践。存在者布置和占据了时间,掩饰着日常生活。……'图像'已经成功制造、引进和创造了可被接受的日常生活","图像模仿了现实,并将现实驱逐出去",㉓生活着的人们不了解生活、观看着的人们不理解其对象。我们的生活不论是否繁忙,都难于达至生活本身。列斐伏尔对日常生活媒体化带来的"图像"对真实事物的遮蔽这一思想包含着深刻的洞见。节奏分析学家倾听"存在"意在将"存在"重新带回日常生活、恢复日常生活的本来面目,从而实现世界和社会的革命性变革。

列斐伏尔的节奏分析理论提出之后,在相当长的时间内没有得到学术界的重视。其原因,部分由于列斐伏尔写作语言的独特性以及翻译与出版相对的滞后性,部分由于学术界将关注焦点放在了列斐伏尔的日常生活批判理论和空间理论研究上,甚至有的学者认为列斐伏尔放弃了时间研究。《节奏分析:空间时间和日常生活》篇幅虽然并不宏大,但列斐伏尔将节奏分析理论这一时间研究规定为自身理论的高地。在列斐伏尔的整体理论框架中,节奏分析理论成为列斐伏尔思想中"形而上"的部分,以此为突破口,以哲学的方式对资本主义制度下的日常生活状态和资本主义制度下对日常生活的控制手段进行了开创性研究。日常生活的异化贯穿了节奏分析理论的主线,"身体"则成为列斐伏尔论证资本主义异化方式的核心概念。节奏分析理论及身体概念的研究,对系统完整地把握日常生活批判理论具有重要价值。

作者简介:关巍,哲学博士,大连理工大学马克思主义学院讲师,研究方向为国外马克思主义前沿问题。

㉓ Ibid., pp. 47 - 48.

尼采：德性伦理学……德性政治学？ *

克莉丝汀·戴格尔 著

韩王韦 译

在这篇文章中，我打算重构尼采的伦理教义，并以一种德性伦理学的形式来理解它。① 本研究在一定程度上受益于考夫曼(Kaufmann)②关于尼采伦理学的丰富译述。在他的经典研究中，考夫曼认为，亚里士多德哲学对尼采伦理学有很大影响。此外他还断言，如果没有注意到亚里士多德伦理学对尼采思想的

* 英文原文曾刊于《尼采研究期刊》(*Journal of Nietzsche Studies*，Issue 32，2006)。中译得到作者本人的授权。文中译者注为译者所加，其他脚注为戴格尔教授的原注。

本文翻译受上海市哲学社会科学基金青年项目"尼采伦理思想研究"(2016EZX002)支持。

① Thomas H. Brobjer 提供了一篇探讨尼采德性伦理学的有趣论文(Thomas H. Brobjer，"Nietzsche's Affirmative Morality：An Ethics of Virtue"，in *Journal of Nietzsche Studies*，no. 26(2003)，pp. 64 - 78)。尽管 Brobjer 的大多数说法我都赞同，但是我的方法跟他有很大不同。他关注尼采的"肯定性道德"(affirmative morality)的侧重有别于我。我发现，他在文章开端处的一个观点(该观点反复重申直至结尾)不准确："尼采的肯定伦理学与德性伦理学之间的亲缘关系尚未被认知。"在这篇文章的随后章节中，我将会揭示，这种亲缘关系已经被人们所认知和讨论，例如 Christine Swanton，Lester H. Hunt，Michael Slote 和我。

② 瓦尔特·考夫曼(Walter Arnold Kaufmann，1921 - 1980)，德裔美籍哲学家，翻译家和诗人，1947—1980 年曾执教于普林斯顿大学哲学系，以翻译和研究尼采著称。——译者注

激发的话，那么尼采对基督教的批判就不能够被确切地认知。③ 考夫曼将《尼各马可伦理学》中的"灵魂之伟大"（megalopsychia）这个亚里士多德式的概念和超人这个形象联系起来，他的断言就建立在这一联系之上。在论文第一节，我将通过各种方式来考察这一联系，并说明何以我们必须超越考夫曼。如果有人如我一般，选择忽视亚里士多德与尼采伦理学之间的联系，那么，这种做法并不意味着尼采的伦理学不能够被解读为一种德性伦理学。在第二节中，我将阐明，把尼采的伦理思想解释为一种德性伦理学的培育（forming）是如何可能的，这种德性伦理学的聚焦点在于主体（agent）的角色发展。我将会给德性伦理学下定义，并说明尼采如何能够被视为一位德性伦理学家。我将会阐述，在那场主要于 20 世纪显现的德性伦理学复兴运动中，尼采如何对批评性要素（the critical moment）有所贡献，以及他又如何对这场复兴运动的建设性方案有所贡献。④ 在第三节中，我将处理一个有待解答的问题，只要人们如我一样，把尼采理解为一位德性伦理学家，那么他们就会遇到这个问题。这个问题的出现牵涉到特定文本中尼采的贵族政治思想。并且，当牵涉到尼采的政治思想，而他的伦理思想的明晰性存在争议之时，那么，这个问题就会变得更加清晰。我将试图解决这个问题，尽管我主张的解决方式在强调一部分资料的同时，必定会忽视另外一些资料。

一、尼采与亚里士多德

在《亚里士多德与尼采："灵魂之伟大"与"超人"》一文中，贝恩德·马格努斯（Bernd Magnus）⑤主张，对尼采的亚里士多德式解读（由瓦尔特·考夫曼所倡导）必须被无视。在经典著述《尼采：哲学家，心理学家，敌基督者》一书中，考夫曼认为，亚里士多德的概念对尼采有着巨大的影响，只有通过那些亚里士多德术语，尼采对基督教的反对才能够被理解。依据考夫曼的观点，尼采从亚里

---

③ Walter Kaufmann, *Nietzsche*, *Philosopher*, *Psychologist*, *Antichrist* (New York: Vintage Books, 1968). Cf. Bernd Magnus, "*Aristotle and Nietzsche*: '*Megalopsychia*' *and* '*Uebermensch*'", in David J. Depew (ed.), *The Greeks and the Good Life* (Fullerton: California State University, 1980), p. 262.

④ 20 世纪德性伦理学家对他们所继承的伦理传统的一种批评表明了自己的观点。他们反对这种传统（他们方案的批评性要素），并继而提出一种可替代的建设性伦理方案（建设性方案）。就此下文将会给出更多细节。

⑤ 贝恩德·马格努斯（Bernd Magnus，1937 – 2014），德裔美籍哲学家，曾长期任教于加州大学河滨分校哲学系，以研究尼采、海德格尔知名。——译者注

士多德伦理学那里的受益相当多。他的论断根源于他在亚里士多德和尼采之间所建立起来的一种联系，这种联系存在于《尼各马可伦理学》第 4 卷中的"自豪"概念（也意指"灵魂之伟大"）和"超人"概念之间。马格努斯认为，考夫曼对自豪之人和超人的解读是一种对两者的肤浅解读。进而，马格努斯讲道："亚里士多德伦理学——乃至他的自豪概念——与尼采的道德哲学关系甚小，与尼采的'超人'概念亦复如是。"⑥马格努斯受到《善恶的彼岸》第 198 则格言的启发，在这则格言中，尼采将亚里士多德伦理学拒斥为"胆怯道德"的一个实例。

马格努斯的主要观点与亚里士多德的概念"幸福"（eudaimonia）和"实践智慧"（phronesis）有关。在《尼各马可伦理学》中，亚里士多德将善视为人类依据天性而探寻之物："eudaimonia"即"幸福"（happiness）。幸福是我们谋求的唯一至善。对人类来说，善是人的独特功能的实现，而人的独特功能，依据亚里士多德的看法，即理性的运用。"eudaimonia"这个概念的确切解释是，"如果一个人致力于自我天性的积极运用和成功发展，特别是致力于跨时间的人类能力（human capacities）的运用和发展，那么他的生命就会旺盛，生活就会欣欣向荣（flourishing）"。⑦ 对亚里士多德而言，上文所提及的人类能力即是思想和行动中的理智。因此，如果一个人过着一种理性的生活（即一种被"实践智慧"所引导的生活），那么他就过着一种欣欣向荣的生活。"具备实践智慧者"（phronemos）即拥有能够判定德性的实践智慧（practical wisdom）的人，而德性则被理解为过度之恶与不及之恶之间的中庸（mean）。"具备实践智慧者"基于善和幸福来判定德性，而善和幸福归根结底却是一种理智活动的生活。通过把理性视为幸福的根基，亚里士多德将德性树立为一个人自我兴盛（one's own flourishing）的路径。本质上说，德性是我们作为人类必须去张扬（flourish）的品性特征。"具备实践智慧者"基于他作为人类的成熟，即他的独特性和理智能力的发展而选择德性。因为他在实践上是智慧的，所以在关系到他自己的特定环境中，他不可能不会确定正确的德性。也就是说，在实践上有智慧的人不是为了获得什么而选择德性，而是为了他们自身而选择德性。查尔斯·扬（Charles M. Young）解释说：

---

⑥ Bernd Magnus, *"Aristotle and Nietzsche: 'Megalopsychia' and 'Uebermensch'"*, in David J. Depew（ed.）, *The Greeks and the Good Life*（Fullerton: California State University, 1980）, p. 262.

⑦ Charles Young, *"Virtue and Flourishing in Aristotle's Ethics"*, in D. J. Depew（ed.）, *The Greeks and the Good Life*, p. 138.

拥有了"人之兴盛"（human flourishing）这个确切的观念（conception），该观念出自于《尼各马可伦理学》1卷7节，有德性者（the virtuous）就会自认为是这样一种存在者（beings），该存在者的本质是一种在思想和行动中让理性得以实现的能力（capacity）。既然依据理性选择原则行事构成了行动中的理性，那么有德性者就会把依据这些原则行事视为他们之所是的关键（constitutive of who they are）。这一种视角方法之于非德性者（nonvirtuous）是无效的。非德性者不能把他们的所为（do）视作他们之所是的表达，因为他们缺乏他们之所是（who they are）的确切观念。⑧

马格努斯正确地指出，亚里士多德的好生活（good life）不会对尼采产生吸引，因为它与灵魂的沉思或理性活动过度纠缠在一起。作为柏拉图式理性主义的另一个实例，亚里士多德关于道德生活的观点必定会被尼采所拒斥。事实上，尼采拒绝那种把人视为一种本质上有理性的存在的观点。他肯定会反对下述这种道德观：一个人通过运用实践理性在每一个行动过程中确立中庸之道，并以此来节制自己的兴盛。另外可能会让尼采感到被冒犯的概念是"幸福"（eudaimonia）。没有哪一种道德像亚里士多德目的导向的幸福概念一样会被尼采所拒斥。在《敌基督者》2节中，尼采指出："什么是幸福？——幸福就是权力增长的感觉——就是障碍被克服的感觉。"如果某人自身是其权力意志的表达，那么幸福就会和权力意志的运用相遭遇。这种对权力的断定与亚里士多德所倡导的沉思生活截然不同。⑨

---

⑧ Ibid. , pp. 150 – 151.

⑨ 在《尼采德性伦理学概要》（*Outline of a Nietzsche Virtue Ethics*, 1998）一文中，Christine Swanton 认为，任何德性伦理学都需要至少表达两个基本问题（issues），她将之确定如下：（1）使一个行为显得正当（好）的究竟是什么；（2）使一种品性特征成为德性的究竟是什么。她在整篇文章中辩称，尼采对这两个问题都做了表述，尽管可能以一种令人不安的方式。我想特别强调的是，Swanton 在解释尼采德性伦理学与亚里士多德德性伦理学之间的不同时，所给出的有趣建议。亚里士多德将"eudaimonia"解释为人通过德性运用而实现的幸福。但 Swanton 指出，"尽管在乌托邦中，幸福主义（eudaimonism）会是我们的德性伦理学，但在实际上的坏世界中，我们需要其他的价值来驱动（driven）我们的德性伦理学：逃避平庸（mediocrity）"（Christine Swanton, "*Outline of a Nietzschean Virtue Ethics*", in *International Studies in Philosophy* 30: 3[1998], p. 33）。因为我们生活在一个不完美的、堕落的世界，所以我们需要一种特殊的德性伦理学，而这种伦理学要推广的价值，则是在完美世界中的德性伦理学不需要去推广的。对一个完美世界来说，亚里士多德的伦理学是最适合的，相反，对不完美的世界来说，尼采的伦理学却最适合。不过，这两种德性伦理学处理的都是"人之兴盛"——一种不同类型的兴盛。

莱斯特·亨特(Lester Hunt)赞同尼采的伦理学与人之兴盛和品性塑造(character building)有关。他也认为,尼采的观点与亚里士多德伦理学的关系不大。尼采的德性主张缺乏审慎(prudence)和智巧(cleverness),而审慎和智巧却是亚里士多德式有实践智慧的人(the Aristotelian *phronemos*)所必须具备的要素。尽管如此,依据亨特的看法,尼采坚持的依然是一种纯粹德性伦理学。一种纯粹德性伦理学,按照特里安诺斯基(Trianosky)的定义,是德性伦理学的一种形式,"它认为只有德性的判断才是道德的基础,并且行动的正当性总是从人个性的贤德(the virtuousness of traits)中衍生出来的。[……]对于纯粹的德性伦理学而言,个性的道德良善(the moral goodness of traits)总是既独立于行动的正当性,又在某种方式上引发行动的正当性。"[10]亨特认为,在尼采的纯粹德性伦理学中,生命主义(vitalism)是善的关键。对尼采而言,生命(life)是唯一真正的善:"人类寻求的所有善只有在某种意义上促进生命的时候才是好的。"[11]我们随后还将回到这一点上来。

我赞同马格努斯的观点,认为考夫曼基于两个代表性概念(the two represented figures)之间的细小类比来让两种伦理学等同,是一种过度阐释。如卡梅伦(Cameron)在《尼采与道德的"问题"》(*Nietzsche and the "problem" of Morality*)一书中所说,当尼采谈论亚里士多德的时候,其注意力主要在于亚氏的修辞学和诗学。尼采熟知亚里士多德的《尼各马可伦理学》和《政治学》,但却通常并没有把亚里士多德当成伦理学家来处理。卡梅伦指出,一般而言,尼采虽然并没有对亚里士多德进行严厉指责,但是它并不足以说明尼采是一位亚里士多德主义者。在许多情况下,尼采对亚里士多德的思想持有直接或间接的正面评价。例如,在《敌基督者》7节,尼采用同情的宗教来讨论基督教,并且在讨论的过程中,他宣称:"众所周知,亚里士多德将同情视为一种有病的和危险的状态,时不时使用净化剂(催泻剂)对人而言是有益的:他把悲剧理解为净化剂(purgative)。"尼采想必会赞赏这样一种立场,该立场源自一种需要个性强韧(a toughness of character)的道德。不过,也存在亚里士多德遭受尼采批评的情况。如卡梅伦所言:"因为尼采把亚里士多德哲学视为反狄奥尼索斯的,并且

---

⑩ Gregory Trianosky, "What Is Virtue Ethics All About?", in *American Philosophical Quarterly*, 27: 4 (October 1990), pp. 335 – 343, 336.

⑪ Lester H. Hunt, "Nietzsche and the Origin of Virtue", in *Routledge Nietzsche Studies* (London: Routledge, 1991), p. 112. 这本书非常有趣。他在书中的大多论述我都赞同。但是,他的研究方法与我的不同。Hunt 聚焦于德性,相反,我则聚焦于品性(性格)的发展和"兴盛"(flourishing)这个概念。不过他对德性和生命力的分析依然是富有启发性的。

把他自己的道德学说标榜为'狄奥尼索斯道德'，所以可以推断出，尼采并不觉得他与亚里士多德伦理学有一种道德上的亲缘关系，尽管事实上两者都在强调'人的卓越'。"[12]

二、尼采与德性伦理学

现在，我已经确定，在亚里士多德和尼采之间有一种亲缘关系是不可能的。对于我来说，问题就变成了，如何才能把尼采理解为一位德性伦理学家。我认为，想要理解尼采的伦理思想，最好是把它理解为德性伦理学的亲缘相似物，就像我们在 20 世纪德性伦理学复兴运动中所发现的那样。20 世纪的德性伦理学究竟是什么呢？"德性伦理学关注品性（character）而不是规范（rules）"，或"德性伦理学研究的是德性而不是正确的行为（right actions）"，我们需要的回答远不止如此。当然，上述定义是正确的，但却远非完善。如果我们要裁决尼采的伦理学是否是一种德性伦理学，那么我们就需要更加细致的论断。

德性伦理学的定义提出了一种聚焦于道德主体（moral agent）的内在状态的理论，它并不聚焦于道德主体特定行为的实现（performance）。德性伦理学关注的是决定行为贤德（virtuousness of actions）的因素。因此，它注意的不是行为，而是主体的品性和贤德（virtuousness）。罗伯特·劳登（Robert Louden）认为，德性伦理学具有两个互补的方面：一种批评性的方案和一种建设性的方案。[13] 首先，我想要先探讨一下批评性方案。批评性方案究竟是什么？德性伦理学家总是在或明或暗地批评传统的道德观。这就是为什么他们向我们提供替代性选择的根本原因。受到攻击的传统道德观是义务论的康德主义伦理学

---

[12] Frank Cameron, *Nietzsche and the "Problem" of Morality* (New York: Peter Lang, 2002), p. 154. 对这两位哲学家之间关系的详细探讨可参见《尼采支持还是反对亚里士多德的道德？》(*Nietzsche pro or contra Aristotelian Morals?* [Cameron, 2002], pp. 146 - 158)。在尼采作为一位德性伦理学家的阐述上，卡梅伦的看法与我相对。他说道："那么显然，尼采并不属于强调理性和节制的德性伦理学的希腊古典传统。相反，他对德性传统（the aretaic tradition）的批评意味着德性伦理学的倾覆，而不是意味着尼采与亚里士多德心意相通。不过，如果德性伦理学被限定为与人的卓越（human excellence）或个人的优异（personal distinction）相关，那么人们可能会倾向于把尼采硬塞进这一传统，同时还会承认在不同的德性伦理学家之间确实存在一些差异。但这并非我的立场。"(*Nietzsche and the "Problem" of Morality*, pp. 157 - 158)卡梅伦试图说明，尼采的"人之兴盛"伦理学不是一种德性伦理学。

[13] Robert B. Louden, "Virtue Ethics", in Ruth Chadwick (editor-in-chief), *Encyclopedia of Applied Ethics*, vol. 4 (San Diego: Academic Press, 1998), pp. 491 - 498.

(deontological-Kantian)和后果论的功利主义伦理学(utilitarian-consequentialist)。具体来说,传统道德观被质疑的问题论点如下:过度依赖道德选择的规范模型,对道德主体性(moral agency)的过度理性主义解释,以及存在于这些理论中的固有的形式主义。第一个论点让人们注意到一些理论中提出的作为行动最终指导的普遍规范和原则。第二个论点让人们注意到那种对情感和欲望在道德生活中任何积极作用的否定。德性伦理学家关于第二个论点所做的批评是:"道德上令我们最敬佩的人,并不是那些简单地履行职责和依循正确原则行动的人,而是那些伴随着恰当的欲望和情感,履行职责和依据原则行事的人。"[14]可以说,德性伦理学家支持情感和欲望(我们自身的非理性部分)的复兴。至于第三个论点形式主义,德性伦理学家强调,道德(morality)远不止是一种对职责(duty)概念和逻辑论点的概念性分析。他们还希望在伦理思想中包含其他研究方法。

现在,我将转而讨论第二个方面,建设性方案。建设性方案究竟是什么?在摒弃传统伦理学的同时,德性伦理学家提供了一个替代性选择。[15] 简而言之,建设性方案力求把注意力重点放在道德主体和德性决定论上。这样一来,德性

---

⑭ Ibid. , p. 493.

⑮ 在《德性伦理学的种类》("Varieties of Virtue Ethics", 1996)一文中,Justin Oakley 针对上述的建构性方案采用了一个有趣方法。尽管我在这篇论文中并不会依循 Oakley 的详细定义,但是我认为在此陈述一下他的观点是值得的。Oakley 认为有六点主张普适于所有形式的德性伦理学。第一点是,"在这种情况下,当且仅当一个行为是由一位具有贤德品性的主体做出来的时候,这个行为才是好的"(Justin Oakley, "Varieties of Virtue Ethics", in *Ratio*, 9:2 [September 1996], pp. 128 – 152,129)。品性(性格)是决定一个行为好或坏的基础。有人可能会反对,认为我们在这里做了循环论证:一个由贤德主体选择的行为才是好的行为,而只有一个实现了好的行为的人,才是贤德的主体。但是,德性理论通常会从一个主体身上令人敬佩的观念中或者从有助于兴盛的观念中获取贤德的品性特征,并以此来躲避循环论证的指控。第二点主张是,为了确定与善相关的行为的正确性或错误性,我们必须首先确定什么是善,亦即,人之善(human good)。第三点主张是,德性是不可化约的多元的内在善,"它包含了不可化约的多元的价值——也就是说,他们中的每一个都是价值非凡的,不能够被单一的支配性价值所通约"。第四点主张是,"德性是客观的善"。这与第三点主张相关,它说明了德性是独立于欲望的善,亦即,独立于我们对德性的渴望。第五点主张是,区分主体的相对善(agent-relative goods)和主体的中立善(agent-neutral goods),例如友谊就是主体的相对善,而正义(公正)就是主体的中立善。最后,第六点主张认为,"正当地行动(acting rightly)并不会要求我们把善最大化"。总之,德性伦理学的所有类型都在谈论上述这六点主张。我想把 Oakley 对德性伦理学的进一步区分(differentiations)放到一边。读者如果有兴趣可以查阅 Oakley 的《一种德性伦理学的方法》("A Virtue Ethics Approach", in Helga Kuhse and Peter Singer (eds.), *A Companion to Bioethics* [Oxford: Blackwell, 1998], pp. 88 – 91)一文,这篇文章除了再次探讨德性伦理学的特色以外,还探讨了德性伦理学对生物伦理学的影响。值得注意的是,聚焦于品性(character)的德性伦理学和聚焦于德性(virtues)的德性伦理学之间的根本区别。Oakley 的方法是非常好的,但是我受到 Mckinnon 的作品的启发,关注点将会有所不同(关于 Mckinnon 的作品,下文将会更多提及)。

伦理学就提出了一种人之兴盛的观点。在关注主体品性的伦理学和关注德性决定论的伦理学之间存在着一种区别。就伦理的"潜能"而言，我认为更有趣的标本是以品性为基础的伦理学。的确，它对主体及其品性的关注，为一种以个体兴盛为导向的伦理学的发展留有了余地。如果一种德性伦理学提议要顾及个体的兴盛，那么必然，它就是相对论的（relativistic），或者它足够开阔，以至于能让不同个体按照自己的方式繁荣发展。这是亚里士多德的教义（tenet），亚氏宣称德性与主体和环境相关。⑯ 无论如何，这里有着一种避免德性伦理学沦落为无效伦理学的极端相对主义的方法。

在此，我想思考一下克里斯蒂娜·麦金农（Christine McKinnon）的意见。她提出了一种奠基于自然主义方法（naturalistic approach）之上的德性伦理学。她宣称："德性理论告诉我们，描述伦理学和规范伦理学之间的假设性鸿沟应该被终结了：通过展示什么是人类所关注的自然善（naturally good），他们说明了为什么对人而言，以这些关注（cares）为中心的生活是一种好生活。"⑰她认为，德性伦理学在其不同类型的主张方面是独一无二的，但她也主张，通过思考个体的天性（the nature of individuals），德性可以被客观地建构。为了支持这一论断，她给出了北美小野狼（coyote）的例子。对小野狼而言，鉴于其天性，拥有一件温暖的外套是自然而然的善事，小野狼的主观性评价（估值）与这种自然善事无关。⑱ 同样，对于麦金农来说，德性是人这一物种——作为人之所是——所能够拥有的善事，它与任何的目的论考虑或偏好无关。把人与小野狼区分开来的是如下事实：德性不是先天的（innate），为了拥有它，人必须选择一种德性。人虽然并非伴随着德性而生，但却是伴随着培育德性的能力而生。麦金农将德性定义为以某种方式行事的性格意向（dispositions），她将之称为性格意向产权（dispositional properties）。于是，主体选择德性作为性格意向，从而可以引导他们通过必要的有益行动和决定，进入一种兴盛的生活。⑲

---

⑯ 即德性是相对的。——译者注

⑰ Christine McKinnon, *Character*, *Virtue Theories*, *and the Vices* (Peterborough, Ontario: Broadview Press, 1999), p. 10.

⑱ 当然，因为对小野狼而言，毛皮是一件让其能够在荒漠寒冷的夜晚生存的"工具"，所以这也可以被视为一种工具性的善。无论如何，McKinnon 用这个例子来说明她关于人的德性的论点。一些基本的人类特征要求我们以某种方式来实现贤德。对小野狼而言，毛皮是一种基本特征，小野狼必须拥有一件温暖的外套来让自己"兴盛"。同样，如我所说明的，人类拥有一些确定的特征，作为个体要想兴盛，就必须要确保这些特征的发展。

⑲ 依据 McKinnon 的说法，人们选择德性去构建自己的品性（性格）。对她而言，品性的建构是伦理学的基本特色。她试图让这种观点与德性理论的统一性和解，而德性理论则通常与聚焦于德性（转下页）

　　值得注意的是,采用了这种自然主义方法的德性伦理学,仍然会给道德主体的兴盛发展提供各种可能性,同时还会把有益于兴盛(flourishing-conducive)的德性与道德主体的天性关联起来。不是任何挑选出来的品性特征都会被视为德性。因此,关注于主体品性的德性伦理学是一种"品性建构"(character-building)的理论。主体选择德性去建构他自己的品性。主体被设定为这样一种存在,它会拥有一个终极目标(亚里士多德认为这个目标是幸福,但它也可以是其他什么东西),并且会通过建构它自己的品性来使自己离这个目标更接近。这种建构品性的进程和目标的实现,可能会激发人之兴盛。因此,德性伦理学是一种以人之兴盛为首要关怀的伦理学。

　　那么,在一种新的、非亚里士多德主义的意义上,尼采伦理学能否算得上是一种德性伦理学呢? 对此布赖恩·莱特(Brian Leiter)将会说不,他主张不能把尼采的伦理学理解成为一种德性伦理学。[20] 他认为,尼采只对德性伦理学家的批评性方案有所贡献。不仅如此,依据莱特的看法,尼采在摒弃道德层面比德性伦理学家们走得更远,尼采不仅摒弃了传统的道德观,他还摒弃了所有形式的道德观。与莱特相对,我认为,在尼采那里存在着一种伦理学的方案,尽管它呈现得不系统,并且还可能需要去重新构建。莱特宣称尼采对"道德批评家"(Morality Critics)(这是莱特对批评传统道德的伦理学家的称呼)的批评性方案有所贡献,他是正确的,但在谈及尼采的非道德主义时却犯了错误。

　　有意思的是,迈克尔·斯洛特(Michael Slote),一位当代的德性伦理学家,他以谨慎的态度接近尼采,并且质疑了尼采的方案对人类同胞缺乏坦诚(openness),因此可能是不合格的。经过审慎地评议之后,斯洛特推断说,尼采

(接上页)的德性伦理学有关。McKinnon 认为,统一性是一种内在价值(intrinsic value)。一种生活要有价值就必须是统一的。只有当生活的发起人(author),即聚焦于品性的贤德主体,为生活提供连续性(continuity)时,生活才能够统一。对于这样一位主体来说,产生统一性源于依据所谓的好生活来选择德性。McKinnon 秉持的德性理论的统一性与传统理论略有不同。传统理论认为,人必须拥有所有的德性。McKinnon 认为,当主体以兴盛人的生命为终身目标,来选择他(她)自己的德性的时候,就有了德性的统一性。一个人不需要选择所有可用的德性,但却必须以兴盛生命为旨归,来选择他的所有德性。为此,人必须运用实践智慧(*phronesis*)。德性对不同的个体来说可能是不同的,但一个人要称得上贤德,就必须具备实践智慧(practically wise)。在下文中,我并不会宣称尼采的德性伦理学正是McKinnon 所提议的那种伦理学。因为,尼采并不会赞同我刚才关于实践智慧的解释。尽管如此,我认为 McKinnon 的方法是有价值的,并且它确实阐明了追求德性的选择过程。在尼采那里,人必须有选择地选择自己的德性,并且在这种选择背后存在着一种统一性,也就是说,自我的兴盛是权力意志的一个实例。稍后就此还会有更多论述。不过,作为一位温和的评议人,我必须承认,McKinnon 的德性伦理学版本实际上与 Magnus 的版本相似。

[20] Brian Leiter, "Nietzsche and the Morality Critics", in *Ethics* (January, 1997), pp. 250 – 285.

是"一位伦理学家，他认为我们应该推广善，但是，他对什么是善却有着与众不同的和有争议的看法"。㉑ 因为尼采构想了一种善，并且给出了如何实现善的方案，那么他肯定是一位伦理学家。斯洛特进而主张，这种类型的伦理思想接近于一种以主体为基础的德性伦理学，它致力于关注主体品性的发展，而并非具体行为的实施。这是尼采的伦理方案必须采取的方法。我赞同斯洛特的这一看法。接下来让我们考察一下，尼采是如何提出这种以主体为基础的德性伦理学的。

三、尼采的德性伦理学

在这一节中，我将描述尼采自己的德性伦理学。显然，尼采确实对德性伦理学家的批评性方案有所贡献。他对于传统道德和他所提出的虚无主义的攻击清楚地表明，对他而言，传统道德之于任何人的生命都是疏离异质的。在《快乐的科学》中他说道："'别做它！放弃吧！克制你自己吧！'这种道德说教根本不对我的胃口。相反，令我喜欢的道德是能够激励我做某事的，并且是激励我从早到晚地一直做，晚上也会梦到它，除了想把它做好以外不考虑其他，如果我可以独自完成它就更好了！［……］我不喜欢一切否定性的德性，即那些有着否定本质和主张放弃自我的德性。"（304 节）㉒另外，在《偶像的黄昏》中，他谈到了一种道德的罪过："在每一种宗教和道德的基础上，都有着这样的普遍公式：'做这个和这个，不要做那个和那个，这样你就会幸福！否则……'每一种道德、每一种宗教都是这种律令——我将之称为理性的巨大原罪，永恒的无理性。"（"谬误"2）㉓尼采对传统道德的观点在他的著述中随处可见。不过，我认为对于我们的目的而言，上述引证已然足够。这两段引文澄清了尼采与道德的关系。传统道德的问题在于，它没有顾及到人性（human nature）。它没有如个体所是的那样来看待个体，虽然它力图接受个体，但相反却把人类现实中没有根据的模式（model）强加给了个体。这种模式是一种超验的自然（transcendent nature），不

㉑ Michael Slote, "Nietzsche and Virtue Ethics", in *International Studies in Philosophy*，30：3（1998），pp. 23 – 27，23. 这是 Swanton 会赞同的观点。Slote 进而辩称尼采是一位完美的后果主义者（perfectionistic consequentialist）。一种伦理观只有当它坚信道德价值与人之善（human good）的观念之间有着内在联系时，它才是完美的。

㉒ 该处译文参照了德文版原文。KSA 版《全集》（*Kritische gesamtausgabe*），第 3 卷。——译注

㉓ 该处译文参照了李超杰的译本。《尼采著作全集》（第 6 卷），北京：商务印书馆，2015 年，第 110 页。——译者注

同于人类的内在自然。

让我们回忆一下,在德性伦理学家的批评性方案中,传统道德受到指责的三个要点:过度依赖道德选择的规范模型,对道德主体性的过度理性主义解释,以及存在于这些理论中的固有的形式主义。如果我们不知道我们正在谈论德性伦理学家,那么我们会轻易地认定,这种对传统道德的批评与尼采有关。尼采拒斥规范模型,他的创造性伦理学(ethics of creativity)认为,人必须为自己创造价值,而不是依赖任何外在的(超验的)规则。尼采也严厉地拒斥了那种对道德主体性的理性主义解释。他努力恢复人性中被压抑的部分,并声称理性只是我们人性中一个非常细小的部分。他在一种虚构层面(a fiction)上来讨论人类(参见《朝霞》105 节)。㉔ 我们把"我们"这个概念搞错了:我们被引导相信,我们恰好是理性和感性的二分。但这种二分是幻象。人类是一种由"许多'灵魂'组成的社会结构"(《善恶的彼岸》19 节)。我们拥有一个作为"本能和激情的聚合结构"的灵魂(《善恶的彼岸》12 节)。尼采进而说:"如果我们渴望并且敢于依据我们的灵魂特性构造一个建筑(在这点上我们过于胆怯!)——我们的样板必定会是那错综复杂的迷宫!"(《朝霞》106 节)事实上,我们绝不是自我(the self)的传统构想,也绝没有那种特别是由传统哲学方法和道德观所提议的理性的优越性。最后,尼采显然也拒斥了传统道德固有的形式主义,因为他通常会在思想中拒斥任何的形式主义。

尼采确实对伦理学家的批评性方案所有贡献。他提出的虚无主义应该对异化的传统哲学(及宗教)话语有所补救。但是,他是否止步于虚无主义的时刻?难道他的方案正如莱特所认为的那样,是纯然虚无主义的?我在其他地方论证过,尼采的哲学是彻底建设性的,而绝非纯然的虚无主义。㉕ 他的挑战在于通过摒弃现有的道德来重构一种新的道德。旧体系的缺陷不能够通过重组来校正。人们必须清除一切,从头开始。这是他对道德的攻击发挥作用的地方。在此尼采宣布了上帝之死及其形而上学意义。尼采对他归因于自己的非道德主义很清楚:"根本而言,我所说的非道德主义者一词包含有两个否定。首先,我否定那些迄今为止被认为是最高等的人,如良善之人(the good),乐善之人(the benevolent),行善之人(the beneficent);其次,我否定一种已经被接受并作为道德本身起支配作用的道德——颓废的道德,更明确地说就是基督教道德。"

㉔ 在《朝霞》105 节,尼采认为苍白的、抽象的"人"是一种虚构。——译者注

㉕ 见拙著 *Le nihilisme est-il un humanisme? Étude sur Nietzsche et Sartre*(Sainte-Foy:Presses de l'Université Laval,2005)。

《瞧，这个人》，"命运"，4 节）这样，尼采就把他对道德的拒斥清楚地定义为对传统道德的拒斥。他也谈及了非道德主义者同伴，他们"在肯定中寻找［他们的］荣耀"（《偶像的黄昏》，"道德"，6 节）。㉖ 可见，并不存在放弃伦理学的问题。伦理学是必需的，并且将成为他重构工作起始的当务之急。只要它能够导致对错误伦理学的摒弃，它就是重构工作之前的当务之急。虚无主义是朝向这种重构的一个必要步骤。如尼采在《快乐的科学》中所言："我们要否定，并且必须否定，因为我们内在的某物想要鲜活并且肯定自身，此物目前我们也许还不了解，甚至还未曾察觉！"（307 节）

那么，想肯定自身的东西是什么呢？在《作为教育者的叔本华》中，尼采说道："对于自身的存在，我们必须自己为自己负责；因此，我们想要扮演这种存在的真正舵手，想要让它远离一种随机的偶然性"（1 节）。在《查拉图斯特拉如是说》中，超人是成功地变为自己主人的人。他是一个人上人（Overman），超越了人的内涵，他是一个比人的内涵更加丰富的人类。为什么更丰富？超人是克服了传统固有分裂的个体。他是一个重新统一了自身，并决定完全如其所是地生活的人。他也是一个知道生活就是权力意志，并且知道自己是这种权力意志的一个实例的人。因此，他希望表现和尊重自己身上的这种权力意志。除此之外，他还接受了永恒轮回的假设。他准备假定，他一生中所做的行为和决定都将相同地永恒复返。从人到超人的转变是极其巨大的。转变如此巨大，以至于我们不能说从人到超人是一种上升（elevation），而应该如尼采所指出的那样，是一种变形（transfiguration）。㉗ 在尼采的著述中，即使最高种类的人，强壮的人（the strong man），也远比超人低下。他说："你们的灵魂对伟大的事物如此陌生，因此超人的善也会让你们觉得可怕！你们这些聪明的和被启蒙了的人，你

㉖ 在一篇论述尼采价值重估的文章中，Philippa Foot 着手探究了尼采归因于自己的非道德主义。她指出，尼采有时准备抛弃正义和共同善的概念，而赞同更强壮、更杰出的人的产生。对于 Foot 而言，这是尼采非道德主义的因缘，因为，依据她的看法，道德必定是与正义和共同善的概念相关的。接着，Foot 自问，我们总是觉得尼采与道德主义者之间有许多共同点，这是如何可能的呢？她的答案如下："在许多工作中，尼采都是在论证，人们必须为了生活好而生活的方式。在他的体系和传统道德体系（尤其是古希腊道德体系）之间存在着共同的地基，正是这种共同地基使得我们倾向于认为，他定然是一位道德主义者。［……］人们可能会说，尼采本人对人（至少是强壮的人）的兴盛的条件感兴趣。"（Philippa Foot, *Virtues and Vices and Other Essays in Moral Philosophy*［Berkeley：University of California Press, 1978］, p. 92.）在此，Foot 已经追踪到了那个关系到把尼采伦理学理解为一种德性伦理学的根本问题，即，如何在这一语境中搞清楚尼采的政治思想。

㉗ 我想到了《查拉图斯特拉如是说》中的一些段落，特别是"论幻象与谜题"（of the Vision and the Riddle）。

们会从智慧的烈日下逃逸,而超人却喜欢在这火热中裸晒!我的目光所遇到的你们这些至高者啊!我想,你们会把我的超人——称作魔鬼!这是我对你们的怀疑和窃笑"(《查拉图斯特拉如是说》,"论人的聪明")。

超人是人类的一种理想类型。每个个体都应该效仿这一理想形象,例如,只有当一个人从事创造性工作时,他才能够成为理想形象。当我说理想类型(超人)时,我的意思是,这是一个人们必须努力向之看齐的形象,而不应该被混淆为一种人们可以达到的状态。一方面,在尼采的思想中,是否将来会出现超人,这是不清楚的。另一方面,我认为,我们应该把他带给我们的这个形象阐释为一种动态的存在状态(a dynamic state of being)。如果超人接受生命以及接受他是权力意志的一个实例,那么他将不断地演变(becoming)。追求更多权力的动力,这个尼采的存在(being)的特征,将导致个体持续不停地流变,以及不断地克服自己。这正是人们应当如何理解的超人之超越(Über of Übermensch)。但即使我们在谈论一种"流变状态"(state of flux),它也是一种当人投身于实现过程中时应该努力获取的状态。依据尼采的看法,为了接近卓越进而成为一个超人,有些事情是人们必须做的。创造自我和创造价值属于这些必做之事,这对于支撑一种新的伦理学而言至关重要。

人类应该是自己的创造者。她(人类)应该是自己的主人,并且为自己制定规则(这正是那著名的或臭名昭著的"主人道德"的意味)。㉘ 一旦价值的领空被清空,那么人的任务就是去重新填满它。个体应当不再依靠任何超验物来提供这些价值,正如先前的基督教试验一样,它的超验道德已经证明其唯一可能的结果就是异化。人类必须为自己创造出一种伦理学。个体必须创造出一种尊重自己作为人之本性和作为权力意志的本性的伦理学。这在尼采的如下箴言中被表达了出来:"你的良心在说什么?——你要成为你自己。"(《快乐的科学》270节)你必须兴盛!请注意,直到《善恶的彼岸》为止,在尼采的著述中都没有任何内容可以表明,超人的道路仅仅是为某些个体准备的。他清楚说明这种潜能存在于每一个个体的身上。这只是个体依照权力意志选择去实现自我的问题。㉙ 于是,通过采纳某种与人的自身存在相一致的德性,强调的重点就被安放

㉘ 这个观念(主人道德)的引人注目的研究进展,可参见 Volker Gerhardt, "Selbstbegründung: Nietzsches Moral der Individualität", in *Nietzsche-Studien*, 21(1992), pp. 28 - 49。

㉙ 鉴于尼采宣称自己在《查拉图斯特拉如是说》和《善恶的彼岸》中讲了同样的东西,我马上要下的论断可能会是成问题的。在下一节中,我将主张,拥有超人这一形象的德性伦理学需要一个政治方案。这与尼采在《善恶的彼岸》中的论述相冲突。《查拉图斯特拉如是说》和《善恶的彼岸》中所表达的关于超人的看法是很难被调和的,因为,在后一本书中,尼采规定了如此多的等级秩序。

在了主体的兴盛之上。

就此，人们必须把尼采哲学的生命主义包括进来。在《敌基督者》2 节，尼采把这种生命主义表达得非常清楚："什么是好？——所有提高人的权力感、权力意志、权力本身的东西。什么是坏？——所有从软弱里产生出来的东西。什么是幸福？——权力增长的感觉，一种障碍被克服的感觉。"如亨特所说，尼采的观点是："生命是唯一的本身是善的东西，它是衡量一切价值的标准。"⑩我们可以通过下述方式来表述他的基本道德原则："任何肯定、创造和增强生命的东西都是好的。"个体必须依据此原则来选择价值，因为，如亨特所说，"人类所追求的一切善，只有在促进生命的意义上，才是好的"。⑪ 因此，人类只能作为生命的一个实例来促进自己和自身的存在。个体将会忠实于自身。唯其如此，某人才能够说得上是作为一个人类而兴盛。所以，我们可以跟随着亨特说，尽管可以从权力意志中得出一个基本规则，但是尼采关注的焦点却是在品性发展之上，而不是在规则之上。

那么德性呢？亨特认为，尼采的观点是："没有什么德性清单是可以完成的。[……]每一次一种德性的出现都与其他德性在性质上有所不同。除了'每个人的特殊德性'以外，确实不存在什么德性。"（《快乐的科学》120 节）⑫如亨特所指出的那样，在尼采那里（《朝霞》和《善恶的彼岸》中）我们可以发现两份德性清单。尼采在这两本著作中，认为勇敢、慷慨、文雅（politeness）、诚实、洞察力（insight）、同情心以及孤独（solitude）是德性。不过，人们觉得还有更多的德性存在，因为这两个清单并不详尽，并且没有怎样变得贤德的秘诀。相反，传统道德就提供了这种秘诀：努力获取这些德性，你就会变得贤德。在尼采的思想中，德性与个体相关。但德性相互之间却可以是冲突的。在尼采的新伦理学中，人为其自身所采纳的一切德性，都是以自身的完成和兴盛为旨归。除此之外，我们还可以发现，与德性相关的品性概念是多么核心。德性的采纳应该基于人品性的发展，而品性则是需要改进的。当我们依据如何增强权力意志这个问题来考察品性时，就可以确定这个品性是否是好的。这样，被贤德主体完成的行为就是好的，因为这个主体的存在是贤德的，并且一些能够促进生命的行动，其本身就是好的（good in themselves）。这正是生命主义与德性伦理学的关联之处。

除了超人和权力意志以外，永恒轮回这个概念在尼采的伦理思想中也起到

---

⑩ Hunt, *Nietzsche and the Origin of Virtue*, p. 112.

⑪ Ibid., p. 113.

⑫ Ibid., p. 78.

了重要的作用。我不认为我们应当把永恒轮回视作一个本体论概念。尼采并不想说这个世界是什么样的;相反,他想制作一个为行动指南提供服务的思想实验。㉝ 这是一个伦理学假设。就其本身而言,它有助于对行动选择进行验证。个体必须自问,是否想看到自己将要采取的行动方案(the course of action)永恒复返。人们必须把自己的选择当作仿佛会永远复现一样来选择。从永恒轮回的视角来看,我不能选择令我不幸或愤恨的事情,因为这种不幸和愤恨将会困扰我一生乃至永生!而且,不幸和愤恨并不能够导向一种兴盛的生活。因此,人们的选择必须考虑到兴盛的生活。那么也就是说,只有当我们想不断重复时,这个选择才是一个好的选择。

什么是一种人人力求的好生活,起决定作用的是那服务于指导选择的概念:权力意志和永恒轮回。如果一个选择能够像权力意志那样促进生命,那么它就是好的;如果人们希望一个选择永恒复现,那么它也将会是好的;这两个考量是并行的,因为,只有当一个人的选择通向其所觅求的兴盛生活时,他才会希望它永恒复现,而人只有依照权力意志实现自身时,一种兴盛的生活才能够发生。对于一个完美的世界来说,尼采的命令(injunctions)和处方(如果我们可以这样说的话)似乎并不合适。他要求我们成为自己,但他也要求我们变得强大。我们的兴盛不在于安静的满足感,而在于一种不断的克服(overcoming)。他的德性伦理学及其对人类主体的要求确实非常苛刻。

四、尼采的德性政治学?

在《敌基督者》2 节中,尼采认为我们应该追求的"不是享受,而是更多的权力;绝不是和平,而是战争;不是德性,而是卓越(文艺复兴风格的德性,*virtù*,非道德的德性)"。㉞ 这是他所描述的方案,依循的是他对自己奠基于生命主义的道德原则的描述。接着,是一个尼采自己的博爱宣言:"弱者和失败者应该灭亡[……]为此人们应当助他们一臂之力。"(《敌基督者》2 节)其中的政治意味是什么呢?

在我看来,尼采哲学中伦理学与政治学之间存在着一种巨大的张力。如果

㉝ 在下文中,我偏向于用尼采已经出版的资料,而不是零碎的遗稿。具体而言,我把《快乐的科学》341 节视为尼采著述中阐述永恒轮回及其内涵最为详尽的段落。永恒轮回被构想为一个有条件的(假定性的)概念,并作为一个考验(测验)而提出。

㉞ 该处译文参照了余明锋的译本。《尼采著作全集》(第 6 卷),北京:商务印书馆,2015 年,第 210—211 页。——译者注

我们有一个好的依据能够把尼采理解为一位德性伦理学家,他关心的是所有个体的兴盛,那么,当他言说政治时,我们又如何能够理解他所说的东西呢?㉟ 每个人都具备走上自我超越的道路的可能。因为每个个体都是权力意志的一个实例,每个人都可以以此为任务来实现(他或她)自己的存在。一些人将会实现,一些人将不会实现。如果他们没有实现,那么他们就是人类中的低等类型。但是,从人类学的视角来看,一开始就不存在什么东西会阻挡人成为超人。㊱ 鉴于此,我认为,尼采需要去提倡一种有利于所有人兴盛的政治体系。

这就是一种"德性政治学"。它是一种关心集群中的个体兴盛的政治学。德性政治学想要构建一种社会结构,在这种社会结构中,每个个体都拥有相同的自我兴盛的机会。没有人会陷入被压迫的或极端匮乏的地位,从而使其无法追求自我的发展。一种关心集群中所有人的兴盛的德性伦理学应该会宣扬机会上的平等。这并不必然会导致一种结果上的平等。再次申明,在尼采的构想中,一些个体会选择成为超人,而另一些却不会。他的想法是,在决定个体是否选择成为超人,或不成为超人(即使他有这种选择能力时),社会和政治秩序不能起到一种决定性的作用,起决定作用的应该是个体自身。那么,德性政治学会倡导一种什么样的政体? 似乎能够最大化实现机会平等的最好的政府形式就是民主政体,甚或是社会主义(一种真正的社会主义形式,而并非我们在 20世纪某些国家中发现的冒牌社会主义)。

应该遵循什么? 我们都知道尼采鄙视过这两种政体形式。他厌恶民主并且嘲笑过社会主义。他说:"对我们而言,民主运动不仅是一种政治组织的衰败形式,还是一种人类的衰败形式,即渺小化形式,是人的平庸化和价值贬值",他进而讲道:

㉟ 没错,一种德性伦理学不一定会成为所有人的伦理规范。但是,正如我之前所提到过的,通过德性伦理学的实践来实现的超人道路,是向所有人开放的,这种开放一直到《善恶的彼岸》为止。

㊱ 有人会反对我说,尼采那里的类型理论与我的解读相抵触。事实上,人会决定自己成为一种低等的或高等的类型。生理机能(physiology)将在这种决定中起到作用。不过,我坚持认为,在尼采哲学中不存在一种决定论(determinism)。事实上,生理机能只有在一个特定的范围内才会起到决定作用。个体可以仍然立足于自己的生理机能来行动,并投身于上升之途,即超人的道路。我认为,在这个关系中尼采自己就是一个颇具启发性的例子。尼采总是认为自己是一位颓废者,生理上的衰朽者。不过,通过一种接近于苦行主义的强烈意志行为,他的生理机能受到必要控制,从而使之成为一种上升的类型,而不是下降的类型(关于尼采苦行主义的详尽研究,可参见 Daniel W. Conway, *Nietzsche and the Political*〔London: Routledge, 1997〕)。尼采认为,他在"自我塑型"中取得了成功,从而证明自己是一位"自由精神者",而"自由精神"这个形象非常接近于超人。这种尼采式的自我试验揭示了尼采对权力意志的信念。进而,他通过许多次向读者呼吁而表达了这种信念。的确,如果读者都完全由他们的类型所决定,那么为什么还要对他们进行呼吁呢?

人的总体在退化,直到出现今天社会主义蠢货和傻子所以为的"未来人"——作为他们的理想!——退化和渺小化使人变成完美的畜群动物(或者依据他们的说法,变成"自由社会"的人),人的动物化会令其变成平权及平求的侏儒动物,这无疑是可能的。谁把这种可能性思考到底,谁就了解到了其余人未曾了解的一种恶心,——但或许也是一种新的使命!……(《善恶的彼岸》203 节)㊲

这正是尼采思想的张力之处。㊳ 当他接触到政治问题的时候,完全不能清楚断定他就是一位"德性政治学家"。在许多文本中,他似乎采用了一种贵族的立场(如果不是柏拉图主义立场的话),这种立场只关心一群精心挑选出来的个体。㊴ 他在许多地方似乎在倡导一种压迫的政治学,这与我所描述的德性伦理学不一致。在《善恶的彼岸》中他非常明确地说:"迄今为止,'人'这个类型的每一次提高都是某个贵族社会的作品——而且永远都将如此:该社会信仰人和人之间有一条等级顺序和价值差距的长长阶梯,并且在无论何种意义上都以奴隶制为必需。"(257 节)在同一本书中他再次继续说道:

> 那种内部个体皆以平等自处的群体,如前面所假设的那样——在每一种健康的贵族制中都是如此——如果它是一个有生气的而非垂死的群体,那么它内部的个体被禁止对他人所做的一切,也必然会施诸于另一个群体:它必将成为一个肉身化的权力意志,它将力求生长,扩张,抢夺,赢得优势,——这不是源于哪一种道德性或非道德性,而是因为,它活着,因为生命就是求权力的意志。[……]"剥削"并非某

㊲ 这绝不是一个仅有的发难。例如,在之后的著述《偶像的黄昏》中尼采说:"民主过去总是组织性力量的衰退形式:在《人性的,太人性的》一书中,我已经把现代民主制度连同其半成品——比如'德意志帝国'——刻画为国家的衰败形式。"("漫游",39 节)但民主并不全然是坏的,如他在《善恶的彼岸》242 节所阐释的那样,在民主化的环境中,"会在最高程度上诞生有着最危险和最迷人品质的特立独行者"。(该处译文参照了赵千帆和李超杰的译本,参见《尼采著作全集》[第 5 卷,第 6 卷],北京:商务印书馆,2015 年。——译者注)

㊳ 这种张力的标志是,致力于研究尼采政治思想的文献数量以及流行的贵族/争胜式理解与民主/争胜式理解之间的争论。前者的重要代表是 Daniel W. Conway 的 *Nietzsche and the political* (1997);后者的代表则是 Lawrence Hatab 的 *A Nietzschean Defense of Democracy:An Experiment in Postmodern Politics* (Chicago:Open Court, 1995)。

㊴ 有人指出,不是"许多文本",而是"文本证据的天平"明显倒向了贵族式理解的一边。我承认这一点。但是,这并不意味着一致性(coherence)在其他方面没有要求。我再次申明,如果尼采像我描述的那样是一位德性伦理学家,那么一致性就要求他是一位德性政治家,也就是说,他有一种民主的偏向。

种腐败或不完美的、原始的社会所专有：剥削作为一种有机的基本功能，它是有生命者的本质，是真正的权力意志，即生命意志的一个后果。（《善恶的彼岸》259 节）⑩

现在，除非有人认为，在超人的英明指导和温和压迫下，软弱的人类会按照自己的原则兴盛发展，看来，想调和贵族政治学和一种关注兴盛的德性伦理学似乎是不可能的。

在给个体对他人自由的估价提供依据时，西蒙娜·德·波伏娃（Simone de Beauvoir）说，我们需要主动地促进其他个体的自由，以便他们也能如此地回报我们。⑪ 她的理想社会是，每个人都致力于挣脱压迫的解放运动，也就是说，每个人都为了他能够自由而让其他人自由（要真实，发挥自由，做出自己的选择，实现自己的计划）。如果对每个人而言，目标是作为真正自由的存在去兴盛，那么他就需要所有人在一个倡导机会平等的社会中进行合作。波伏娃的理想社会应该是一个社会主义社会。在解释为何每个个体必须为他人的自由而努力的语境下，她以如下方式批评了尼采的观点。⑫ 她说，一种让每个人试图发挥自己权力意志的权力意志哲学，只会导致个体之间的碰撞和冲突。如果权力意志的运用被理解为纯粹力量的运用，那么就不要指望会有什么合作。不过，我们知道权力意志与残暴力量的运用无关。尼采甚至会把残暴力量的运用视为权力意志的一种衰败和退化的例证。⑬ 令人惊讶的是，或许出于对波伏娃的厌恶，

---

⑩ 该处中译参照了赵千帆的译本。《尼采著作全集》（第 5 卷），北京：商务印书馆，2015 年，第 260—261，263—264 页。——译者注

⑪ 求助于 Simone de Beauvoir 是非常有意义和有效果的。我对她的伦理学的研究，引导我对尼采哲学的某些方面进行反思。她对尼采的批评是很有意思的，而且我认为，是中肯的。不过，她仍然非常接近于尼采的立场，比如自我超越（self-overcoming）的观念。因为她的一些伦理学建议几乎是尼采式的，考察她如何桥接伦理学与政治学的鸿沟，以及这种桥接对我们调查尼采问题是否有所帮助，这无疑是有意义的。在《波伏娃模棱两可的伦理学》（"The Ambiguous Ethics of Beauvoir", in Christine Daigle (ed.), *Existentialist Thinkers and Ethics* [Montreal: McGill/Queen's University Press, 2006], pp. 120 – 141）中我为 Beauvoir 与尼采的潜在比较提供了一些线索。

⑫ Simone de Beauvoir 这种批评参见 *The Ethics of Ambiguity*, translated by B. Frechtman (Secaucus, N. J.: Citadel Press, 1948), p. 72.

⑬ 尼采著述中的许多段落都指出如下事实，人不应该运用残暴的力量或残暴地对待弱者，而应该展示一种同情的健康形式。超人是自我肯定的，并且他足够强大（powerful）以至于他的权力会向外流溢，由此他对低等人施以同情。尼采把温柔地对待弱者视为强者的责任："如果例外者恰恰用温柔的手指来操纵平庸者，仿佛是在操纵自己和自己的同类，那么这并不只是内心的谦恭，——这其实是他的义务。"（《敌基督者》57 节）（译文参见《尼采著作全集》[第 6 卷]，孙周兴、李超杰、余明锋译，北京：商务印书馆，第 298—299 页。——译者注）

人们可以使用波伏娃作品中的相同论据来支持尼采那里有一种德性政治学。因为每个个体都是权力意志的例证,而追求兴盛则意味着,为了每个人能够具备兴盛的能力,所有人都要合作创造出最好的条件。在波伏娃的模式中,一个真正的自由个体所追求的是人类的兴盛,然而,在尼采那里,一个真正个体的兴盛是其所追求的权力意志的表达。[44]

但还是要强调,尼采的大量文本都支持一种贵族的政治学形式,而上面的论述与这些文本很难关联起来。人们会试图问下述问题:那么,当尼采讲优生学和消灭孱弱个体时他是认真的吗?当他说弱者与不合格者应该灭亡,并且我们应该帮助他们灭亡,他真的是这个意思吗?[45]他将此称为自己的博爱。我们是置身于隐喻之中?抑或这些是对未来政治学的具体陈述?在某种意义上,一个可怕的人,通过消灭弱者,清除了上述的紧张局势。如果你的社会里尽是强壮的个体,那么你就可以拥有一种非压迫的政治学,它关心所有人的兴盛,并且会和德性伦理学保持一致。不过,在另一些段落中,尼采描述了一个需要孱弱者照料事务的社会,因为超人只关心他们自身的兴盛。例如,在《善恶的彼岸》中他说:

> 一个好而健康的贵族社会的本质在于,贵族并不觉得自己是职务(无论是王国的还是共同体的),而是觉得自己是它们的意义和最高的证成(justification),于是,他心安理得地接受无数人的牺牲,后者因其自身之故,必须被贬抑和降黜为不完满的人,成为奴隶和工具。(258 节)[46]

那么,难道尼采拥有一种与我之前的定义有所不同的德性政治学?

我所说的德性政治学关注的是一个集体中的个体的兴盛(the flourishing of individuals within a group)。我们能否有一个关注作为集体的个体的兴盛(the flourishing of individuals as a group)的德性政治学?[47]在这种情况下,一个把压迫作为强壮个体兴盛条件之一的社会,如果它能够导致一个集群的兴盛,那么它似乎就是可接受的。个体的兴盛并不重要;相反,整体的兴盛才是主

---

[44] 我怀疑,在这种情况下,波伏娃所说的自由与尼采所领会的作为人类核心的权力意志之间存在着很大的区别。这两种观点的不同涉及到如下事实,尼采认为,在一切有生之物和宇宙整体中他发现了权力意志,而波伏娃讨论的自由则只与个体相关。

[45] 参见《敌基督者》2 节,以及《偶像的黄昏·一个不合时宜者的漫游》36 节。

[46] 亦可参见《善恶的彼岸》61 节,以及"何谓高尚"整章。

[47] "集体中的个体的兴盛"重点在个体;而"作为集体的个体的兴盛"则强调集群或集体。——译者注

要焦点。在某种程度上可以说，古希腊社会的组织方式是，大部分城邦居民的被压迫状态是城邦福祉的一个条件。我强调过，希腊民主之所以能够兴盛，不过是因为它在高等个体专心于高级事务的同时，依赖大量的奴隶去照料琐碎的事务。尽管尼采确实对古希腊城邦的一些特色有所赏慕，但倘若说他在谈论超人的时候会赞同这一点，却是很难想象的。

尼采会涉及的古希腊政治模式之一就是柏拉图的那种。在《理想国》中，柏拉图谈论了一种由三个阶层组成的理想城邦：监护者，战士，手艺人和农民。柏拉图解释说，战士的孩子将接受一个非常严格的教育计划，其能力将被测试，只有他们中最优者才能完成这个计划，并且成为监护者。某种程度上，战士的孩子拥有一些机会上的平等。他们都有成为监护者的机会。不过，这种机会取决于金字塔底层（手艺人和农民）的存在。结果，我们依然没有得到一个关心所有人兴盛的机制，相反，却发现了一个关心特定个体集群兴盛的机制。

再次重申，从人类学的观点看，没有任何证据可以表明尼采的立场是，为一个只对一群人的兴盛有利的机制辩护。在我看来，在第二种意义上，谈论促进作为集体的个体兴盛的德性政治学是不可能的，因为，它暗示为了一些个体的兴盛可以牺牲掉另一些人。那么，所需要的就是一种关心每个人兴盛的德性伦理学，并且只有当你把尼采批评和拒斥的制度当成一种政治制度时，它才是可能的。那么我们如何才能找到出路？

难道除了道德问题以外，我们还需要在政治问题上进行价值重估吗？在道德上，尼采的任务之一就是批评和拒斥现存的价值。他也批评和拒斥道德。拒斥所有的道德吗？不，如我们前文所述，他只拒斥一种特定的道德，即那种不利于人类的道德。所以，尼采为了提出一种新形式的道德而重估道德。那么，一种道德的观念并没有被完全抛弃，而只是某些特定的概念被抛弃了。民主难道也是如此吗？假如尼采真是批评和拒斥某种民主的特定形式会怎么样？假如他想去实现一种关心所有人兴盛（人们可以选择去兴盛，也就是说，一种机会平等）的政治体制会怎么样？他最好的选择就是一种政府的民主形式。但是，正如他在他那个时代所见，民主会导致平庸。民主滋生平庸的个体并且关心基督教德性，即弱者德性的培育。但是它真的必须如此吗？尼采认为，在民主和基督教之间存在着一种均等（adequation）。我们可以设想一种美化了的民主，至少我们可以尽量在道德领域中设想一种价值重估。一种遵循尼采所倡导的新道德的民主，不会最终滋生出一种软弱的个体。相反，它将是这样一种政治体制，该体制包括了与尼采德性伦理学相符合的德性政治学。在我看来，这是把政治的尼采与伦理的尼采等同的唯一路径。

五、结论

在最后章节中,我已经阐明,把尼采的伦理观点与政治观点结合起来是非常困难的。把他理解成为一位贵族政治论者,如许多人所做的那样,和一些文本所呈现的那样,会排斥我所描绘的德性伦理学进路:该进路试图关心所有作为权力意志实例的个体的兴盛。的确,人们可以把尼采的伦理学解释为完美主义的和类似的德性伦理学,而不是把它普适化(universalizing)。在这种语境中,一种迎合高等个体兴盛的贵族政治学就是美好的。但是,这并不是我所采用的解释路线。鉴于我认为尼采德性伦理学是普适的,那么贵族政治学就会导致冲突。一个简单的出路就是说在尼采那里没有真正的政治方案。确实,人们经常会有如下印象,即尼采的个体,伦理个体,是一个孤独者。《查拉图斯特拉如是说》就是上述看法的一个很好的例子。查拉图斯特拉向民众言说,而并不和民众交谈。我们拥有的不是一本《查拉图斯特拉对谈录》,而是一本《查拉图斯特拉如是说》。查拉图斯特拉是一个孤独者。尼采把孤独这个德性囊括进他的清单中——另一种传记元素(biographeme)?⑱ 如果一个人是独身(alone),并且致力于其自身的兴盛,那么德性伦理学就是美好的。但"没有人是座孤岛",我们生活在一起,并且需要一种会让我们成功地一起生活的伦理学和政治学。那么,超人的社会会是什么样的?我们需要什么样的德性政治学来配合那貌似可取的德性伦理学方案呢?我认为,我们所需要的德性政治学是一种重估的民主政治。即,不再是一种向下拉平的民主,而是一种力求让个体高级化的民主,一种关注所有人兴盛的民主。⑲

六、致谢

我要感谢 Leah Bradshaw,她细心地阅读了这篇文章之前的手稿,并提出了

---

⑱ 我从 Jean-François Louette 那里借了 biographeme 一词,该词出现于他的《萨特反对尼采》(*Sartre contra Nietzsche*[Grenoble:Presses Universitaires de Grenoble, 1996])一书中。它的意思是从作者自传中撷取出来的一个主题。既然如此,我们知道尼采过着一种非常孤独的生活。那么,尼采可能会把他生活中的这个方面移植进他的著作中,把自己的孤独变成一种德性。

⑲ 这种观点在尼采的著作中是否以潜在的形式呈现还有待确认,而且对它的诠释工作已经超出了这篇文章的研究范围。如果证明它不可能得到确认,那么,无论尼采是德性政治学的提倡者,还是我所提出的德性政治学,都是他的伦理学方案的逻辑结果。

一些很有见地的建议。也要感谢 Martine Béland，他对我关于尼采政治学的一些想法也给予了最应该感谢的严厉批评。Brian Lightbody 对本文的后半部分有所贡献，在我的一次关于尼采思想中的伦理学与政治学之间关系的演讲中，他提供了一些有益的建议。

作者简介：克莉丝汀·戴格尔(Christine Daigle)，布鲁克大学哲学系教授，尼采研究专家，研究方向为伦理学、政治哲学、美学。

译者简介：韩王韦，上海社会科学院哲学研究所助理研究员，研究方向为德国哲学、德性伦理学。

新实用主义转向*

大卫·希尔德布兰德 著

吴三喜 译

【摘 要】实用主义在经历了古典实用主义阶段之后,在 20 世纪后半期得到复兴,其形态表现为新实用主义,不过在这里我们将其称为"语言实用主义"。语言实用主义借鉴分析哲学的成果来改造古典实用主义,突出表现在用语言分析来代替古典实用主义的经验概念。但是,对于实用主义的方法论和实践性品格而言,经验乃是其不可或缺的部分。语言实用主义之所以主张语言分析能够取代经验概念,原因在于其出发点不是实践而是理论,理论性态度的先入为主导致了语言实用主义对实用主义方向的偏离。

【关键词】语言实用主义 经验 语言 实践 方法

---

* 本文发表于 *Southwest Philosophy Review*,vol. 19,no. 1(January,2003),是"Avoiding Wrong Turns:A Philippic Against the Linguistification of Pragmatism"的删减版。原文曾提交行为研究学会举办的"约翰·杜威:现代主义、后现代主义及其超越"会议,并被收录于 Elias L. Khalil(ed.),*Dewey,Pragmatism,and Economic Methodology*(New York:Fordham University Press,2003)这本文集中。

本文的翻译得到国家社科基金青年项目"主体性真理观研究"[15CZX031]、河北师范大学校内博士基金[S2017B11]、河北省教育厅 2018 年度人文社科研究青年基金[SQ181178]的资助。——译者注实用主义长达 20 年的复兴促生出两个易于识别的版本,这一点已经成为一个普遍的共识。版本之一通常被称为"古典"实用主义(或直接称为"实用主义"),另一个版本即"新实用主义"(我将称之为"语言实用主义")。实用主义的这一新形式可以通过考察以下三个问题来得到审理:

(1) 语言实用主义是如何"更新"古典实用主义的?

(2) 语言实用主义为什么拒绝认为"经验"是一个有用的哲学概念?

(3) 在关于"经验"的问题上,语言实用主义为什么是错误的? 即,对于实用主义而言,为什么经验是不可或缺的?

我的观点是,在方法论上讲经验是不能与实用主义分开的,语言实用主义以将实用主义过渡理论化、抽离于实践活动为代价而忽视或取消了经验。因此,语言实用主义正是通过消除这一特征来改造实用主义的,而这一特征却解释了人们对实用主义重燃广泛热情的原因。

一、语言实用主义

语言实用主义的发展如果说不是全部、至少也要大部分地归功于理查德·罗蒂。在 1995 年罗蒂写道:"我尽可能多地对前语言学转向的哲学家实施语言化,以便将其视为理想之国的预言家,在这种理想之国中,所有的形而上学问题均已消失,宗教和科学为诗艺腾出地盘。"①对于美国哲学界之外的很多人来说,罗蒂式的实用主义事实上已经成为实用主义本身的代名词;考虑到这一事实以及本文的论述范围,我将语言实用主义的罗蒂模式视为一个典型而非一个代号。

语言实用主义用三个基本动作对实用主义做了改造。首先,赞同诸如詹姆斯、杜威那样的实用主义者对传统哲学中很多方法和目标提出拒斥。其次,否定他们重建不应被重建之物的企图。最后,接受唯有语言才能助益哲学探索的观念。一旦完成这一步,人们就能够自由地甚至诗意地去创造以使任何结果都看起来是最好的结果。

与其摆明实用主义那些广为人知的对传统的批评,我们不如去考察语言实用主义对某些概念的放弃。按照语言实用主义的看法,实用主义在重建诸如"经验""实在"及"探究"等传统哲学观念——这正是其意在破除的哲学工

---

① Richard Rorty, "Response to Hartshorne", in Herman J. Saatkamp(ed.), *Rorty and Pragmatism*: *The philosopher Responds to His Critics* (Nashville: Vanderbilt University Press, 1995), p. 35.

程——时错误百出。如果实用主义者能够放弃这些无果的工程,他们就本能够做出一番更有说服力和更持久的事业来抗拒传统。罗蒂解决此问题的办法是将杜威一分为二:好的杜威是批判性的,对确定性、基础主义以及各类二元论持批评立场;坏的杜威是倒退的,妄图捏造关于"探究""情境"以及可能是最糟糕的关于"经验"的正面的形而上学解释。罗蒂说:"杜威从来就没有摆脱过如下想法:他自己关于经验所说的东西描述了经验自身之所是,而其他人关于经验的看法则是对分析中的材料和产物的混淆……然而,有关经验的一种非二元论的解释,一种杜威自己建议的解释,将是一种对物自体的真实回归"。② 我将在第二部分反对这一指责来为杜威辩护。对于语言实用主义而言重要的是这一主张:这些扼要的改变(是某些古典实用主义者的典型特征)能够通过运用"语言学转向"而得以避免。罗蒂写道:"多亏其对语言的重视,分析哲学能够比詹姆斯和杜威更好地来为某些关键的实用主义论题做辩护……通过将我们的注意力集中在语言与世界中其他东西之间的关系上而不是集中在经验与自然的关系上,后实证主义分析哲学能够更彻底地与哲学传统决裂"。③ 接下来,罗蒂解决这一不可化约的哲学词汇问题的方法就是采纳一种语言学词汇(可以设想其作为一个元哲学的通用语)。由于某种原因这一词汇能够卸除自身中的所有形而上学包袱。罗蒂写道:"比起'经验'来,'语言'是个更合适的概念来言说詹姆斯和杜威曾想抵达的整体性的、反基础主义的事物。这……是因为与自然的可塑性或'客体'的可塑性相比,语言的可塑性是个更少矛盾性的概念。通过采取……'语言学转向',强调与其他东西比起来仅有语言更本质性地关联于自然,分析哲学家如古德曼和普特南能够将杜威和 T. H. 格林所熟悉的反实在论论题变得更加合理。"④由此,语言实用主义就避开了那些指涉非-语言实体或效应的哲学用语;取而代之的是去追问我们如何能够通过使用新的更好的"词汇"来"重新编织信念"。例如:"关于施于客体的所有讨论,在'指向'客体的探究的实用主义意义上,都必然被转释为关于重新编织信念的讨论。在这种翻译中唯

---

② Richard Rorty, *Consequences of Pragmatism*:*Essays*:*1972－1980* (Minneapolis:University of Minnesota Press,1982), pp. 79－80.

③ Richard Rorty, "Comments on Sleeper and Edel", in *Transactions of the Charles S. Peirce Society*, 21, no. 1 (Winter, 1985), p. 40.

④ Richard Rorty, "Comments on Sleeper and Edel", p. 40. 然而,即使罗蒂对"经验"概念保有疑虑,但是他却想要用语言来丰富经验。罗蒂曾说:"哈茨霍恩将必然真理定义为'任何可设想的经验至少要与其兼容'的东西。我的异议是我们根本不知道一个可设想的经验是什么和不是什么。因为我将丰富语言视为丰富经验的唯一方式,又加之我认为语言并无先验的界限,所以我将经验视为潜在地可被无限丰富的东西。"("Response to Hartshorne", p. 36)

有功效被丢失了……"⑤经由语言词汇而达到的这种改写能够将问题简化,因为它坚信指称在同一词汇中得到了表达。语言的效用通过更多的语言而得到衡量——而不是通过将世界二分为"事物和语境"或"事实和文本"的方式。⑥ 罗蒂说道:"重新编织信念之网,是……人们能够做的所有事情。"⑦

罗蒂认为,杜威当初如果能够采取这种语言学转向,他就能避免对诸探究之间的类型学差异所做的无用考察,并能够克制自己不去尝试勾画某些"最好的"方法。他将意识到,科学之进步并不来自于得到改善的"方法"(其本身就是一个可疑的概念),而是来自于"特殊词汇的进展"。⑧

二、评估语言实用主义

很明显,语言实用主义拥有一种诱惑力。它允诺剥除哲学身上歧义丛生的术语,改善交流,消解旧有疑难。它还允诺对于新经验而言的恰切性——既然所有事物都在语言之中得到标画,那么对于经验来说语言肯定是恰切的。在为经验作为实用主义之不可消除的部分做辩护之前,我将以指明语言实用主义之主要缺点的方式来总结我们对语言实用主义的考察。

首先,有一种避开(一种可理解的)怀疑论的动向,该怀疑论指向的是那种为语言是无处不在的这一可疑前提寻找最终根据以使其变得合理的活动。在《实用主义的后果》中罗蒂将德里达、威尔弗雷德·塞拉斯、伽达默尔、福柯和海德格尔均解释为认同这样一种主张的哲学家:"在语言背后寻找某物——它为语言'奠基',或语言'表现'它,再或是语言希望与其'恰切'——的企图是无用的。"⑨但是紧接着罗蒂又立刻声明道:"语言的无处不在性是说语言填补了某一空缺,这一空缺是因为各种候补思维的'自然起点'的方案均告失败而造成的,该起点与某文化的言说方式或曾经的言说方式比起来都是在先的和独立的。"⑩通过一个仓促的跳跃,罗蒂从经验性的观察报告——关于语言与世界的比较问题我们无法获得一种客观的立场——转向了一种形而上学的断言——语言是

---

⑤ Richard Rorty, *Objectivity, Relativism, and Truth* (Cambridge: Cambridge University Press, 1991), p. 98.

⑥ Ibid.

⑦ Ibid. , p. 101.

⑧ Richard Rorty, "Comments on Sleeper and Edel", p. 41.

⑨ Richard Rorty, *Consequences of Pragmatism: Essays: 1972 - 1980*, p. xx.

⑩ Ibid.

无处不在的,即"无处不是文本"以及"唯有在事物得到描述之后我们才能进行追问"。⑪ 这一推论是无根基的。正如希拉里·普特南看到的那样,如果在将语言和思维与实在进行比较是一项令人费解的事业这点上罗蒂是正确的话,那么宣称根本不可能进行这样一种比较就同样是令人费解的。然而罗蒂却正是这样做的。在普特南看来,"罗蒂没有意识到他自己对形而上学实在论的拒斥具有同样的不可理解性"。⑫

这种比较是否是"不可理解的",这是一个困难的问题。对于实用主义而言,更值得关注的是这一事实:罗蒂的语言实用主义的起点是理论性的而不是实践性的。"理论性的"是指:罗蒂的所有断言——(1)语言是无处不在的,(2)万物皆文本,(3)在哲学讨论中没有外在于语言的东西可被求助——都没能遵循来自于经验的经验性概括。相反,它们的说服力依赖于它们的预设而非探究。罗蒂正确地将传统的起点称为"败笔",但是他认为语言现在能够填补此一"空缺"的观点却显明了他对于传统的、理论性方法的默认。在我看来,接纳这样一种方法而不是接纳一种实验性的和实践性的方法乃是语言实用主义的基础性错误。⑬ 这一切均肇始于将经验从杜威式的实用主义那里剥离出去的做法。

三、为什么语言实用主义要拒斥"经验"

在为杜威对经验的重建做辩护之前,有两个关于语言实用主义者及其他哲学家拒斥经验的理由是值得关注的。考虑到非常不同的世界观,一些人发现经验是难以理解的;其他人则将经验误认为是一个传统形而上学概念,此概念意在指定一种关于实在的绝对描述。罗蒂持有后一种观点,认为经验是杜威用来消解棘手的哲学二元论的理论性手段。罗蒂针对杜威写道:"肯定存在某种立场基于此立场经验能够被看见……它将导致以产生主体-客体、心-物二元论的

---

⑪ Richard Rorty, *Objectivity, Relativism, and Truth*, pp. 91 - 100. 语言能够恰切地把握经验这一主张,也被其他一些哲学家所共享,如威尔弗雷德·塞拉斯("所有的觉知都是一种语言事件"),伽达默尔(他强调"所有关于世界的人类经验的本质性的语言性"),雅克·德里达(他认为不可能存在一种"纯粹的片段,一种实在……其内容能够在语言之外而发生")。

⑫ Hilary Putnam, *Words and Life*, James Conant, ed. (Cambridge, Mass: Harvard University Press, 1994), pp. 299 - 300.

⑬ 语言实用主义与杜威自己反对的认识论有重叠区域。杜威写道:"现代认识论致使实在必须自身具有一种理论性的和智识性的——而不是实践的——面孔",参见 John Dewey, *The Middle Works*, vol. 4 (Carbondale: Southern Illinois U. Press, 1976), p. 127.

误导性方式来描述经验的做法变得不再可能……这一观点……在为将来的探究提供一种永恒性的中性基点方面与传统形而上学无异……比如说'在二元论解析开始做其倒退工作之前,这就是经验的真实所是'。"⑭在罗蒂的质疑中,经验是实体这一无望概念的替代物,杜威"应该放弃经验这一术语而不是去重塑它,在……别处寻找我们与动物之间的连续性"。⑮ 罗蒂相信,杜威没有这样做是不幸的,因为他的努力扭转了关键性的发展势头,这一势头被其对传统的批评所遏制。采取语言学转向能够帮助杜威抑制自己不去将正当性置于经验之中,并如罗蒂提出的那样,能够允许他意识到:"我们能够通过取消这一预设——正当性必须是对某物的回应而不是对社会实践和人类需求的回应——来消解认识论问题"。⑯ 实用主义者还应该意识到,所有的探究需要都"意在在非强制的同意和宽容的异议之间达成一种适当的调和"。⑰ 简而言之,实用主义者应该用协同性来取代客观性。

四、为什么对于实用主义而言"经验"是不可或缺的

我们已经探讨了语言实用主义的方法,现在我将为经验之于实用主义乃是不可或缺的这一观点做出辩护。杜威关于经验的论著是广泛而深刻的。他促使哲学家认识到经验的直接性(或非-推论性)维度;⑱他通过将讨论从静态价值转移向动态估价功能来扩展美学和伦理学。考虑到现在的讨论主题即语言实用主义,经验因其与哲学方法的关联而成为至关重要的。

对经验的辩护可从指出其在现象学意义上讲是朴实的来开始。这里想表达的意思是非常普通的。针对罗蒂可以说,我们并不意在将"经验"作为"一种未来探究之永恒的中性基点",也不是将其作为在显象和实在之间的任何其他的理论性中间物。经验与日常事物和事件同义。杜威写道:"普通人肯定不会把听到的声音、看见的光线等等当成是精神性的存在;然而他也不会把它们当

---

⑭ Richard Rorty, *Consequences of Pragmatism*: *Essays*: *1972 - 1980*, p. 80.

⑮ Richard Rorty, "Dewey between Hegel and Darwin", in *Rorty and Pragmatism*, p. 7.

⑯ Richard Rorty, *Consequences of Pragmatism*: *Essays*: *1972 - 1980*, p. 82.

⑰ Richard Rorty, *Objectivity*, *Relativism*, *and Truth*, p. 41.

⑱ Bruce Wilshire, "Body-Mind and Subconsciousness", in *Philosophy and the Reconstruction of Culture*, John J. Stuhr, ed. (Albany: SUNY Press, 1993), p. 266; Richard Shusterman, "Dewey on Experience: Foundation or Reconstruction?" in *Dewey Reconfigured*: *Essays on Deweyan Pragmatism*, Casey Haskins and David I. Seiple, eds. (New York: SUNY Press, 1999).

作被认识到的事物。对于他而言合适的看法是它们就是事物……他关于这些事物作为事物的态度并不涉及这些事物存在于与心灵或认知者的关系之中。"⑲为了更新这一论断,我们可用"语言的"来代替里面"精神性的"。普通人并不会把声音、光亮或汽车当作"语言的片段"或"语言游戏中的运动"。如若不然,它们就仅仅是它们被经验到的那样。正如 R. W. 斯利泊指出的,"被经验到的并不是经验,而是事物和事件,是一种我们能够通过先验追问而加以"考察"的周围语境"。⑳ 从最普通的日常意义上看"经验"是相当经验性的。它指向了奥特加·加塞特用"我的生活"所意指的东西:事物、事件、关系以及交换所组成的统一体。我的生活就是拥有、作为、言说以及认知,并且虽然我能谈论我的生活(比如在一种沉重的反思"看吧,这就是我的生活"中),但是我却不能在谈论它时置身于其后或其上。

对这一统一体的辨识组建起经验质朴性的另一种方式:在这种方式中它默认了一种方法,此种方法既不提供也不指定将概念从其实践性的语境中永久性地抽离出来的完备性解释——比如将"颜色"解释为"振动",将"疼痛"解释为"大脑状态",或者将"关于客体的谈论"解释为"关于信念的谈论"。作为方法,经验指导哲学精力远离旁观者式的定义,使其走向一种参与性的和谨慎的对具体在场之物的显明。"经验概念对于哲学的价值在于,它承担了关于意指、寻找、显示的方法的最终性和广泛性,宣扬了如其所是地观看被意指之物和接受在好的信念中被发现之物的必然性"。㉑ 杜威"在好的信念中如其所是地"发现的是经验发生的两种方式:"被拥有"(或"被经历")和"被认识"。"在生存活动中投入一种当下处境和做出一种回应——这种回应考虑了当下处境对后续经验的影响——二者对于生活的持续而言是同等重要的……处境在其径直发生中是直接性的,而在组建生活-经验的时间连续体中则是起中介作用的和被中介化的"。㉒ 现在,这两个关键观念——其一:哲学应该从显明出发而不是从理论假定出发,其二:观察指明了在反思性的和非反思性的经验活动之间存在一种基本性的差异——对于语言实用主义而言都是受其排斥的。但是,它们都受到了广泛的误解。

---

⑲ John Dewey, *John Dewey：The Middle Works*, vol. 4, p. 127.

⑳ Sleeper, "Rorty's Pragmatism", in *Transactions of the Charles S. Peirce Society 21*, no. 1(Winter, 1985), pp. 14 - 15.

㉑ John Dewey, *John Dewey：The Later Works*, vol. 1 (Carbondale：Southern Illinois U. Press, 1981), p. 372.

㉒ John Dewey, *John Dewey：The Later Works*, vol. 14, p. 30.

某些人认为杜威对显明性起点的强调过于简单化了——实在如何能够被指涉？杜威详细指明,显明"之指向事务并非像指向一个手指或叩击一张桌子那样简单",而是"将指向和导向作为方法运用在某些被直接经验的处境之上"。[23]

第二个也是更顽强的反对意见(来自于实在论者和语言实用主义者)是说"经验"是一个基础主义概念。这一误解来自于如下一种确信:任何想要描述"被拥有"或非-推论经验的企图都需要一种独特的(即外在于经验的)立场。但是这样一种立场将会违背杜威的自然主义,使其置身于一种道格拉斯·布劳宁所谓的"现象学悖谬"之中。布劳宁写道:"杜威如何能够适当地描述我们直接的、活生生的、前-反思性的经验,同时又不设定一种考察这些经验的立场,这一立场是反思性的和回顾性的,它对经验的展开不是按照经验在我们经历它们的无间性中被经验的方式,而只能是以我们从外部观看'客体'时的方式?"[24]如果描述自身成为一种反思性的(语言性的)行为,那么它就必然会侵染到任何它要描述的前-反思的材料;因为哲学——包括实用主义——仅仅以反思性符号的方式来做出论述,故而它不能阐明这一层级上的经验(如果它能够被显示是存在的)。无论如何,只要杜威是这样做的,他就是持有坏的信念。这一指责击中了杜威实用主义的核心,成为需要澄清和辨明的最重要议题。

我们的辩护以引用《直接经验主义的原理》中的一个结论作为开始。在那里,杜威论述到一个事物的实在不仅仅是被认知者之所是;其他形式的经验活动在组建实在的过程中同样重要。(虽然剧烈变革是一种排斥精确刻画的经验,但是它却与法权理论同等真实。)一旦批评者认识了杜威的观点(经验活动的诸多非-理性样式具有同等真实性),那么他们就必须承认杜威并不需要在提供一种有关非-推论性经验的精确的、终极的分析和不提供任何分析之间做出选择。对这样的经验加以刻画可以按照经验性的方式来进行:观察、建议、测试以及修缮。杜威相信,事实表明我们从来没有完结性地抓住过源初经验——它们的丰富性超过了它们绽现的时刻——但是我们可以接近它们,并认识到接近的成败在于对一种特定的探究而言这种接近所具有的工具性效用。

更重要的是,甚至形而上学探究能够在实用主义的意义上——即不带有自明前见的意义上——被解决。斯利泊提醒我们,杜威"曾力图构想一门关于生

---

[23] John Dewey, *John Dewey: The Later Works*, vol. 3, pp. 82–83.

[24] Douglas Browning, "Introduction", in *The influence of Darwin on Philosophy* (Carbondale: Southern Illinois U. Press, 2003), p. 29.

存的形而上学,它是以实践中的探究之成功为基础的"。㉕ 所有的探究都是后起的;而实用主义形而上学却能够充当一种指导,不过必须是在"此领域已经被探明之后,在该指导已然能够服务于更深的探索之后"。㉖

如果探究与形而上学之间的这种关联能得到认真关注,那么可以明显看出经验并不是杜威哲学中某些隐蔽的基础主义基石;它不是威尔弗雷德·塞拉斯所谓的"可自我验证的非语言片段"(即又一个确定性的候选者)。对于杜威而言,认识论的担保并不依赖于或建基于经验,为了实验性的确证之故它才引自于经验并回归于经验。不仅如此,一个命题如果"符合"于它的内容,那么这个命题就是有根据的。但是语言实用主义者必须明了的是,这里指的是在活动中得到的保证而不是在主体间的讲述中得到的保证。杜威写道:"符合指的是在诸活动中的符合,不是指精神上对同一组命题的接受……一个命题并不因其接受者的数量而获得有效性。"㉗虽然杜威并没有范畴性地区分语言与活动(对于杜威而言语言显而易见是一种活动),但是他没有为语言实用主义者的限制性概念——即作为团契内部主体间一致同意的合理性——留有余地。合理性的标准是被文化和历史环境所塑造的,被经验的处境是这些标准的最终根据,并且这样的处境经常越出当下的现有准则。

这些讨论并不能使语言实用主义者承认经验的地位,除非他们做出一种基础性的、方法论的转变:他们需要采取一种实践性的立场。对杜威立场的思索不是充分的——语言实用主义者需要亲身实践它并看到它如何运作。杜威写道:"所有精神性的认知活动只是引导实验的一种方法,并且争论和反对意见只是一种刺激,用来吸引我们去尝试一种特定的实验——拥有可攀援之物,也就是说,拥有非-逻辑的、非-精神的事务。"㉘经验的多样性——审美的、道德的、推论的、非推论的——这一事实既不是非自然的,也不仅仅是语言实践的产物。然而因为描述和范畴化的习惯是如此根深蒂固,语言实用主义者非常介意这一观念:语言被世界所限,而世界又是拒绝被描述的。语言实用主义者甚至连这样的世界都会一起加以怀疑。杜威说,这一困境——非-语言之物的不可传达性——"根据本真的经验主义来看是内在于话语与源初经验之间的派生性关系之中的。任何拒绝走出话语之网的人……必会阻碍其自身去理解作为直接被

㉕ Sleeper, "Rorty's Pragmatism", p. 17.

㉖ Sleeper, "What is Metaphysics?" in *Transactions of the Charles S. Peirce Society*, 28, no. 2 (Spring, 1992), p. 184.

㉗ John Dewey, *John Dewey: The Later Works*, vol. 12, p. 484.

㉘ John Dewey, *John Dewey: The Middle Works*, vol. 10, p. 325.

经验的主题的'处境'意谓着什么"。㉙ 如果实用主义采取一种语言性的起点,那么它将远离实践的舞台,在这样的舞台中,任何术语最终都有其归宿。回避这样的验证是非实用主义的,因为它阻塞了探究的道路。

五、结论:将经验再次确定为哲学方法

生活,就像我们过的那样,大部分是超出我们的控制的。它把好的事物和坏的事物、美的事物和丑的事物统统强加给我们。因为比起掌控经验来我们能更明显地掌控理论,因而我们就发展了一种倾向,即用理论来描画我们的意愿。与此不同,经验却是将实用主义置于彻底的可错性之中;它反抗总体性的论断,该论断声称"无处不是文本"或"所有的经验均是语言事件",再或"重新编织信念之网是……我们能做的所有事情"。它既不允许实在论,也不允许合法化,但是它却坚持它们应该如约瑟夫·马格里斯指出的那样,"以一种相对主义的、历史化的、反-普遍主义的精神"而得到倡导。㉚ 如果某人认同哲学家乃是牛虻这一理想,那么只有当她不被无休无止的学院派争论缠身时,她才能实现牛虻的职责。牛虻必须自由地跟随牛马。作为方法的经验用不断发出解决社会和政治事务的警告来鼓励这一理想,它确保了"哲学的独特工作、问题以及内容产生自社团生活中的张力,……它的特殊问题随着人类生活的改变而变化,这些改变一直在持续着,并偶尔会在人类历史上制造出一场危机和转折点"。㉛

作者简介:大卫·希尔德布兰德(David L. Hildebrand),原莱斯大学哲学系副教授,现为科罗拉多大学丹佛分校哲学系主任,以美国实用主义哲学研究见长,著有《超越实在论与反实在论:约翰·杜威与新实用主义者》等。

译者简介:吴三喜,哲学博士,河北师范大学马克思主义学院讲师。

㉙ John Dewey, *John Dewey*：*The Later Works*, vol. 14, pp. 30 - 31.

㉚ Joseph Margolis, " A Convergence of Pragmatism", in *Frontiers of American Philosophy*, vol. 1, Robert W. Burch and Herman J. Saatkamp, eds. (College Station：Texas A and M University Press, 1992), p. 38.

㉛ John Dewey, *John Dewey*：*The Middle Works*, vol. 2, p. 256.

思想实验的本质之争

历清伟

【摘　要】本文分析了布朗和诺顿有关思想实验的争论,并从科学史和科学实践的角度重新考察了思想实验的产生及其运行,对思想实验的本质提出了新的看法。思想实验在本质上既不是如布朗所说的完全属于柏拉图主义,也不是如诺顿所说的纯粹属于经验主义,而是启发式的科学发现过程。

【关键词】思想实验　柏拉图主义　经验主义　论证　科学发现

一、前言

思想实验(thought experiments)在哲学、社会科学和自然科学中有着广泛的应用,特别是在相对论和量子力学中,思想实验起了非常巨大的作用。虽然早在伽利略那里就运用了思想实验,然而对思想实验的考察和思考却始于马赫(Ernst Mach)。近年来,国内外学者对思想实验的关注逐渐增多,其中国外影响比较大的有库恩(Thomas Kuhn)、布朗(James Brown)、诺顿(John Norton)、索罗森(Roy Sorensen)、钱德勒(Tamar Gendler)等人;国内影响比较大的有舒炜光、吴彤等人。库恩认为,思想实验是一个概念(concept)变革。布朗认为,思想实验有超越经验主义的部分,具有数学柏拉图主义先验性。诺顿反对布朗的说法,他认为思想实验在本质上仅仅是一个论证(argument),思想实验并没有超越经验主义的前提。索罗森提出,思想实验就是一个真实实验。钱德勒认为思想实验就是一个准物理实验。[①] 在国内,舒炜光认为,"思想实验固有实践本性"。[②] 吴彤认为,思想实验是科学实践的一种主要类型,思想实验不仅是发现的工具,而且也是作为证明和批判的工具。[③] 对于思想实验的思考,有助于科学家更为有效地运用思想实验,从而促进科学的发展。本文以思想实验的核心论战为研究重点,也就是布朗的柏拉图主义和诺顿的经验主义之争,他们争论的主要内容其实也是如何理解思想实验的本质,思想实验到底是什么的问题。

二、布朗与诺顿在思想实验争论上的主要分歧

对思想实验的认识与思考离不开思想实验运行的几个阶段:第一个阶段是开始阶段,即思想实验是如何建立起来的,这涉及到思想实验的来源问题。思想实验从何而来,这是先验主义与经验主义争论的焦点之一。思想实验本身即具有先验性,还是思想实验来源于经验之中,涉及到创建一个新的思想实验该从何处思考和探索的问题。第二个阶段是中间运行阶段,即创建好一个思想实验之后,它为何能达到惊人的效果?思想实验要么反驳了旧理论,要么启发了新理论。难道这样的过程正如布朗所认为的那样,思想实验具有先验性,它使理论与理论之间的跳跃变得非常微小,还是像诺顿所认为的那样,思想实验仅仅是一个论证,并没有超越经验主义的范围?第三个阶段是结论阶段,该阶段可以理解为思想实验成功之后,它起到了怎样的认知功能,产生了什么样的作用和影响?思想实验如此有效,它到底给我们带来了什么启发,思想实验有没有产生新的知识?

(一)思想实验的来源问题

思想实验的来源之所以重要,有很现实的意义。例如当我们遇到一个思想

① Aspasia S. Moue et al, "Tracing the Development of Thought Experiments in the Philosophy of Natural Sciences", in *Journal for General Philosophy of Science*, 37(2006), pp. 61 - 75.

② 舒炜光:《思想实验固有实践本性——兼评托马斯·库恩的观点》,《哲学研究》1982 年第 4 期,第 4 页。

③ 吴彤:《复归科学实践:一种科学哲学的新反思》,北京:清华大学出版社,2010 年,第 64 页。

实验例子的时候,该如何思考,如何评判这个思想试验的好坏或者成立与否呢? 当我们被某些问题所困扰时,想建立一个新的思想实验来解决难题,那么该从 何处着手建立一个新的思想实验、该怎样一步一步地思考? 这是首先需要面对 的问题。如果思想实验是来源于经验之中,那么我们就不必费力在先验中寻找 来源;同样如果思想实验是来源于先验之中,具有先验性的话,那么在经验中寻 找思想实验的来源就变得不可靠了。

布朗认为,思想实验具有先验性,那么他所指的先验性具有怎样的特征呢? 一般意义上的先验是指:"如果知识不依赖于经验而且无须由经验确立真理,那 么它就是先天的(a priori);如果知识基于经验,那么它就是后天的(a posteriori)。"④布朗所指的先验性不同于一般意义上的先验,"第一,先验性是指 不依赖于感觉经验,但是可能会出错。第二,先验过渡没有暗含我们已达到最 终理论的意思。它只是向更大逼真性之路前进的先验一步,尽管这个概念是成 问题的。最后,思想实验并不是单独地引起科学变化,通常还有许多常规经验 的输入。这种先验成分仅仅是一种起作用的因素。"⑤

思想实验体现了我们对自然界了解的知识,但这一知识的来源是什么? 诺 顿认为,思想实验来源于经验之中,但没有认识论魔力。认识论的魔力是发现 的语境,而不是辩护的语境。诺顿认为,思想实验只是一个论证,具有辩护的语 境。论证不产生知识,是对知识的检验,是辩护问题。即使思想实验告诉了我 们关于世界的知识,这个思想实验也是要么以明确的方式,要么以沉默的方式, 利用了我们已经知道的关于世界的知识。也就是说,思想实验的认识基础仍然 来源于我们已经知道的知识。只是思想实验通过伪装的论证改变了那种知识。 所以,思想实验在认识论上仅仅是论证,并没有什么认识论魔力。⑥

布朗虽然对自己所持有的先验性论点做了一些说明,但也许这种说明在思 想实验的理论中并不像他所强调的那样有说服力。先验性并非像布朗所说的 那样不依赖于经验来源,因为思想实验明显是有感觉经验基础的,即便在布朗 认为的具有先验性的混合性思想实验中也是来源于经验的。例如在伽利略的 自由落体实验中,伽利略并不是立刻或突然想到思想实验这个例子,而是因为 他在现实中发现冰雹下落的过程并不符合亚里士多德所说的落体理论现象,由

---

④ 布宁,余纪元:《西方哲学英汉对照辞典》,北京:人民出版社,2001 年,第 1000 页。

⑤ 布朗:《科学革命以来的思想实验》,《世界哲学》1986 年第 1 期,第 52 页。

⑥ John D. Norton, "Why Thought Experiments Do Not Transcend Empiricism", in C. Hitchcock (ed.), *Contemporary Debates in the Philosophy of Science*, pp. 44 - 66.

此他对亚里士多德的理论产生了质疑。对经验事实中的一个具体感受使他坚定地认为亚里士多德的理论与常识相悖,而自然界是不会出错的,继而他才设想了一个能达到反驳效果的思想实验。如果没有经验中事实的出现,很难想象伽利略是如何构想出这个思想实验的,它的来源又该从何谈起,他又是怎么发现问题的矛盾之处,从而完满解决问题的。

(二)思想实验有没有超越经验主义?

"诺顿对思想实验的说明基于两个论点:

论点 1:思想实验是论证。

论点 2:思想实验具有经验基础,并没有超越经验主义的范围。

随后诺顿(1996,2002,2004)采取了更强的两个主张:

(1)(辩护的语境)所有的思想实验都能够基于默会的或明确的假设被重构为论证。

(2)(发现的语境)思想实验的实际操作构成了论证的执行,尽管这可能并不明显,因为论证可能仅仅以缩略的形式出现,前提可能也是被抑制的。[⑦]

布朗总结了两个例子来反驳诺顿的论点。第一个例子是麦克斯韦的妖思想实验,布朗认为这不是论证,因为这是一个猜测性思想实验的例子。他认为思想实验的某处用到了直觉,但直觉不是论证。[⑧] 笔者认为,如果布朗所说这是某种直觉的话,那也是从专家知识中得出来的直觉。能发现新的材料或反例,这与研究者对于原有理论背景以及相关问题的熟知程度密切相关。那些长期的困惑和疑虑,使他们常常能在偶然的场合中注意到特殊情况的存在,即便这种情况时常出现,常人也很难从中发现这些反常现象中的意义和价值。思想实验不是随时都可以产生的,只有在合适的情境下才会产生。例如,旧理论过于不稳固或新的反例频频出现、且被发现以及认识到其重要性,从而引起了思考者的注意,这时思想实验才可能被建构。此外,还应有理论上的疑问和有待解决的科学疑难问题。将所有这些因素同时结合起来,才有可能产生好的联想,这是创建思想实验的第一步。例如,冰雹下落现象和苹果落地现象人人都见过,但却很少有人能像伽利略和牛顿那样发现新的科学理论。只有长期处于具体的科学实践之中,才能产生出像他们那样的直觉。正如马赫所说,思想实验

---

⑦ John D. Norton, "Why Thought Experiments Do Not Transcend Empiricism", in C. Hitchcock (ed.), *Contemporary Debates in the Philosophy of Science*, pp. 44 - 66.

⑧ James Robert Brown, "Why Empiricism Won't Work", *PSA*(1992), vol. 2, p. 278.

是有适用范围和经验条件的,即"通过该现象的专心致志的观察,导致伽利略达到这个假定,假定本身证明是真实的"。[9] 所以,深入观察和细致研究,最后达到综合及联想的效果,能将已有的知识即刻联系起来,以一种特殊的直觉形式表现出来,才能重视新证据的出现,深刻地发现新的理论。这是在科学实践中得出的经验以及长期积累所产生的直觉反应,是敏锐的专家特有的一种认识方式。

一些思想实验往往要经过多年研究之后才能发现其中蕴含的真理,使新理论得以建立。例如爱因斯坦在1895年提出思想实验到1905年狭义相对论的产生,期间经历了10年的时间。"1907年的等效原理,是1915年广义相对论的基础"。[10] 这中间也经历了8年的时间。只有长期细致的研究才能成为独特的发现者。笔者在思想实验的研究中发现每个思想实验都具有很长的时间跨越性,从构思思想实验到提炼出相应的科学理论的整个时间间隔中,存在很强的科学革命和理论转变过程。而期间所有人对这个思想实验的讨论、研究以及对新理论的探索和尝试,对科学进步而言都是功不可没的,从科学史的角度来看是很容易理解的。所以,专家直觉来源于对经验的观察、实践的思考,这里蕴含着对理论的分析和论证的过程,并不是毫无根据的猜测。

布朗反驳诺顿的第二个例子是伽利略的落体实验。布朗认为,"H = L = H + L,是反驳的关键,这个不是诺顿的经验主义,是逻辑推导"。[11] 但是,布朗所说的这种情况只有当所有的思想实验(或者多数思想实验)都在逻辑上推出悖论和矛盾时,才能推翻旧理论,建立新理论。确实,布朗说的没错,反驳的某处用到了逻辑推理,而这个并非如诺顿所说的是经验主义的。伽利略之所以能发现理论过程、能构想出思想实验,是离不开对经验世界的长期观察和思考的,这个过程源于经验中的观察,对反例的发现。例如,伽利略发现大冰雹和小冰雹是同时下落,而不是大冰雹比小冰雹先下落,不是先下完大冰雹,再下小冰雹。其实,思想实验的内容均来自经验中的材料,这是一种或明或暗、非常自然而又不易被发现的特殊性反例。这个反例在其适用的理论前提和背景之下通过逻辑推理,达到反驳旧理论或建立新理论的效果。逻辑推理保证了结论的有效性,但整个理论体系是经验性的组成,只是用逻辑推理的形式将有矛盾的经验

---

⑨ 马赫:《力学及其发展的批判历史概论》,李醒民译,北京:商务印书馆,2014年,第191页。

⑩ 玛丽·乔·奈:《剑桥科学史》,第5卷:《近代物理科学与数学科学》,刘兵、江晓原、杨舰译,郑州:大象出版社,2014年,第170页。

⑪ James Robert Brown, "Why Empiricism Won't Work", *PSA*(1992), vol. 2, p. 278.

内容呈现出来，并没有超出经验主义的范围。

（三）思想实验有没有产生新的知识？

诺顿认为，并不是所有类型的思想实验都能产生知识。有的思想实验仅仅是论证反驳的作用，有的思想实验仅仅是解释论证的作用。[⑫] 那么是哪种类型的思想实验能产生知识？诺顿并没有给出清晰的陈述。这一问题对于诺顿来说一直是比较重要的。布朗认为，"思想实验里没有新的观察材料。因此旧的理论没有被抛弃，新的理论也没有在经验观察基础上建立起来。特别是亚里士多德的自由下落理论并没有屈服于伽利略的新观察发现。"[⑬]思想实验有没有产生新知识的问题，其实也就是思想实验有没有产生新的理论。布朗将思想实验分成三种类型，分别是破坏性思想实验、建设性思想实验、混合性思想实验。笔者认为，思想实验的三种类型分别产生了三种不同的结果，这些结果都在不同程度上对新知识的产生有所贡献。第一种，破坏性思想实验为推翻旧理论提供了证据和论证。第二种，建设性思想实验对建立新理论起到启发性的作用，为真实实验带来了启发，指明了研究的方向，正如钱德勒所认为的那样，思想实验是准物理实验。[⑭] 第三种，混合性思想实验既破坏了旧理论，又为新理论的产生提供了证据，起到了引导的作用。例如伽利略的落体实验就是一种混合性的思想实验，它符合思想实验运行的所有过程，是一个非常完美的例子。通过这个例子我们可以理解，思想实验是怎样运用新材料，产生新知识，在新旧理论的更替中达到认识论的功能的。

例如，伽利略的新理论出现之后，亚里士多德的旧理论到底有没有被抛弃？在布朗看来，伽利略的理论并不是对亚里士多德理论的否定。伽利略的自由落体实验中，亚里士多德的理论仍然有其适用的理论范围，但并没有被否定，伽利略是在旧理论的运行中才达到了反驳的效果。如果从更广的范围来看，旧理论没有被抛弃是指在旧的背景条件下，这个原有的理论还是成立的，但是对于新的现象或新经验材料就完全不适用了。混合性思想实验就是破坏了旧的理论，建设了新的理论。旧的理论没有被抛弃，是指符合其适用范围内条件的情况

---

⑫ John D. Norton, "Why Thought Experiments Do Not Transcend Empiricism", in C. Hitchcock (ed.), *Contemporary Debates in the Philosophy of Science*, pp. 44 - 66.

⑬ 布朗：《科学革命以来的思想实验》，《世界哲学》1986 年第 1 期，第 52 页。

⑭ Tamar S. Gendler, "Philosophical Thought Experiments, Intuitions, and Cognitive Equilibrium", in *Midwest Studies in Philosophy of Science*, 31(2007), pp. 68 - 89.

下,仍然没有被抛弃。而在新的现象出现之后,这种新现象或者新材料就不符合旧理论的框架条件了,从这个角度说旧理论是被抛弃、被替换了。新的理论是在经验观察的基础上建立起来的,例如冰雹的下落,重球、轻球的下落过程,都是可以在经验中观察到的现象。将重球与轻球连接在一起是一种新的设想,是一种新的情况,但这种新情况可以还原到实际的经验材料之中,有其经验基础和来源。其实在这个思想实验的例子中,伽利略首先是在承认旧理论的前提下,运用了一个特殊的材料,即重球连接轻球,才推导出悖论、产生出矛盾现象。这个结论证明,原有理论的前提是不对的,即旧理论的前提会产生矛盾,那么到底什么样的前提才能导致不产生矛盾的推理结果呢?如果有一个新理论产生,变化已有的前提条件和经验范围,则不会产生矛盾的情况,这样便使新理论得以确立。这个思想实验精妙的地方就在于,首先要承认旧理论的前提,然后加入新的、特殊的观察材料,当然,这类特殊材料并不容易被发现或找到,它需要对经验材料有非常深刻的观察和直觉,又要有逻辑上的合理引导。这类特殊材料就是思想实验的关键之处,一旦这个特殊材料或新材料找到了,接下来就是验证旧理论的推理过程。这个新的特殊材料能奇迹般地使原来的旧理论产生矛盾,其实这个新的特殊材料就是旧理论中的一个反例。反例的特殊之处在于,能主动地引导出对旧理论的合理质疑,以及对后续理论的探索和启发。

旧理论在思想实验中分为两个阶段。在第一阶段中,有新的观察材料加入,推导过程中旧理论没有被抛弃,并且这是产生矛盾情况的前提基础,是推理得以进行的前提条件。但到第二阶段时,新理论确立之后,旧理论表面上是被抛弃了,因为它不再适合新的情况,否则会产生矛盾情况。将反例合理化的过程,也就是需要建立一个新理论的过程,使修改理论之后能涵盖新出现的情况。这个特殊的反例如果不能被合法化,也许暗示着这是一个未完成的科学理论,需要重新思考新理论出现的可能性。

三、思想实验到底是什么?

思想实验最使人难以理解之处在于,一个思想实验如何将看似对立的理论放在一起讨论,并能进而产生新的观念,揭示其中的深意。也许思想实验作为一个案例、作为一个实验场所,能给各种不同观点、意见提供一个可以加以讨论的场所,作为一个提出自己观点的切入口。各种理论无论新旧、无论对立与否,都可将其融入其中,进而发现新的问题,产生新的观点或理论,启发科学的新发现,这是其他科学方法所不具备的特殊之处。

（一）对柏拉图主义先验性的反思

哈金（Ian Hacking）认为，柏拉图主义有自己的含义和术语意义，不要把我们的经验主义与数学上的区分强加于柏拉图身上。⑮ 这是哈金与布朗的先验性定义有分歧的地方，布朗在随后的文章中确实更明确地表达了他所说的先验的含义，提到柏拉图的地方也少了许多，只是大多数学者在总结和讨论思想实验时，仍然习惯性地加上了柏拉图主义这个术语。布朗在自己的著作中也对柏拉图主义的术语用得越来越谨慎。正如哈金所说，有没有柏拉图主义在经验主义上和数学上的区分，是后来才出现的问题。人们应该对术语的使用越来越慎重，说得越来越加以限定和明确所指。

笔者认为可能存在先验性的几种情况：第一种，物理学对数学的高度依赖而产生的先验性问题，这也是布朗所认为的数学柏拉图主义的原因之一。但是其他学科并没有这样的问题，也就是没有对数学的高度依赖问题。第二种，哲学上的思想实验确实可能存在形而上学先验性的问题。第三种，理论与理论之间的跳跃所产生的先验性问题。如何从旧理论发展到新理论，这中间的跳跃性是可能被认为产生了先验性。例如，建设性思想实验如何从经验发展到新理论的产生，从经验到理论的跳跃可以被认为是存在先验性过渡，也可以被理解为是归纳性问题。

先验性对于思想实验是否充分必要？本文并非完全反对布朗的观点，甚至认为若采用先验主义立场的话，布朗是做得最棒的。但本文更愿意采用经验主义立场来看待思想实验，因为这样可以将观察、材料、反例、规律等等每个科学的实践部分都重视起来，而不是过度关注先验性问题。本文同意诺顿采用经验主义立场，认为先验性可有可无，因为这种过渡，或理论间的跳跃，可以采取经验主义立场，仍然能得到合理解释。但是若采用先验性立场而不承认新材料的发现、新信息的加入，这将对思想实验的运行机制和建设一个好的思想实验产生严重的问题，从而不利于建立一个好的思想实验。

（二）对经验主义的修正

思想实验的本质到底是什么，思想实验仅仅是一个论证吗？本文认为思想实验是来源于经验之中的一种论证，这种论证比一般意义上的论证更为宽泛，它既包含了归纳论证，也包含了演绎论证，是两类论证分成两个步骤对同一事

---

⑮ Ian Hacking, "Do Thought Experiments Have a Life of their Own? Comments on James Brown, Nancy Nersessian and David Gooding", *PSA*(1992), vol. 2, pp. 302 - 308.

件的论证过程。思想实验有一些共通的特性,但是每一个思想实验案例只在特定的条件下适用,跨出特定条件的思想实验便会失去其论证的有效性,也不会达到真正的论证效果。思想实验是对自然界规律的一种揭示和再认识,它不是建立在先天的自然定律之上的论证,不具有先验性,虽然思想实验的存在使理论之间的跳跃非常微小,主要是因为自然界的规律是渐进地被人们所熟悉和认识的,是规律与规律之间的过渡,认识的对象都是自然界,这里没有跳跃。此处涉及到旧理论的问题。思想实验的运行环境是在旧理论中运行,这是思想实验论证的部分没有超越经验主义的地方。后续过程中需要建立新理论的部分超越了原来的经验,这是因为有新经验、新材料的加入,使得新理论能够产生。

需要注意的是论证不等于推理。若按照诺顿的观点,思想实验是一个论证,论证没有认识论作用,没有发现新东西、产生新知识。思想实验中有推理,推理在计算机中能产生新知识,推理在其他理论体系内也可以产生新知识。思想实验在推理之后产生新知识,启发推出新理论。在思想实验中如何看待论证与推理,这是划定是否产生新知识的关键问题,也是分析诺顿理论的关键所在。从狭义上讲,似乎思想实验像论证一样反驳了旧理论,从思想实验的产生到运行、产生矛盾再到发现悖论;从更广义上讲,思想实验的作用和影响也是当初建立思想实验的初衷之一,所以并不能将思想实验后续发生的事情与思想实验本身完全割裂开来,关注思想实验之前的旧理论,以及思想实验之后所产生的新理论,这是一个整体性的科学发现过程。例如,布朗将思想实验分成三种情况,其中一种就是建设性的思想实验,这是产生新理论的过程。

思想实验处在一系列的科学发展过程之中,思想实验的建构常常是其中至关重要的一步。思想实验有超越论证的部分,放在整个科学体系里看,通过思想实验的作用和它所引起的效果,我们可以看到更多,这里有超越论证的部分,例如思想实验引起了概念变革、引发了科学革命等等。在思想实验本身之中,思想实验仅仅是论证的部分。超出思想实验本身看思想实验,也是对它的完整认识不可缺少的一部分,这体现在它所引发的后续事件之中。正如钱德勒所认为的那样,"思想实验是一个从不清晰的知识,经过系统化之后,得出有说服力的结论。有时逻辑上并不能充分地描述这个经验世界。伽利略就是用传统的资源建立了一种非传统的结论。伽利略的思想实验是一个新工具"。[16] 例如,缸

---

[16] Katerina Ierodiakonou, Sophie Roux, *Thought Experiments in Methological and Historical Contexts* (Leiden/Boston: Brill, 2011), p. 101.

中之脑的思想实验仅仅是一个怀疑论情景,但是它可以被整合到一个更加复杂的怀疑论论证之中,从而表明关于外部世界的知识是不可能的。[17] 但是如果将这个思想实验放在整个认知科学的发展体系中,则预示着理论转变的一个过程。

我们认为思想实验来源于经验,但并不具有先验性的成分。思想实验确实是一个论证,但这个论证不同于普通的论证,最特别的地方在于它起到了反例的作用,发现了新的观察材料,也有可能达到新的理论,因为并不是所有类型的思想实验都具有这样的效果。只有建设性的或混合性的思想实验才能达到这样的结果,而破坏性的思想实验虽然没有立刻建立起新的理论,但它运用了新的观察材料,提出了对旧理论的合理质疑,如果继续发展,也有可能产生新理论。思想实验研究中的实验主义、建构主义和心灵模型等观点,也分别从不同角度考察了思想实验,这无疑丰富了思想实验的内涵,以及引发对思想实验更深层次的思考。

(三)思想实验是一个启发式的科学发现过程

通过深入研究思想实验之争,我们能更深层次地发现思想实验的本质,而这些无疑与思想实验上坚持怎样的立场有关。如果把科学实践也加入其中共同来研究的话,必然会得到一个全新的思想实验的框架,这个新框架足以说明思想实验是一个启发式的科学发现过程。科学史表明,在科学实践中如能从整体上系统地研究思想实验的理论及其运行机制,如让各种争论以及持有不同观点的人们在思想实验这个平台上各擅胜场,透过对思想实验的研究,我们就理解诸多争论的价值和它们存在的必要。即便某一方不能成为绝对的优势立场,但其中各方所表达的观点和分析,足以在实践中将问题深化,使研究向更有益的方向拓展和深入,这些无疑都是对科学发现过程的促进。

思想实验的运行机制可以理解为思想实验共有一个相同的理论模式,即本文所提到过的在旧理论框架内的约束条件,先找到反例、反常的新现象,将其加入旧有的理论框架中,按照原来理论的推理规则来进行推理,最后导致矛盾情况的产生,以此来揭示所要阐明的问题,以矛盾的方式将问题呈现出来。如果是解释性的思想实验,一般做到此处就可以了,例如薛定谔的猫就是一种解释性的思想实验,就是解释量子力学的测量所带来的不确定性。但如果是其他类型的思想实验,例如混合性的思想实验和建设性的思想实验,那么研究者还可以根据思想实验中所提供的反例或新现象,适当地增加在实验室的研究工作,

---

⑰ 历清伟,王聚:《如何理解怀疑论情景?》,《自然辩证法研究》2017 年第 6 期,第 3 页。

在实践中探究什么样的情况下能将这些反常现象很好地理解和融合进新的理论当中,以此向新的科学发现前进。

科学理论的发展是一个整体性的过程,对思想实验的分析离不开这个整体性的过程。从这个角度来考察思想实验,它不仅仅包含我们所看到的展示矛盾的部分,还包括思想实验的来源问题,思想实验是怎样产生的,是如何运行的,它的结论又会产生怎样的作用和深远的影响。例如当我们谈到伽利略的落体思想实验时,是因为它产生了落体定律。在谈到爱因斯坦的两个思想实验时,是因为它们随后产生了狭义相对论和广义相对论。但这个过程并不是同时发生的,思想实验的出现往往要比新理论早出现若干年,有的甚至长达几十年之久。所以思想实验是分成几个部分、几个层面或者几个阶段的。哲学家们从不同的角度来分析思想实验的不同发展阶段或者不同的理论部分,这些都是对思想实验理论研究的极大贡献,至于中间所产生的阻抗和冲撞,这是理论交锋时必不可少的过程,一方面冲撞各方可以相互启发和弥补,另一方面即使有真正的对立情况存在,这也仅是对复杂问题的不同理解而已,并非一定是非此即彼的存在方式。

思想实验之所以高深、有研究的必要,因为思想实验极为复杂。只要看看科学家们对一个思想实验从构思到真正解决问题划上完美的句号,这期间用了多少时间,就知道该期间走了多少弯路。例如缸中之脑这类思想实验是很有意义的,也是非常好的思想实验,但是距离真正能得出像伽利略、牛顿、爱因斯坦他们那样的成果,可能尚需时日,这不是在怀疑这些思想实验研究者是否成功,而是在科学实践中,对思想实验的后期讨论和深入分析更加重要和艰难,也更容易使人们走向误区。

四、结语

通过对思想实验本质的分析之后,我们用新的视角来研究思想实验时,到底应该使思想实验遵循什么样的检验标准和评价角度?这涉及思想实验的合法性和规范性维度。劳斯认为:"科学实践的规范性维度不是来自一种有关知识必须是什么的先验概念,而是来自对最好的探究实践之所以获得成功的反思,这样一些实践就可以成为对其他实践进行批判性评估的基准。"⑱从对思想

---

⑱ 约瑟夫·劳斯:《涉入科学:如何从哲学上理解科学实践》,戴建平译,苏州:苏州大学出版社,2010年,第 12 页。

实验的检验上我们可以看到,并不是所有的思想实验都能转化成真实实验,所以用实验的方法来检验思想实验显然不能保证思想实验的可靠性。这需要从思想实验的来源及其运行机制上进行考察。只有在符合经验条件并且具有逼真性的情境之下产生的思想实验,通过逻辑的保证和推理,才能算是真正经得住检验的思想实验。思想实验成功地通过检验之后,思想实验的好坏问题仍然是不可回避的,我们可以从几个角度来对其评价,即从科学革命的角度、从论证功能的角度、抑或从启发新发现的角度来评价思想实验。

科学实践要求我们对理论可以不断重新解释和动态更新,保持开放性流动。思想实验的理论也在不断丰富和发展,而思想实验的新案例在科学实践之中必然会不断产生或出现。思想实验从单个例子的出现,到争论的兴起,以及定义的丰富,到最后理论的完善,是一系列的科学实践活动,这一点我们从科学史和哲学史上可以看得更为清晰。正如郦全民所认为的那样:"科学或技术的重大变革往往会改变人类对世界和自身的基本看法,相应地,一些基本概念就会被泛化,直至上升为基本的哲学范畴。从另一个角度看,某个概念被泛化为一个基本的本体论范畴,也就意味着一种关于世界的新观念的形成。"[19]思想实验的建立是创造性的,但是对思想实验的思考无疑是持续性的。我们要反反复复地在那些看似很好、很精彩,但还不够完善的思想实验案例中发掘更多的知识,这样的工作必然是艰巨而又富有挑战性的。

作者简介:历清伟,复旦大学哲学学院博士研究生,研究方向为科学哲学、科学史、认知科学。

⑲ 郦全民:《用计算的观点看世界》,广州:中山大学出版社,2009 年,第 25 页。

知识何以比仅真信念更有价值

陈仕伟

【摘　要】知识的本质问题与价值问题是知识论研究的两个核心问题,前者一直居于研究的中心,后者随着近些年德性知识论的兴起才重新进入人们的视线。本文主要探讨知识的价值问题。长久以来,人们都持有一个共同的前理论直觉,即知识比仅真信念更有价值。然而,这一直觉自柏拉图的《美诺篇》以来就遭受到质疑,近些年提出的淹没难题更是鲜明地指出,在达到真这一最终目标之后,我们通常认为知识比仅真信念多出的价值可能都将被真的价值所淹没。本文通过对淹没难题的深入分析,试图回应这些诘难,指出我们应当转变对于知识的理解方式,认识到知识是人的知识,从而捍卫"知识比仅真信念更有价值"的前理论直觉。

【关键词】知识的价值　淹没难题　德性知识论

　　知识的价值问题与知识的本质问题同等重要,却一直都被忽视。从柏拉图的《美诺篇》开始,哲学家们便开始关注:为什么知识(knowledge)比仅真信念(mere true belief)更有价值? 近些年来随着德性知识论的兴起,知识的价值问题又重新引起人们的讨论与反思。

本文主要关心知识的价值问题。在笔者看来，大多数人都享有这个前理论直觉，即知识比仅真信念更有价值，然而它太过于笼统与模糊，需要更为精当的表述以及更细致的捍卫。笔者接受这一直觉，并将试图给出对该直觉合理的解释。

一、知识的价值问题

（一）何谓知识的价值问题

在"为什么知识比仅真信念更有价值"这一问题背后，是一个更基础的问题，即"知识的价值是什么"。这个问题大而空泛，我们会自然地想到，知识告诉我们这个世界是怎样的，知识在适切的情形中可以指导我们的行动。撇开这些工具性价值，我们还认为知识具有某种内在价值，知识因其自身而熠熠生辉。然而当苏格拉底在《美诺篇》中提出那个质问时，我们发现先前笃信只有知识能做到的，真信念亦能做到，既然如此，为什么我们对知识仍如此偏爱？这种偏爱是否还具有理性的基础呢？

至此，知识价值问题的重要性显现出来，即便在随后的知识论研究中，对"知识是什么"有了深入的理解，我们仍不能回避知识的价值问题，因为如果知识并不具有某种独特的价值，那么我们对其狂热的追求就会显得很可笑，知识论的根基也会因此动摇。毕竟，如果知识本身是无趣而又无价值的存在，那我们又何必那样在意它呢？

（二）不同的解决进路

近年来对价值问题的讨论多是从知识本质问题的讨论中生发出来的。对于"知识是什么"这一问题的不同回答可能开启不同的探究知识价值的进路。

许多哲学家在价值问题研究中遵从着下述公式：

$$知识的价值 = 真的价值 + X 因子的价值$$

这一公式的得来与知识论学者在讨论知识本质问题时采用的还原分析路径不无关系，学者通常认为，知识是由真信念再加上点什么构成的，所以同理，知识的价值也即由真的价值加上其他因素的价值所组成。真的价值(the value of truth)是知识和真信念共同享有的,不仅包括从认知视角(the point of epistemic view)来看真所具有的内在价值(intrinsic value),同时也包括由其衍生的工具价值(instrumental value)。知识与仅真信念在真的价值上是不可分辨的。

除了由知识和真信念共同享有的价值外,如前所述,我们似乎还普遍地(即使不是绝对的)享有一个前理论直觉,即"知识比仅真信念拥有更多的价值"。不管"更多的价值"是什么,我们暂且称之为"X因子的价值"。

对于X因子是什么的不同回答引向了对于知识价值问题不同的解决方案:

(1)有人否认X因子的存在,进而否认知识比仅真信念多出任何价值。值得注意的是在价值问题上持这种立场并不意味着在知识的本质问题上就认为知识等同于仅真信念,两者可以价值相同,但是在一些无关价值的层面存在差异。

(2)多数人认为知识的确比仅真信念多些什么,这些人对于多出的部分是什么持有不同的观点,但可以大致归结为X因子可能是一个知识拥有而仅真信念不具有的属性,知识因之比仅真信念更有价值。这一属性可能是"得到辩护"(justification)"由可靠的信念产生过程(reliable belief-forming process)产生""是一种认知成就(cognitive achievement)""其获得可归功于认知主体(creditable to the cognitive agent)""由智识上有德的行为(intellectual virtuous act)产生"等。这些不同的回答代表着不同的进路,"得到辩护"是传统知识论的进路,"可靠信念形成机制"是可靠论者的进路,后三者则是当代德性知识论者的进路。这些不同的进路在X因子是什么的问题上有着显著的分歧,但是在一个更高层次上分享着同样的解决价值问题的思路。

(3)也有人认为知识是作为一个整体,具有某种仅真信念所不具有的价值。这种观点对应的本质问题进路有威廉姆森的"知识优先"的主张①——尽管他自己对于价值问题所谈甚少——以及扎格扎博斯基的"知识是一个有机整体(organic system)"的主张。② 在这种进路下,上面的公式不再适用。

(4)另有人认为知识的价值问题很难直接解决,从而采取了回避策略,转向了其他的认知概念,例如"理解"(understanding)③"智慧"(wisdom)等。这些人

① T. Williamson, *Knowledge and Its Limits* (Oxford: Oxford University Press, 2000).

② L. Zagzebski, "Epistemic value monism", in Greco, *Sosa and His Critics* (Oxford: Blackwell, 2004).

③ 转向理解(understanding)这一概念最具代表性的人物便是 Kvanvig,可以参见其 *The Value of Knowledge and the Pursuit of Understanding* (Cambridge: Cambridge University Press, 2003)一书。

认为更有价值的不是知识,而是这些长久被忽视的概念。

这种分类是极为粗略的,(3)(4)进路也跳出了上面提到的公式,我在此处只是希望描绘一个大致的轮廓。我无意对每一进路都进行细致的考察,而将主要关注进路(2)所展现的模式,更具体而言则是看德性知识论的进路是否能在解决价值问题时给我们提供有益的助力。在进入具体的进路之前,我将先讨论是什么使得知识的价值问题成为一个艰难而有趣的问题。

二、淹没难题

(一)咖啡机论证

我在上文中只是对知识价值问题进行了感性描述,而这一问题在当代知识论研究中重新被严肃对待开始于淹没难题的提出,这是知识价值问题的核心所在。

淹没难题最流行的版本是咖啡机论证,结构如下:我们面前有两杯咖啡,它们都很美味,如果只看这两杯咖啡,你无法分出谁好谁坏。然而两者又存在不同,其中一杯咖啡是由一台质量很好的咖啡机做出来的,这台咖啡机几乎总是能做出很好的咖啡;而另一杯咖啡则是由一台质量很差的咖啡机做出来的,通常情况下,这台咖啡机做出来的咖啡都很难喝,但是这一次碰巧做出了一杯很棒的咖啡。现在的问题是,我们能够说由好咖啡机做出来的咖啡就比坏咖啡机做出来的咖啡好吗?似乎不能,因为两杯咖啡味道上同样香醇,无法分辨。如果我们享有这一直觉,那么同理,回到知识与仅真信念,如果两者的区别只在于前者产生于"可靠的信念形成机制"(一如好咖啡机),后者产生于"不那么可靠的信念形成机制"(一如坏咖啡机),我们似乎没有理由认为前者比后者更有价值,因为形成机制的价值就像咖啡机的价值一样,会被真的价值(一如咖啡的美味)无情地淹没掉。一旦咖啡做出来,谁还会在乎它是由哪个咖啡机做出来的呢?

这一难题最开始被认为是仅针对可靠主义,然而稍加思索,我们会发现,该难题具有很好的延展性。我们在上文第(2)条进路下有很多细分的理论,它们对 X 因子是什么有着不同的解释,用不同的 X 因子替换掉"可靠的信念形成机制",我们会发现结果是一样的,那些 X 因子的价值同样会在知识达成后被无情地淹没掉。淹没难题不仅对可靠主义或者外在论构成威胁,它对某些内在论或主体可靠论(agent-reliabilism)也构成了威胁,就像将咖啡机换成了咖啡师并没有解决实质性问题,将信念形成机制的可靠性替换为认知主体的可靠性同样没有作用,淹没难题具有更广的普适性。

（二）对淹没难题的分析

淹没难题在扎格扎博斯基那里得到了细致的表述与阐释,④它不再仅仅对可靠主义构成威胁,对某些内在论者或主体可靠论者同样构成威胁,具有很强的普适性。这使得我们思考,或许淹没难题并非是针对某一特定理论构成挑战,它可能揭示了我们在思考价值问题时存在的结构性问题。在笔者看来,淹没难题揭示了 X 因子的价值应当满足的两条基本原则:

(1) **独立性原则**：X 因子的价值独立于真的价值,即前者不由后者衍生,且前者不是产生后者之工具或途径的价值。

(2) **可传递性原则**：X 因子的价值可以独立于真的价值而被传递给知识,即 X 因子的价值要能够合理地成为知识的价值的一部分。

这两个原则在笔者看来是淹没难题的核心所在,如要解决价值难题,我们要找的 X 因子,其价值必须满足这两个基本原则。对这两个原则的进一步分析有助于我们看清隐藏在知识价值难题背后的真正问题。

原则(1)背后隐藏的是真理价值一元论(truth value monism)。即认为知识的价值只在于其为真,其他知识的价值要么是由于达致真这一目标之后所产生的衍生价值,如知识的工具价值;要么是那些达致真的手段所具有的价值,而非知识所具有的价值。这些价值都以真为目标,在达致真这一最终目标之后便被淹没了。咖啡机论证中我们通常不会在意这杯咖啡是被好的咖啡机做出的还是差的咖啡机做出的,我们只关心咖啡本身味道的好坏。无疑,我们尊重真在知识的价值体系中的独特地位,但同时我们审慎地提出质疑:它真的应当是我们在思考知识的价值时唯一予以考量的因素吗？ 如果我们要坚持"知识比仅真信念更有价值",同时我们也坚持知识和仅真信念在真的价值上不可分辨,那么我们似乎就必须放弃真理价值一元论,我们需要放弃"知识之所以有价值只因其为真"的观念。可靠主义之所以失败,原因就在于信念形成机制所具有的价值——可靠性,并不能够独立于真而存在,因为可靠性的衡量标准本身即是"是否能更多地产生真信念",而一旦真的达成,可靠性的价值

---

④ L. Zagzebski, "The search for the source of epistemic good", in *Metaphilosophy*, vol. 34, pp. 12 - 28; in John Greco and John Turri (eds.), *Virtue Epistemology: Contemporary Readings*, p. 7.

自然被淹没。因此我们似乎只需要找到一个独立于真的价值来源,从而打破真理价值一元论即可(或者试图说明可靠性的价值在某种意义上可以独立于真的价值)。

在很多人看来,原则(1)背后的真理价值一元论就是淹没难题的全部症结所在,很多人忽视了原则(2)所揭示出的问题。在扎格扎博斯基看来,原因可能并不仅仅是可靠性这一价值不能独立于真而存在,其关键更在于知识和产生知识的来源之间不应当是产品和机器的关系,问题出在这种关系模式上,处在这种关系之中,价值无法得到传递,这是一个价值传递的架构性问题。在扎格扎博斯基看来,这种关系是外在的,尽管产品是由机器产生的,但是无论机器的价值是否独立于产品的价值,产品本身的价值并不受机器的优劣影响;即使机器和产品之间存在着因果关系,但是产品和机器在价值层面的关系并不受因果关系的影响。同理,这种外在的关系也使得知识来源所具有的价值(无论这价值是否独立于真的价值)并不能够传递给知识本身。正确的关系应当是内在的,对于这种内在的关系究竟是什么,我认为扎格扎博斯基并未讲清楚,她举了一个她认为是内在关系的例子,即行动与行动的动机之间的关系,她认为知识也能够从我们求取知识的动机(the motivation for knowledge)中获得额外的价值,原因在于知识与求取知识的动机之间存在着这种内在的关系,从而可以满足原则(2)。⑤

三、价值传递的两种模式

在上文中对原则(1)的分析是清楚明白的,即我们需要寻找一个独立于真的价值来源;然而对于原则(2)背后的问题,我认为扎格扎博斯基的分析是模糊的,"内在的""外在的"均未得到明确的定义,内外的界限也是模糊的,她对于这一问题的解决在我看来是标签化的,而贴标签并不能解决问题。但这不妨碍原则(2)本身的深刻性,即使我们找到了一个独立于真的价值来源,我们也不应当高兴过早,而应当进一步思考 X 因子的价值是否能够适切地成为知识的价值的一部分。

虽然内在外在的划分很模糊,但是扎格扎博斯基提到的两种价值传递的关系模式却很有代表性(需要说明的是,这两种关系模式并非穷尽了所有可能),

⑤ L. Zagzebski, *The search for the source of epistemic good*.

值得认真分析：

    A．机器-产品模式（machine-product model）

    关系项 a 和 b 之间的关系就像机器和产品之间的关系，a 产生 b，b 在被生产出来之后就获得了某种独立性。

    B．动机-行动模式（motivation-action model）

    关系项 c 和 d 之间的关系就像行动的动机与行动自身的关系，c 引发（cause）d。

    A、B 的共同点在某种意义上讲都是因果关系，虽然动机和行动之间是否是严格的因果关系仍存在争论（有些人认为在行动理论中我们更应当关注主体性原因），但是动机引发行动仍被普遍接受。不同点在于，关系项在价值层面的关系受关系项自身之间的关系的影响是不同的。如咖啡机论证所揭示的，在 A 模式中，无论是原因 a 的独立于结果 b 的价值（如咖啡机的精美，亦是其内在价值），还是不独立于结果 b 的价值（如咖啡机做出好咖啡的可靠性，可算是其工具价值），都无法传递给结果；而在 B 模式中，我们却很自然地接受动机的价值可以传递给行动，一个行动因其动机崇高而有价值是很正常的一件事，价值传递很自然地发生了。对比之后，我们自然会问：何以关系项间的关系有如此类似（都存在着因果关系）的模式，但在价值传递层面的关系却在直观上存在着这样的差异？

    在回答这一问题之前，我们似乎首先应当对"价值传递"这一概念做出恰当的说明。在前面的分析中这一概念被反复使用，但是细细思索却是定义极为模糊的。当我们说"X 和 Y 之间存在价值传递"时，我希望对两个陈述做出区分："X 因其与 Y 处于某种关系之中而有价值"与"X 因 Y 有价值而有价值"。这是两个颇不一样的说法，前者 X 获得的一定是外在价值（extrinsic value），而后者 Y 却不一定。在后一种表述中，X 与 Y 的关系可以有多种可能，若 Y 是 X 的构成性部分，则 X 因 Y 有价值而获得的价值就是内在价值（intrinsic value）。我们可以看到后一种表述其实是更宽泛的，而"价值传递"也是在这种意义上使用的，当我们说"Y 的价值传递给 X"，即是说"X 因 Y 有价值而有价值"。值得注意的是，这里的"因"是在解释意义上所讲的，并不是严格的因果关系。

    在我看来，上述的两种模式之所以存在差异，其原因在于：B 模式中动机不仅仅是原因，同时也是行动的重要构成性部分，甚至于两者之间的关系更本质上是一种构成性关系；而在 A 模式中这种关系并不存在。由前面的分析我们可以得到以下结论：价值传递与关系项之间的因果关系无必然联系，而当关系项之间存在着构成性关系时，价值传递才可以顺利进行，某物或某事态总可以因其构成性部分有价值而有价值。所谓的构成性关系即所谓的整体与部分之间的关系，机器并不是产品之一部分，而动机却是行动之一部分；机器与产品之间的因果关系并不能够实现价值传递，而动机与行动之间的构成性关系却可以实现价值传递。行动因动机有价值而有价值，并不是因为动机引发了行动，而是因为这动机本就蕴含于行动之中。而将动机理解为行动之一部分，背后的原因则在于我所理解的行动是人的有意义的行动（meaningful action），[⑥]在此理解下，行动是更基础的存在，同时每一行动又必出于某种动机。

在上述分析之后，我们可以对 A 模式和 B 模式进行一个更精确的提炼，A 模式代表的是以因果关系（机器-产品）来解释价值传递的模式，而 B 模式代表的是以构成性关系为基础来解释价值传递的模式。事实上，行动的构成性部分不仅仅是动机，行动主体受到的理性的规范性制约等同样是行动的构成性部分，所以当我们将目光转向认知行动来寻求知识价值来源时，我们并不一定只有认知行动的动机这一处资源可以使用，不一定囿于扎格扎博斯基提供的认知动机进路，一切认知行动的构成性部分都可以作为备用资源进行考察。

四、两种模式的选择

在讨论完这两种模式之后，我们需要回到知识的价值问题本身，首要的问题即是：对于知识而言，如果在 A、B 模式之间做出选择，哪种模式的分析更为合适？

这里首先需要说明的是，A、B 模式并非穷尽了所有可能，如有人就认为我们或许对于价值的理解过于褊狭，从而丢掉了更多合理的对于知识价值的解释方式。我们不自觉地采用了一种摩尔式的对于价值的理解（Moorean conception of value），即认为当两物体拥有同样的内在属性时，两物体的内在价值便是一样的；而如果两物体处在相同的环境之中，则拥有相同的工具价值。当这两种

---

⑥ 在行动理论中，并非所有的哲学家都将动机理解为行动之一部分，很多人甚至认为在某些行动中动机是缺位的，但考虑到这里我们主要考察的是人的认知行动，是人类有意识的行动，因此我认为将动机视为行动之必要部分是合理的。

价值相同时,两物体在价值层面便不可分辨。⑦ 当我们只考虑这两种价值时,A 模式中原因 a 和结果 b 之间的价值传递就很难完成。但现在有人主张,除了内在价值与工具价值之外,应该还有一种价值叫最终价值(final value)。⑧ 这种价值既不是内在价值,因为它并非是某物体因其内在属性而拥有的价值,也不是工具价值,因为这种价值是为其自身(for its own sake),而不是为了其他的目的。举一例说明,戴安娜王妃的裙子,我们都会比较接受它有某种特殊的价值,因为这条裙子曾经属于戴安娜王妃,而与它一模一样的另一条裙子却不具有这种价值,因为它并不具有"曾经属于戴安娜王妃"这一关系性质;这种价值显然也并不是某种工具性价值,它并不使我们认为另一物体因之更有价值,它就是让我们认为这条裙子本身更有价值。

有人认为这种价值模型可以用在对知识价值的分析上,知识比仅真信念更有价值,就是因为知识拥有某种仅真信念所不具有的最终价值,因为其与"可靠的信念形成机制"之间存在着某种关系,一如那条裙子曾经属于戴安娜王妃。

在我看来,这种最终价值的确可能存在,但是却并不能用来解决知识的价值问题。首先我会怀疑在"戴安娜王妃的裙子"的例子中,裙子究竟拥有了多少额外的价值,这种额外价值取决于我们对戴安娜王妃的认可与看法,同时也取决于这件物品本身对戴安娜王妃是否重要,裙子与戴安娜王妃之间存在着某种所属关系,但是价值传递并不因为所属关系的达成就一定能够完成,它还取决于更多其他因素。其次我会质疑这一模式是否真的适用于对知识的分析,它并没有比 A 模式多说什么,最终价值本身也存在着被淹没的风险。综合这两点,我认为最终价值并没有太多实质性的帮助,知识只有在很苛刻的条件下才可能拥有多出的最终价值,而本文的关注点并不在此,如后文分析所得,知识是在内在价值上比仅真信念更胜一筹。

回到 A、B 模式间的抉择,在我看来,在 A、B 两种模式间做出选择,反映的是我们对于知识的理解方式的不同。在长久的知识论研究中,人们都选择了 A 模式来对知识进行分析,这意味着我们认为自己在通过某个可靠的信念形成过程创造知识,认为知识是我们的认知实践的产品,是人类在某一刻拥有的静止

---

⑦ 这一观点的代表人物有布罗加德,参见 B. Brogaard, "Can virtue reliabilism explain the value of knowledge?" *Canadian Journal of Philosophy*, vol. 36(2006), pp. 335 – 354。该文对扎格扎博斯基理论背后的价值理论做了讨论,指出其摩尔主义的价值模型是有问题的。

⑧ 关于最终价值最早的讨论,参见 Wlodek Rabinowicz and Toni Ronnow-Rasmussen, "A distinction in value: intrinsic and for its own sake", in *Proceedings of the Aristotelian Society*, vol. 100(1999), pp. 33 – 49。

的心灵状态,它是一种结果而非过程。然而在我看来,这是由于我们陷入了某种后果主义的视域不能自拔,只看结果不看过程,从而对知识的理解过于褊狭。我们更应该关注的不是知识,而是认知主体的认知行动,知识有比作为最终结果更为丰富的内涵。

我们需要一种对知识的理解上的改变,以及对于自身与知识之间关系的重新认识。知识是人的知识,并不仅仅只是一种简单的心灵状态与外在世界的契合,其中包含着人类的认知行动,我们的认知行动本身就是知识的重要的一部分,我们的知识包含着我们在求知之路上做出的努力。

这种理解上的改变将有助于我们拥有更多的解决知识价值问题的资源,我将在第五部分对这种理解上的转变进行更为细致的讨论。

五、对淹没难题的回应

在前面的分析中,我已经指出知识价值问题的核心在于淹没难题,而淹没难题的核心则是对 X 因子的价值提出的两条原则,如何寻找一个同时满足两条原则的 X 因子并给出合理的解释,则成为了解决价值问题的关键所在。

如前所述,我们可以有如下三个命题:

（1）知识比仅真信念更有价值；

（2）知识与仅真信念在真的价值（真的内在价值以及由其衍生的工具价值）上不可分辨；

（3）真理价值一元论。

（1）（2）（3）中的任意两条都可以推出对于第三条的矛盾,而（1）是我们试图捍卫的前理论信念,（2）是依知识与仅真信念的定义而得到的命题,所以我们只剩下（3）可以进行否定。

值得注意的是,我在上文中对真理价值一元论的描述是一种强意义上的描述,在该描述下,导真性（truth-conduciveness）、可靠性（reliability）等以"真"为最终目标属性的价值,也都被归在了真的价值之下,因为其价值本身就需要由真来解释,例如可靠的信念形成机制就是能够更稳定地产生更多的真信念的形成机制。尽管知识和仅真信念可以在可靠性上做出区分,但是一旦我们得到了知识与仅真信念,达成了真,可靠性的价值便被淹没了,两者便不能借其在价值层面作出区分。当然很多人并不赞同这种强意义上的真理价值一元论的解释,他们持有一种弱版本的真理价值一元论。在这些人看来，导真性、可靠性等属性虽然以真为最终标的，但是却拥有独立的价值，问题只在于这些价值的持有者并非是知识，而是信念的形成机制，而该价值是否能够传递给知识，则是一个见仁见智的问题。可惜的是持有该版本真理价值一元论的知识论学者似乎都没有注意到原则（2）带来的问题，他们大多以为只要能够说明可靠性具有独立于真的价值即可。⑨

本文并不准备过多地讨论弱版本的真理价值一元论，而是接受强意义上的真理价值一元论，在此基础上讨论如果否认真理价值一元论，我们可能找到哪些真以外的价值。

在强意义上去讨论否认真理价值一元论，我们需要完全将真从我们的考察中剔除出去，然后重新审视知识的价值。当我们试图完全脱离真思考知识的价值的时候，我们才会发现自己在真理价值一元论里陷得有多深，"求真"这一信念深刻地刻在我们求知心灵的深处。我们天然地应当是在寻求真理，除此之外，别无所求。知识的价值似乎永远都建立在其为真的基础之上，毕竟，不为真的话也就不成其为知识了，知识因其为我们展示了真实的世界图景而备受推崇。而粗略地反思生活，知识带给我们的种种便利也的确仰赖于其为真的属性，正因知识真实地描述了这个世界，才能指导我们的行动。如此看来，我们似乎无法脱离真去谈论知识的价值，因为我们根本就没有办法脱离真去谈论知识，真是知识的必要条件。

上述描述是属实的，真在知识的价值体系中扮演着重要的角色，我们在上文中的表述就承认了这一点。X 因子价值的独立性原则并不否认真的价值的独特性，但同时我们也审慎地提出了我们的疑问：真是否应当是思考知识的价值问题时唯一的考量因素？而在强版本的真理价值一元论背景下，真是否是一个绕不开的因素？

我对上述两个问题的回答都是否定的，我的理由在于我们对于知识的理解长久以来都是褊狭的，我们应当从两个面向来理解知识，但我们却在很大程度上忽视了其中一个面向，而这导致了我们对于真的盲目崇拜。

在我看来，知识的最终达成依赖于两个面向的因素：一是人的面向，即认知

---

⑨ 如戈尔德曼即在沿着这条路径进发，参见 A. Goldman and E. Olsson, "Reliabilism and the Value of Knowledge", in Millar Haddock and Pritchard, *Epistemic Value*（Oxford：Oxford University Press, 2009）。

主体应当以适切的方式去发起、完成相应的认知行动；[⑩]二是世界面向，即在恰当的时间、地点，世界对认知主体的认知行动以恰当的方式予以配合，保证相应的信念为真。对知识而言，这两个面向的内容都是不可或缺的，任一面向的缺失都无法得到知识。当人的面向缺乏时，我们获得的不过是仅真信念，当世界面向缺乏时，我们永远得不到为真的知识，从而陷入极端怀疑论的世界。两个面向都有独立于彼此的价值，世界面向对应真的价值，从根本意义上讲，信念之为真是我们无能为力的事情，因为无论我们做得再好，我们总有可能出错，世界总可能在某个时刻、某个环节不那么配合，或者以错误的方式予以配合，我们努力去认识世界，但是最终信念之为真取决于世界究竟是怎样的，而并不由我们决定。而人的面向的价值则来源于加诸认知主体的规范性制约上，这是我们可以、同时也应当有所作为的地方：即作为人，你应当在认知行动中展现应有的智识德性(intellectual virtue)，应当用适切的方式去发起、完成相应的认知行动。前者之所以独立于后者，是这里要特别强调的，前者中加诸认知主体的规范性制约并不完全以真为目标，我们并不是仅仅为了更稳定地获得更多的真信念而选择这样做，而是因为我们本就应当这样做，这种规范性来源于人的理性要求。[⑪]人之为人就应当如此去做，而不是出于外在的求真的要求。即便当有人这样做了却并没有得到相应的知识，因为世界可能一直都不配合，但这丝毫无损于其认知行为的价值。[⑫]我们因行动自身的价值而选择这样去行动，而不是因为行动可能带来的好的结果。

这里其实有两点转变：一是我们将关注点由知识转向认知行动，或者说我们对于知识的理解由将其视为某种心灵状态转为将其看作是一个完整的行动；二是我们不再用一种后果主义的眼光去看待认知行动，这里更像是伦理学中的义务论模型在认识论领域的运用，即我们不是出于求取真信念这种现实的考量而在认知行动中展现良好的智识德性，而是这种智识德性的展现本身就是有价

---

⑩ 这里主要借鉴了索萨的观点，即"三 A 模型"，索萨明确运用了"适切"(apt)一词，但在德性知识论领域，对于何为"适切的认知行动"存在很大的分歧，至少有两个比较大的派别，一是索萨为代表，一是扎格扎博斯基为代表，两人对于何为"智识德性"理解不一，索萨将其理解为我们的某种能力，类似于视力听力等，扎格扎博斯基则认为是类似品格特质的存在，如认真、仔细等。本人更倾向于扎格扎博斯基的理解，但对本文而言，并不需要在这两种进路中做出选择，故不作进一步的分析与讨论。

⑪ 也有人提出了目的论式的解读，认为这种规范性来源于人类的繁荣(human flourish)的要求。参见 Zagzebski, *Virtues of the mind: An inquiry into the nature of the virtue and the ethical foundations of knowledge* (Cambridge: Cambridge University Press, 1996), Part 2.

⑫ 类似观点参见 E. Sosa, "The place of truth in epistemology", in DePaul and Zagzebski, *Intellectual Virtue: Perspectives from Ethics and Epistemology* (Oxford: Oxford University Press, 2003)。

值的。这种加诸我们自身的规范性来源于理性的要求,就如同伦理学中义务论者认为道德规范来源于理性要求一样。这两点共同说明"认知主体的适切的认知行动"拥有独立于真的价值。

这两点转变背后的实质是对于人的重新发现,知识是人的知识。奇怪之处在于长久以来我们的知识论研究似乎天然地忽略了这一点,我们都在更多地关注世界面向的因素,我们讨论构成知识的条件,我们讨论如何获取更多的真信念,却忽略了对于人应当怎样认识世界的思考,而这在我看来导致了对于知识认知上的褊狭,也使得我们失去了重要的知识价值的来源。

作者简介:陈仕伟,复旦大学哲学学院博士研究生,研究方向为知识论、语言哲学、科学哲学。

反运气德性知识论[*]

邓肯·普理查德 著

王聚 杨吟竹 李林荟 译

一直到最近,知识论学者被赋予了一项核心任务,即对知识给出恰当的定义:该定义需要令人增长见识且避免循环的,并且要符合我们主要的知识论直觉。我们称其为**分析工程**。但就在最近,这一工程受到了冷落,许多人主张这是一项无望的任务。[①] 由于知识论学者在这个方面缺乏成功,弥漫在分析工程研究者之中的沮丧氛围也不足为奇。但这种悲观论调为时过早,事实上,我将论证有一种恰当的知识理论能够完成分析工程的愿望。

我的主张中至关重要的一点是,我们需要重新审视支配着我们对知识之思考的两个首要直觉,尤其是与"是什么使得真信念转化为知识"相关的思考。第

---

[*] 这篇论文更早的版本出现于 2009 年 9 月的圣路易斯中西部知识论研讨会,2009 年 10 月的里斯本伊比利亚-美国哲学大会,2010 年 8 月的巴黎简尼科德学院"知识,运气,德性,规范性,价值:邓肯·普理查德作品中的主题"大会,2010 年 5 月的赫尔大学皇家哲学学院讲座,以及 2010 年 8 月的巴斯大学开放大学暑期学校。我很感谢这些场合的观众与我进行有益的讨论。此外,我还要感谢 Evan Butts, J. Adam Carter, Julien Dutant, Georgi Gardiner, Mikkel Gerken, Emma Gordon, John Greco, Adam Green, Adrian Haddock, Jesper Kallestrup, Christoph Kelp, Joseph Kuntz, Alan Millar, Wayne Riggs 和 Ernie Sosa。这篇论文为我获得 Phillip Leverhulme 奖时所撰写。

[①] 这一思想最主要的捍卫者当然是 Timothy Williamson,尤其是他的 *Knowledge and its Limits*(New York: Oxford, 2000)第 1 章。

一个直觉其实是我们很熟悉的。该直觉指的是，当某人知道某事时，此人的认知成功（即此人所信为真）不能是运气的产物。我们将这一直觉称为**反运气直觉**。查阅任何一本入门的知识论读物都能找到对这种直觉的表述。比如，如果要求一位评论者解释为何仅有真信念不足以成为知识，标准回答是指出真信念与知识不同，在只有真信念的情况下，一个人的认知成功可能仅仅是由于运气。② 当代知识论中这种直觉的地位在后葛梯尔的文献中尤为显著。在这些文献中，经常被宣称的一点是：葛梯尔案例的关键在于，这些案例显示出被辩护的真信念与仅由运气导致的认知成功是相容的。知识的三元定义因其难以适应反运气直觉而遭受了决定性的打击。③

第二个直觉并未被如此普遍地表达出来，但很多时候它在我们对知识的思考中无疑是可被识别出来的。这一直觉指的是，知识需要认知能力。这是说当某人获得知识，某人的认知成功应该是此人认知能力的产物。我们将这一直觉称为**能力直觉**。同样地，可以在对"为何仅有真信念不足以形成知识"的导论性探讨中找到这一直觉。信念仅为真的问题在于，这种真信念无需以"正确的方式"形成，即以一种对知识获取来说合适的过程形成。但对知识获取来说，除了认知能力以外还有哪种形成信念的过程是合适的呢？④ 因此，大家都心照不宣地承认了这种直觉。⑤

有趣的是，这些直觉往往被混在一起，或者至少其中一个直觉的清晰陈述（通常是反运气直觉）会伴随着那些蕴涵另一个直觉的评论出现。反思来看，这种情况是有很好理由的，因为这两种直觉之间似乎存在紧密的联系。何以保证

---

② 考察当代知识理论中最主要的概述之一的这一段："为何不说知识是真信念呢？标准回答是，将知识看作真信念不合理的原因在于，一个仅仅因为运气而为真的信念并不足以构成知识。"Matthias Steup, "The Analysis of Knowledge", in *The Stanford Encyclopedia of Philosophy* (2006). http://plato. stanford. edu/entries/knowledge-analysis/index. html, section1. 2。

③ 比如，考察当代一本有广泛影响的知识论导论中的这一段："这正是葛梯尔反例的关键所在；这个三分定义中没有任何将运气排除出知识的因素。" Jonathan Dancy, *Introduction to Contemporary Epistemology* (New York: Blackwell, 1985), p. 134。

④ 我在下文探讨了认知能力的概念。

⑤ 比如，考察一项知识论的近期调研中的这一段："于是，知识要求事实性的信念。然而，这不足以抓住知识的本质。正如知识要求成功地达到真信念的目的，它也要求形成该信念的过程是成功的。换句话说，并非所有的真信念都构成知识；只有以正确的方式形成的真信念才构成知识。""那么，什么是形成真信念的正确方式呢？……我们也许首先会想到，有效的推理过程和可靠的证据似乎是获得知识的方式。相比之下，带有运气成分的猜测则不能构成知识。类似地，出错的信息和有误的推理过程似乎不能是知识的处方，即使这些方式恰巧导向了真信念。"David Truncellito, "Epistemology", in *Internet Encyclopedia of Philosophy* (2007). http://www. iep. utm. edu/epistemo/section 2. c。

某人的认知成功不是由于运气？符合直觉的回答是，认知成功是此人认知能力的产物。反过来看，如果某人的认知成功是此人认知能力的产物，那么我们同样可以凭直觉认为，这种认知成功能不受侵蚀知识的运气的影响。有人也许会因此将这两个直觉看作同一个直觉的"两面"。如果这一想法正确，那么任何为了满足反运气直觉而形成的知识的认知条件（我们将其称为**反运气条件**），通过对该条件的满足进而可以满足能力直觉；而任何为了满足能力直觉而形成的知识的认知条件（我们将其称为**能力条件**），通过对该条件的满足进而可以满足反运气直觉。

我将论证，这种认为知识的两种主要直觉互相关联的观点具有根本性的缺陷。尤其是，我将论证事实上这两种直觉对我们的知识理论分别有独立的认知要求，且只有认识到这一事实，才能给出一个针对分析工程的成功解决方案。我说明这一点的策略是考察当代分析工程的两条主流路径，这两条路径分别将知识的一种直觉作为讨论的中心。第一种我称之为**反运气知识论**，它将反运气直觉当作核心，旨在阐明一种能满足这一直觉的反运气条件，并由此给出一种充分的知识理论，且这种知识理论也能适应能力直觉。第二种我称之为**德性知识论**，它将能力直觉当作核心，旨在阐明一种能适应能力直觉的能力条件，并由此给出一种合适的知识理论，且这种知识理论也能适应反运气直觉。

我将论证两种方案都是失败的，而失败的原因恰在于两种方法无法完全满足它们认为不是核心的那个主要直觉。我将论证，这两条路径的失败所表明的是，我们需要将这两种直觉看作有两种不同的认知要求，也因此需要两种独立的认知条件。由此产生的观点，即我将其称之为**反运气德性知识论**的观点，能够解决在知识理论中所有的"测试"案例。此外，我还将论证，可以为知识的认知成分为何有这种二元结构提供一种可行的解释。分析工程有望复兴，而远非一项无望的任务。

一、反运气知识论

如上所述，从后葛梯尔的文献中概括出的主要经验是，辩护条件并不像此前人们广泛认为的那样足以排除使知识缺失的运气。简言之，知识的三元定义中，辩护条件不足以适应反运气直觉。因此，后葛梯尔时期的辩论无可避免地会引发关于何种认知条件能够适应这种直觉的讨论。

早期文献中有一种方案备受关注，即知识的一个必要条件是：某人的真信

念应当是**敏感**的。这种敏感体现在下述意义上:

敏感性理论

如果 S 知道 P,那么假如 P 不是真的,则 S 不会相信 P。[⑥]

该理论最主要的拥护者无疑是罗伯特·诺奇克,但是也能从其他一些重要哲学家的工作中找到对类似理论的支持,并且这一理论至今还有人为之辩护。[⑦]

敏感性理论能成功解决葛梯尔式的案例。考虑下述三个在文献中常被讨论的葛梯尔式案例,三者都包括了有着良好认知支持的真信念,但都由于认知运气的存在而不构成知识。

埃德蒙

埃德蒙基于很好的理由形成了琼斯拥有一辆福特车的信念,他继而合理地推断,或者琼斯拥有一辆福特车,或者史密斯在巴塞罗那。他对后件为真的信念仅仅出于他相信前件为真以及相关演绎过程的基础。但碰巧的是,前件是假的,而后件却是真的,因为史密斯恰好在巴塞罗那(而琼斯并不知道这一点)。[⑧]

罗迪

罗迪用他可靠的感觉官能非推论地形成了一个真信念:在他面前的田野里有一只绵羊。他的信念也确实是真的。然而罗迪所不知道的是,他的信念之所以为真与他形成该信念的方式毫无关联,因为他在田野中看到的物体并不是绵

---

⑥ 严格地说,我们应该将这一理论以及下文的安全性理论在认知者的信念 p 的真实基础(actual basis)上相对化,否则它就会易受"外祖母"式的反例影响。参见 Robert Nozick, *Philosophical Exploration* (New York: Oxford, 1981), p. 179. 下文中为了表达上的方便,我会默认这种相对化。

⑦ 同上,第 3 章。同样可以参见 Fred Dretske, "Epistemic Operators", in *Journal of Philosophy*, 24 (1970), pp. 1007-1023; Dretske, "Conclusive Reasons", in *Australasian Journal of Philosophy*, 1 (1971), pp. 1-22;以及 Alvin Goldman, "Discrimination and Perceptual Knowledge", in *Journal of Philosophy*, 20(1976), pp. 771-791. 一些同情地考察敏感性理论的近期文本包括 Sherrilyn Roush, *Tracking Truth: Knowledge, Evidence, and Science* (New York: Oxford, 2005); Kelly Becker, *Epistemology Modalized* (New York: Routledge, 2007); Tim Black and Peter Murphy, "In Defense of Sensitivity", in *Synthese*, 1(2007), pp. 53-71; Black, "Defending a Sensitive Neo-Moorean Invariantism", in Vincent Hendricks and Duncan Pritchard (eds.), *New Waves in Epistemology* (New York: Palgrave Macmillan, 2007), pp. 8-27.

⑧ 当然,这是 Edmund Gettier 给出的两个案例中的一个,"Is Justified True Belief Knowledge?", in *Analysis*(1963), pp. 121-123. 原文是琼斯并不知道这一点,但应该是埃德蒙。——译者注

羊,而是一个类似绵羊的物体。正是这个物体遮挡了他的视线,使他看不到这个物体背后的真绵羊。⑨

巴尼

巴尼用他可靠的感觉官能非推论地形成了一个真信念:在他面前的物体是一个谷仓。巴尼所看到的确实是一个谷仓。但他所不知道的是,他正处于一个认知上不利的环境。在该环境当中,大多数看起来像谷仓的物体实际上是假谷仓。⑩

在上述三个案例中,倘若相关的事实有所不同(但其他的条件在与该变化一致的情况下保持不变),认知者却依旧会继续相信之前的目标命题,那么他们原先的信念就会是错误的。假如"或者琼斯拥有一辆福特,或者史密斯在巴塞罗那"是假的——即,假如史密斯并不在巴塞罗那,而是在塔拉贡纳拜访友人,那么埃德蒙显然依旧会继续相信这一命题,因为他形成这一信念的基础(他相信琼斯拥有一辆福特的理由,以及他有关蕴涵的知识)是不变的。假如"在田野里有一只绵羊"是假的——即,如果这只绵羊去了临近的田野溜达,那么罗迪依旧会继续相信这一命题,因为他形成这一信念的基础(他在田野中看见的类似绵羊之物)是不变的。而假如"巴尼看到的物体是一个谷仓"是假的——即,这一物体是个假谷仓,巴尼依旧会继续相信这一命题,因为他形成这一信念的基础(他看到了一个很像谷仓形状的物体)是不变的。三个案例因此全都包含了一个不敏感的真信念,因此敏感性理论能成功解释为何这些案例不足以构成知识。

敏感性理论还能处理另外一些依赖反运气直觉的案例,比如在彩票案例中,认知者即使形成了有着很好证据支撑的真信念,她依旧不具有知识:

洛蒂

洛蒂参与一场公平的彩票活动,并购买了一张奖票,该彩票中奖几率很小。开奖结果已出,洛蒂尚未得知结果。但是考虑到中奖几率很小,她相信自己的彩票没有中奖。洛蒂相信自己拥有一张未中奖的彩票的信念是真的。

敏感性理论能够解释为何洛蒂不具有知识。因为洛蒂的真信念尽管有很

---

⑨ 这一案例由 Roderick Chisholm, *Theory of Knowledge*, 2nd ed. (Englewood Cliffs, NJ: Prentice-Hall, 1977), p. 105 给出的案例改编。

⑩ 假谷仓案例首先由 Goldman 上面引用的出版物中给出,并将对这一案例的提出归于 Carl Ginet。

好的认知背景,但却是不敏感的。假如洛蒂的彩票并不是一张未中奖的彩票——即,洛蒂的彩票中奖了,那么她依旧会继续相信这一命题,因为她形成这一信念的基础(通过反思该彩票中奖的几率很小而得到)是不变的。

此外,敏感性理论还能解释为何洛蒂在该案例下的知识缺失与如下不可否认的事实是相容的:洛蒂本能够通过其他的方式获得关于目标命题的知识,尽管从概率角度来讲,这种方式提供的支持证据更弱。比如,洛蒂可以通过阅读一份可靠报纸上的彩票开奖结果以获得她的彩票不能中奖的知识,而她在此基础上形成错误信念的几率一定比她仅靠反思中彩概率小这一事实而形成的错误信念的几率高。无论报纸有多可靠,在这种情况下该报纸有印刷错误的几率一定比在国彩或州彩上中奖的几率高。敏感性能够解释这一现象,因为如果洛蒂通过翻阅一份可靠报纸以形成她对于目标命题的信念,那么她的信念就会是敏感的。因为倘若洛蒂的彩票中奖了,但与此一致的其他情况保持不变。鉴于洛蒂形成信念的基础,她不会继续相信自己有一张中奖的彩票,因为在这一反事实情景下,她正看着可靠的报纸上中奖彩票的号码。

洛蒂案例两种变体之间的对比显示了,即使某人的证据有很高的概然性(至少在小于 1 的情况下是这样),也可能不足以保证此人的信念是敏感的。敏感性由此通过强调令人惊讶的一点解释了这两个案例何以形成:尽管知识所要求的是能够保证信念敏感性的认知基础,但证据的概然性无论有多强(概然性强度为 1 的除外)都不足以成为这种认知基础。⑪

由此,敏感性看起来能够应对反运气直觉,因此它似乎有望成为思考知识的反运气条件的正确方式。但这一理论也存在一些问题,其中一项就是它无法解决一种特定的归纳知识。⑫ 考虑如下的案例:

厄尼

厄尼将一个垃圾袋扔进他住的高层公寓的垃圾滑道内。他有充分理由认

---

⑪ 在讨论知识的归属时,我们关心的是与错误的模态相近度,而非与近期一些实证文献中主体有关风险和运气的判断相一致的错误的可能性。因为主体似乎会认为模态相近的事件比模态遥远的事件具有更高的风险,即使他们完全意识到两种事件发生的可能性是一样高的。对于与风险和运气相关的实证文献的调研,参见 Pritchard and Matthew Smith, "The Psychology and Philosophy of Luck", in *New Ideas in Psychology*, 1(2004), pp. 1 - 28。

⑫ 对于敏感性理论面对的其他一些问题的讨论,参见 Williamson 上面所引文献 chapter 7;以及 Pritchard, "Sensitivity, Safety, and Anti-Luck Epistemology", in John Greco (ed.), *The Oxford Handbook of Skepticism* (New York: Oxford, 2008), pp. 437 - 455。

为滑道在正常运作,因此他相信,几分钟之后垃圾会被运到地下室。他的信念是真的。[13]

直觉上来说,在这一案例中厄尼具有知识,因为尽管他尚未看到地下室里的垃圾,但他有很好的归纳基础来相信垃圾确实在那里。但是显然,厄尼的信念是不敏感的,因为假如垃圾没有成功到达地下室而其他一切都保持不变(比如,假如一个工人最近弄坏了滑道,故而所有的垃圾都停在第三层楼上),厄尼将依旧继续相信他之前所相信的,而此时他的信念却是错误的。

这类问题使评论者抛弃敏感性理论,转而接受一种类似的、能更好地适应我们有关知识之直觉的安全性理论。

安全性理论

如果 S 知道 p,那么 S 的真信念 p 会轻易地出错。[14]

安全性理论也能解决葛梯尔式的案例,因为在所有这些案例中,认知者都是以一种极易出错的方式形成真信念的。假如琼斯[15]不在巴塞罗那而是在塔拉贡纳,那么埃德蒙的信念就会是错的;假如绵羊去了临近的田野溜达,那么罗迪的信念就会是错的;假如巴尼面前的物体是个假谷仓而非真谷仓,那么巴尼的信念就会是错的。此外,安全性理论也能解决彩票问题,因为假如洛蒂恰好持有了一张能中奖的彩票(我们稍后会再回到这个问题),这其中也包含了一个易错的信念。实际上,安全性理论所给出的对洛蒂为何没有知识的解释与敏感性理论所给出的解释是属于相同类型的,因为重要的不是错误的概率或然性(当然是非常低的),而是该错误在模态上的邻近程度。

当面对厄尼案例中归纳知识所产生的问题时,安全性理论比敏感性理论更

---

[13] 这个案例由 Ernest Sosa, "How to defeat opposition to Moore", in *Philosophical Perspectives*, 1 (1999), pp. 141 - 153 提出。

[14] 有关对安全性理论的一个关键性的辩护,参见上书。相似的理论见 Steven Luper, "The Epistemic Predicament: Knowledge, Nozickian Tracking, and Skepticism", in *Australasian Journal of Philosophy*, 1(1984), pp. 26 - 50; Luper, "Indiscernability Skepticism", in Luper (ed.), *The Skeptics: Contemporary Essays*(Burlington, VT: Ashgate, 2003), pp. 183 - 202; R. M. Sainsbury, "Easy Possibilities", in *Philosophy and Phenomenological Research*, 4 (1997), pp. 907 - 919; Williamson 上引书 chapter 5; and Pritchard, "Resurrecting the Moorean Response to the Sceptic", in *International Journal of Philosophical Studies*, 3(2002), pp. 283 - 307; Pritchard, *Epistemic Luck* (New York: Oxford, 2005); and Pritchard, "Anti-Luck Epistemology", in *Synthese*, 3(2007), pp. 277 - 297.

[15] 原文是琼斯,但应该是史密斯。——译者注

有优势。因为尽管厄尼的信念不是敏感的，但却是安全的。考虑到他形成自己信念的方式，他的信念不太可能是会轻易出错的。现在也许有人会基于如下原因回避这一断言：厄尼的真信念是否容易出错是一个悬而未决的问题，对该问题的回答取决于如何描述这个案例。比如，有可能垃圾滑道上有一个钩子使厄尼的垃圾袋很容易被钩住。如果是这样的话，那么尽管他的信念有归纳基础，它也不是安全的，因为它很容易出错（毕竟在这一案例中，如果垃圾袋确实在下滑过程中被钩住了，厄尼也会根据同样的归纳基础相信垃圾确实在地下室中，由此形成错误的信念）。

但有趣的是，这个问题实际上支持了安全性理论，而非反对它，因为这强调了一点：如果我们要使故事中的主人公有知识，那么需要以一种特定的方式理解与厄尼案例相似的案例。因为需要注意，尽管"垃圾滑道中钩子的存在会很容易阻止垃圾滑入地下室"确实会使目标信念不安全，但如果我们以这种方式理解这个例子，那么我们就完全没有认为厄尼拥有知识的理由。相比之下，如果我们以本能的方式解释这个例子，即不存在钩子等阻止垃圾滑入地下室的因素，那么厄尼拥有知识的直觉又回来了，但目标信念的安全性也回来了。如果为了保证垃圾没有滑入地下室，实际情景中的重要变化是必需的（这些重要变化是厄尼无法察觉的），那么他的信念就会是安全的，因为它不会轻易出错。

从这方面来看，根据洛蒂案例来考虑厄尼案例也是有益的。为了保证洛蒂的真信念变成无法察觉的假信念，实际情景中需要发生的变化很少，这就解释了为何她的信念是不安全的，进而也不能作为知识的候选项。相比之下，为了保证厄尼的真信念变成无法察觉的假信念，实际情景中需要发生的变化很多，这就解释了为何他的信念是安全的，进而至少在这一点上得以进入知识的"市场"。

这说明了与我们反运气直觉相符的很重要的一点，当我们希望我们的认知成功能不受运气干扰时，我们并不因此就希望它能避免任何出错的可能性，无论这个错误有多遥远。因此，当错误变得更遥远时——也就是说，当认知者（反事实地）形成一个错误信念时实际情况需要进行更多的变动——我们也会对它更容忍，直到我们不再认为反事实错误说明了目标认知成功中有运气的因素。和我们对安全性理论的解读一致，反运气直觉呈现如下形式：在邻近的反事实情景下对错误毫不容忍；在遥远的反事实情景下对错误可以容忍，而在这两个极端之间的容忍程度随之变化。因此，在反事实错误邻近的情况下，比如洛蒂案例中，我们会根据反运气直觉毫不犹豫地拒斥知识的可能性。相比之下，在一个与洛蒂案例类似的案例中,当对目标命题的信念以一种合适的方式(比如通过阅读一份可靠的报纸)形成,且不存在邻近的反事实错误时,我们会很乐意地认为这种情况下有了知识(尽管错误的概率也许会更高)。恰如我们所看到的,在与厄尼案例类似的例子中,对细节的填充方式不同可能产生不同的回应。如果使反事实错误邻近,比如有人认为垃圾滑道中有一个钩子,那么此人就会失去"目标信念在知识'市场'内"的直觉,而目标信念也不再是安全的。另一方面,如果有人以一种自然的方式理解这个例子,即反事实错误是遥远的,那么此人就会维持"这个案例满足知识"的直觉,而目标信念也是安全的。[⑯]

还有另一个安全性理论乍看需要面对但实际上不过是错觉的问题,即该理论要如何应对必然命题,或者至少是在与信念形成情景类似的所有情景中都为真的命题。令人担忧的地方在于,对这种命题的信念保证不会轻易地出错,但这并非是因为某些与这些信念知识论层面相关的特点(例如它的认知立场),而仅仅是因为被相信的命题自身的本质。试考虑如下的案例:

麦瑟玛

麦瑟玛用计算器来求 12×13 的值。结果是,他形成了 $12 \times 13 = 156$ 的真信念。但是麦瑟玛所不知道的是,他的计算器其实坏了,是随机地生成了"答案"。

显然麦瑟玛不知道目标命题。但是鉴于该命题必然为真,似乎他的信念并不会轻易地出错,因此我们似乎必须承认该信念是安全的。但是,这种案例并不会成为对安全性理论的毁灭性反例,而是提醒我们:我们需要以一种特定的方式理解安全性。

当我们谈论一个安全的信念 p 是不会轻易出错的时候,我们很容易假设,这句话的意思是认知者的信念 p 在类似的情景中是不会错的。对安全性理论的这种解读确实容易遭遇麦瑟玛案例中的问题,因为我们所谈论的命题是在任何情景(无论是不是相似情景)下都不会错的,那么显然认知者无论怎样都会持有一个对这一命题的真信念,无论该信念认知地位如何,它都不会轻易出错。然而经过考察后,显然这不是理解安全性的正确方式。因为我们所感兴趣的是

---

⑯ 安全性理论的早期版本并没有明确指出理论的这一特征,故而由此产生了这样的反驳:安全性不能同时解决洛蒂和厄尼案例。对这一反驳的清晰陈述,参见 Greco, "Worries about Pritchard's Safety", in *Synthese*, 3(2007), pp. 299 - 302。基于在此提出的安全性理论解释之上对这一反驳的回应,参见 Pritchard, *Anti-Luck Epistemology*。

认知者是如何在相似的情景中形成其信念并回应同样的刺激物的。这些信念也许是信念 p,但同样也可能是对于其他不同命题的信念。

为了展现这一点,需要再次考察麦瑟玛案例。尽管确实不存在一个相似的情景,在其中我们可以设想麦瑟玛基于同样的基础形成了 $12 \times 13 = 156$ 的信念,然而却是错误地相信的情景,但是我们一定可以设想许多相似的情景,其中麦瑟玛基于同样的基础构筑信念,然而却得到一个错误的信念,例如相似的情景中计算器得到一个不同的结果就是一个显例。因此麦瑟玛的信念是不安全的,安全性理论完全能够解释为何麦瑟玛在这一案例中是没有知识的,至少在我们正确表述这一理论的前提下是这样的。[17]

那么在安全性理论下,我们似乎有一种与我们的普遍直觉符合的考虑知识的反运气条件的方式,并且在仔细的考察下,这种方式是不受一些明显的问题影响的。[18] 此外,需要注意的是,安全性理论不仅仅能够回应葛梯尔式案例提出的问题,也能回应知识论中的其他问题,比如彩票案例。考虑到这一点的人也许会被如下的观点吸引:一种知识理论所要求的全部东西就是一个合理的反运气条件,以至于知识就等于满足该反运气条件的真信念。我们将其称为**反运气知识论**。[19] 这种观点是合理的吗?

如果这种观点是站得住脚的,那么它需要适应我们在最初提出的能力直觉。表面上看这并不是一个问题,因为在我们迄今为止考察过的案例中,当安全性理论被满足时,认知者都展现了相关的认知能力。的确,有人可能认为对反运气条件的考察展现出它是有关知识的更普遍的直觉。毕竟在葛梯尔式的案例中,认知者的认知成功是能力的产物,而它缺乏知识的原因在于它不满足反运气直觉。另一方面,在我们考察过的案例中,当认知者满足反运气条件并

---

[17] 对于这一点的进一步讨论,参见 Pritchard, "Safety-Based Epistemology: Whither *Now*?", in *Journal of Philosophical Research* (2009), pp. 33 – 45; Pritchard, "There Cannot Be Lucky Knowledge", in Steup and John Turri (eds.), *Contemporary Debates in Epistemology*, 2nd ed. (Maiden, MA: Wiley-Blackwell), forthcoming.

[18] 对于安全性理论面对的一些问题的进一步讨论,参见 Ram Neta and Guy Rohrbaugh, "Luminosity and the Safety of Knowledge", in *Pacific Philosophical Quarterly*, 4(2004), pp. 396 – 406; Juan Comesaña, "Unsafe Knowledge", in *Synthese*, 3(2005), pp. 393 – 402; Greco 上引书; and Avram Hiller and Neta, "Safety and Epistemic Luck", *Syntliese*, 3(2007), pp. 303 – 314. 我在 *There Cannot Be Lucky Knowledge* 一书中给出了一个对安全性理论的更完整的辩护。Stephen Hetherington 在他的 *There Can Be Lucky Knowledge* 一书中对我的辩护进行了回应。

[19] 对这一观点的持续辩护,参见 Pritchard, *Epistemic Luck* 和 *Anti-Luck Epistemology*(因此,这篇论文可以说代表了我的观点转变)。

拥有知识时,它也满足能力直觉。因此乍看起来,似乎尽管对能力条件的正确阐述并不能满足反运气直觉(因为葛梯尔式的案例),但对反运气条件的正确阐述不仅能够适应反运气直觉,也能适应能力直觉。

可叹的是,反运气知识论尽管具有表面上的吸引力却并不符合要求。在我们对这一观点给出决定性的反驳之前,我首先希望考察一个我认为并非决定性的问题(尽管如果从某种特定的理论角度切入运气知识论的话,这一问题看起来就是决定性的)。在此的忧虑是,反运气知识论在本质上是与认知外在主义紧密相连的,而一个非常自然的思路是,不存在一种认知外在主义的知识理论能够完全适应能力直觉。

有很多阐明认知外在主义/内在主义之区分的方式,但大多数(如果不是全部的话)认知内在主义者都会同意以下这点:知识的一个必要的要求是,认知者在目标命题中有支持其信念的、可反思性获得的较好根据。[20] 显然,反运气知识论并不要求这一点,因为满足诸如安全性这样的模态条件并不蕴涵某人有这样的根据。故而反运气知识论是蕴涵认知外在主义的。这一事实是否足以显示反运气知识论不能满足能力直觉?

我并不赞同,或者说至少我不认为我们应该让这样的问题决定此事。因为尽管一定有一种考虑能力直觉的方式要求知识由认知能力引起:这种能力往往伴随着反思性可获得的根据。但是这种阐释必然是有争议的,因为它显然不利于认知外在主义。确实,认知外在主义者一定会回应:虽然使我们的信念拥有反思性的认知支持是值得追求的,虽然使用认知能力时常常会产生这些根据(毕竟我们是爱反思的生物),但是以这种方式将这种内在主义的要求置入能力直觉中依旧是错误的。

有趣的是,认知外在主义和内在主义争论的例子恰恰就是那些认知者的认知成功是其认知能力产物的案例。比如,在著名的雏鸡性别鉴定员案例中,例子中的认知者有一种高度可靠的认知能力,这种认知能力能够使其形成有关雏鸡性别的真信念(我们的认知者总是能表现出这种能力,尽管她并没有好的反思可获得的证据支持)。因此认知者满足能力直觉是无疑的(就此而言,也满足

---

[20] 尽管大多数(如果不是所有的)认知内在主义者都会接受这一断言,有很大一部分内在主义者坚持我们不应该用这种"可获得性"方式来定义认知内在主义。尤其是 Earl Conee and Richard Feldman, *Evidentialism* (New York: Oxford, 2004). 对该问题的探讨,参见 Pritchard, "Evidentialism, Internalism, Disjunctivism", in Trent Dougherty (ed.), *Evidentialism and its Discontents* (New York: Oxford, 2011), pp. 235 - 253. 对认知内在主义/外在主义区分的更普遍的探讨,参见 Hilary Kornblith (ed.), *Epistemology: Internalism and Externalism* (Maiden, MA: Blackwell, 2001)中收集的论文。

反运气直觉),尽管认知内在主义者并不出人意料地对该案例中知识的归属感到不满。尽管认知内在主义者大可以坚持说,我们应该采取一种更严格的对能力直觉的解释,从而使雏鸡性别鉴定员案例无法满足该解释,但在这场争论中,这种回应显得虚弱无力。认知外在主义者大可对此置之不理,他们只会坚持自己对能力直觉的更宽泛的理解。[21]

无论在何种情况下,我都不认为在评价反运气知识论时应该让对能力直觉有争议的解读来决定结论,因为如果能在理论中立的立场上进行这种评价当然是更为理想的。正巧有一种能使认知外在主义和认知内在主义都同意的、对反运气知识论提出挑战的案例。尤其是,这一案例体现出,无论我们以外在主义还是内在主义的方式解释能力直觉,反运气知识论都不能满足这一直觉。考虑如下的案例。

天普

天普通过看温度计的读数形成关于房间温度的信念。他以这种方式形成的信念是高度可信的,因为在此基础上形成的信念往往是正确的。此外,他没有理由认为他的温度计出了差错。但实际上温度计坏了,并在一定范围内随机波动。天普所不知道的是,房间里藏着一个能控制温度计的主体,它的职责是保证每次天普看温度计的时候,温度计上的"读数"都与房间中的温度符合。

直觉上来说,天普不能通过参考坏掉的温度计以知道房间中的温度,尽管他以这种方式形成的信念一定是正确的。关键是,天普的信念出问题的地方在于,这些信念与事实之间的配对方向是错的。因为虽然天普在此基础上形成的信念一定是正确的,但是其正确性与天普的能力无关,却只与外在于他的认知能动性的因素有关。这说明了,我们认为在这个案例中天普没有知识这一直觉之所以产生,是由于他的信念没有满足能力直觉。此外,需要注意的是,无论我们是否认为天普在这一案例中拥有支持他信念的可反思性获得的有利根据,这都不影响结论,因为这两种情况都不能构成知识。因此,这个例子并没有利用反运气知识论是一个知识的外在主义理论这一事实。

需要注意的是,无论选择何种形式的反运气条件,天普都能满足该条件。

㉑ 对于雏鸡性别鉴定员例子更多的探讨,参见 Linda Zagzebski, *Virtues of the Mind: An Inquiry into the Nature of Virtue and the Ethical Foundations of Knowledge* (New York: Cambridge, 1996), sections 2.1 and 4.1; Robert Brandom, "Insights and Blindspots of Reliabilism", in *The Monist*, 3 (1998), pp. 371–392;以及 Pritchard, *Epistemic Luck*。

更普遍地说,无论天普的信念有何认知缺陷,他的信念都能满足反运气直觉。毕竟考虑他形成信念的方式,他的信念有成真的保证,因此他的认知成功不太可能仅仅是运气的产物。更具体地说,尽管他的认知成功不是认知能力的产物,但也不单是运气的产物。

我们可以通过考察天普的信念如何满足安全性理论来更清晰地说明该点。㉒ 这一点被如下的事实确保:天普形成信念的方式能保证信念为真,这说明了他不太可能轻易地形成错误的信念。同样需要注意的一点是,这里的问题不在于它揭示了我们对于安全性理论的某种阐释是失败的,就好像我们可以通过某种新的方式重构安全性理论,使它能解决这一难题似的。因为这一例子所隐含的关键在于,我们要求排除使知识缺失的运气,但没有一种模态原则能说明这种配对的方向可以满足能力直觉。也就是说,满足相关的模态原则我们保证在一系列可能的案例中信念和事实有正确的符合关系;但却不能因此保证信念和事实间有一种特定的关系,即天普式的案例所表明的那种对于展现出认知成功是由认知能力所带来的至关重要的关系。

二、德性知识论

上述结果表明,任何反运气条件下看似有理的表述都不能充分容纳能力直觉,因而反运气知识论正受到严峻的挑战。一个人当然能够通过拒绝或修改他的能力直觉来做出反应,从而表明我们在天普的案例中应该归予知识。但是在他采取如此绝望的做法之前,值得考虑的是,是否还存在任何较少痛苦的选择。

鉴于我们之前提到的关于主体如何在葛梯尔式的案例中满足能力直觉,一个人可能会认为,根据真信念和能力条件来定义知识是徒劳的。而有趣的是,在这方面仍然有一种可能的方法来解决由葛梯尔式的案例所提出的问题,因此这一备选提议在根本上是切实可行的。

在此关键之处,我们需要进一步说明认知能力包含了什么。我们在上文中已经提到,认知能力是一种有助于实现知识的信念形成的过程。我们当然可以在更广泛的意义上理解认知能力,而不仅仅是作为信念形成的过程,因为认知能力还能够得到情感的而非信念的产物。但是考虑到我们的主要关注点是,在

㉒ 在这一点上,敏感性理论也是如此。如果天普所相信的并不是那样,那么那个主体就会随之改变温度计的读数,以保证天普无论如何都会形成真信念。因此假如他所相信的出错了,那么他就不会相信它,故而满足敏感性。

这种知识理论下，我们对于有着信念产物的认知能力的特别关注是有意义的。我们应该改变之前粗略的描述，把能力理解为一种倾向而非过程，毕竟一个人即使在认知能力尚未运作的时候也还拥有这些能力，但只有当这些能力运作的时候才会出现信念形成的过程。

鉴于现在我们在从事分析工程，通过认知能力对知识的引导来概括它们显然不是从根本上有帮助的。因而我们需要探究的是，在特定的信念形成倾向中，是什么使得认知能力对知识有所助益。我认为最基本的要求是，这些信念形成的倾向不仅应当是可靠的，而且还要与主体其他信念形成的倾向适当融合起来。如果我们想要在更广泛的意义上将这些倾向理解为类似于技能或能力，那么第一个要求就确实是需要的；而如果我们要将这些倾向理解为反映了主体的认知能动性，第二个要求就确实是需要的。

需要指出的是，任何根据满足了认知能力概念的真信念来定义知识的知识理论都是一种知识论外在主义，正如反运气知识论。这是因为，一个人能够在此意义上清晰地显示一种认知能力，尽管他缺少任何好的可反思性根据来支持他对于某一命题的信念。事实上，我们之前所描述的那个常见案例——雏鸡性别鉴定员——正说明了这一点。因为在这一案例中，主体所应用的可靠的信念形成倾向与它的其他信念形成倾向相适应。而在这个例子中，主体缺少任何好的可反思性获得的根据来支持它所形成的信念，因而我们可以明确地认为它判断雏鸡性别的能力与它的其他信念形成倾向是一致的而非存在张力的。事实上，这也是这个例子令人信服的地方，因为如果在不同信念形成的倾向之间存在矛盾——比如，它判断雏鸡性别的能力得出了"在它面前的两只雏鸡性别不同"的信念，但它又意识到雏鸡之间没有可辨别的不同之处——那么我们就不能认为这个例子甚至看上去像是一个知识的案例。

在这样的设想下，认知能力至少在弱外在主义的解释中与认知美德实际上是相同的。㉓ 接下来我将不加区分地使用认知能力和认知美德，但我们也会考虑一种更严格的内在主义的认知美德如何与我们的讨论相关。因此，对于任何一种把知识定义为真信念附加能力条件的理论，我们都能称之为**德性知识论**，至少

㉓ 在 Greco 的德性可靠论观点中，当我们理解认知美德和认知能力时，这两种概念是相同的。参见 Greco, "Agent Reliabilism", in *Philosophical Perspectives*, 13(1999), pp. 273 - 296; Greco, *Putting Skeptics in Their Place: The Nature of Skeptical Arguments and Their Role in Philosophical Inquiry* (New York: Cambridge, 2000)。（事实上，我所给出的关于认知能力的解释很大程度上受到 Greco 在这方面理论的启发。）与之相反，一些评论者认为认知美德和认知能力之间有着明确的区分，其中最重要的理论是 Zagzebski 上引书。

当我们对这一标题的使用很大程度上是规定性的这一点铭记于心。鉴于我们对于能力条件的描述，德性知识论的任何版本都会是知识的外在主义理论。

我们将所有支持知识是由于认知能力所产生的真信念的观点称作**弱德性知识论**。弱德性知识论能够解决天普案例，因为正如我们之前所指出的，由主体在这个例子中展现出的认知成就与他的认知能力无关，而只与他的隐藏助手的帮助有关。弱德性知识论也能够解决其他反运气知识论所面临的问题，例如可靠的认知故障等案例。考虑以下案例：

埃尔文

埃尔文有脑损伤。但关于埃尔文的脑损伤有一个奇怪的事实是，它会使患者形成"他有脑损伤"的（真）信念。因此，埃尔文拥有"他有脑损伤"的真信念。㉔

由于埃尔文形成信念的方式一定是正确的，因而他的信念将满足任何反运气条件，如安全性。但显然，埃尔文在这一案例中并没有知识，因为他关于信念为真的理由并不来自他的认知能力。因此，无法满足能力直觉（即使满足了反运气直觉）也就解释了为什么埃尔文的信念不能说明知识即事实。

作为一种外在主义知识理论，弱德性知识论将面临由内在主义者对外在主义理论所提出的诸多反驳，但我认为我们可以合理地为了我们的目标㉕将这些反驳置于一边。因为正如我们之前所提到的，这些观点所面临的是一个更为紧迫的问题——并不是关于知识论外在主义与内在主义的争论，而是无法解决葛梯尔式的案例。在这些案例中，主体的认知成就是其相关认知能力的产物。也许可以做出如下推论，由于主体在这些案例中并没有满足反运气直觉，并因此缺少知识，所以弱德性知识论不能满足反运气直觉，也就不可能是知识的完整解释。

最近，一些评论者论证说，有一种重新考虑德性知识论的方式也许能够从根本上解决葛梯尔式的案例和反运气直觉。这一问题的关键在于，我们是如何将某一认知成就认作相关认知能力的"产物"的。在弱德性知识论中，只要求这一信念是相关认知能力的产物，并且是真的，但这并不是思考认知成就如何成为认知能力产物的唯一方式。

我们已经特别地指出认知能力的运作是主体认知成就的首要解释，在此意

㉔ 这一案例来自 Alvin Plantinga, *Warrant*：*The Current Debate*（New York：Oxford, 1993），p. 199。

㉕ 即使如此，正如这个案例所证明的那样，知识论外在主义沿着德性理论路线在这一方面更为成功。参见 Greco, *Achieving Knowledge*：*A Virtue-Theoretic Account of Epistemic Normativity*（New York：Cambridge, 2009），part 1。

义上应该将认知成就视作相关认知能力的产物,从而认知成就从根本上归功于其认知能动性。㉖ 比如在天普的案例中,虽然认知能力和认知成功同时存在,但我们不会在任何意义上认为该认知成功能通过天普的认知能力获得解释,因为能够解释认知成就的反而是外在于天普认知能动性的东西,即隐藏的助手。说得更简洁一点,天普的认知成就在知识论意义上是有缺陷的,因为该认知成就并不是因为其认知能力,而是因为外在于他认知能动性的事物,我们把这里的"因为"看作是解释性的。㉗

我们将"知识是来自相关认知能力运作的认知成就"的观点称作"强德性知识论"。㉘ 目前的问题是,强德性知识论能否解决葛梯尔式的案例,并进而容纳反运气直觉。初看起来,似乎它是可以的。

回到埃德蒙案例。当埃德蒙在认知意义上是成功的,并且展现出相关的认知能力时,他的认知成就并不能被他的认知能力所解释,而是通过一种好运气——他推理所得的命题中的另一析取支在他不知道的情况下为真。或考虑罗迪案例。当罗迪在认知意义上是成功的,并且展现出相关的认知能力时,他的认知成就并没有被他的认知能力所解释,而是通过一种好运气——在他所看不到的田野上刚好有一只羊。

而且,强德性知识论能够在许多案例中做出正确的预测。例如,麦瑟玛的认知成就并不是因为他的认知能力,而是因为一种好运气——那台他所使用的

㉖ 需要指出的是,我所说的是"可归功的"(creditable)而非"有功的"(of credit)。这两个概念显然不同——比如说,一个人的认知成就可以归功于他的认知能力,但这对他来说并不是有功的(也许这一认知成就是主体本不应当去进行的探究的结果,因为在其他知识论意义上的有该主体更应当追求的探究)。不幸的是,我们常常发现这两个概念在文献中是等同的,参见 Greco, "Knowledge as Credit for True Belief", in Michael DePaul and Zagzebski (eds.), *Intellectual Virtue: Perspectives from Ethics and Epistemology* (New York: Oxford, 2003), pp. 111 - 134,而这就导致了许多困惑。关于这一点的深入探讨,参见 Pritchard, Alan Millar, and Adrian Haddock, *The Nature and Value of Knowledge: Three Investigations* (New York: Oxford, 2010), section 2. 4。

㉗ 需要指出的是,在这一德性知识论观点中还有另一种对"因为"的解读,这一解读是由 Sosa 提出的。参见 *A Virtue Epistemology: Apt Belief and Reflective Knowledge*, vol. I (New York: Oxford, 2007)和 *Reflective Knowledge: Apt Belief and Reflective Knowledge*, vol. II (New York: Oxford, 2007)。我将在下文另一种解读中做出评价。

㉘ 近期文献中对强德性知识论最著名的辩护者是 Greco,参见"Achieving Knowledge",也见"Knowledge as Credit for True Belief"和"The Nature of Ability and the Purpose of Knowledge", in *Philosophical Issues*, 1(2007), pp. 57 - 69。然而, Greco 是否想要在此提供一种知识的分析还不明确。比如在 *Achieving Knowledge* 的介绍中,他声称他只提供知识的必要条件,尽管在其他地方——例如该书的第五章中——他确实表达了想要提供知识的充要条件的想法。无论如何,许多人将其认作强德性知识论的支持者,即使这并不是他在最后分析中所给出的观点。

坏了的计算器给出了正确的答案,因而强德性知识论能够准确地把他当作是缺乏知识的。强德性知识论也能够在厄尼案例中得到正确的结论,因为他的认知成就能够通过认知能力得到最好的解释,至少只要我们理解了这一案例中的细节,就能够保证厄尼拥有知识这一直觉。可见,强德性知识论也许能成功解决反运气知识论所面临的问题并给出一个充分的知识理论,能够同时容纳反运气和能力直觉。㉙

不幸的是,问题并不如此明确,因为仍有许多案例是该理论所难以处理的。更糟糕的是,这些问题对该观点提出相互冲突的要求,以至于看似在原则上并不存在一种方式使我们能够修改这个观点,从而避免与这些案例相冲突。

在反运气知识论中,该理论所面临的一类问题是有关其对于知识论外在主义的承诺。我认为我们不应该对这些案例过于担忧,这部分是因为知识论外在主义和内在主义区分的本质饱受争议,这些案例也就必然是有争议的。另一个原因是,正如我们马上将要讨论的,我们有些更加急切的担忧是不依赖于上述的区分的。值得一提的是,尽管我们已经选择了一种对于认知能力和认知美德的广义外在主义式的解释,进而在此观念的基础上构建外在主义德性知识论,但对于知识论内在主义的支持者来说,也可以在狭义内在主义的观点下采取不同路径来定义认知能力和认知美德,并进而在此基础上构建内在主义德性知识论。比如,他们也许会要求只有能够产生必要的、可反思获得的认知支持的可靠信念形成的倾向,才能被视作认知能力或认知美德。㉚ 由此,在阐释外在主义版本的德性知识论时,我们并没有在知识论外在主义与内在主义之争中选定立

㉙ 强德性知识论看上去拥有另一关键的吸引之处,即它能够解释知识的特殊价值。参见 Sosa, *A Virtue Epistemology*, chapter 4;和 Greco, "The Value Problem", in Haddock, Millar, and Pritchard (eds.), *Epistemic Value* (New York: Oxford, 2009), pp. 313 – 321. 对该论题的批判性讨论,参见 Pritchard, "Knowledge, Understanding and Epistemic Value", in Anthony O'Hear (ed.), *Epistemology* (*Royal Institute of Philosophy Lectures*)(New York: Cambridge, 2009), pp. 19 – 43; Pritchard, "The Value of Knowledge", in *Harvard Review of Philosophy*, 1(2009), pp. 2 – 19;和 Pritchard, Millar, and Haddock, *The Nature and Value of Knowledge*, chapter 2. 对在此所讨论的议题的综述,参见 Pritchard, "Recent Work on Epistemic Value", in *American Philosophical Quarterly*, 2(2007), pp. 85 – 110;和 Pritchard and Turri, "The Value of Knowledge", in Zalta (ed.), *The Stanford Encyclopedia of Philosophy* (Fall 2012). http://plato. Stanford. edu/entries/ knowledge-value/.

㉚ 例如,Zagzebski(*Virtues of the Mind*)的新亚里士多德主义版本的德性知识论包含了内在主义对认知美德的定义。另外,Sosa 也论证了一种德性知识论观点,坚持所有的人类知识都要求反思的视角。参见 Sosa, *Knowledge in Perspective: Selected Essays in Epistemology* (New York: Cambridge, 1991); Sosa, *A Virtue Epistemology* 和 Sosa, *Reflective Knowledge*.

场，因而我们能够安全地排除知识论内在主义者对于强德性知识论可能有的顾虑。

考虑到这一点，让我们回到那些无论是从外在主义还是内在主义视角来看都纠缠强德性知识论的问题。首先，要注意到强德性知识论在解决彩票案例时的勉为其难。毕竟，洛蒂的认知成就的确看上去能够通过她的相关认知能力来解释。换句话说，如果洛蒂的认知能力不能解释其认知成就，那么又有什么能够解释呢？要注意到，这里唯一能够提供合理解释的就是她的彩票确实输掉了这一（认知意义上的）好运气。这里奇怪的是，我们很难发现这种偶然性是如何被认为是运气的事件。

即使强德性知识论能够抵挡这一问题，也还有一个更为严重的困难潜藏其中。我们刚才提到，强德性知识论能够处理葛梯尔式的案例，并且我们也通过埃德蒙和罗迪的例子来展现这一点。但需要考虑的是，强德性知识论在面对巴尼案例时会怎么样。与埃德蒙和罗迪案例不同，在这个例子中使知识缺失的运气是完全和环境有关的。毕竟巴尼的确看见了一个真谷仓，而不是像罗迪那样只是认为他看见了一只真的羊。那么从真正意义上来说，巴尼的认知能力使他与相关事实产生联系，而不像在标准的葛梯尔式的案例中存在能力与事实的鸿沟，尽管该鸿沟并不妨碍主体拥有一个真信念。但是，巴尼处于一个认知上不友好的环境，以至于他不能算作是有知识的，不管他的认知能力和他对谷仓形成的是真实知觉，因为他的信念显然是不安全的，也就违反了反运气直觉。此处的问题是，由于巴尼使用的认知能力的确拥有对谷仓的真实知觉，因此与标准的葛梯尔式的案例不同，他的认知成就似乎能够通过他的认知能力来解释。更确切地说，强德性知识论似乎不能解释为何主体在包含了环境式的认知运气的葛梯尔式案例中没有知识。[31]

强德性知识论的支持者对这一问题有不同回应。一种选择是将巴尼看作是有知识的，至少有一个评论者采取了这种路径，当然这是需要付出代价的。[32]一种表面上更具吸引力的选择是，尝试利用能力是取决于环境这一事实来规避这个问题。通过这种方式，人们也许能论证说巴尼并没有展现任何相关的认知能力，因为相关能力是指那些在有假谷仓的奇怪环境中专门用来发现谷仓的高度专门化的能力，进而根据这一说法，巴尼根本没有这些能力。不幸的是，尽管

㉛ 关于这一点和环境运气，参见 Pritchard, Millar, and Haddock, *The Nature and Value of Knowledge*, chapter 2。

㉜ 这是 Sosa 所采取的路径，例如参见他的 *A Virtue Epistemology*, chapter 5。也见该书脚注 34 和 38。

这种回应起初似乎是很吸引人的,但它经不起仔细的推敲。

首先,要注意虽然在通常情况下我们把能力随着环境进行相对化处理,但是除非有特定的理由,我们并不倾向于以特别细致的方式进行此项处理。例如,弹钢琴的能力与广泛意义上的一般环境有关,因此当我们被要求在水下弹奏时,这并不能算作对于弹奏能力的公平测试。但比如在晴天户外弹钢琴时,一个人当然能展现出和在室内一样的能力,即使一些其他因素被考虑在内(环境中的噪音)。我们在日常语言中发现的这种使能力以一种粗略的方式相对于环境的处理方式,对于强德性知识论的支持者来说毫无作用,因为就其能够解决巴尼问题而言,关键的是,一种相当微妙的相对化处理方式应该是合适的。虽然这并不能排除基于这一方式的回应,但这确实意味着强德性知识论将不得不为自己加上关于自然能力的修正观点,而这几乎不是我们所追求的。㉝

如果这是唯一招致的理论代价,那么有人可能会愿意接受这种代价。然而这里还有一个更深层次的问题。因为日常语言不仅不会通过细致的方式使能力相对化于环境,而且不会以一种与巴尼案例相关的方式使能力相对化于情景。例如,假定我们的主人公在一种她所不知道的情况下弹奏钢琴,在该情况中她能够很容易就处在水下(但事实并非如此)。比如说,也许她正在一个被水包围的房间中,那里的墙能够随时完全倒塌让水流入。直觉上,我们的主人公在这一案例中所展现的能力和她在一般环境中弹奏钢琴时所展现的能力相同。但是这里有一个困难:巴尼案例完全和这个例子类似。毕竟,尽管在我们的例子中,巴尼能够轻易地看到假谷仓,但事实上他并没有。类似地,正如我们的钢琴师能够轻易地处于水中,而事实上她却不在水中。据于此,正如我们应当认为钢琴师在这一案例中展现了她的一般能力,我们也应当认为巴尼展现了他认出谷仓的一般能力。㉞ 因此,除非一个人彻底修正了关于能力的说明,否则这种为强德性知识论辩护的方式是无望的。

㉝ 关于这一点的更多讨论,参见 Pritchard, "Greco on Knowledge: Virtues, Contexts, Achievements", in *Philosophical Quarterly*, 232(2008), pp. 437 - 447;和 Jonathan Kvanvig: Responses to Critics, in Haddock, Millar, and Pritchard, *Epistemic Value*, pp. 339 - 351. 也见 Pritchard, "Virtue Epistemology and Epistemic Luck", Revisited, in *Metaphilosophy*, 1(2008), pp. 66 - 88。

㉞ 关于这一点的深入讨论,参见 Pritchard, Millar, and Haddock, *The Nature and Value of Knowledge*, section 2.5。Sosa 是一个意识到该困难的强德性知识论支持者,该困难也是为什么他承认在巴尼案例中有知识的原因。关于这一点,可参见他的 *A Virtue Epistemology*, chapter 5. 也见该书脚注 32 和 38。

如果这一问题还没有那么严重,强德性知识论也还面临着其他困难,即其解释知识论中证言信念的能力。对知识论中证言信念的大多数解释允许主体在合适的情况下,通过相信一个具有知识的信息提供者的话来获得知识。对于大多数观点来说,否认这一点就会面临一种关于证言知识的怀疑论,当然这依赖于我们的证言知识在多大程度上是通过这种方式获得的。但问题是,强德性知识论似乎不能为这类证言知识提供解释。考虑以下案例:

珍妮

珍妮在一个陌生的城市下火车,并向她第一个见到的人问路。这个她问路的人确实有关于这个地区的知识,并且帮她指引方向。珍妮相信她听到的内容,并继续向她预期的目的地出发。

大多数关于知识论中证言的观点认为,珍妮在这一案例中获得了知识。此外,注意到只要我们想要在这个案例中归属知识,那么我们就会理解这个案例中的细节使形成的真信念满足反运气条件。例如,这个案例中我们归属给珍妮知识,这就意味着我们默许了这一点,即在公众之中没有要欺骗珍妮的阴谋,即使这在这个案例中并没有成功。但问题是,我们很难理解把知识归属给珍妮如何与强德性知识论相符。毕竟,由于她通过相信其他人的话来形成她的信念,珍妮的认知成就似乎并不能由她的认知能力来解释,而更应该由她的信息提供者来解释。如果这是对的,那么强德性知识论会持一个和直觉相悖的观点,即拒斥这些案例中的主角有知识,并由此加入关于证言的"怀疑论"联盟。⑤

如果强德性知识论的支持者不选择采取这一方式,那么他们可能试图采用的策略是主张珍妮展现一种比乍看上去更高程度的认知能力。不可否认的是,珍妮在这一案例中展现了相关认知能力。尽管事实上她只是向第一个见到的人问路,但我们能够将这一例子解读为她在这一方面运用了自己的判断力。比如说,如果她见到的第一个人显然是疯子或典型的游客,那么我们可以料想她会继续寻找街上另一个更可能知道答案的人。另外,我们期望珍妮对于她听到的内容和方式运用类似的判断力。比如,如果这个人指路的方向显然是错的,那么我们并不期望她无论如何都会遵循他的话。更进一步,如果这个指路人的

---

⑤ 尽管与直觉相悖,关于知识论中证言的这一观点——还原论(reductionism)——并不是没有支持者的。例如,参见 Elizabeth Fricker, "Critical Notice: Telling and Trusting: Reductionism and Anti-Reductionism in the Epistemology of Testimony", in *Mind*, 414(1995), pp. 393 - 411.

行为显然是有问题的——比如说他言辞模糊、贼眉鼠眼、怀有敌意、闪烁其词——那么我们会希望主人公会谨慎行事。不可否认的是，珍妮相当程度上展现了她的相关认知能力，并因此有人也许试图在此基础上论证，与乍看之下不同，她的认知成就从根本上是由于她的认知能力。

这一反驳论证的问题在于，它并没有真正触及问题的要点。毕竟，没有人能否认珍妮的认知成就部分是因为她的认知能力：这个案例并非是要作为能力直觉的反例。此处的关键在于，在这一案例中包含的相信程度意味着，认知成就并不是因为珍妮的认知能力——换句话说，其认知成就并不主要归功于其认知能力。为了保证珍妮的认知成就是因为她的认知能力，就必须大大降低相信程度，但这样就会回到原来有悖直觉的回应，认为珍妮在这一案例中根本没有知识。㊱

尽管珍妮案例本身引起了许多问题，珍妮案例和巴尼案例集中展现了一个十分艰巨的挑战。要注意当巴尼案例对强德性知识论的支持者施加压力，要求加强其对于知识的解释以排除这一案例中的知识时，珍妮案例要求削弱其解释。由此，这两种案例将对于知识的解释拉向两个相反的方向，并可能导致观点的分离。因为，如果你为了解决巴尼案例而加强观点，那么你将面临珍妮案例中更为棘手的问题；但如果你为了解决珍妮案例削弱观点，那么你将面临巴尼案例中更为棘手的问题。㊲

㊱ 在 The Nature of Ability and the Purpose of Knowledge 中，Greco 提供了这种论证，尽管他并没有为此给出较强的支持。通过类比，他证明一个人可能踢进一个十分简单的球，而进球需要展现出色的球技。他坚持，在一个简单进球中所包含的技能不削弱主体的成就。但问题是，这个案例并不与珍妮案例类似。毕竟，这个例子的关键并不是一个具有技能出众的人帮助了珍妮，而更在于珍妮通过相信他人获得了她的（至少绝大多数）真信念。比如说，这也就是为什么在其他依赖他者技能的案例中——比如当一个人把市中心的交通标志太过当真——并不产生相同的认知美德。在这些案例中，我的知识依赖于——即简化——他人的技能，但我并不仅仅只是相信这些交通标志所告诉我的：我拥有各类互相独立的基础来相信市中心交通标志所告诉我的内容。关于这一点的深入讨论，参见 Pritchard, Millar, and Haddock, *The Nature and Value of Knowledge*, section 2.6。

㊲ 同样要注意的是，选择对于因果关系的不同解释在此几乎没有帮助。Sosa 选择通过力量展现的模型而非解释性词项来解读这一关系。见 A Virtue Epistemology and Reflective Knowledge。因此，比如说在解释性方面，当我说玻璃杯碎了是因为我把它扔在地上，或者是因为它是易碎的，这是对的；而第二种原因则包含在另一种"力量展现"的解读中。正如之前脚注 32 和 34 所提到的，不同于直觉，Sosa 承认在巴尼案例中有知识，而这一观点是出于他所提出的那种强德性知识论（即从根本上认为，巴尼案例中不可否认地展现了相关的认知力量[power]以获得他的真信念）。Sosa 同时努力去解决珍妮案例，因为她的认知成就为何归功于她的认知力量并不明确。因此，他证明这种案例所展现的是一种"分散的"（distributed）知识，这里的认知成就归功于不止一个主体（在这一案例中，即珍妮和信息提供者）。关于 Sosa 这一论点的细节讨论，参见 Pritchard, "Apt Performance and Epistemic Value", in *Philosophical Studies*, 3(2009), pp. 407–416。

三、反运气德性知识论

与其回顾辩护德性知识论和反运气知识论的所有不同方式,我所想建议的是,这两种观点所面临的困难事实上表明,我们需要一种综合了两种观点最好特性的对知识的解释。正如我们将看到的,这种观点不仅能够规避这些观点所面临的困难,而且能够在独立的根据之上激发出来。简单来讲,我们没有必要修订反运气或德性知识论以处理相关问题,进而引起这些修订将带来的许多理论问题,因为有另一种能够完成这一工作的提议,而无需诉诸这样的策略。

为了理解这种提议是什么,让我们回到我们开始说到的两种直觉。反运气知识论将反运气直觉视作第一要素,并由此试图通过反运气条件来解释能力直觉;而德性知识论将能力直觉视作第一要素,并由此试图通过能力条件来解释反运气直觉。这两种提议由此实际上将将两种直觉视作必然紧密相连的,以至于对其中一种的恰当回应必然包含对另一种的回应。这是他们的根本错误,因为考虑这两种直觉关系的恰当方式是要将他们视作关于知识的两种不同要求。

这个想法经过反思看来并不如初看起来那么令人惊奇。一方面,我们已经看到,处理反运气直觉使我们采取包含模态原则的反运气条件。但如果这是对的,那么可以料想,一个人能够在没有展现任何认知能力的情况下满足这一条件,因为无论采取哪种模态要求,他都能够通过想象力设想一种与主体认知能力无关的方式来满足这一要求。相关的模态原则仅要求在反事实案例中信念与事实之间的合适的匹配,但认知能力所要求的远不止如此——也就是说,它要求信念与事实之间有合适的匹配方向。另一方面,经过反思,我们找不到理由回答为什么通过认知能力形成真信念应该足以满足相关反运气条件——这就是葛梯尔式案例的教训。一个人能够展现其可靠的认知能力,但他所形成的真信念很可能本应是错误的。

进一步来讲,注意试图"加强"你的反运气/能力条件以解决这些困难只会使得问题更加严重。正如我们在上一个部分所看到的,强德性知识论是关于这一点的范例。诉诸更为朴素的版本不仅不能处理反运气直觉,而且无法容纳证言知识的一般形式。

认识到反运气直觉和能力直觉在知识论意义上是不同的,并因此需要两种独立的知识论条件,使我们离开反运气知识论和德性知识论并转向一种混合的观点——我称之为"**反运气德性知识论**":

　　反运气德性知识论
　　S知道P当且仅当S关于P这一安全的真信念是其相关认知能力的产物（以至于其安全的认知成就很大程度上归功于认知官能）。

　　这一提议融合了反运气条件（真信念的安全性要求）和能力条件。注意这里展现的能力条件是由弱德性知识论而非强德性知识论所提出的,但与这一说明的混合性质相符合,我们将这一条件理解为要求主体安全的认知成就应当在很大程度上归功于它的认知官能。正如我们将看到的那样,只要我们将能力条件与反运气条件联系在一起,那么就无需选择对能力条件更强烈的呈现,来解决利用反运气直觉的案例。反运气条件下的安全性概念应当通过第一部分中所给出的方式来理解。

　　反运气德性知识论能够容纳所有通常的问题。葛梯尔式的案例——包含了环境认知运气的非典型葛梯尔式案例,如巴尼案例——都可以通过反运气条件来解释,因为在所有这些例子中,我们所拥有的真信念都是不安全的。我们之前提到的所有其他案例也同样可以通过安全性原理来解释,如洛蒂案例、厄尼案例和麦瑟玛案例。简单来讲,反运气德性知识论拥有反运气知识论的所有优势。

　　另外,反运气知识论所无法解释的一类案例,如天普案例和埃尔文案例,都可以通过能力条件来解释,因为在这些例子中,主体都恰好有一个安全的信念,但是这一信念的形成并不是通过构成其认知特性的可靠认知性格。简单来讲,反运气德性知识论拥有德性知识论的所有优势。而重要的是,因为我们并没有以强德性知识论增加因果关系的方式来"加强"能力条件,因此我们不需要担心珍妮案例这样的例子。因为珍妮的认知成就并不主要归功于她的认知官能,而她安全的真信念却在很大程度上归功于她的认知官能,这也就是这种观点对知识的全部要求。更进一步来讲,巴尼案例是通过单独的反运气条件来解释的。反运气德性知识论由此并不继承强德性知识论的问题。

　　最后,在德性知识论中,我们无需关注这种观点面临知识论外在主义与内在主义的争论时会怎样。虽然目前对这一观点的定义——在广义外在主义对认知能力的定义下——在内在主义观点下是有争议的,而这并不阻碍反运气德性知识论的支持者对能力条件的"内在化",以满足内在主义者的情感。

　　由此,我们似乎有了一种完全充分的知识理论,因为它能够解释我们关于什么是拥有知识的大多数根本直觉。作为知识论学者,我们是大功告成了吗?[38]

四、诊断

关于反运气德性知识论,我们可能会问为何知识从一开始就有这两部分的结构。换句话说,为什么我们拥有这两种关于知识的主要直觉,并且由此造成对知识理论的不同要求? 在这一方面,爱德华·克莱格(Edward Craig)所提出的思想实验也许能帮助我们理解知识的基本特征。[39] 设想一个缺少知识概念的虚构社会。为什么他们可能会感受到引入这一概念的需要呢? 首先要注意的是,选出优秀的信息提供者——即能够帮助我们找到我们所感兴趣的事物中的真理——是有实践意义的。我们由此能够为了这一目的而设想和运用一个十分类似于知识的概念——一种原始知识的概念。将这一原始知识称作"知识*",并将所有拥有"知识*"的人称作"有知识者*"。我们可以将优秀的信息提供者标记为"有知识者*",并由此将他们所提供的他们作为优秀信息提供者所熟稔的准确信息标记为"知识*"。

举例来看,设想约翰住在山上,因而能够极其清楚地看到下面山谷中所发生的事情(并且一般来说他是诚实的、乐于助人的等等)。因此当涉及关于山谷中所发生的事情的许多命题时,他是一个优秀的信息提供者。显然标示约翰在这方面是一个优秀的信息提供者对我们来说有实践意义,并可以称他为关于这些命题的有知识者*,即他对这些命题持有的真信念能够等同于知识*。

但注意知识*还并不同于我们关于知识的概念。首先,这一概念仅仅适用于其他人的真信念,而我们也使用知识的概念来划分我们自己的信念。其次,

---

[38] 一个长期存在的知识论议题我们在此并没有进行探究:即反运气德性知识论——同样,或反运气知识论与德性知识论——如何在彻底怀疑论问题上有所进展。因为这是一个所有知识理论所面临的问题,因此为了我们的目标,这个议题无疑应当被置于一旁。也就是说,我认为反运气德性知识论相较于其他竞争理论,可能更能够解决这个问题。一方面,反运气德性知识论似乎能够轻易地胜过怀疑论者,因为如果在这一问题中持怀疑态度的可能性很小,那么我们不是缸中之脑这一信念很容易满足相关的模态条件。另一方面,强德性知识论似乎加强了怀疑论问题,因为很难想象,我们不是怀疑论,假设受害者的真信念(假设这一信念为真)如何,是基于我们的认知能力。关于这一点的更多讨论,参见 Pritchard, "Radical Scepticism, Epistemic Luck, and Epistemic Value", in *Aristotelian Society Supplementary*, vol. 1(2008), pp. 19 - 41。通过两种观点的中间道路,反运气德性知识论也许由此能够避免这两种观点所面临的困境。而这一反怀疑论路径的发展需要留到其他情况中讨论。

[39] 参见 Edward Craig, *Knowledge and the State of Nature:An Essay in Conceptual Synthesis* (New York:Oxford,1990)。

在决定主体是否是有知识者*时,我们只是在评定相对于他所在的现实情况来说多大程度上他是一个好的信息提供者——也即相对于他所在的环境中的"活生生的"诸多错误可能性。例如之前描述的约翰的案例中,问题的焦点只在于他是否能清楚地看到这个山谷,且能够(或倾向于)利用这一优势。当提到他是否有知识*的问题时,最重要的错误可能性在于其环境中是否有妨碍其视线的东西(比如浓雾)。但要注意,我们的知识概念将更大范围的错误可能性认为是重要的。特别地,即使它们并不真实存在,它也需要对潜在的错误可能性有所回应。(回想反运气直觉,它的一种后果是:即使事实上你没有被欺骗,你可能被轻易欺骗的事实也会成为拒斥你的知识的根据。)

但有趣的是,我们可以料想,原始概念被用来挑选优秀信息提供者,并随着时间不断演化,以至于它开始与我们知识的概念相像。例如,我们可以设想知识*最后不仅用来区分他人,还包括自己,并且这一概念的应用也被进一步拓展,以至于能够回应非现实但潜在的错误可能性,而不仅仅是实际存在的错误可能性(这一过程被克莱格称作"客观化"[objectification])。然后随着时间的推移,知识*将发展成为知识。

许多哲学家发现这一关于知识概念起源的系谱学解释极具说服力。[⑩] 尤其是德性知识论者经常引用这一故事,为他们的观点提供知识。毕竟,对知识概念起源的这一解释将优秀信息提供者置于故事的核心地位,而当我们考虑构成优秀信息提供者的要素时,自然会想到她对可靠认知能力的运用(例如在之前提到的约翰案例)。这似乎表明,知识概念的核心是能力直觉,而这正是德性知识论的首要关注点。但有趣的是,一旦我们开始更详细地思考知识概念起源的这一解释,就会发现事实上相较于德性知识论,它为反运气德性知识论提供了

---

⑩ 有趣的是,尽管克莱格的方案在当代知识论中具有极大的影响力,但只有相对较少的出版文章对其进行讨论。其中一些重要的探讨,参见 Melissa Lane, "States of Nature, Epistemic and Political", in *Proceedings of the Aristotelian Society*, 2(1999), pp. 211 - 224; Bernard Williams, *Truth and Truthfulness: An Essay in Genealogy* (Princeton: University Press, 2002); Neta, "Epistemology Factualized: New Contractarian Foundations for Epistemology", in *Synthese*, 2(2006), pp. 2472 - 2280; Greco, *The Nature of Ability and the Purpose of Knowledge*; Greco, *What's Wrong with Contextualism?*; Miranda Fricker, *Epistemic Injustice: Power and the Ethics of Knowing* (New York: Oxford, 2007); Fricker, "Scepticism and the Genealogy of Knowledge: Situating Epistemology in Time", in Haddock, Millar, and Pritchard (eds.), *Social Epistemology* (New York: Oxford, 2010), pp. 51 - 68; Martin Kusch, "Testimony and the Value of Knowledge", in Haddock, Millar, and Pritchard (eds.), *Epistemic Value*, pp. 60 - 94; and Klemens Kappel, "On Saying that Someone Knows: Themes from Craig", in Haddock, Millar, and Pritchard (eds.), *Social Epistemology*, pp. 69 - 88。

更有力的支持。

特别地,虽然说优秀的信息提供者是可靠的信息提供者,但这个正确的观点并不像一开始所展现的那样有利于德性知识论者。这是因为,可靠的(因而是优秀的)信息提供者这一观念的真正含义并不明确。一方面,这意味着一个在特定主题方面有着可靠认知能力的信息提供者(并且他愿意真诚地表达她的信念,即我们理所当然会遵循的信念)。另一方面,这意味着这个信息提供者是可以信赖的(即他的信息不会使你误入歧途)。

也许有人很自然地会认为这只是无差别的区分,因为在上述意义上拥有可靠认知能力的信息提供者也就是可以信赖的信息提供者,反之亦然。然而,更为仔细的审查表明,在这一点上最初的表象是具有欺骗性的。为了理解这一点,我们只需要注意到这么一点,即依赖于一个借助不可靠的认知能力形成真信念的信息提供者可以是合适的,而依赖于一个通过可靠的认知能力形成真信念的信息提供者也可以是不适合的。

首先,考虑一个可能的信息提供者在特定主题方面拥有可靠的认知能力,但他处在一个有误导性的挫败者(defeater)的环境,而这个挫败者只有你知道而可能的信息提供者并不知道,并且你无法挫败它。例如,一个信息提供者是一个可靠的谷仓发现者,但是在这个例子中你被赋予了误导性的根据(例如从好的信息渠道获得的错误证言),使你认为信息提供者处在一个有假谷仓的地方。鉴于这是一个误导性的挫败者,信息提供者事实上在相关主题上是可靠的。但由于你也知道误导性挫败者的存在,并且你无法战胜它,那么你是否能够依赖于这个信息提供者呢?显然不能。

反之亦然。我们能够设想一种特别的情况,这种情况有着只有我们知道的修正性因素,这意味着我们能够信赖由信息提供者给予我们的信息,即使这一信息并非其可靠认知能力的产物。比如,想象一个信息提供者认为自己具有千里眼的能力,但事实上他在这一点上弄错了(并且我们知道这一点)。进一步假定我们也知道这个信息提供者的妻子是一个大有权力的人,她希望她的丈夫能够继续相信自己拥有这种能力,因此她尽其所能使所有事情如他丈夫所预测的那样发展。最后,假设我们知道这个信息提供者的妻子能够操纵所有赛马比赛的结果。在已有的知识下,关于谁将赢得明天赛马比赛,信息提供者的证言无疑是我们能够信赖的信息,即使信息提供者关于此的真信念绝非其可靠认知能力的产物。

一般而言,在所有这些案例中,关键在于运气所扮演的角色。当信息提供者的相关认知能力是可靠的,但我们无法信赖他所提供的信息时,问题在于坏的认知运气抵消了信息提供者拥有相关可靠的认知能力(因而在此意义上是优秀的信息提供者)这一好的认知运气。例如在上述案例中,坏的认知运气体现为无法战胜的关于假谷仓的误导性挫败者。与此相反,当信息提供者缺少相关可靠的认知能力,但依然能为我们提供可信赖的信息时,好的认知运气抵消了信息提供者缺少相关可靠的认知能力(因而在此意义上是差的信息提供者)这一坏的认知运气。比如在上述"千里眼"案例中,好的认知运气体现为我们对于修正性因素的知识。

由上述观点可以清晰地发现,为什么可靠信息提供者这个概念的歧义,能够解释为何从原始概念演化而来的知识概念会产生反运气直觉和能力直觉。因为随着应用知识概念的案例不断增加,可靠的信息提供者与我们能够依赖的信息提供者之间的区分也将拉大,并且我们能够料想,知识概念将导致对该区分两端的同等重视。特别地,如果在案例中主体拥有相关可靠的认知能力,但是认知运气的出现使得我们不能把该主体当作信息提供者来信赖时,那么这些案例中都没有知识。类似地,当主体在一个认知意义上的友好的环境中形成真信念,以至于任何这样形成的真信念不会受到认知运气的支配时,只要主体无法展现相关的可靠认知能力(即使我们能够信赖作为信息提供者的主体),那么这个例子也不能算作知识的案例。简单来讲,最终产生的知识概念将拒斥案例中的真信念作为知识,如果(1)该信念并不是恰当地由于主体的相关认知能力(而形成的),或者(2)该信念的真大体上是由于运气,因而是不安全的。

因此,一个高度可行且流行的关于知识概念的系谱学解释从根本上为反运气德性知识论提供了支持。事实上,如果挑选可靠信息提供者的目的以上述方式来说是存在歧义的,并且我对这一点的看法是正确的话,那么在这一方面与普及的看法相反,这种对知识概念"一般般的"解释,事实上支持反运气德性知识论超过其他竞争理论,如德性知识论。

五、总结式点评

由此我们看到,可以找到一种可行的关于知识的解释——反运气德性知识论——它能够解决知识论中一系列有问题的案例,更重要的是,它也能够比那些与它竞争的方案更令人满意地解决这些案例。此外,我们看到了,对于为何知识拥有该方案所给出的结构也有一个说得过去的诊断故事。因此,我们有很好的理由选择反运气德性知识论作为知识的正确理论。分析工程是生机勃勃的,远非一项无望的任务。

作者简介:邓肯·普理查德(Duncan Pritchard),哲学博士,英国爱丁堡大学哲学、心理学与语言科学院教授,主要研究方向为当代知识论,是在该领域有世界影响力的哲学家。

译者简介:王聚,哲学博士,复旦大学哲学学院讲师,研究方向为当代知识论、语言哲学和科学哲学;杨吟竹、李林荟,复旦大学哲学学院本科生。

理性与信仰的双重诉求

——康德的上帝观念评析

邢长江

【摘　要】在理性的上帝和信仰的上帝之间寻求统一,是康德神学的一个核心意图。离开这个意图,我们就难以全面地理解康德在理性和信仰之间所划下的界限,也无法全面地理解他的整个批判哲学的神学基础。而康德形成这样的神学意图经过了一个变化的过程,即从一个单纯的唯理论自然神学的追随者,到一个自然神学的批判者,最终成为一个试图整合理性和信仰两歧的哲学神学家。康德的这一统一两歧的神学意图首先体现在他在《纯粹理性批判》中所做的转上帝为"理想"的尝试中,后来他又进一步地把上帝的观念进行纯化,以此把理性和信仰的最终基础奠定在个人的无条件认信的德性上。上帝问题最终成为了人的问题,这是康德神学思想的最终底牌。

【关键词】理想　上帝　限制　统一

上帝观念是基督教思想中的核心问题，而对于这个核心问题，康德的立场又是最为复杂和与众不同的。他既不能完全认同虔敬派的上帝观念（即认为上帝仅仅是一个外在于理性体系的救世主），也无法完全接受理性神学家的上帝观念（即认为上帝单纯是一个理性的绝对者理念）。康德对于这两种主流的看法都不能满意，其原因在于，他认为这两者都只揭示了事情的单一层面，他自己头脑中的真正的上帝观念则是这两者的统一。而对于这样一个统一的上帝观念的揭示则是他的神学的一贯主题。

但是正如卡尔·巴特所说，康德的这个统一上帝观念的意图和动机长久以来都被研究者所忽视。① 本文正是试图重新回到康德神学的这一基本意图，来对他的上帝观念做初步探究。

一、康德对唯理神学和唯信主义的上帝观念的反思和批判

如果我们止步于对早年康德神学思想的研究，那么我们可以得出的唯一结论是，康德在此时并没有明显的统合理性和信仰两歧的意图，而只是完全在沿袭莱布尼茨·沃尔夫体系的理性神学的传统。唯理论的神学有感于 16 世纪教会分裂（特别是之后的宗教战争）以来基督教神秘传统的信用破产，从而认为，自然和理性是人类唯一的选择：上帝只有可能被理解为理性的自然之光之下的绝对理念。而康德在他的《一般自然史和天体理论》中也依照这一唯理论神学的思路，认为上帝只有可能是宇宙神学意义上的、作为体现无限完满与和谐的世界秩序的"至高无上存在者"。②

但是很快地，康德放弃了对这种唯理论自然神学的上帝观念的热衷。因为他发现，如果上帝观念像唯理论的自然神学所说的那样，单纯地是一种理性知识，那么根据理性知识是形式与质料相符合的这一本性的规定，它就不能仅仅是一种纯粹的形式概念，而必须要具有内容的填充，不然上帝观念就会因为它不是一种实在的理性知识而变得不实在。可是这种理性知识的内容从何而来呢？毕竟理性自身不能给出任何表象来作为知识的内容（"我们在上面已经看到，没有感性的条件，通过纯粹的知性概念，根本不能表现任何对象，因为缺乏这些概念的客观实在性的条件，而且在它们里面所发现的无非是具体的思维形

---

① Karl Barth, *Protestant Theology in the Nineteenth Century* (King of Prussia: Judson Press, 1973), p. 268.

② 康德：《康德著作全集》（第 1 卷），李秋零译，北京：中国人民大学出版社，2003 年，第 221 页。

式。但是理念比范畴更远离客观的实在性;因为找不到任何显象使理念能够具体地表现自己"),③知识的内容只能由感性和知性建构的现实世界的经验提供出来。而依据基督教神学的定义,上帝本身只有可能是一个先验的、超越的观念,它不能受现实世界的偶然事物所提供的内容的制约。所以就此而言,唯理论自然神学的上帝观念根本不能自圆其说,对于上帝自身的理解就只能从独立和超越的上帝自身之中去获得("先验的问题只允许有先验的答复")。④

可这种对于唯理论自然神学的否定并不意味着康德要因此而完全倒向唯信主义的、浪漫主义的神学阵营,"康德并不与卢梭一样,诉诸圣餐仪式,也不像莱辛,召唤路德来见证。相反,在科尼斯堡大学祈求学术兴盛的长长队伍快要来到教堂门口的时候,康德在众目睽睽之下从队伍中走了出来,且以环绕教堂而代替之,然后走回家去。摆在我们面前的所有他的著作都清楚明白地向我们交代了他的这种态度。与一个持有完全不同的神学观念的人交流是完全可能的,因为恰恰是从一个不同的角度来看的时候,它才能被看得清楚。"⑤这是因为,在康德看来,虽然唯信派看到了对于上帝的本真的理解必须要超越于现实世界之上,但是上帝观念并非是唯信派所想的那样,唯有可能来自于完全是非理性的启示。在"先验方法论"的"论意见、知识和信仰"(Vom Meinen, Wissen und Glauben)一节中,他提出,从根本上说,唯理论者所谓的超越于理性之上的对于上帝的"信仰"就是一个"视之为真"的知性判断(仅仅是"我们知性中的一件事情")。而要知道这个知性判断是否确实为真——即是否真的如唯理论者所宣称的那样,信仰能够达至超越的作为超越的绝对者的上帝观念——其根本判决点就在于,"在此作判断的人心灵中主观原因"是否"依据客观的根据"。⑥而所谓的客观根据(客体)不只对私人有效的,而是与每一个其他的知性判断都必须一致的基础。依据于这个判决点,我们发现,唯信派者所意味的排斥理性的单一信仰,恰恰不能与这个整体性的客观根据和基础相一致,因为它根本无法革除的单纯的私人性和个体性的角度,所以只有可能是一种完全囿于主观心灵之中的作为"纯然幻相"的"臆信"。

由此我们看到,康德最终对唯理论自然神学和唯信派上帝观念都不能满意。这也促使康德认识到,上帝观念并不是单一的理性或非理性对象的简单观

---

③ 康德:《康德著作全集》(第3卷),李秋零译,北京:中国人民大学出版社,2003年,第595页。
④ 同上,第415页。
⑤ Karl Barth, *Protestant Theology in the Nineteenth Century*, p. 268.
⑥ 康德:《康德著作全集》(第3卷),第523页。

念,而是一个同时超越于经验性的理性知识和信仰的直接诉诸之上的复杂观念。

二、康德对于两种上帝观念的初步统合

可是从另一个角度来看,正是在这种对于自然神学和唯信派的上帝观念完成批判的基础上,康德看到,既然上帝观念是一个独立的、超越的复杂观念(即他所谓的"理想","我称之为理想的东西似乎比理念还远离客观的实在性"),[⑦]那么在这个观念之中完成理性和信仰之间的统合也就随之成为可能。

这是因为,一方面,正如康德在驳斥唯信派的上帝观念时所指出的那样,信仰所意味的是主观的心灵与客观的共同基础相一致,而这个客观的共同基础所需要的这种整体性视角只有理性才能提供给我们,因为只有理性思维方式能够使我们置身于一个总体性的关系当中去看待事物,"除了在两个相互冲突的谓词的关系之外,还在与全部的可能性亦即一般事物的所有谓词的关系之外,还在与全部的可能性亦即一般事物的所有谓词之总和的关系中去考察每一事物。"[⑧]在这里需要注意的是,康德虽然否决了自然神学所意在表达的、直接从自然的理性之光中回溯到上帝观念,从而把上帝观念引向了启示的上帝观念,但是他却事实上仍旧在进行一种对于绝对者的积极的理性回溯,来表明信仰的这种"视之为真"确实是基于人类心灵和总体性的客观基础之间的一致。这里康德的回溯与唯理论自然神学的区别只不过在于,这种回溯并非是直接地说客观自然的理性秩序的至高处就是上帝的实存,而是间接地说理性思维过程中必然且"内在"地预设了总体性的大全的绝对理念,而这个理念即是上帝。柏拉图主义的理性本体论回溯的基本图像仍旧被保留了下来:上帝作为"理想"是一个"原型"(Urbild, Protoytpon),而一切事物都分有了这一原本,成为他的"摹本"(Nachbild, ectypa),而我们从这一摹本之上,能够理性地回溯到最为根本的作为"原本"的上帝。[⑨]

由此我们看到,对于上帝的真实信仰的根据归根到底并非是别的,而只是一个理性的信仰("现在,我们必须承认,关于上帝存在的学说就属于学理的信

---

⑦ 同上,第 323 页。
⑧ 同上,第 376 页。
⑨ 同上,第 379 页。

仰"⑩），而上帝的观念只有可能是一个总体性的、客观的先验基底和作为实在性大全（omnitudo realitatis）的必然存在。康德说：

> 因此，最高的存在者对于理性纯然思辨的应用来说依然是一个纯然的、但毕竟完美无缺的理想，是一个完成全部人类知识并使其达到巅峰的概念，它的客观实在性沿着这条道路虽然不能得到证明，但也不能被反驳……必然性、无限性、统一性、世界之外的存在[不是作为世界灵魂]、没有时间条件的永恒性、没有空间条件的全在性、全能等等，都完全是先验的谓词，而且因此之故，这些谓词纯化了的概念为任何一种神学都十分需要，都只能从先验神学得来。⑪

而另一方面，正是康德在驳斥唯理论自然神学时所指出的，知性的经验性知识回溯不到超验的绝对理念的内容和实存，这一点雄辩地证明了人神之间的根本疏离，那么恰恰是基于这种疏离，使得我们为"信仰留下了地盘"。⑫ 在《判断力批判》中，康德指出，确实有些人（如斯宾诺莎）宣称，基于人神之间的疏离，所以认为人能够完全满足于脱离了作为超越和恒常的基础的自然秩序，做一个正直和诚实的人，而不需要外在地相信有上帝的存在。但是他们的这种满足事实上是非常局限、偶然和暂时的，因为一旦遇到有环境遭际的变化和挫折，一种更为必然的规定性就会把他从对现实世界的满足中抽离出来。康德说：

> 虽然他本人是正直的、和气的、善意的，欺诈、暴行和嫉妒也将总是在他周围横行；而且他在自身之外还遇到的那些诚实的人，无论他们怎样配享幸福，却由于对此不管不顾的自然，而仍然与地球上的其他动物一样，遭受着贫困、疾病和夭亡这一切不幸，而且就一直这样下去，直到一个辽阔的坟墓把他们全部吞噬掉（在这里，正直还是不正直都是一回事），而那些能够自信是创造的终极目的的人们被抛回到他们曾经从中超拔出来的物质目的的混沌的深渊为止。⑬

---

⑩ 同上，第 527 页。
⑪ 同上，第 417 页。
⑫ 同上，第 18 页。
⑬ 康德：《康德著作全集》（第 4 卷），李秋零译，北京：中国人民大学出版社，2003 年，第 472 页。

这个时候,人才开始认识到,人不能在自身之中寻找到存在的根据,而不得不诉诸一个外在的超绝的存在。而这个绝对者的实存归根到底并非是理性所能论定的,理性对它的言说目的也并不在于其自身,而只在于超越的信仰。具体就康德的理性批判而言,虽然康德理性回溯到的绝对者理念只是一个"空位"⑭("我现在断言:理性在神学方面的一种纯然思辨的应用的一切尝试都是完全没有结果的"),⑮但是恰恰是因为它是"空"的,也就证明了理性自身不能自足,而必须要依赖于赋予神恩的绝对者的存在。而这种对于神恩的绝对者的依赖本身所要引向的是对于未知的终极目的的信仰。康德说:

> 人如果存在,就使幸福成为自己的终极意图,这却没有提供任何概念来说明他究竟为何存在,他本身具有什么价值,以使他的实存对他来说成为惬意的。因此他必须已经被预设为创造的终极目的,以便有一个理性根据来说明自然为什么在被按照目的的原则视为一个绝对的整体时,必然与他的幸福相一致。⑯

所以从这个意义上说,康德看到,上帝在既不是单纯理性的又不是单纯非理性的同时,上帝既是理性的又是非理性的。⑰ 这意味着哲理神学和启示神学这两种看似矛盾的解释思路不可偏废,并且理性的上帝观念与非理性的上帝观念都事实上正面地统合在同一个作为"理想"的上帝观念之中(这亦即康德所谓的神学上的"中间道路"):⑱它作为"理想",既是总体性的必然存在者的理念,又是完全超越于尘世的绝对者。

三、在道德领域的更深层次的统合:
以理性纯化的方式赋予超越"理想"以信仰的内容

不过,如果我们更加深入地理解康德通过转上帝为"理想"所完成的统一活动,我们还可以清晰地发现,这种统一还很不完善,因为这种统一有一种同时完

---

⑭ Dieter Henrich, *Der Ontologische Gottesbeweis* (Tübingen: J. C. B. Mohr [Paul Siebeck], 1960), p. 176.

⑮ 康德:《康德著作全集》(第 3 卷),第 415 页。

⑯ 康德:《康德著作全集》(第 4 卷),第 461 页。

⑰ Georg Picht, *Kants Religions Philosophie* (Stuttgart: Klett-Cotta, 1985), pp. 571 - 572.

⑱ 康德:《康德书信百封》,李秋零译,上海:上海人民出版社,2006 年,第 177 页。

全消除信仰的上帝和理性的上帝之内涵的危险。

具体地说，如果康德的这种上帝观念最终的目的是作为"他者"的启示神学的上帝的信仰（所谓的理性的上帝观念只不过通向这一可能充足原因的"准备"和"预科"，"自然神学是一种被误解的自然目的论，唯有作为神学的准备（预科）才是可用的，而且唯有通过附加另一个它能够依靠的原则对这一意图来说才是充足的，但却不是就自身而言、如其名称所要显示的那样是充足的"），[19]那么启示神学的上帝观念就必须要具有现实的且具体的内容。他是人格神，他不仅是道成肉身的创造者而且还是救赎者。在旧约中，他直接向先知发布号令，在新约中，耶稣基督亲身担负起了尘世的重负和苦难，他被钉死在十字架上。可是如果按照康德的这个作为"理想"的上帝观念的内涵，上帝这个观念对于人来说又只有可能是一个"空"的概念，我们不仅不能从理智上对上帝形成任何知识，而且也不能获知任何信仰上的具体教条、神迹与历史事件的实存。这也就意味着，康德为理性划界的同时，其实也为信仰划了一条线，从而抽空了圣经神学的现实内容。那么，我们足够有理由问，康德意下的这个理智和信仰上都为"空位"的上帝观念是否真的是一个具有启示意味的基督教的上帝观念？

更进一步地，对于康德所做的这种上帝观念的统一，我们有理由问，如果这种统一既没有充实理性的上帝观念的内涵，也没有充实信仰的上帝观念的内涵，那么这种理性与信仰的统一到底有什么意义呢？

不过，康德对此的辩解是，他虽然甚至可以承认，这个作为"理想"的上帝观念实质上宣告了，理性和信仰上的上帝观念皆是无实在内容的"空位"，但是他并不就此认为，他的统合理性与信仰两歧的试图完全落空了。因为随着对理性和信仰中关于上帝实存的叙述的抽空，上帝观念之内涵本身得到了一次重要的"纯化"[20]和提升，而"纯化"提升后的上帝观念不仅不与圣经神学中具体的人格神相抵触，而且还更好地表达了基督教上帝观念的最为本质和真实的内涵。而基于这个更加本质和真实的内容被填充进上帝观念之中这一事实，原有的理性和信仰之间的统一关系被更加深刻的方式奠定了。

在这里，康德看到，上帝不在人的任何理性或信仰的诉诸中展露出他的实存的更深层次意涵在于，自此以后，上帝之所以是上帝，其原因就不再在于他帮助了我们，不在于他宽恕了我们，不在于他死后能够复活，甚至不在于他是真理，而仅仅在于他高高地凌驾于我们这个污浊和无望的尘世之上，是尘世和堕

---

[19] 康德：《康德著作全集》（第 4 卷），第 461 页。
[20] 康德：《康德著作全集》（第 3 卷），第 417 页。

落的灵魂所无法企及的"圣洁"的"理想"。而这个"理想"最终到底是不是能够立得住，其根本所考验的也就并不在于上帝观念的内涵是否在理论上被充实（或被神秘地直觉到），而仅仅在于上帝观念的内涵是否在人的德性上被证实。人是不是能够有足够的德性，来无条件地做彻底的禁欲和弃绝，人是不是有足够的谦卑之心，服从于我们所未知的超越权威，是不是满足于人神关系中人所处的局促地祈求于神的恩典的地位？从一个更加现实的角度来说，人是不是愿意放弃事先预定的来自于党派的旨趣和"学派的垄断"，㉑是不是愿意承担自己的信仰或不信所必须承担的责任，以此来实践一种信仰上的谦卑和诚实？㉒

因此康德认为，在此过程中，上帝观念的真实内涵并不是被"虚化"了，而是被"实化"了，因为它由此不再是一个外在的事物性的问题，而是被现实地落实到每个生存于世的人的人格拷问之上了（"这是既不能由理性来洞察，也不能由经验的榜样证明的"）。上帝最为鲜活而又现实地启示于人的真实内容在于，人有一种更高的使命和更高的要求。正是在这一真实的内容之下，人需要在上帝与撒旦、善的原则和恶的原则之间做出生死攸关的选择，人以完全**献身于未知的超越者**的方式纯化自己的思想，要求人具有这种足够的谦卑和正直的德性，恭敬地选择绝对服从，它甚至要求人以严格的禁欲的方式完成与污浊的现世决裂，从而完成一场彻底的心灵再造和灵魂革命来"转变成为一个新人"，㉓以此来见证上帝确实保持一种彻底纯洁（圣洁）的存在。而在这个意义上，我们发现，上帝观念的内涵通过自身的意志和德性的填充而开始逐渐丰满起来：虽然仍旧呈现为一个个抽象的、纯粹的命令和原则，但却恰恰呈现出其救赎和慈爱的基督神性来。

至此再来看，上帝观念本身到底是理性的还是非理性的就不再重要了。在至高的德性的保证之下，理性和信仰在上帝观念问题上在此时自然可以达成统一和一致：上帝会以派发理性的无条件的命令方式，向人给予绝对的道德感召，而人对这种命令加以服从的时候，就完成了"德性的信仰"。㉔康德说：

> 一个实践上的必然的目的，纯粹的理性意志在这里并不选择，而
> 是服从一个严谨的理性命令——这个命令绝不是建立在偏好之

㉑ 康德：《康德著作全集》（第 3 卷），第 19 页。

㉒ 康德：《康德著作全集》（第 8 卷），李秋零译，北京：中国人民大学出版社，2003 年，第 271 页。

㉓ 康德：《康德著作全集》（第 6 卷），李秋零译，北京：中国人民大学出版社，2003 年，第 213 页。

㉔ 同上，第 62 页。

上……这是一个在绝对必然的意图中的需要，它并不是把自己的预设仅仅当作允许的假说，而是当作实践意图上的公设来辩解；而且如果承认道德法则作为命令（而不是作为明智规则）严谨地约束着一个人，正直的人就完全可以说：我愿意有一个上帝，我在这个世界中的存在也要在自然联结之外还是一个纯粹的知性世界中的存在……我坚持这些并且非要有这种信仰不可；因为这是唯一的东西，在其中由于我丝毫不可以忽视我的兴趣，我的兴趣就不可避免地规定着我的判断，而不去注意一些玄想，哪怕我对这些玄想可能会多么难以回答，或者多么难以做到以虚假的玄想去对抗它们。㉕

四、批判的反思

最终，当我们再回顾上帝观念之统一这一康德神学的中心问题和线索的时候，我们看到，康德事实上从一个更加深层次的角度，试图去完成唯信和唯理的上帝的调和：

（1）上帝由间接理性回溯起，以超越理性的限制和人神隔阂的信仰终，理性的上帝和信仰的上帝被表象融合于这个统一的理性批判的过程当中。

（2）通过对唯信和唯理的上帝之实存进行彻底的否定，他把这两者都最终奠基在人在对客观的权威的无限服从的过程中对上帝观念的内涵的充实活动之中。

但是这里的问题在于，即使如此，这种统一是否真正是成功的？对于前一种在理性批判中试图统一之完成性的质疑来自于两方面：

（1）理性的间接回溯最终所得到的对象——即一个无知识内容的绝对的理念，是否真的意味着它同时还是非理性的信仰的对象本身，而不是理性自身所建构起来的对象？

（2）"纯化"之后的作为"理想"的上帝是否真的能够具有现实的内涵，以至于能够成为理性和信仰之间统合的基础？

前一种质疑所依据的原因是，康德的这个处理方式本身就意味着，理性与信仰、自然神学的上帝观念和超自然神学的上帝观念之间的统一，只能存活在

㉕ 康德：《康德著作全集》（第 3 卷），第 151 页。

一个区分极为严格的"过程"之中,如果剖开这个过程来说,上帝观念的起始部分是单纯理性的,而结束部分是单纯非理性的,那么就这两端来说,上帝观念就确实还是分裂的,并且这种分裂是如此之严苛,以至于在其中不能掺杂一丝其他的内容。黑格尔在他的《哲学全书》中明确地指出了这种实质的分裂:"极大的不一致,一方面承认知性只认识显象,另一方面断言这种认识是某种绝对的东西,人们不能超越这种东西。"[26]而就康德神学在他之后的接受而言,后人也是从分裂的这两端来发扬他的上帝观念。超自然主义者们在康德的上帝观念的最后基础上,来论证反对在康德那里对启示信仰的贬低(例如施托尔[Gottlob Christian Storr]),而理性主义者们则把康德的上帝观念的起始一端极端化,并把它引入神学,因为他们看到康德指出了把基督教圣经中的教义纯化为理性的宗教的道路(例如科亨[Hermann Cohen]和亨克[Heinrich Philipp Konrad Henke])。"由康德所表述的理性主义和超自然主义之间的区分为标示新教神学中决定着 19 世纪前二十年的那场争论提供了主题词"。[27] 而从这种后世影响的分裂中,我们也可以从另外一个角度看到康德的上帝观念本身的分裂。

而后一种质疑所依据理由是,随着上帝之内涵的基础落实到了人的德性之上,这样一个"纯化"的观念的真正危险在于,人有限的自我最后成为了绝对的基础,因此康德所预期的人神之间的张力消失了,基督教的上帝所赖以成立的前提消失了,从而这个上帝观念的真实内容也就消失了。当有限的自我取代了上帝之后("不认识上帝,而是如人们所说的认识人。这个人和人性是时代的绝对立场,亦即理性的一种固定的、不可克服的有限性……"),[28]我们看到,尤其是在面对极端恶的直接威胁的时候,现实情况是,人因为不再具有后顾之忧,所以往往并不能像康德所期盼的那样,弃恶扬善,往往不能走出自身去接纳和充实一个已然死去的真实的上帝观念,而是选择放松自我设下的"过高"的道德要求,使自己安于对恶的原则的屈服。而既然人无法经受终极的天人交战的考验,那么上帝也就成为了一个更为空洞的、伪饰的和感性化的高贵名词,它的功用只在于麻醉自身的罪恶而已("启示的意图就在于:只是从为弱者进行的调节中,以感性的外壳提出这一类命题")。[29] 黑格尔对这一处境的描述再恰当不过了:

㉖ 黑格尔:《哲学全书·第 3 部分·精神哲学》,杨祖陶译,北京:人民出版社,2017 年,第 60 页。

㉗ 潘能伯格:《神学与哲学》,李秋零译,北京:商务印书馆,2013 年,第 240 页。

㉘ 黑格尔:《哲学全书》(第 62 卷乙),第 11 页;转引自潘能伯格:《神学与哲学》,李秋零译,北京:商务印书馆,2013 年,第 240 页。

㉙ 康德:《康德书信百封》,第 178 页。

宗教在个人的心灵中筑起自己的庙宇和祭坛。在叹息和祈祷中，这人寻求他在直觉中加以拒绝的上帝，因为担心理智认识到、直觉到的仅仅是事物，从而把神圣的树丛亵渎为一块木头而已。③⑩

既然上帝观念的真实内涵的意义都无法被确定，那么理性和信仰之间统一的、最终的现实基础也就随之被瓦解了。

五、结语

从康德对唯理论自然神学与唯信派的上帝观念的不满，到他强调人神之间的隔阂和理性所不得不提出的最高的绝对存在的理念（不具有实存性的"理想"），再到最终他用出自人对德性的绝对服从和献身式的弥赛亚主义的信仰来填充理性"理想"的空位，我们可以清楚地看到康德统一理性的上帝观念和信仰的上帝观念的意图贯穿了他的整个理论哲学和实践哲学，我们才得以理解，理性与信仰之间的包含张力的统一这一传统而又古老的基督教神学的意图，事实上是康德那个庞杂而又深厚的哲学体系的一个中心线索。正如卡尔·巴特所说，康德对这一问题的提出和处理本身隐含了足够的洞见，③⑪依循着这个神学的中心线索再去看他的形而上学体系的根本意图，我们也许能够产生一种新的、更深层次的认识。

作者简介：复旦大学哲学学院博士研究生，研究方向为德国古典哲学。

---

③⑩ 黑格尔：《哲学全书》（第 62 卷乙），第 57 页；转引自卡斯培：《现代语境中的上帝观念》，罗选民译，上海：华东师范大学出版社，2008 年，第 28 页。

③⑪ Karl Barth，*Protestant Theology in the Nineteenth Century*，p. 312.

保罗·蒂利希的象征理论

——它的理路与得失

成静

【摘　要】20 世纪最伟大的神学家之一保罗·蒂利希一生致力于基督教和现代文化之间的沟通。他认为基督教的信息为现代世俗文化所凸显的人的生存状态的问题提供了答案,只是这种答案是以一种象征的方式表达出来的。蒂利希认为宗教是人终极关切的一种状态,而人终极关切的内容超出日常语言的描述能力,但人终极关切的内容又与日常语言的内容相联系,这允许我们、也让我们只能在象征的意义上使用日常语言来指向终极关切的内容。

【关键词】蒂利希　象征理论　宗教语言　终极关切

在基督教神学思想发展的过程中,如何对待和处理圣经的文本一直是一个基础性的问题。圣经中的前现代的叙述以及关于其内容的基督教信仰在现代社会受到了来自各方面的挑战:自然科学,新的价值体系,以及其他宗教和文化。于是,如何在现代的语境中阐释圣经的叙述和耶稣基督的信息成为许多现代神学家关心和思考的问题。20 世纪最伟大的神学家之一保罗·蒂利希 1886 年出生于普鲁士一个保守的路德宗的牧师家庭。随着他成人后离家求学,他开始接触现代的思想和价值体系,对他的父亲所代表的传统生活方式产生了怀疑,但他并没有因此全盘否定基督教的传统,1912 年蒂利希被按立为路德宗的牧师。而如何在现代社会中继承和发扬基督教传统中有价值的因素,成为蒂利希神学思想的一大主题。

面对基督教的叙述在现代社会中遇到的挑战,蒂利希提出:"所有关于神的宗教陈述都是象征性的。"①蒂利希认为这种象征性的陈述为人类的生存处境所包含的问题提供了答案,而对于基督教信息的诠释则当与对人的生存处境的分析相关联。这篇文章将简单介绍蒂利希处理基督教的信息所运用的象征理论,考察它可能的得失,以期作为有志于继承和发扬中华传统文化的学者的借鉴。

一、什么是象征?

蒂利希的这样一套理论首先要解决的问题是,如果宗教陈述是象征性的,那是不是说宗教或圣经所谈论的东西都是人为的、虚假的呢? 为了回答这个问题,我们首先要弄清楚,对于蒂利希来说,所谓"象征"(symbol)是什么意思。

在解释"象征"这个词的含义时,蒂利希将它与"标记"(或记号,sign)进行了比较。"象征"和"标记"都"指向它们自身之上的其他东西"。② 例如,一个裁判在体育比赛中用手势宣布他的判决,一个将军的肩章可以告诉我们他的军衔,红绿灯指示车辆该走还是该停,等等。这些都是"标记"。除此以外,我们看到,权杖被视为权力的象征,天平被视为公平的象征,鸽子是和平的象征,红色的心常常象征爱,金字塔象征埃及,等等。这些例子告诉我们一个记号通常表示一个具体的意思,例如,一个裁判的判决、某人的军衔、交通的指令,等等。而象征通常指向的是抽象的宏大的东西,例如,权力、正义、和平、爱、国家,等等。这里隐含了记号和象征之间的决定性的区别:当一个记号指向某种具体的东西时,这个记号并不参与到所指的实在中去。③ 裁判用手势宣布他的判决,但是这个判决要由运动员来执行;一个将军无论戴不戴肩章,他的军衔都是一样的;要是哪天停电了,交通警察会用他的手势来指挥道路的交通。相反,由于被象征的

---

① Paul Tillich, *Systematic Theology*, vol. 1(Chicago:University of Chicago Press, 1973), p. 9.

② Paul Tillich, *Dynamics of Faith* (New York:Harper Torchbooks, 1957), p. 41.

③ Ibid., p. 42.

事物总是抽象的，所以它不被严格地局限在特定的时间和地点之内，于是具体的事物就有可能、甚至有必要参与到它的实在中去。权杖总是由掌权的君王握在手里，天平是被用来称重量的，金字塔是古埃及文明的结晶，等等。

其次，记号是由人有意制作出来用以代表某种事物含义的。这样一来，人们为了使用的方便可以用别的记号来代替已有的记号。例如，不同国家在不同的历史时期用不同的服饰标记来表示官员的等级。信号灯的红色和停之间，绿色和行之间并没有必然的联系，只是由于人的视觉感受的特点，我们才选择红来表示停，绿表示行。和记号不同，"象征不能被有意地制造出来"。④ 我们不能在人类历史中找出由某一个人或社会群体发出的具体行为，来指定天平象征正义，鸽子象征和平，红心象征爱，等等。蒂利希说："它们是从个人或集体的无意识中生长出来的。"⑤从而，我们对这些象征的接受也需要我们的无意识的参与。

但是更重要的是，蒂利希说，一个象征"打开了一个实存的层面，这一层面若非如此向着我们就是封闭的"，而且它"也解开了我们灵魂中与这一实存的维度和要素相称的维度和要素"。⑥ 关于这一点，我们需要看一下蒂利希进一步的解释：

> 一幅画和一首诗启示了科学所不能处理的现实的要素。在艺术的创造性作品中，我们遭遇一个没有这样的作品就会向我们封闭的维度中的现实。……一个伟大的剧作不仅给我们关于人的场景的新景象，而且它打开了我们自身存有的隐藏的深度。……在我们里面有些维度，除非借着（诸如音乐中的旋律和节奏）象征我们就无法觉察。⑦

象征的现实是实在的现实，并且是意义重大的现实，但是我们不能直接指向它，而只能通过经验中的事物来指向它。关于这些现实的象征把它们所象征的带到我们面前要求我们做出回应。我们可以通过放飞鸽子表达我们对和平的热爱，在我们注视国旗升起时我们心中会有对祖国命运的关怀，等等。

---

④ Paul Tillich, *Dynamics of Faith*, p. 43.

⑤ Ibid., p. 3.

⑥ Ibid., p. 42.

⑦ Ibid., pp. 42 – 43.

二、我们的信仰要用象征表达

蒂利希进一步认为,我们的信仰只能用象征来表达。[⑧] 采用象征性的语言来表达我们的信仰既是必要的也是可能的。这一点是由蒂利希对信仰的定义决定的。蒂利希认为"信仰是终极关切的状态"(Faith is the state of being ultimately concerned)。[⑨] 在汉语里面我们说我们关心什么事物,我们是主语,事物是宾语。但是在英语里,我们可以"concern",也可以被"concerned"。在我们的关切行为中,我们通过我们的关切实现我们的主体性,我们也被我们所关切的客体化。我们关切(或在乎)我们的衣食健康,我们也因我们的衣食健康而操心,因为这些是我们存在的不可少的条件。我们可能也会关切真善美,因为它们植根于我们存在的基础之中,也影响我们存在的状态。我们的关切推动着我们的生命,它要求我们付出时间、精力、体力和脑力。我们会担心我们为之付出不够,我们的关切可能引起我们的焦虑,但是如果有一天我们什么都不在乎(关切)了,我们的生命也会失去方向和分量。我们是我们关怀的主人,也是它的奴隶。我们的关怀可以让我们的生命有意义,也可以让它一团糟。

为了把我们从这种两难中解救出来,耶稣要我们不要为我们所关切的忧虑,不要为我们的衣食忧虑,而要先寻求神的国和神的义。蒂利希说,这应当成为我们的终极关切。蒂利希用"终极关切"来总结耶稣给我们的大诫命:"主我们神是独一的主。你要尽心、尽性、尽意、尽力爱主你的神。"(《马可福音》12:29)[⑩]这样一来,所有以前的关切都变成"初级的"(preliminary)了。

大诫命所表达的这种终极关切是无条件的、完全的、无限的。[⑪] 它要求被命令的一方完全委身,不管环境如何,不管被命令的人自己有什么欲求。在这种意义上,这种委身是一种牺牲。蒂利希认为这样的关切就是宗教性的。只有神值得我们这样的关切,这样的委身,这样的牺牲。实际上,任何其他东西,比如,财富、知识、荣耀,等等,一旦我们对它们这样委身,它们就成了我们的神。

但是,对蒂利希来说,真正的神,唯一值得我们终极关切的,是存有本身(being-itself)。财富、权力、知识、荣耀,等等,这些东西都是变化不定的。它们

---

⑧ Paul Tillich, *Dynamics of Faith*, p. 45.

⑨ Ibid., p. 1.

⑩ Tillich, *Systematic Theology*, vol. 1, p. 11.

⑪ Ibid., p. 12.

的重要性也总是相对的。只有存有本身，它托住每一个特定的存有，它是不可超越的。大地上的东西有荣有枯，但是大地本身是常驻不变的。存有本身也是任何具体的存有的存在能力的来源。

由于这个真正有终极意义的东西无限地超越一切特定的存有，甚至超越所有特定存有的集合，所以它不能直接由任何有限的存有来表达。[12] 但是，我们的经验告诉我们，实际上让我们关切的，总是一些具体的东西，比如，我们的生活质量、我们的德行、社会正义，等等。蒂利希说："我们无法关切我们不能切实遭遇的东西。"[13]于是，唯一的解决办法就是用具体的存有指向抽象的存有本身，所以，"人的终极关切只能象征地表达"。[14] 我们之所以可以这样做，是因为"每一个有限的东西都参与在存有本身里面，也参与在它的无限之中"。[15] 每一个具体的存有都从存有本身领受了存在的能力。蒂利希相信，这种"参与"使得那"初级的"可以象征那"终极的"。

除此以外，我们前面的分析表明我们所关切的内容同时既是我们的对象也是我们的主人。由于我们的终极关切具有这样的特征，所以它在我们日常语言的处理能力之外。蒂利希认为，我们的日常语言是建立在主体和客体二分的基础之上的。在典型的日常语言中，主体和客体之间的界限是非常清楚的。但是对于我们所关切的，我们不能这样来处理。我们从来不能悬搁我们和我们所关切的之间的纠缠，然后把它当成我们手中的客体来进行考察；当我们那样做时，它就不再是我们的"关切"了。我们的终极关切尤其如此，因为它要求我们完全的委身。它是我们委身的对象，但是其实在我们向它委身时我们变成它的对象。关切和被关切者之间的关系超出主体性和客体性之上。[16] 所以，信仰的内容，作为我们的终极关切，超出我们日常语言的能力范围之上。

三、基督教中象征语言的例子

论到基督教信仰，蒂利希说，首先，神是"我们终极关切的基本象征"。[17] 他进一步解释说：

---

[12] Tillich, *Dynamics of Faith*, p. 44.

[13] Tillich, *Systematic Theology*, vol. 1, p. 211.

[14] Tillich, *Dynamics of Faith*, p. 44.

[15] Tillich, *Systematic Theology*, vol. 1, p. 237.

[16] Ibid., p. 12.

[17] Tillich, *Dynamics of Faith*, p. 45.

这意味着在神的概念中我们必须区别两个要素：终极的要素，它是[我们的]直接体验，它本身不是象征性的；具体的要素，它是从我们的日常经验中取出来的而被象征性地运用到神身上。……在这种被界定的意义上，神是信仰的基本的、普遍的内容。⑱

"神"象征了任何我们终极关切的东西。但是实际上我们的关切总是受到我们存在状况的影响，受到我们的经验和认识的影响。即使是我们宣称终极地关切存有本身，这一关切的实际内容在很大程度上是建立在我们的初级关切的基础之上的。虽然真神只有一个，但是每个人的"神"的名称包含了不同的内容。即使有人说"没有神"，他也只能说像他所认为的那样的神不存在，但是他可能仍然有他终极关切的东西，只是他不知道这个其实就是他的神。

其次，基督教有关于神的特征的象征，比如，"主""父""爱""公义"，等等。除此以外，它还使用象征的语言来讲述神的作为和关于神的事情，比如，"神创造世界""神将他的儿子赐给我们""神在园子里行走"，等等。所有这些概念最初都是被用来描述人的特征和行为的；当它们被运用到神身上时，它们为我们进入和神的位格性的关系提供了便利。但是我们必须注意，当我们这样使用的时候，这些语言在我们的经验领域里的原初含义既适用又不适用于神。

神是我们的"主"。这意味着神对我们有绝对的权威，在神和我们之间有一个我们自己永远无法跨越的鸿沟，他为世界立法，又是这个世界最终的审判者，不管我们愿意与否他的旨意都要成就，等等。"主"这个词表明了神的能力、荣耀、威严和公义，他要求我们顺服。但是，这样一位大能的统治者从来不是一个专横的暴君，他不会无视我们的自由，把他的意志强加在我们身上，也不会因为我们的软弱和贫穷蔑视我们。他也是我们的慈父，他创造我们，托住我们，拯救我们，也成全我们；他是我们存在的基础，力量的源头，勇气的来源，他也是我们终极的归宿。但这个"父"不仅仅是一个"好爸爸"，他不会纵容我们的过犯，他不会收回他的审判，他的恩典也从来不是廉价的。⑲

而当我们说神是爱时，蒂利希说："我们把分离和联合的经验运用到神的生命上"。⑳ 但是神的爱远超过我们人的爱的经验。在每一个属世的爱的关系中，爱的和被爱的之间的距离是这个关系的前设，而双方对两者的联合的盼望是爱

---

⑱ Tillich, *Dynamics of Faith*, p. 46.

⑲ Tillich, *Systematic Theology*, vol. 1, pp. 287–288.

⑳ Ibid., p. 280.

的意义所在。在这种关系中，对对方的向往总是会受到个人利益的影响，受到个人自我实现的欲望的影响，所以这种爱总是有条件的、部分的、选择性的。相反，神总是期望不同于自己的他者（即他的被造者）的实现。神爱它们，虽然它们不能给他什么，甚至可能会忽略甚至抵挡神的爱。神的爱是无条件的、普遍的、赦免的。神也爱他自己，但他从他自己走出来；他也寻求自我的实现，但是他是通过成全对方来实现自我，甚至不惜以牺牲自己为代价。

神也是"义"。虽然神想要和我们联合，但神从来不强迫我们爱他。神承认我们的独立和自由。他允许我们的意愿成就，但他并不因此放弃他自己的旨意，他的公义也不可侵犯。他审判我们的罪。但是和人的审判不同，神的审判不是基于"以眼还眼，以牙还牙"的计算，而是以公义回报我们的不义。神也不是有意惩罚我们——神是想要祝福我们，但由于我们的抵挡，原本的祝福变成了对我们的咒诅。神的审判是出于爱也是为着爱。㉑

论到描述神的作为的象征性语言时，蒂利希强调，我们不能把它们当作关于神的字面的历史陈述。例如，"神创造世界"。蒂利希强调说它不是讲述"发生在'从前'的"一个故事，而"是对神和这个世界之间的关系的基本描述。它是和对人的有限性的分析相关联的"。㉒ 我们都意识到我们是有限的存有。我们有这样的意识，因为我们有对无限的意识却并不拥有无限。于是我们总是感受到我们存在的不确定性，感受到它总是受到无有（nonbeing）的威胁。然而，尽管如此，我们确实存在，虽然我们的存在没有必然性。这种非必然的存在需要一个原因。创造论给了我们这个原因。我们在这里，因为神创造了我们又托住我们；而我们是有限的，因为作为被造者我们的存有是从存有本身领受的，我们自己并不拥有我们的存有。

除此之外，蒂利希指出，"还有另外一组信仰的象征"。它们"是对神圣者在物件和事情、个人和团体、词语和文件中的展现"。㉓ 这一组象征里面包含一些圣物，比如，圣像、教堂、作为人写的书的圣经、圣礼、和平的集会、一个传递神之爱的人（比如特蕾莎修女）、批评社会不公的演讲，等等。这些东西能够成为神圣者的象征，因为在人类历史中它们有对神圣者（the divine）的参与，这种参与是它们的神圣性（holiness）的来源。我们可以借着这些东西来敬拜神，但是神的媒介从来都不应该代替神自己。当对终极者的象征一旦自行取得终极性，它

㉑ Ibid., pp. 282 – 284.

㉒ Ibid., p. 252.

㉓ Tillich, *Dynamics of Faith*, p. 48.

就成了偶像。

四、关于象征理论的进一步说明

蒂利希进一步指出，一个宗教当中的象征不是彼此孤立的，它们被编织在一起来讲述某一个宗教——神话就是这样形成的。蒂利希说："神话是在关于神人相遇的故事中结合在一起的信仰的象征。"[24]蒂利希将神话和象征联合在一起的做法把圣经变成了一部神话。对于蒂利希来说，伊甸园、亚当的犯罪、大洪水、出埃及等等都是神话。作为神话，它们都必须被"去神话化"（demythologized）或者"被解开"（broken）。[25] 但是"解开"一个神话不是把它摈弃掉，也不是把它翻译成概念性的教导，因为它作为信仰的语言的作用不能被代替。神话应该仍然是神话，但是我们要对它作为神话的特性有所认识。对于蒂利希来说，有意坚持象征和神话字面意义的真理性和它们的历史真实性是一种偶像崇拜，是把初级的当成终极的。

在这里，可能有人会问，为什么是圣经中的这些神话成为我们信仰的资源，而不是别的什么神话呢？蒂利希的回答是，因为这些神话是"历史的"而不是"自然的"。所谓"自然的"神话只是要解释自然界中的运动过程，而"历史的"神话赋予人类历史以终极的意义。[26] 在这里，"自然的"和"历史的"区别的重点不在于里面有没有人的参与，而在于一个神话只是讲了"怎么样"还是讲了"为什么"，在于它是否赋予人类历史以终极的意义。比如中国古代有神话传说，说天上本来有九个太阳，但是后来被后羿射掉八个，这个神话只是说明为什么天上只有一个太阳而不是九个，所以它只是一个"自然"神话而不是一个"历史"神话。在一个"历史"神话中，神圣者介入并引导人类的历史，而这样的神人相遇的历史进一步邀请神话外面的人加入，也就是说它要求我们的信心。

蒂利希明白，对于很多人来说，"象征"意味着"不是真的"。为了澄清这一点，蒂利希指出，我们首先要承认在我们经验领域之上的实在。[27] 象征所指向的实在是真实的，只是我们不能把它当成感官的经验对象，而只能通过象征来指向它。并且蒂利希已经指出，象征和记号不是一回事，象征参与到它所指向的

㉔ Ibid. , p. 49.
㉕ Ibid. , p. 50.
㉖ Ibid. , p. 53.
㉗ Tillich, *Systematic Theology*, vol. 1, p. 241.

实在,而且它与所指向的实在之间的联系不是人为的。蒂利希相信,对于"神的名"的象征性的理解应该会比对"神的名"的字面上的理解在我们里面激发更深的崇敬,因为那些字面的理解很容易导致偶像崇拜和迷信。[28] 蒂利希说:

> 我们应当避免"仅仅是个象征"这种说法,因为非类比的或非象征性的关于神的知识比类比的或象征的(关于神的)知识具有较少的真理性。按着有限的材料的平常的意思来使用它们认识启示的知识将会毁坏启示的含义,并且剥夺神的神性。[29]

五、象征理论可能的得失

蒂利希通过放弃对宗教语言的字面意义的坚持,有效地回应了科学理性对基督教信仰的可能的批驳,也抵制了信仰行为中可能的迷信活动。创造不是一个历史事件,它并不是要解释现象界当中的因果联系,它是一个或一套象征的叙述,为的是解决人之存在的悖谬处境。当神被描述为我们终极关切的象征时,关于神是否存在这样一个棘手问题就被规避了。关于信仰的真理也不是认知的,所以它也超出科学或历史的检验能力。认识神不是要在现象界中发现一个神圣的存有。神不是一个神圣的存有,他是存有本身,他不能被等同于任何一个特定的存有,他是一切现成的存有的基础。

蒂利希对关于神的客观知识的可能性的否定维护了关于神的奥秘。我们对神的认识总是象征性的、间接的,所以即使在我们的认识中神仍然是一个奥秘。神在对他的象征中显现,但神不受这些象征的约束,我们不能限制他在其他的象征中显现的自由。这样一种诠释开阔了宗教信徒的心胸,使他们对其他的宗教有更开放的心态。

最重要的是,通过强调宗教语言的象征性,蒂利希提防我们的信仰落入狭隘的偶像崇拜的陷阱。一个合适的象征应当指向它所象征的终极实在而不是让我们的眼目停留在它自己身上。在这个意义上,蒂利希认为被钉十字架的耶稣基督是一个"标准的"象征,因为他在显明终极实在的同时否认了他自己。蒂利希认为这个标准应该被用来判断任何宗教真理的有效性:终极的真理应当既

---

[28] Ibid.
[29] Ibid. , p. 131.

肯定它自身又否定它自身,而它的自我肯定和自我否定应该是彼此包含的。[30]
这样,蒂利希既维护了基督教信仰真理的终极性,又没有轻易否定其他宗教的
价值,为基督教和别异其他的对话开辟了道路。

但是蒂利希的理论恐怕很难令真正的宗教信徒满意。首先,蒂利希对宗教
语言的象征性解释是建立在他对信仰的定义的基础之上的。蒂利希把信仰描
述为一种"终极关切的状态",言下之意是要把"信仰"(faith)与"信念"(或信条,
belief)区分开来。蒂利希特意指出,信仰不是对于证据不足的事物的认识,[31]也
不仅仅是对一些权威的接受。[32]蒂利希这种对信仰的解释把信仰变成一种人的
行为,忽视了信仰也是人的一种需要。作为对人需要的满足,信仰要有质料性
的内容,例如,基督教信仰有要求信徒告白的基本内容——信经:"我信
(believe)上帝全能的父……,我信(believe)我主耶稣基督……"当然蒂利希可
以说信经当中所告白的内容是象征性的,但是一个普通的信徒总是期待他的神
来满足他的需要,这并不等于说他信神仅仅是为了满足他的需要,因为神自己
说我们如果先求他的国和他的义,他会满足我们一切的需要。这样的应许怎么
可以简单地用"象征"两个字打发掉呢? 对这种应许的相信难道不是对证据不
足的事物的接受吗?

在我们的日常生活中,我们所关切的往往是我们劳作的动力,而我们所获
得的也往往是对我们所做的工价的回报。在这个意义上,我们所关切的成了我
们的审判,它带给我们的更多是不安,而不是平安。我们越是关切一个东西,就
越是无法从它得到平安;如果神仅仅是我们所终极关切的,何谈从神那里得到
恩典呢? 这显然大大偏离了基督教因信称义的灼见。

没有人会自动终极地关切存有本身。人往往首先关切的是与切身利益相
关的具体事物;他往往要在这样的关切上栽了跟头才会质疑自己这样的关
切——说到底他需要存有本身来满足他的需要;否则无论他多么努力都得不到
满足,而这种满足绝不是对他的劳作的回报。一个一直沉默的深渊是乏味的,
会让人陷入绝望。信仰当然不等于接受一些证据不足的事物为真,但是它应该
包含一些基本的信念而且往往要从这些基本信念出发。

对于信仰的这样一种看见让我们重新思考信仰所用的语言的性质。如果
信仰需要以一些信念(或信条)为基础,它又怎么可能把字面意义从他的语言中

---

[30] Tillich, *Dynamics of Faith*, pp. 97 - 98.

[31] Ibid. , p. 31.

[32] Ibid. , p. 32.

清除出去呢？如果一切字面意思都要从我们关于神的讲论中清除，我们关于神的象征性解释哪里有落脚的地方呢？蒂利希自己也注意到这个问题，所以为了让他的理论可以自圆其说，他补充说，"我们所说的关于神的一切都是象征性的"这句话的意思必须是字面的，"否则我们将陷入循环论证"。㉝ 除此以外，像"神是无限的，或无条件的，或存有本身"这些语句处于象征表达和字面表达的边界。㉞ 这样的补救措施可以让蒂利希避免逻辑错误，但是是否可以完全解决问题呢？

让我们来看一下蒂利希提供的例子。就如蒂利希所说，"主"和"父"都是关于神的象征性称呼，那我们当如何来理解这些词呢？蒂利希要用"能力、荣耀、威严、神圣的旨意"等等来解释神作为我们的"主"的属性；对于"父"，蒂利希解释时用的是"慈爱、恩典、保护、接纳"等等字眼。㉟ 显然这些又是象征性的语言。于是我们又要问神的"能力、荣耀、威严、旨意、慈爱、恩典"等等意味着什么？可能蒂利希又会给我们更多的象征的描述。这样我们就被引向一个无穷倒退的过程。

而如果我们让一个普通信徒来解释什么是神的爱，他可能会说，神的应许不落空，如果你先求他的国和他的义，他真的会满足你的一切需要。可能蒂利希会说，在这里神的"国"和神的"义"都是象征性的语言，但是对于这个信徒来说，他的需要得到了满足却是实实在在的。这样说来，在一个神人相遇的经历中关于神的部分是象征性的，而关于人的部分是非象征性的吗？

这个简单的例子让我们思考，我们如何能将字面的表达和象征性的表达清楚地分开呢？圣经当中固然有一些和大多数人的日常经验不相符合的可被称为"神话"的内容，但是像撒母耳听见神叫他，保罗在去往大马士革的路上遇见耶稣，他被提到第三层天，等等，这些叙述也都要被当作象征性的吗？这些事情真的发生过吗？似乎这不是科学研究或历史考证可以确定的。

如果我们指望科学来为我们破除迷信，只怕是难以真正取得胜利，因为科学研究本身是没有尽头的。今天的人觉得稀奇的事情过去的人也会觉得稀奇，只不过可能程度不同。科学教育不一定会减少一个人的迷信，上古的人用龟甲和蓍草来卜筮，今天的人可以用电脑做同样的事。迷信的根源不在于缺少科学的信息而在于人缺少安全感，误把初级的当成终极的。任何人一旦过于执着于

㉝ Tillich, *Systematic Theology*, vol. 2, p. 9.

㉞ Ibid., p. 10.

㉟ Tillich, *Systematic Theology*, vol. 1, pp. 287 – 289.

那初级的就难免陷入迷信的网罗。因此耶稣是最不会被所谓超自然的魔力所网罗的，尽管他所拥有的科学知识应该比我们少很多；由于他认识真神，所以他能抵挡假神的诱惑——要战胜假神，我们只能依靠真神。

蒂利希对基督教信仰的现代性的去神话化的诠释无疑让基督教的信息更符合现代人的心理，但是一旦我们通过蒂利希架起的桥梁进入基督教传统的园地，只怕就要把那座桥抛在身后，自己去欣赏这园子的丰富了。

作者简介：成静，系统神学博士，福建神学院教师，主要研究现代基督教神学。

探析宗教对话的哲学基础
——谈杜威的宗教自然主义视角

肖根牛

【摘　要】宗教对话对形成人类命运共同体的重要性日益突出，但是传统的宗教对话模式和理论无法彻底解决这一问题。杜威从宗教自然主义的立场考察宗教在自然经验中的起源，把宗教与宗教性区分开来。宗教性是经验的一种性质，是对包含在自然中的理想和价值的一种期望和追求，上帝观念是实现这一理想价值的自然力量和条件的投射，制度性的宗教是它们投射到超自然领域的结果。释放被制度性宗教所桎梏的宗教性经验，在此基础上形成人类的共同信仰和宗教生活，由此实现真正的宗教对话和建构人人皆兄弟的人类命运共同体。

【关键词】宗教对话　宗教性　自然　经验　共同信仰

自从不同的宗教相遇以来，人类就面临着一个非常重要且棘手的问题，就是如何处理不同宗教之间的关系，尤其是随着近代西方资本主义的发展和全球化体系的形成，各大宗教原先那种传播范围较为明确的界限被打破了，人类开始大范围和深层次地交流与交融,如何面对其他的宗教成为了棘手的问题。人类若要实现真正而持久的和平,就不能再依靠传统那种简单的方式来处理,而必须要主动地了解、信任和包容对方,走向宗教之间的对话,正如汉斯·昆所说:"没有宗教之间的和平,则没有世界的和平。没有宗教之间的对话,则没有宗教和平。"①宗教思想家们也一直在为实现宗教之间的对话建立各种平台和理论,也起到了某种促进作用,但是各种对话理论和模式始终难以避免被指控为宗教中心主义的嫌疑,要跳脱这种中心主义就必须对宗教对话的基础有一种生存论意义上的考察,探究其在人类的生活经验中是怎么发生的和如何起作用的,只有这样才能寻找到人类信仰的共同基础。本文就是在此种立意之下试图探寻杜威的宗教理论对此议题的重要意义。杜威认为宗教本来是人与自然互动的一种方式,它所产生的基础是自然本身具有宗教性质的经验,所以超自然的宗教本身就是自然的。但是宗教经过制度化之后就变成了宗派性宗教体系,排他性和唯一性成为了宗教的核心特质。杜威的宗教自然主义试图通过拨开覆盖在宗教之上的层层装饰来看见宗教在自然中的根源,由此恢复宗教与人的经验世界之间的联结,让上帝观念变成促进现实世界中的善的理想投射和激发人们行善的动力来源,在这种善的促进中形成信仰共同体,人为的宗教隔阂变得多余,由此可以塑造一种重视此岸世界的新的宗教生活,而基于人的生存经验之上的宗教对话才会具有坚固的基础。

一、区分宗教与宗教性的

了解杜威的哲学立场之后就不难理解他为什么要从经验的角度来考察宗教的起源和基础,杜威把所有的事物都看作是经验之内的东西,经验是有机体与环境互动的产物,在经验之外没有其他,所有宗教也不例外,它处于经验之中。经验本身已经包含了各种性质,包括道德的、心理的、艺术的和宗教的,所以宗教经验并不是独立于其他一般经验之外的特殊经验,而就是经验本身的一种性质。杜威借此区分了"宗教"和"宗教性的"两个概念,"宗教是指一个信念和实践的特殊体,具有某种或紧或松的制度组织。相比之下,形容词'宗教性的'并不可以用指明实体的方式指代任何事物,无论是制度性的实体,还是一种信念体系,它指代的是对每个对象和每个拟想目的或理想所秉承的一些态

① 汉斯·昆:《世界伦理构想》,周艺译,北京:三联书店,2002年,第3页。

度"。② 简而言之，宗教就是历史上或现实中存在的宗教，而"宗教性的"则是人适应环境时的一种态度，它是自然的一种性质，而不是脱离自然存在的，在这一点上杜威是和威廉·詹姆士所提出的独特的宗教性是不同的，也反对鲁道夫·奥托在《神圣者的观念》中所提出的自成一类的宗教经验。③

历史和现实中存在的都是一个一个的宗教，没有什么一般宗教或普遍宗教，因为"他们之间的差异如此巨大和令人惊异，以至于任何抽提的共同要素都是无意义的"。④ 真正具有普遍性的是形容词"宗教性的"，它是人类经验所有的一种性质，即使没有宗教出现它也依然存在。这种宗教性的经验不仅存在于自然处境中，也存在于人类日常生活中，当然也就存于各大宗教中，虽然它不是独立自存的经验，却是一种不会消失的经验特征。因为它是人类适应环境过程中所采取的一种态度，是一种对理想可能性的热忱和追求，无论在自然处境还是人类关系之中。这种宗教性的经验是所有宗教产生的自然基础和源头，如果基于此种宗教性经验之上的话，宗教对话就会有了坚实的基础。

接下来的一个问题就是形容词"宗教性的"是如何成为名词"宗教"的，这个问题涉及到宗教以及宗教价值的起源问题。在杜威看来，人类从自然的宗教性的经验走向超自然的宗教价值经历了三个阶段：第一阶段，人性是脆弱和腐败的，只有诉诸超自然的源头才能使人免于这一困境；第二阶段，人类发现在相互关系之中的价值与宗教性的价值类似；第三阶段就是认识到具有理想成分的宗教价值观是对带有自然关联的事物的理想化，从而把它投射到一个超自然的领域。可以看出杜威把宗教看作是把人类关系中价值不断理想化而投射到超自然领域的结果；从另一方面来说，人类在宗教中所依赖的价值有着自然和社会的来源，它并不完全是从某个绝对存在者那里获得的启示，所以宗教和自然之间不存在真正的二元对立，其基础就是自然本身就具有宗教性特征。⑤

但是正如前面所说的，不存在普遍的宗教而只有某个特定的宗教，因为它们的产生都是基于某种特定的文化背景，并和人们当时的社会关系相连，所以会表现出各种不同形式的宗教教义和仪式。由此各种宗教只会看到自己所最后呈现出来的价值体系和目标，而看不到它所产生的最初的自然根源，"因为一旦我们拥有某种宗教，无论是印第安人的宗教，还是犹太教或基督教，从那一刻

---

② 杜威：《杜威全集：晚期著作》（第 9 卷），王新生等译，上海：华东师范大学出版社，2015 年，第 7 页。

③ 斯蒂文·洛克菲勒：《杜威——宗教信仰与民主人本主义》，赵秀福译，北京：北京大学出版社，2010 年，第 487 页。

④ 杜威：《杜威全集：晚期著作》（第 9 卷），第 7 页。

⑤ 斯蒂文·洛克菲勒：《杜威——宗教信仰与民主人本主义》，第 496 页。

起,经验中可以称作宗教性的东西的那些理想因素就会带上并非自身固有的载荷,一种与它们并不相干的流行信念和机构性实践的载荷"。⑥ 各种宗教通过教义、制度、文化和价值等在经验的宗教性特征上覆盖了一层厚厚的面纱,以致所有的宗教都看不到了它们最初的自然起源,也就看不到宗教在人类经验过程中的地位和性质,能看到的就是本宗教在特定历史文化背景下所呈现的独特性和排他性,在此基础上寻求不同宗教之间的对话与融合,能做到的只能是对它们进行人为的比较,无论看到彼此的差异还是搁置与对方的不同,终究只是暂时的权宜之计,因为它们没有建立起人类生存活动中的自然基础。所以在进行宗教对话之前必须先拨开各自宗教中所覆盖的那些装饰,让宗教性的经验呈现出来,由此来看待宗教在自然和人类生活中的起源是什么,回到最初的起点才会放弃固有的歧见。

二、上帝观念的自然根源

对于每种宗教来说,最为核心的内容就是上帝的观念,这一观念是支撑整个信仰体系的基石,任何教义改革或宗教演变都不能有损上帝的至高性与神圣性,以及唯一性与排他性,这种排他性也决定了不同的宗教具有不同的本质与目标,正如马克海姆所说:"不同宗教本质上不可翻译,我们在谈论基督教的永生时,不可以同时谈论佛教的涅槃。对基督徒而言,有永生而没有涅槃;对佛教徒而言,有涅槃而没有永生。"⑦从这种意义上来讲,宗教之间的对话在终极意义上来说是不可能的,这是各自宗教中上帝观念的内涵相异所决定的,纵然有许多宗教学者可以在最宽泛的意义上来解释上帝观念的包容性,但是依然无法否定各自上帝观念的内核,否则就是在相当大程度上放弃了宗教之间的基本差异。所以,能否进行真正的宗教对话取决于对上帝观念的理解,人类目前为止所出现的宗教冲突,很大程度上就是无法有效处理上帝观念的问题,要么仍坚守上帝观念的独一性而排斥其他宗教中的神,要么就是消解上帝观念变成一种相对主义的多元论。由此可见,上帝观念成为了宗教对话何以可能的核心问题,如果坚持如传统宗教理论那样,从各自现有的理论和教义中来寻找上帝的共同本质,那么这条路已被证明走不通了。

---

⑥ 杜威:《杜威全集:晚期著作》(第 9 卷),第 7 页。

⑦ S. Mark Heim, *The Depth of the Riches* (Grand Rapids: William B. Rerdmans Publishing Company, 2001), p. 17.

　　杜威很早就看到了这种本质主义的方式不可能带来对上帝观念的共同理解，因为这种理解方式把思考的起点置于与人对立的超自然领域，它导致了上帝与世界的分离，所以"年轻的杜威接受了单一世界的假设和黑格尔式的泛神论，认为上帝乃是世界与人类社会的统一生命与精神，他内在于世界之中"。[⑧]后来，杜威认为只有从人类经验中找到上帝观念的起源才能建立起统一的善的力量，不同宗教之间对上帝的理解才能找到共同的基础。所以杜威进一步完善他的理论，他从自然主义出发，认为超自然的观念都是源于自然的，"传统的笃信宗教的人所赞美的，和那些他们认为他们的上帝概念所专有的所有东西，也可以同样好地在人类经验的普通进程中获得，而这些经验就是发生在我们与自然世界和彼此的关系中"。[⑨]由此可见，杜威并不认为上帝观念是源于与人类社会相异的超自然领域，它在人类社会关系中有其根源和位置，探寻这种根源就能帮助人们在上帝观念问题的理解上不会完全被彼此的宗教差异所束缚，以自己的生活经验来看上帝观念就不会发觉各宗教之间在本质上是排他性的。

　　杜威说："'上帝'这个词意味着一个人在某个既定的时间和地点所承认的，对于他的意志活动和情绪拥有权威的那些理想目的——只要这些目的借助想象力而呈现统一性——和一个人极力献身的那些价值。"[⑩]杜威关于上帝的这个看法包含三层含义：首先，上帝观念表达的是理想价值的统一；其次，这种理想价值不是超自然的，"它们并非出自虚构的东西，而是出自物理的和社会经验世界的坚实的东西"；[⑪]最后，这种理想的统一是由想象力呈现的，因为理想不是任何幻想，而是扎根于现实中的可能性，而想象力就是让我们去领会这种尚未实现的事物并且为它所打动的能力。所以，上帝观念最初的根源不是一个超自然的存在，"其实是一个所激发的忠诚和努力的统一性，及激发和掌控我们的想象性的属性"。[⑫]它最初作为一种理想价值和目的的统一性，又是如何转变为一个超自然的实在呢？杜威认为，宗教性的理想价值对人们的吸引力在于它背后需要有一种实在的支撑，所以人们很容易把自己所渴望的对象转化为一种先行的实在，而这种先行的实在不仅具有理想价值的统一性，而且具有对现实的权威性，否则理想价值的有效性将无法得到确保。所以上帝观念还具有一种至高的力量，能够对理想价值的实现有确立、惩罚和回报的力量，因为"民众是如此落

---

⑧ 拉里·希克曼：《阅读杜威：为后现代做的阐释》，徐陶等译，北京：北京大学出版社，2010 年，第 138 页。

⑨ 杜威：《杜威全集：晚期著作》（第 9 卷），第 176 页。

⑩ 同上，第 24 页。

⑪ 同上，第 28 页。

⑫ 同上，第 25 页。

后,以至于理想价值不会影响他们的品行,除非在大众信念中,这些价值具有一种力量,不仅能够强迫他们服从,而且能够对那些未服从者进行惩罚"。⑬

当这个至高无上的超自然观念确立后,它变成一个大写的存在者,人们也就把所有源于经验自然中的理想价值归诸它,而忘却了这些理想价值是源于自己生活中的,本来对理想价值统一的忠诚和努力转变成了对这个超自然实在者的忠诚和努力,人们不再渴求从现实经验中获得这种理想价值统一的实现,而是把这一目标的最终实现寄托于超自然的上帝。所以杜威说:"人们从未充分地运用所拥有的力量以推进生活中的善,因为他们一直等待着自己和自然之外的某种力量,代理他们有责任去做的工作。依赖外部力量,等于放弃了人的努力。"⑭杜威在这里所讲的当然不是说宗教信仰者没有通过自己的努力来实现上帝的善,而是说当把上帝当作超脱于经验自然的实在之后,不会去想上帝观念本来就是生活中理性价值的统一,以及应该通过利用经验中的现实条件来实现生活中的善,而是思考着怎么去服膺于上帝的权能,把自己生活中的所有善的实现归因于上帝的恩赐。由此导致的结果就是人的一种依赖性,不从现实经验中探寻上帝观念的起源,也就难以在人类生活中发现它的共同经验基础,基本上很难有质疑与反思的切入口与着力点。人能够做的就是服从与辩护,当面对不同宗教中的上帝观念时,自然就会捍卫这一非经验的实在者,宗教之间的对话将很难在最核心的议题即上帝观念上达成真正的共识,宗教唯我论或表面的和谐也就成为情理之中的事情了。

三、建立共同信仰

杜威之所以认为目前的宗教之间难以真正对话,是因为"我们的宗教根本上是宗派性的,而不是社会的统一者和整合者,它们没有致力于创造一种至关重要的人类利益的统一意识,并且激励人们为实现这种统一而行动"。⑮ 克服这种宗派主义是实现宗教对话的必要条件,但是现存的各宗教很难做到这一点,因为它们都把工作的重心放置在教义的阐释和制度的改革之上,这至多能增加各宗教的包容性,而不能实现宗教的普遍性,没有与其他宗教对话的根本基础。杜威认为建立各宗教之间对话的共同基础是更为基本的问题,而这共同的基础

---

⑬ 杜威:《杜威全集:晚期著作》(第9卷),第26页。
⑭ 同上。
⑮ 同上,第273页。

必须从宗教在自然与社会的起源中寻找，因为任何超自然的观念都是自然的，有必要建立起上帝与自然之间的连续性。而具有宗教性的经验是宗教诞生的自然根源，这是因为"具有宗教影响的经验会带来生命中更好、更深层也持久不断的调适，让人获得安稳与内心的平和。在内心感受到自我以及自我和世界的统一，它唤醒了一种经久不息的意义与价值"。[16] 经验的宗教性特征是人与环境相适应的一种态度，一种指向任何可能性的理想与价值的统一，这种理想与价值并不是头脑中的幻想，它是自然和社会中真实的东西，也包含实现它的力量和条件。

　　既然理想是与现实相关的理想，杜威干脆把上帝观念直接称为"理想与现实之间的能动关系"。[17] 可以说，上帝观念是使经验的宗教性特征实现出来的条件与过程，而杜威之所以要用上帝观念来表述这一特征，是因为"它能激发我们献身于观念，并集中精力投身自然、自我和社会的一切创造性力量之中，实现世界的理想化"。[18] 不难发现杜威的上帝观念首先是实践性的，它驱动我们深入人与自然、社会、自身和观念的关系中，把其中所蕴含的理想价值实现出来，促进生活中的善。以往的各宗教中的上帝观念基本上是基于二元对立的方式来强调它的超自然性、彼岸性和末世性，所导致的结果之一就是现实生活的附属性，宗教之间的对话必须建立在对至高者的坚守的前提之下，教条主义的方式成为必然。而杜威通过自然主义的阐释，把上帝观念理解为人们献身于蕴含在自然中理想价值的促进和实现的力量和过程，为了理想的实现而奋不顾身，并且相信其中所具有的持久的价值和意义。它强调人们对此岸生活中善的促进，由此实现共同的经验世界和共同的信仰。这就是杜威对宗教对话基础的思考，"利用形容词的宗教性的概念取代名词性的单数宗教概念，以及在经验之上重新解释宗教，目的就是为了建立一种人类的共同信仰。这个共同的信仰不是限定在某个教派、阶级或种族之间的信仰"。[19]

　　杜威所要做的是重新解释现存的宗教，而不是瓦解和否定它。在经验的基础上追溯宗教的起源，恢复宗教与自然和生活的联结，让人们看到宗教中所具有的那些理想和价值都是源于自己的经验世界，通过这种层层剥离式的分析，使宗教中所隐含的具有宗教性特征的经验被解放出来，让人们意识到上帝观念

---

[16] 拉里·希克曼：《阅读杜威：为后现代做的阐释》，第 150 页。

[17] 杜威：《杜威全集：晚期著作》（第 9 卷），第 29 页。

[18] 拉里·希克曼：《阅读杜威：为后现代做的阐释》，第 153 页。

[19] 常宏：《杜威的经验自然主义及其宗教观》，北京：中央民族大学出版社，2011 年，第 348 页。

源于我们这个共享的经验世界,源于我们本性中一种对理想价值的实践性投射。杜威的这种自然主义的解读很容易引起宗教保守派们的批评,认为杜威的观点具有无神论和世俗主义的特征,最终会导致对宗教的消解。杜威并不认同,他说:"把不断认识的想象力、思想和情绪转移到自然的人类关系之上,并不意味着现存诸般教会的毁灭,反而为其提供了恢复活力的手段。那些获得褒扬和需要珍惜的人类价值储备,所有的人类关切和安排所认可和校正的那些价值,都会受到诸般教会不同方式和不同象征的礼赞和强化。由此,诸般教会就会确实变成大公性的。"[20]也就是说,宗教真正地要变成普遍性的而不是宗派性的,就应该看到它在人类经验中的根源,促进人类关系中所具有的理想和价值才是宗教本身具有的应有之义,这是形成大公性宗教的基础,宗教之间的宗派性才会克服,宗教之间的对话才能有坚实的基础。不难发现,杜威把宗教对话的基础放置在行动之上,而不是对宗教教义的阐发之上,这不仅能使经验本身具有的宗教性特征呈现出来,而且通过人类共同的行动促进现实世界中的善,而人类也在这种善的促进中形成信仰共同体,宗教之间的隔阂与对立也就变得多余了。

　　杜威所做的努力除了要为宗教之间的对话找到坚实的基础,还要恢复宗教的活力,因为"在一个急剧变化的多元社会中,杜威认为人追求自由、公义与和平,还有实现地区、民族与全球共同体的最好也是唯一真实的机会就在于这样一种统一性的社会信仰"。[21]宗教之间的对话不仅仅是为了理解对方的差异和包容对方的不同,更需要在对话的基础之上形成共同的信仰,因为大范围交流的出现使得人类有必要联合起来形成一个共同体,否则对立与冲突将持续下去,而形成这样的一个共同体必须建立在共同的宗教信仰之上,这信仰的根基不能奠定在宗派性的教会之上,而应该奠定在理想与现实有机统一的宗教信仰之上,这不能离开对自然的虔敬,因为"自然,包括人性,有着一切的缺点和不完美,但却依然会唤起心灵感受到一份虔敬,这虔敬是引发诸观念、可能性以及灵感的源泉,也是一切已达成之善与美德的最终居所"。[22]正是这一自然虔敬,既使杜威不同于无神论,也让他与宗教人本主义区别开来,正如他说:"一种人本主义宗教,就像它自以为是地把人类当作崇拜对象那样,如果排除我们与自然

⑳ 杜威:《杜威全集:晚期著作》(第9卷),第44页。
㉑ 拉里·希克曼:《阅读杜威:为后现代做的阐释》,第154页。
㉒ 杜威:《确定性的寻求》,傅统先译,上海:上海人民出版社,2004年,第309页。

的关系,那么,它就是苍白的和单薄的。"㉓杜威既不赞同从超自然的大写实在中去寻找宗教对话的基础,也不认可依靠寻求共同的人性,而是回到宗教起源的共同基础,即自然,因为"人类的希望和目标在自然中能够找到一种基础和支持"。㉔

四、杜威宗教对话理论的意义

杜威在他所处的时代非常深刻地感受到了宗教之间的隔阂和对立,虽然宗教之间的对话自基督教分裂以来就已经萌芽,但是历史上各宗教对其他宗教关系的特点还是排他的和保守的。进入近代社会以后,随着宗教交流的增加和宗教改革的推进,宗教思想家们开始采取比较包容的态度来看待其他宗教,各种宗教的对话理论也开始出现,杜威把他们称为广泛意义上的宗教自由主义者。宗教自由主义者们试图减弱宗教自身的宗派性和排他性,把各自宗教中的独一无二的上帝变成笼统的上帝,即从"这个上帝"变成"一个上帝",由此来适应现代社会的多元主义要求。但是当追问上帝的内涵和标准时又依然坚持各自宗教中的独一的上帝,所以杜威说:"其他的宗教只有作为真正的宗教反例的时候才会被提起。"㉕宗教自由主义者们并没有真正把其他宗教置于与本宗教对等的地位,而是把它当作一种需要加以说明的他者,当需要阐释基于本宗教理念之上的和平秩序时,才会把其他宗教置于这一秩序的某个位置,其中背后隐含的主从之分是很明显的,基于此种理论之上的宗教对话也难以实现真正和平。

杜威的宗教自然主义认为超自然的宗教本来就是源于自然的,只有拨开依附在宗教之上的种种面纱才能看到宗教在人类经验生活中的起源,从自然的角度来讲,宗教是基于自然中的宗教性经验而产生的,是人类与环境互动过程中采取的一种态度和追求,所以探究宗教在自然经验中的基础和起源,实质就是在追求宗教在人类生存经验中的地位和基础。基于此在世界的源头才能找到不同宗教之间的生存论根基,不同的宗教只是对同一现实世界中人类生存经验和境遇的不同表达,由此多元的宗教之间才会是真正的平等,宗教对话也才能具有坚实的基础。在当代的宗教对话理论中,约翰·希克的多元主义理论也曾试图实现宗教之间的平等关系,他比卡尔·巴特的排他性理论和保罗·尼特的

㉓ 杜威:《杜威全集:晚期著作》(第 9 卷),第 30 页。

㉔ 杜威:《艺术即经验》,高建平译,北京:商务印书馆,2010 年,第 34 页。

㉕ 杜威:《杜威全集:晚期著作》(第 9 卷),第 217 页。

兼容理论更具有进步性。㉖ 因为卡尔·巴特和保罗·尼特都是强调基督教上帝的排他性或至高性,而约翰·希克认为过度强调上帝的独特性难以实现宗教之间的平等,而且宗教的本质是对同一实在的反映,各种宗教作为现象只是对这一实在的不同表现,在此种意义上,各个宗教之间具有独立的地位和价值,宗教之间是平等的。如果就此来看,希克的多元主义很接近杜威的宗教自然主义,但是,约翰·希克的实在是抽象意义上的范畴,并不具有现实世界的根基,对实在的理解也很难获得一致的意见,所以"希克的多元论以自己的标准判断其他宗教,要求其他宗教,如果与其相左,就会被判断为错误的"。㉗

杜威的宗教自然主义所要考虑的问题不仅仅是不同宗教之间的对话问题,他还考虑到宗教与非宗教之间的对话问题,因为随着自然科学和哲学的蓬勃发展,具有位格神的上帝观念会在一定程度上遭受某些挑战,非宗教群体和现象的出现也是必然的。如果基于传统宗教理论很难平等地看待非宗教群体和现象,因为传统宗教思想都是立于有神论的基础之上,但是杜威的宗教自然主义把宗教还原为自然中理想价值的统一,上帝观念就是理想与现实之间能动关系的超自然投射,所以上帝并不是这个世界的创造者,而是促使人们实现生活世界中善的经久不息的动力源泉,是行优先于信,所以只要每个人都致力于促进生活中善的实现,就并不存在教徒与非教徒的本质区分。卡尔·拉纳也看到了现代社会出现越来越多的异教徒和非教徒,他提出成全的对话理论,虽然所有宗教都是上帝恩典的产物,但是"其他教徒,就是无神论者,只要跟从他们的良知,也即跟从上帝的声音,也能得救"。㉘ 即使他们不是名义上的基督徒,也会是匿名的基督徒,所以不存在基督徒与非基督徒的根本区分,坚持基督徒与非基督徒的对话是为了让后者获得更多的上帝的真理,也是为了成全他们。不难看出,卡尔·拉纳的理论虽然承认了其他宗教的他者地位,但只是作为一种需要成全的对象,并没有承认他者所具有的不可化约的异质性,所以,卡尔·拉纳依然是坚持基督教中心论的视角来看待其他宗教和非宗教,而没有跳离出宗教的立场来看待宗教的自然根源,只有基于宗教自然主义才能理解宗教只是促进生活中善的一种力量而已,不存在宗教与非宗教的根本性差异。

㉖ 根据卡尔·巴特的排他性理论,基督教因为上帝的恩典所以是唯一的真宗教,其他宗教并没有一个独立的他者地位,唯一的出路就是被基督教所置换。保罗·尼特兼容理论无疑是对巴特理论的一种修正,他认为其他宗教在上帝的拯救计划中也是有价值的,只不过这种价值不可能超过基督教,因为基督教是最完整、最优越的宗教。

㉗ 王志成:《解释、理解与宗教对话》,北京:宗教文化出版社,2007 年,第 49 页。

㉘ 同上,第 43 页。

　　杜威的宗教自然主义不是为了瓦解现存的宗教,也不是试图对宗教进行改造,而是为了给人们一个转换看待宗教的视角而已。自然是唯一存在的领域,所以超自然的也是自然的,上帝观念也是自然的,但是随着制度化宗教的出现,人们很容易把这种超自然的期望投射当成理想本身,现实生活成为了这种超自然理想的附属物,这在杜威看来是一种本末倒置[29],所以杜威的宗教自然主义就是让人们把这种颠倒的视角再恢复过来,让人们明白理想价值就是根植于我们的经验生活和自然世界之中的,自然不仅包含所有的可能性,而且还拥有实现这些可能性的所有条件,最终的目的是为了形成一种重视此岸世界的宗教生活。而且,把宗教的基础立于自然之上,并不意味着要瓦解宗教信仰对神圣性的追求,神圣性并不存在超自然的领域,它表达的是人对自然的一种态度,一种对周围世界的依赖和统一的感觉,所以恢复宗教的自然基础不会消除宗教的神圣性,而是培养一种基于自然的虔敬感,让无限的整体在每一次的经验中都在场。[30] 以唐·库比特为代表的后现代主义认为我们进入了跨文化交流的时代,传统的实在论神学已经不适应这个时代的宗教交流。他也直接反对把宗教置于超自然的领域,不是超自然的实在者产生了我们这个世界,而是语言塑造了我们的世界,宗教是语言之内的东西,所以不存在超自然的理想、信念、道德和理想,拥有的只是当下的生活实践,宗教对话也只是不同语言系统之间的互动。但是,后现代主义取消了宗教的超自然基础之后并没有解释宗教的基础何在,如果宗教在人类生活实践中没有生存论意义上的根源,那宗教就变成了可有可无的暂时性文化现象,无神论的指控很难避免,这在杜威看来无疑是忽视了宗教本身的自然基础,也就看不到自然本身的宗教性经验,只有使宗教立于自然的根基之上才能为宗教性的理想信念找到牢固的基石。

五、结语

　　杜威站在自然主义的立场来为宗教对话寻找共同的基础,这一立场不同于传统宗教对话理论那种寻找宗教之间共同性的方式,而是力图寻找宗教在经验世界的起源与根基,它是生存论意义上的探索。杜威之所以这样做,除了试图为宗教与宗教之间的对话奠定基础,还寻求为宗教与非宗教之间找到合作的基

---

[29] 杜威:《杜威全集:晚期著作》(第 9 卷),第 26 页。
[30] 拉里·希克曼:《阅读杜威:为后现代做的阐释》,第 155 页。

础,因为"无论是不是人人皆兄弟,我们至少在同一怒海中同舟共济"。㉛ 这一基础不能从超自然领域中寻找,只能在人类共享的经验世界中,因为人类经验中本来就蕴含着一种宗教性的需求,追求一种共同的宗教生活也是这宗教性经验的应有之义。但是目前本质上是宗派性的宗教把这一宗教性需求遮蔽和限制了,必须揭开宗教的外衣把宗教性的属性释放出来,以便形成一种新的宗教生活。"杜威所理解的宗教生活没有信徒与非信徒的区分,没有被救赎与被诅咒之分,也没有受启示的真理赐福之人与被抛弃在黑暗中的人之分。宗教生活应该主张一种共同体的团结意识,代替现在的这种分裂。"㉜

作者简介:肖根牛,复旦大学哲学学院外国哲学专业博士生,研究方向为西方哲学。

㉛ 杜威:《杜威全集:晚期著作》(第 9 卷),第 45 页。

㉜ 詹姆斯·坎贝尔:《理解杜威——自然与协作的智慧》,杨柳新译,北京:北京大学出版社,2010 年,第 260 页。

传播研究范式述评*

毛家骥

【摘　要】本文是对传播研究的经典范式的综述。它主要以传播与媒介概念的理解为线索,简述传播研究各学派对媒介与交往的具体研究项目及其采用或预设的方法论。媒介与交往不仅是社会世界中的平凡事物(trivial matters),它们乃是社会世界本体论中的基础范畴;媒介化的日常交往行动既是自我意识与身份认同的形成因素,又是基本的人际关系和高级的社会结构得以可能的建构因素。因此,建立一门严格科学的社会理论与社会哲学,就必须进入具体的传播研究历史,澄清媒介与交往的概念。

【关键词】传播　媒介　传播研究范式　传播研究方法论

一、交往与媒介概念的基础性及其迷雾

彼得斯(John Durham Peters)在《对空言说:传播的观念史》开篇引用了伽

* 本文受 2017 年度教育部哲学社会科学研究重大课题攻关项目支持(项目批准号:17JZD041)。

达默尔的格言："在你口含一词欲说之时，你必须知道，语言并非如一般工具那样，如果其效用不好，你便可以弃之如敝屣。相反，你被它锁定在一条思维之路上。这条路来自远古，伸向未来，远不在你的驾驭之内。"①彼得斯在此想反对的是，传播（communication）是主体间交流的中性的工具和平凡的过程，仿佛主体们是在虚空中交往，仿佛在探讨主体间交往问题时可以忽视交往中的过程、机制和媒介，仿佛探讨主体间交往只需在乎主体间的关系、主体的表意行动和理解行动。彼得斯反对这样对传播和交往的定义，他想强调中介过程（即传播与媒介）对主体间交往与关系的奠基性与规范性。换言之，话语一旦说出，它就脱离了说者的表意行动，具有了自身的活性，根据其媒介的特征在时空中传播，并决定了听者的接受行动。事实上，不仅话语是如此，一切传播和交往皆是如此。从自身意识（Selbstbewußtsein）中的反思，从被动性经验到对象与自我的构造发生，从我对物的感知到我对他人的凝视，从人际交流到组织内的沟通，从印刷报纸到广播与电视再到社会化媒体（social media）与社交媒体（SNS），②从土著人的原生口语（primary orality）到哲学家的文字，从纪录片到商业广告，从用户偏好内容的推荐到搜索引擎结果的排序，从网络谣言到知识共享网站，从火车与铁路到鳕鱼贸易再到意识形态宣传；传播无处不在，广义上的传播包括了一切的信息交往。

然而，正如詹姆斯指出，人们都是二元论者，都将世界一分为二并执着于二者之一，尽管每个人的分界线不同，但人们给这两半各自的命名却是一样的，都叫我与非我。③ 事实上，"我与非我的对立模式"不仅处在自我与他人之间，而且处在自我内部以及自我与世界之间。尽管社会理论家从各种维度追问各类我与非我之间的交往和传播，但在主客二元框架的规范下，我们似乎只能要么从自我出发，要么从非我出发，而我与非我的关系又总被摄入它们两者之一，中介性的交往终究是被忽视和还原的。这个理论困境反映在具体的传播研究中，表现为传播与媒介这些元概念定义的混乱，以及研究范式与方法论上彼此争执和

---

① 彼得斯：《对空言说：传播的观念史》，邓建国译，上海：上海译文出版社，2017 年，第 1 页。
② SNS 是以亲朋或兴趣为纽带的社交平台，而社会化媒体则是以信息分享为特征的媒体平台，纯粹的 SNS 具有商业瓶颈，所以一般 SNS 多少会带有社会化媒体的功能补充。如豆瓣的"首页"功能和微信的"公众号"功能。豆瓣创始人阿北曾在《豆瓣的去中心化》一文中表示，去中心化成就了用户数量和内容多样性，但同时去中心化导致了内容质量下降和长尾经济瓶颈，如今豆瓣改版了"首页"功能，增强了豆瓣的社会化媒体特征，而"小组"的社交功能也逐渐被"首页"功能代替。SNS 与 Social Media 的区别，参见魏武挥 2011 年 6 月 30 日博文《社交网络 vs 社会化媒体》。
③ William James, *The Principles of Psychology* (Cambridge, Massachusetts: Harvard University Press, 1981/1983), p. 278.

排斥,甚至于在传播学科迅速发展的当下,社会理论家们至今对传播学学科的哲学基础及其学科合法性充满争议。④

综上所述,一方面传播与交往是一项普遍而基本的现象,不仅限于社会世界,广义的传播、交往与媒介概念甚至是一组基本的存在论概念;另一方面,在网络媒介技术迅速发展的当下,传播与交往正在经历着剧烈的变革,并随之对个体、社会结构和文化产生着巨大影响;再一方面,社会理论家的传播研究却在基本概念的理解、范式与方法论的选择上存在诸多争议。因此,在已有的传播研究基础上反思诸社会理论的框架和方法论以及其中基本概念的存在论特征,并结合哲学对交往与媒介的沉思便是一项有趣和有意义的工作。

二、代表性的传播研究:范式与学派

(一)法兰克福学派

媒介与传播研究作为一个学科最初的建立缘于 20 世纪 40 年代施拉姆(Wilbur Lang Schramm)努力撰写的"辉格史"。⑤ 但作为一项十字路口的交叉研究,则可追溯到那些聚集在批判名义下对流行文化、广告、意识形态和宣传进行反思的左翼社会理论,而最著名的批判研究非法兰克福学派莫属。霍克海默和阿多诺在《启蒙辩证法》中批判启蒙以来技术崇拜取代了价值理性,文化的工业化虽然导致了大众文化的兴盛,但大众文化带有欺骗性,它不是文化而只是商品,这导致消费取消了审美。阿多诺认为文化工业背后隐藏着资产阶级意识形态,通俗文化的流行会导致受众去政治化,娱乐和消费将占据了政治兴趣在公共生活中的位置,令公众丧失对政治的反思、批判乃至兴趣,因此大众文化的传播及其建立的交往便成了资产阶级统治的"社会水泥"。此外,霍克海默在1973 年的论文《威权国家》中指出统治权力要想真的有效就必须转变为权威,而转变媒介就是通过大众传播说服公众认同其合法性。换言之,霍克海默和阿多诺对大众传播是批判的,因为他们认为大众媒介一方面是资产阶级统治的工具,另一方面大众媒介自身的复制与普及的逻辑葬送了价值理性。基于霍克海

---

④ 胡翼青:《传播学:学科危机与范式革命》,北京:首都师范大学出版社,2004 年。胡翼青:《再度发言:论芝加哥学派传播思想》,北京:中国大百科全书出版社,2007 年。胡翼青:《传播学科的奠定:1922—1949》,北京:中国大百科全书出版社,2012 年。

⑤ 施拉姆为在大学体制内建立传播学博士学位,集合了传播相关的研究,成为传播学的奠基人,确定了学术史以及学术框架。但从当代传播研究来看,施拉姆确立的范式不免带有自身的学术立场和方法论喜好,因此施拉姆的传播思想史被形容为一部"辉格史"。

默和阿多诺对大众媒介的批判,马尔库塞更为激进,他在《单向度的人》中指出公众在交往和传播中变成只有接受信息的单向度,真实欲望被工业文化制造的虚假需求所替换,爱欲被现代性文明所压抑,他认为这是一种"多余的压抑",并因此号召青年"大拒绝"、进行激进的反抗。在"霍克海默圈子"之外,本雅明虽然认同大众媒介的复制技术取消了艺术品的灵韵,但与霍克海默不同,他的关注点从大众传播的作者转向了受众,在《机械复制时代的艺术作品》中本雅明认为大众媒介的复制技术及其制作的大众文化打破了传统艺术的权威和偶像崇拜,开启了"民主文化"。在他看来,大众媒介可以改变文化生产与分配的规模,从而扮演民主化的角色。大众媒介将文化带给大众,同时通过改变受众的感知方式,使之得以从全新的、前所未有的视角观察现实世界,从而增加了公众视野的多元性和批判性。

法兰克福学派第一代哲人不仅在其社会哲学(soziale Philosophie)研究中批判和反思工业文化,同时也在理论范式和方法论角度反思了社会理论的范式与方法论。霍克海默 1937 年的论文《批判理论与传统理论》继承了卢卡奇《物化与无产阶级意识》一文中对实证主义方法论的批判,分析了实证研究与批判研究中"历史"概念的差异以及由此导致对待历史的不同方法,并从认识论角度批判了实证研究中物理主义和心物二元论,在追问理论的内涵中解释了实证社会学如何成为资本主义的自我生产以及批判研究对人之解放的追求,特别是霍克海默在该文中解释了批判理论与经验的关联。这些考察可以澄清将批判理论看作与经验研究对立的思辨研究的曲解。

虽然法兰克福学派学术立场鲜明,但是在拉扎斯菲尔德(Paul Felix Lazarsfeld)的努力下批判研究和实证研究有所交集。拉扎斯菲尔德为了在其"广播研究项目"中增加一个音乐广播研究部以及霍克海默的资助,邀请了阿多诺进行音乐广播的研究,带来了批判理论和实证研究合作的历史机缘。莫里森[6]和托尔斯[7]对这段合作进行了研究。合作并不成功,阿多诺对受众音乐喜

---

⑥ David Morrison, *Paul Lazarsfeld: The Biography of an Institutional Innovator* (Leicester University: Ph. D Dissertation, 1976). David Morrison, "Kultur and Culture: The Case of Theodor W. Adorno and Paul F. Lazarsfeld", in *Social Research*, 45(2)(1978), pp. 331 - 355. David Morrison, "The Transference of Experience and the Impact of Ideas: Paul Lazarsfeld and Mass Communication Research", in *Communication*, 10(1988), pp. 185 - 209.

⑦ Wayne M. Towers, "Lazarsfeld and Adorno in the United States: A Case Study in Theoretical Orientations", in Brent D. Ruben (ed.), *Communication Yearbook I* (New Brunswick, NJ: Transaction Books, 1977), pp. 133 - 145.

好的测量方法持怀疑态度，并且认为研究不应该将兴趣放在受众兴趣上，而应该分析"好的音乐"，阿多诺讽刺道："认为在刺激物中发现的社会含义与体现在'反应'中的社会含义之间理所应当地存在一致性，这是天真的做法。"但相比于霍克海默对实证的拒绝，这次合作中阿多诺意识到"认为这两者完全不相关联，同样是天真的"。事实上，阿多诺反而在这次合作中学习了定量方法，只不过他排斥的是行政研究："我第一次面对着'行政研究'。我记不起来是拉扎斯菲尔德发明了这个词，还是我自己因对一种以实用型科学、因而是完全陌生的科学感到震惊而发明了这个词。"⑧阿多诺在 1950 年主持的《威权主义人格》研究中使用了定量研究。首先，阿多诺、弗伦克尔 - 布伦斯威克（Else Frenkel-Brunswik）、莱文森（Daniel Levinson）和桑福德（Nevitt Sanford）认为反犹歧视和偏见作为一种社会政治行动来源于某种被压抑和遮蔽的普遍人格。其次，他们制作了反犹主义量表（Anti-Semitism Scale）和民族中心主义量表（Ethnocentrism Scale）来探测威权主义的人格因素，根据这两个量表结果的分析，制作了威权主义人格量表（Fascist Scale），来评测一个个体的威权主义人格倾向。对于这项研究，罗杰斯（Everett M. Rogers）评价说："事实上，1950 年以后的研究在将美国社会研究方法介绍给欧洲学者方面是颇有影响的。"⑨可见，阿多诺之所以能够接受实证研究，表明了批判理论和实证研究的似乎共同的预设：即将大众媒介当作意识形态工具，而媒介工具使用是可以定量测量的，只是使用工具的主体赋予了它不同的阶级属性，批判研究排斥的只是为企业和政府更好地使用媒介而进行的行政研究。

哈贝马斯继承了法兰克福学派第一代哲人对大众媒介、文化和意识形态的重视。哈贝马斯 1962 年的《公共领域的结构转型》分析了不同类型的交往及其媒介，并指出作为公共领域的媒介及其中交往所产生的共识与公共意志能够桥接市民社会与国家、生活世界和权力系统，公共意志作为交往理性能够补充按照工具理性运行的科层制权力机构的缺陷。哈贝马斯认为报纸和期刊、广播和电视就是公共领域的媒介。然而在社会福利国家中，国家权力介入公共领域的大众媒介将导致公共领域退化。不过，哈贝马斯还是对公共领域媒介持乐观态度，认为其中的交往理性可以克服法兰克福学派所批判的工具理性这个现代社会世界的基本运行机制。哈贝马斯在 1981 年《交往行动理论》中分析了交往

---

⑧ Theodor W. Adorno, "Scientific Experiences of a European Scholar in America", in Donald Fleming & Bernard Bailyn（eds.）, *The Intellectual Migration Europe and America：1930 - 1960*, pp. 338 - 370.

⑨ 罗杰斯：《传播学史》，殷晓蓉译，上海：上海译文出版社，2012 年，第 130 页。

(communication)理性与工具理性,他认为由于理性在资本主义工业化进程中愈来愈工具化而蜕变为目的——手段理性,从生活世界合理结构中产生的"制度"便逐渐脱离生活世界而独立,并反过来制约着、破坏着这种生活世界中的交往及其理性,致使生活世界的"殖民化倾向"日益严重,资本主义制度的"合法性"越来越丧失。哈贝马斯在 1983 年《道德意识与交往行为》中分析了交往中的谈话(discourse)的规范性,他提出了交往、谈话的伦理并认为它是社会理论的规范基础。他认为谈话伦理的建立和实践可以解决现代性危机、系统对生活世界的殖民化。哈贝马斯的工作超越了法兰克福学派哲人对大众媒介和大众传播的批判以及媒介工具主义理解,他扩展了媒介概念的外延,从历史的角度探讨了作为公共领域的媒介及其功能的变迁,赋予了交往以社会世界中的基础地位。但哈贝马斯方法论局限于规范研究,致使他仍旧受到了经验研究者的质疑。因此,从方法论的角度重新解读批判与经验的关系,并设计中级的(middle-range)研究方案以落实宏观的规范理论,这是化解批判理论与实证研究误会的关键。

(二)实证研究:哥伦比亚学派与耶鲁学派

与批判哲人的工作方法不同,数学博士拉扎斯菲尔德被称为"工具制作者",他将定量方法带入了社会理论研究,并开辟了传播研究中的哥伦比亚学派。该学派吸引了默顿、米尔斯、贝雷尔森(Bernard Berelson)、勒纳(Daniel Lerner)、赫佐格(Herta Herzog)、卡茨(Elihu Katz)等青年学者的参与,并建立了新的传播与交往研究的范式,即以结构功能主义、行为主义和实证主义为理论框架。哥伦比亚学派的代表作首先是拉扎斯菲尔德与默顿合作的《大众传播,流行品味与组织化的社会行为》,其中定义了大众传播的功能:地位赋予、社会规范强制功能和麻醉负功能,如此将大众媒介看作社会系统存续的工具性结构。此外,拉扎斯菲尔德团队在《人民的选择》和《人际影响》中相继提出了"二级传播"和"意见领袖"概念,并发现人际交往是比大众传播更有效的信息渠道。

针对霍克海默 1937 年的《传统理论与批判理论》,拉扎斯菲尔德 1941 年的《行政的与批判的传播研究之评论》回应了"批判研究和实证研究"的讨论,在他看来,批判研究的方法论就是个人的哲学思辨,它能彰显一些洞见,"若能根据批判研究制定一种能与经验工作相结合的实际研究工序,那么,涉及的人、要处理的问题以及最终这项工作的实际效用都将极大获利";[10]然而,批判理论对事实调查缺少建设性意见。可见,相比于霍克海默,拉扎斯菲尔德并不拒斥对方。我们认为,批判理论和实证研究具有可交流之处,只是存在一些误解,具体而言,他们的差异表现在对待行政研究(进一步即现代性以及政治概念)的不同理解上,但在媒介工具主义理解以及对交往、传播与媒介关系的理解上是一致的。虽然拉扎斯菲尔德发起的合作失败了,但是合作的可能性反而被拉扎斯菲尔德所彰显。

与哥伦比亚学派的实证社会学类似,以霍夫兰(Carl Hovland)为首的耶鲁学派也拒斥社会理论研究中的哲学思辨,他们主要采用的方法是控制变量的心理学实验,研究的主题集中在媒介如何影响受众态度变更的说服研究,代表作是霍夫兰二战期间参与的军方课题《大众传播实验》,以及战后他在耶鲁大学主持的一系列说服实验,尤其是 1953 年发表的《传播与说服》。虽然一致反对哲学的社会理论,但与哥伦比亚学派的结构功能主义不同,耶鲁学派的传播研究采用的是个人主义方法论。哥伦比亚学派的经验研究继承了涂尔干和帕森斯的结构功能论,认为社会事实作为功能性存在不能脱离结构来孤立分析,拉扎斯菲尔德因此排斥直接对个体的独立研究。根据帕森斯的定义:重复性社会行为即社会制度;而社会调查就是对大量社会行为中共有的重复性社会行为的提取。拉扎斯菲尔德和默顿因此主张以大量行为数据(即提取重复性行为)为调查和分析对象。然而耶鲁学派不关心实际社会中大量的交往和传播数据,而是在实验室条件下通过控制变量来观察传播与媒介对个体心理的作用。这不同于拉扎斯菲尔德研究中的受众,霍夫兰的受众是完全暴露在媒介面前的,而且"说服实验所研究的是实验对象不熟悉的问题,实验对象对于这些问题的自我参与度低",[11]因此实验室条件下测量的交往与传播和实际生活中的交往和传播是不同的。实际生活中的个体在媒介使用中未必注意到媒介的存在,而且个体对交往和传播的参与是主动的。因此可见,耶鲁学派传播研究中的方法论个人主义一方面预设了社会行动到个体行动的还原论;另一方面,他们只接受对个体的行为主义理解,这种理解却与生活世界中的个体行为相差甚远。因此根据耶鲁学派的理解,媒介只是中性的渠道,其中的传播和交往作为个体行为的延伸可以通过控制实验提取出来,并可以在实验室中进行测量。研究者一般认为

---

⑩ Paul F. Lazarsfeld, "An episode in the history of social research: a memoir", in Donald Fleming & Bernard Bailyn (eds.), *The Intellectual Migration Europe and America: 1930 - 1960*, pp. 270 - 337.

⑪ 罗杰斯:《传播学史》,第 405 页。

耶鲁学派对媒介、交往和个人的定义都是抽象的,他们对交往中个人态度变更的研究只适用于非正常条件下的个体,例如霍夫兰早期所研究的军人。与哥伦比亚学派的媒介效果研究(有限效果论)相比,耶鲁学派被认为是大众媒介强效果论的支持者。因此,哥伦比亚学派更重视人际交往,而耶鲁学派更重视大众传播。

(三)芝加哥学派

哥伦比亚学派和耶鲁学派的实证研究虽然至今仍风行于学界和业界,但他们也遭到了很多研究传播、交往与媒介的社会理论家批评。曾隶属于拉扎斯菲尔德团队的米尔斯(Charles Wright Mills)在《社会学的想象力》中批评哥伦比亚学派为"抽象的经验主义"。凯瑞(James W. Carey)则在《作为文化的传播》中反对传播学科建立人施拉姆撰写的传播研究"辉格史",虽然没有点名批评结构功能主义,但他批评了实证研究对"传播"或"交往"的定义:信息传递。凯瑞将传播与交往的专题性研究起源诉诸芝加哥社会学派的媒介研究与杜威对交往的理解,凯瑞因此区分了传播与交往的"传递观"和"仪式观"。芝加哥社会学派兴起于20世纪30年代,在定量研究兴盛和称雄北美之前,芝加哥学派才是经验主义社会理论的代名词,芝加哥学派受杜威和库利(Charles Horton Cooley)对交往的研究,以米德、帕克和戈夫曼为代表对城市社会中媒介与交往进行了专题研究。杜威认为民主政治的基础是社区中的交往,并对大众媒介持乐观态度,这个问题后来引发了杜威与李普曼之争。李普曼在《舆论学》和《幻影公众》中提出"拟态环境""刻板印象"和"幻影公众"等概念,批评杜威的参与式民主理论及其对交往与媒介的乐观观点,杜威撰写《公众及其敌人》则分析了传播作为民主政治的充分且必要条件。但根据凯瑞对杜威的解读,李普曼和杜威的分歧事实上在于他们对媒介的不同理解。凯瑞将杜威的媒介概念解读为媒介即仪式,就像宗教仪式,它促使公众得以聚会、交往以及形成共同兴趣和共享知识(包括一些黑话和行规),而李普曼则将媒介看作是提供信息的工具,而这个工具的主体使得受众只是社会景观的"后排看客",台上上演的一场场戏剧控制着看客们的喜怒哀乐。与杜威观点近似,芝加哥学派的先驱库利同样赋予了交往与传播作为社会理论拱顶石的地位。库利在《人类本性与社会秩序》中提出了"镜中我"概念,指出自我是在他人对我的想象中形成的,我们是在传播中相互想象并构造了各自的自我。库利在1909年的《社会组织》中提出了"首属群体"的概念,他指出社会的本质是人类交往,而交往不仅要求身体接触,而且要求相互之间进行想象,人会因为熟悉度和亲密度而有不同类型的交往圈子,而个体的初级交往圈子即他的首属群体,决定了个体的初级人格。

杜威和库利对交往与传播的推崇被芝加哥学派的社会学研究所继承。芝加哥社会学系创建者帕克在《移民报刊及其控制》中研究了少数族裔社区的报纸,他认为"报纸是维系乡村民主的人际交流在现代城市的自然延伸和对应物",移民报纸非但没有强化少数族裔对原来国家的忠诚,反而加速了他们融入美国文化。因为,报纸作用就是社区功能的扩展,而这种功能是由社区内部的人际交往来完成的。因此,社区内的交往是大众传播的基础,而国家信仰离开了社区民主就失去了在传播中的有效性。同样,米德将传播视为人与人、人与环境之间的互动与交往,传播的目的是信息分享而非信息传递,分享中的交往才是传播的本质所在,传递的信息并非传播之本质。米德在《心灵、自我与社会》中认为,社会心理学的主题即心灵、自我与社会的相互作用。米德的学生布鲁默概括并发展了米德的思想,正式提出"符号互动论"的名称、框架与研究方法。符号互动论的核心观点认为,人类的互动是基于有意义的符号之上的行为过程,但与语义的指称理论不同,符号互动论认为意义不是来自于事物本身,而是来自于与他人的互动。例如,我们并不是从红的事物中独立地、直接地、非推论关系地获得了红的经验(视知觉的意义、内容),必须先行具有红的概念以及与它相邻的其他概念,我们才能获得红的经验,而概念及其链接(articulated)是在交往和互动中形成的共享知识。此外,与行为主义的"刺激-反应"模式不同,符号互动论并不是否定经验的存在(只是否定独立的经验),他们关注人的主观意识,将人的行为(behavior)解释为有意识的行动(agency),反对社会学研究中物理主义式的研究。布鲁默认为,社会由日常生活构成,是经验性的社会,因此对这种日常生活行动的认识,只能通过直接观察或参与观察等定性方法才能通达。在此之后,符号互动论的又一个有影响力的学者戈夫曼提出了拟剧理论。在《日常生活中的自我呈现》和《分析框架》中,戈夫曼将符号互动还原到微观的日常生活中,又在符号互动论中引入了结构概念,补充了社会机制如何在符号互动中发挥作用的研究。戈夫曼发现生活宛如剧场,我们不仅在与他人互动,而且还与自身互动,并据此经营着一个生活场景,因此人的互动交往行为就是不同层次的表演,而要想理解表演就必须进入他的生活场景。从方法论上看,符号互动论采取了既不同于哲学思辨又不同于抽象经验主义的微观经验方法,由此构成了美国社会学界中同结构功能主义领导的宏观社会学分庭抗礼的微观社会学,并在其微观研究中落实了交往与传播的信息共享观和媒介的仪式观,鲜明区别于结构功能主义对交往与传播的信息传递观和媒介的工具论定义。

（四）媒介环境学派

在北美的传播研究中，伊尼斯（Harold Adams Innis）是一个交叉路口上的人物，他受训于芝加哥大学，并成为了北美媒介技术学派和媒介政治经济学派的奠基人。其中，媒介技术学派既非实证研究又不属于西方马克思主义社会理论的行列，他们对媒介与传播的理解也与众不同。技术学派的奠基人是被称为多伦多学派"双星"的伊尼斯与麦克卢汉，它萌芽于 20 世纪 30 年代，兴盛于 50 年代。目前为止已有三代学人：第一代有哈弗洛克（Eric Alfred Havelock）、伊尼斯和麦克卢汉；第二代有波兹曼、翁（Walter J. Ong）；第三代有莱文森、梅罗维兹、斯特雷特（Lance Strate）、林文刚、小麦克卢汉和德克霍夫（Derrick de Kerckhove）。⑫

媒介技术学派的传播研究多元而丰富：麦克卢汉的《谷登堡星汉璀璨：印刷文明的诞生》首次提出了口语、文字、印刷、电子的媒介史分期，在《理解媒介：人的延伸》中又提出了媒介技术学派的基本媒介定义：媒介是人的延伸、信息即是媒介、冷热媒介的区分以及媒介环境中交往的部落化、脱部落化和重新部落化。伊尼斯在《帝国与传播》和《传播的偏向》中提出了媒介的时间偏向和空间偏向，并细化了根据媒介形态对全球历史的分期。1970 年，自许"麦克卢汉不乖的孩子"的波兹曼接受了麦克卢汉在纽约大学创建媒介环境学博士点的建议，将媒介技术学派从加拿大带到了美国。波兹曼成果丰富，他的代表作《童年的消逝》分析了儿童与成人概念在媒介环境中的构成和变迁。麦克卢汉的学生翁的《口语文化与书面文化》借助人类学资料，区分了原生口语与书面文字产生后的口语，他指出媒介的变更、文字的普及改变了人的感知与思维，例如线性逻辑推理正是基于文字媒介的日常使用。波兹曼的学生梅罗维茨结合了戈夫曼的拟剧理论和媒介环境学的媒介观，在《消逝的地域：电子媒介对社会行为的影响》中分析了电子媒介对男性/女性身份、成人/儿童身份以及政治英雄/公众身份的影响。波兹曼的另一个学生莱文森成果丰富，他同样将麦克卢汉的媒介观引入了对网络社会的研究，并在技术决定中区分了硬决定与软决定。此外在理论上，莱文森还为媒介决定论进行了辩护，并阐释了媒介环境学的认识论基础：进化认识论。

---

⑫ 林文刚：《媒介环境学：思想沿革与多维视野》，何道宽译，北京：北京大学出版社，2007 年。

媒介环境学派的媒介观较为特殊,传统媒介观总围绕信息互动方式进行讨论,媒介环境学派则认为任何媒介的"内容"都是另一种媒介,信息即是媒介。例如,微博的信息内容是文字与图像,文字与图像的信息内容则是口语,口语的信息内容则是意识。此外,媒介环境学既不认为媒介是交往仪式,也不认为媒介是传递信息的工具,他们认为媒介是人心灵的延伸,意识的延伸是口语,口语的延伸是文字,以此类推,媒介即人的延伸,不同媒介环境中不同的主导媒介会因此改变我们感知器官的比例,进而影响感知与思维。正如莱文森在其为媒介环境学进行认识论奠基的著作《思想无羁:技术时代的认知》中说:"技术是中介。凭借技术,我们赋予思想以物质表现,并改变构成我们人与世界的物质。通过技术,我们体现和延伸自己的思想,把自己的思想注入客观世界,把我们的理论扩散到宇宙遥远的角落。在这个过程中,我们按照自己的设计来塑造世界。也许我们已经完全掌握了海水、化学反应、电子和力学的知识,甚至掌握了淡化海水的理论;但是除非盖了淡化海水的工厂,把这些知识和理论体现出来,世界上的海水始终是不变的。"[13]

(五)传播政治经济学派与文化研究学派

在批判理论名义下的传播研究除了法兰克福学派对文化工业的批判之外,还包括英国伯明翰学派的文化研究以及时下发展迅速的传播政治经济学派。传播政治经济学派的起源也可以追溯到伊尼斯。伊尼斯是芝加哥大学制度主义经济学博士,信奉凡勃伦的制度主义,芝加哥期间也修过帕克的《社会学导论》,其中帕克指出传播是人类社会的基础,社会不仅因传播而存续,而且就在传播中存续。受此影响,伊尼斯获得了一个广义的传播概念,通常理解的信息传递是传播的极其次要之内涵,交往才是传播的本质。不仅人际交往,加拿大太平洋铁路、皮货贸易、鳕鱼捕捞、加拿大森林砍伐与美国造纸业都是一种传播。伊尼斯对媒介技术的研究也与媒介环境学派的其他人角度不同,他讨论的不是独立的媒介技术,而是与权力、经济、文化、社会生活相互交织而构成的制度,因此伊尼斯的传播观可以归纳为"传播即制度"。其次,他信奉的凡勃伦的制度主义经济学与科斯等人的新制度主义经济学不同,前者与古典政治经济学(劳动价值论和总量分析方法)亲近,而后者接受新古典经济学的框架(效用价格理论和边际分析方法),因此他也被传播政治经济学派追奉为奠基人。

---

[13] 莱文森:《思想无羁:技术时代的认识论》,何道宽译,南京:南京大学出版社,2003年,第14页。

传播政治经济学派诞生于 20 世纪 40 年代末,奠基人是斯迈兹(Dallas Walker Smythe),他 1960 年的论文《论传播的政治经济学》是学派开山之作,而斯迈兹在 1977 年的论文《传播:西方马克思主义的盲点》中提出的受众商品论则被认为是传播政治经济学的经典发现。斯迈兹发现媒体的商品不是其制造的内容(电视剧、电影等媒介内容),而是受众的注意力(阅听率),媒介内容实际是媒体的生产资料和成本,媒体通过免费内容吸引受众到它的生产现场(电视机前、网站等)为其生产的"受众商品",并将之转卖给广告商以盈利。受众商品的"数量指标"是受众的多少、阅听率,"质量指标"是广告商获得的关于受众的年龄、性别、种族、位置、职业、兴趣爱好、教育水平、消费记录、社会阶层等个人信息的程度。斯迈兹认为,在经典马克思主义作家生活的时代下报纸等媒体还是党派媒体,当时商业媒体还没有发展成熟,这导致之后的西方马克思主义对意识形态的考察和批判也延续性地忽视了媒体的功能,即西方马克思主义者(主要指法兰克福学派和伯明翰学派)对意识形态和现代性文化的考察存在着对媒介和传播的"盲点"。近年来,随着网络与数据技术的发展,web 2.0 用户贡献内容平台和 Cookie 技术的出现,作为信息消费者的受众同时具有了内容生产者的身份,技术变革导致斯迈兹带有比喻性质的受众商品理论成为了现实,再次引起了社会理论家的讨论。传播政治经济学家莫斯可(Vincent Mosco)在《传播政治经济学》一书中将"受众商品"解释为"关于数据的商品"(cybernetics commodity),即它们是对媒介平台上用户的行为资料,通过统计等测量手段生产的商品,商品化来源于受众行为,同时也支撑着媒介提供的免费服务(信息内容、社交服务、知识共享服务、电子商务、金融服务等)。福克斯分析了受众的网络行为,不仅受众的数据作为商品被售卖,而且受众使用(享受和消费)网络服务的行为同时也是一种生产行为,因此在网络社会中受众的消费行为、社交行为都变成了一种生产行为,网络技术加强了媒体的权力。[14] 贝尔梅霍讨论了媒介历史变迁中受众商品的具体形式的变化,例如搜索引擎关键词使用频率对阅听时间的取代,但技术变迁本质上并未改变媒介生存的政治经济学逻辑。[15] 曼泽罗勒研究了移动互联网,分析了大数据时代个性定制服务的资本逻辑,例如手机普及带来的定位服务(location-based service)使个人信息得以变现并为电

---

[14] Christian Fuchs, "Information and communication technologies and society: A contribution to the critique of the political economy of the internet", in *European Journal of Communication*, 24(69)(2009), pp. 69 - 87.

[15] Fernando Bermejo, "Audience manufacture in historical perspective: from broadcasting to Google", in *New Media Society*, 11(2009), pp. 133 - 154.

信公司所剥夺,而电信公司的定位服务基于对无线电频谱这种公共资源的霸占。⑯ 李的论文分析了谷歌搜索引擎关键词和竞价广告既使谷歌控制了广告业,又使谷歌通过个人信息的占有掌握了评价体系,可以任意评估信息的价值,由此可以垄断整个信息产业。同时,李的论文分析了谷歌搜索结果排序中暗藏的意识形态。⑰

相比其他传播研究,传播政治经济学发展迅速,代表成员队伍也在不断扩大,其中包括:北美除了斯迈兹,还有同作为奠基人的席勒、瓦斯科(Janet Wasko)、米汉(Eileen Meehan)、彭达库(Manjunath Pendakur)、莫斯可,英国包括加汉姆(Nicholas Garnham)、哈洛伦(James Hallo-Ran)、默多克(Graham Murdock)和戈尔丁(Peter Golding),欧洲大陆包括马特拉(Armand Mattelart)和米耶热(Bernard Miège),亚洲包括彭达库(Manjunath Pendakur)、甘地(Oscar Gandy Jr.)、赵月枝等人。然而这份名单似乎并不严谨,不仅受到其他传播研究者的质疑,名单内的学者也没有共识。例如,莱斯特学派的哈洛伦、默多克、戈尔丁等学者的传播研究乃是对 20 世纪 80 年代盛行于英国的"新修正主义"思潮的反思,他们将批判矛头直指"结构主义转向"的文化研究学派,诉诸定性社会学和心理学方法,而非政治经济学方法。⑱ 但是不可否认,传播政治经济学是目前交往、传播与媒介研究中最活跃的一支力量。综合言之,他们都认可斯迈兹的受众商品论,据此他们认为:传播和交往本质上也是一种生产和劳动,其中必然含有权力关系;资本主义社会的传播将劳动时间中的剥削关系延伸到了非劳动时间和休闲时间中(例如当我们看娱乐节目、电视剧以及使用互联网时,同时也在为媒介资本家进行生产劳动),由此媒介控制下资本主义现代性世界实现了对劳动者的全时间剥削。

此外,另外一支批判理论力量来自于霍尔领导的伯明翰学派。自斯迈兹以来,传播政治经济学就试图通过与文化研究"划清界线"来确立其学术边界,莫斯可对学派的经营也因循了这一传统。霍尔领导的伯明翰学派反对经济决定论,认为文化观念和日常交往具有独立性。伯明翰学派的研究包括亚文化研究与受众研究,它们实质上都与交往和传播有关。伯明翰学派早期学术兴趣在于

---

⑯ Vincent Manzerolle, "Mobilizing the audience commodity: Digital labour in a wireless world", in *Ephemera: Theory & Politics in Organization*, 10(3/4)(2010), pp. 455 - 469.

⑰ Micky Lee, "Google ads and the blindspot debate", in *Media, Culture & Society*, 33(3)(2011), pp. 433 - 447.

⑱ 胡翼青,杨馨:《解构神话:传播政治经济学学科合法性问题辨析》,《南昌大学学报(人文社会科学版)》2016 年第 4 期,第 81—89 页。

无产阶级亚文化,霍尔 1976 年主编的《仪式性抵抗》中收集了亚文化的理论、方法论以及亚文化个案的民族志调查。在亚文化研究时期,伯明翰学派就蕴含了存在主义与结构主义的方法论争执。早期伯明翰学派将人际交往及其关系——如青年的亚文化社交、黑人青年的犯罪行为和观众看电视节目的行为——看作是表层的信息互动,而它们本质上是深层的意识形态结构、权力结构、财富和社会资源分配结构的再生产。[⑲] 克拉克(John Clarke)在 1976 年《风格》一文中借用施特劳斯(Leo Strauss)的拼贴(bricolage)概念,解释亚文化如何通过风格对主流文化与意识形态进行反抗;赫伯迪格(Dick Hebdige)在 1979 年《亚文化:风格的意义》中分析了亚文化的意义和意识形态建构的意义的对抗和收编;威利斯则在 1977 年《学做工:工人阶级子弟为何继承父业》中调查了工人阶级青年在学校内外的交往关系,分析亚文化物品的意义与亚文化成员意识的同构关系,以及亚文化的形成及其对主流文化的反抗。霍尔 1978 年领导的研究《控制危机:抢劫、国家、法律与秩序》中运用葛兰西霸权理论研究了黑人青年犯罪引起的道德恐慌,分析了亚文化身份被恶魔化背后的意识形态等结构性因素。《控制危机》的出色分析奠定了伯明翰学派的结构主义转向。

此外,霍尔 1973 年和 1980 年发表的"编码解码理论"发现了受众意义解码中意识形态的结构性规范,提出了意识形态规范下受众的三种解码方式:偏好性、妥协性、对抗性,使伯明翰学派的学术兴趣从亚文化社区的交往扩展到了电视的传播。霍尔的学生莫利(David Morley)在 1980 年《〈举国上下〉的观众:结构与解码》中,通过人类学方法进入了家庭内部交往,调查了阶级、性别、种族、文化等因素对"理解"的影响,以及大众传播如何构造了国家神话,弥补了霍尔结构主义的刻板。20 世纪 80 年代以后,后结构主义开始影响英国的文化研究,例如莱斯特派的兴起。文化研究也开始反思结构主义,费斯克(John Fiske)的生产性受众的研究正是其中代表。费斯克在《解读电视》和《电视文化》中提出了电视的两种经济:金融经济与文化经济。在金融经济中,电视节目作为商品被买卖,生产出的收视率又被卖给广告商,流通着的是金钱。在文化经济中,电视节目卖给受众,受众生产出电视节目的意义,此时交换和流通的是意义与快感而非金钱。费斯克的研究是对前人文化研究的颠覆,试图突破意识形态对意义的解读和大众知识的结构性规范,将意义的生成赋予了个体。综合看待伯

---

⑲ Chas Critcher, "Structure, culture and biographies", in Stuart Hall & Tony Jefferson (eds.), *Resistance through Rituals: Youth Subcultures in Post-war Britain*, 2nd edition(London: Routledge, 2006), pp. 139 – 144.

明翰学派,可见到他们研究中经验主义与结构主义的方法论的争执。一方面,伯明翰学派从始至终都警觉地反思结构主义,在具体研究中使用经验主义的参与式观察与体验式观察,克服了法兰克福学派的思辨与哥伦比亚学派的抽象经验主义,完成了批判理论与经验研究的结合。另一方面,他们的核心思想还是认为传播和交往本质上是由意识形态结构规范的,因此传播和交往是在结构规范下的阶级行动,具体交往只是权力结构的呈现,个人的意义理解行为是由性别、种族、职业等权力结构中的角色共同作用决定的。相比于传播政治经济学的兴盛,2002 年伯明翰大学以经费紧张为由关闭了当代文化研究中心,兴盛一时的英国文化研究走向了没落。

(六)常人方法学

常人方法学缘起于结构主义的自我反思。二战以来的美国社会学界有关社会行为的研究经历了对帕森斯否定之否定的范式转换。[20] 传统的社会行为研究多采用结构主义范式。然而当新媒介技术革命重构了社会关系,传统交往结构内化于个体行为中的规范失效时,结构主义便无法有效解释行为的逻辑,也无法回答新型社会关系的结构及其文化是如何变迁的,以及无法分析行为及其意义。此外,比结构主义更深了一层,当代哲学反对理想规则的先验性(apriority),恰恰主张是日常生活中的交往行为构造了主体间的交往结构和关系,因此"社会不仅因传递和交往而存在,它就存在于传递和交往之中"。[21] 帕森斯的学生加芬克尔(Harold Garfinkel)继承了现象学、日常语言学派和实用主义的哲学批判,[22]他在 20 世纪 50 年代建立了常人方法学(ethnomethodology),从人际交往行为对人际关系建构作用的角度重新反思"霍布斯问题"。受舒茨对帕森斯结构主义批判的影响,[23]1949 年 12 月 5 日加芬克尔致信舒茨,他告诉舒茨自己受其现象学社会理论启发正力图"系统地破坏"人类用以维持日常行动的"意义结构",来分析普通人在社会关系中的自然态度和经验。[24] 1954 年加芬克尔发明

---

[20] Jeffrey C. Alexander, *Twenty Lectures*: *Sociological Theory since World War II* (New York: Columbia University Press, 1987), p. 121.

[21] John Dewey, *Democracy and Education* (New York: Macmillan Co, 1916), p. 4.

[22] Pierce J. Flynn, *The Ethnomethodological Movement* (Berlin: Walter de Gruyter & Co, 1991), p. 231.

[23] Anthony Giddens, "Schutz and Parsons: problems of meaning and subjectivity", in *Contemporary Sociology*, 8(5)(1979), pp. 682 - 685. 另见 Richard Grathoff (ed.), *Theory of Social Action*: *Correspondence of Alfred Schutz and Talcott Parsons* (Bloomington: IU Press, 1978)。

[24] 李猛:《常人方法学 40 年:1954—1994》,《国外社会科学》1997 年第 4 期,第 98—162 页。

了"常人方法"(ethnomethod),用以指对普通人面对日常事务的处事方法,即生活世界中的"活法",通过"常人方法"社会成员建构了基本的社会规范,[25]并且,公共的、场景的互动行为是最基本的常人方法。因此,常人方法学的研究是在为结构主义奠基,还原结构的发生构造。在结构主义批判中,加芬克尔反对将行动者看作历史——社会结构的"判断傀儡",并探讨了日常交往的行为逻辑。[26]

A. 权宜性(contingency):交往结构不是先验的(A Priori),而是经验博弈的结果,因此需要考察交往双方接受和拒绝的事件,以及这些事件与一致性、重复性、可再生产性以及典型性行为(制度)之间的联系;

B. 场景性(locality):行为是地方性经验(local experience),是其所在的场景特征的构成,因此必须考察行为做出的地方、场景及其技术特征,分析媒介的具身性及其对行为逻辑的影响;

C. 索引性(indexity):行为蕴涵了无限的背景信息,因此要尽可能展示行为的背景信息和交往双方的默会知识;

D. 反身性(reflexivity):行为不仅受背景影响,与语境论不同,常人方法学认为行为也改变着背景,因此必须考察行为对背景的转换作用;

E. 可说明性(accountality):行为不仅包含传播的内容,而且包含对自身的说明和证明,以使他者理解和接受自身,行为的说明部分对社会关系的建构起主要作用,因此必须展示行为中的说明性部分。

常人方法学不关注宏大的历史——社会结构,而是关注对普通人日常互动模式的研究,强调社会秩序与社会世界意义均是在人与人的交往中产生,因此传播与交往可以被看作是普通人日常生活中最基本的常人方法。在方法论上,他们反对社会物理学,反对抽象的经验主义,贯彻一种彻底的经验主义。

60年代常人方法学开始繁荣。其中成员包括博登(Deirdre Boden)、赫里蒂奇(John Heritage)、林奇(Michael Lynch)、萨克斯(Harvey Sacks)、齐默尔曼(Don Zimmerman)等人。1975年之后,常人方法学的奠基与革命阶段结束,开始进入"标准化时代"。[27]常人方法学的具体研究常见于谈话分析与工作研究;其中语言学中的常人方法学发展出来的谈话分析是对交往和人际传播研究的经典,却被主流传播学家所忽视,影响力没有完全超出语言学科的范围。

[25] 李猛:《常人方法学40年:1954—1994》,《国外社会科学》1997年第4期,第98—162页。

[26] Harold Garfinkel, *Studies in Ethnomethodology* (Englewood Cliffs, N. J.: Prentice Hall, Inc, 1967).

[27] Pierce J. Flynn, *The Ethnomethodological Movement* (Berlin: Walter de Gruyter & Co., 1991), p. 280.

谈话分析一般被认为是常人方法学"王冠上的明珠",也被认为是语言分析中影响最大、最严密的分析方法,它蕴含了会话对人际关系的改造,并预设了普通会话是理解社会生活的原生场所。[28] 谈话分析的研究对象是日常谈话(conversation)和工作中制度性的正式谈话(institutional talk),它重视对话语交往中的语词选择、开始、结束、邻接对、轮次、转换、重复、插入、修正等话语序列的结构的分析。[29] 因为交往是最基本的社会行为,而话语则是最基本的交往行为,因此日常谈话(mundane conversation)中建构了社会关系的原始结构。[30] 70 年代晚期,谈话研究从标准话语交往结构分析转向了制度性谈话的研究,即研究某个机构的制度下或工作环境中话语交往的实践,其中至少一个谈话者是某个制度中的成员,他的谈话因此会是朝向任务的话语行动,并且带有制度赋予的权力地位和语境。因此,谈话分析可以呈现话语交往中建构的人际关系中的基本权力结构。[31]

经典的谈话分析包括对新闻采访、[32]新闻生产、[33]电话交谈、[34]医患交谈[35]以及法庭辩论或听证会谈话等各种制度性谈话。[36] 近些年谈话分析开始关注以计算机为中介的传播(Computer-Mediated Communication,CMC),这些研究一

---

[28] 特雷西、穆尼奥斯:《人际传播研究的质化方法》,载耐普、戴利编:《SAGE 人际传播研究手册》(第 4 版),胡春阳、黄红宇译,上海:复旦大学出版社,2015 年,第 67 页。

[29] Harvey Sacks, Emanuel Schegloff & Gail Jefferson, "A Simplest Systematics for the Organization of Turn-taking for Conversation", in *Language*, 50(4)(1974), pp. 696 – 735.

[30] John Heritage, *Garfinkel and ethnomethodology* (Cambridge: Polity Press, 1984), pp. 239 – 240.

[31] Harvey L. Molotch & Deidre Boden, "Talking Social Structure: Discourse, Domination and the Watergate Hearings", in *American Sociological Review*, 50(3)(1985), pp. 273 – 288.

[32] John Heritage, "Analyzing news interviews: Aspects of the production of talk for an overhearing audience, in Teun A. van Dijk (eds.), *Handbook of Discourse Analysis*, vol. 3: *Genres of Discourse* (New York: Academic Press, 1984), pp. 95 – 117. 亦见 John Heritage & David Greatbatch, "On the institutional character of institutional talk: The case of news interviews", in Deirdre Boden & Don H. Zimmerman (eds.), *Talk and Social Structure: Studies in Ethnomethodology and Conversation Analysis* (Berkeley and Los Angeles: University of California Press, 1991), pp. 93 – 137.

[33] Steven E. Clayman & Ann Reisner, "Gatekeeping in action: Editorial conferences and assessments of newsworthiness", in *American Sociological Review*, 63(2)(1998), pp. 178 – 199.

[34] Luke, K-K (陆镜光) and Pavlidou, T-S (eds.), *Telephone Calls: Unity and Diversity in Conversational Structure across Languages and Cultures* (Amsterdam: John Benjamins Pub Co., 2002).

[35] John Heritage & Douglas W. Maynard, *Communication in Medical Care: Interaction between Primary Care Physicians and Patients* (Cambridge: Cambridge University Press, 2006).

[36] Paul Drew & John Heritage ed., *Talk at Work: Interaction in Institutional Settings* (Cambridge: Cambridge University Press, 1992).

般聚焦于谈话、身份呈现与亲密关系(礼貌和面子)的联系。已有研究发现,网络用户身份与其社会身份呈现结构刚好相反,个性身份(兴趣爱好等)呈现优先于习得身份(学历职业等)与继承身份(家族身份等)的呈现,网络信息的认知的负担使用户行为倾向于情感化,而网络身份呈现的方式与网络行为的情感化都增加了不礼貌行为与极化行为,改变了网络人际伦理关系。[37] 一方面,不礼貌行为的产生与网络群体身份认同的加强有关。另一方面,网络消除了现实世界各种生理、社会限制,因此个体会通过改变语言风格来建立理想的"面子"和礼貌身份,进而建立彼此间的新型关系。[38] 此外,关于常人方法学与谈话研究的思想史探讨可以参见弗莱恩(Pierce Julius Flynn)1991 年的著作《常人方法学的运动》和李猛教授的论文《常人方法学 40 年:1954—1994》。

从语词上看,常人方法的媒介理解似乎与工具论的媒介定义容易混淆。但从常人方法学的角度看,日常交往是其他社会结构的基础,而媒介则是普通人应对日常事务的最基本方法,例如话语、职业组织内的交流、大众传媒上的交流都是常人方法及其延伸,这种方法不是目的性和功能性的工具,而是日常生活方式。因此,传播除了作为内容的传递外,还有其他丰富的存在维度:背景语境、地方或场景的影响、说明性内容、意向性行动的博弈以及其中建立的意义结构、人际关系和权力制度等等。常人方法学的媒介概念据此可以定义为作为生活方式的媒介。

三、基础概念的研究任务

我们的综述仅限于传播研究的经典范式。一方面,虽然在近百年的短暂历史中,也有很多优秀的独立传播研究和媒介哲学洞察,例如,桑斯坦(Cass R. Sunstein)的《网络共和国》对信息自由流动中用户内容定制壁垒和用户自我审查造成的"信息茧房"的发现,指出了 web 2.0 用户贡献内容网络的交往与传播对民主政治的威胁。另一方面,我们的综述并未包括当下的新兴研究。例如,计算传播学对大数据的一些研究和发现:结构洞占有与话语权的关系,信息级联(information cascades)与公共选择的关系,弱链接与传播效率的关系,小世

---

[37] Francisco Yus, *Cyberpragmatics: Internet-Mediated Communication in Context* (Amsterdam: John Benjamins Publishing Company, 2011).

[38] Sage L. Graham, "Disagreeing to agree: Conflict, (im) politeness and identity in a computer-mediated community", in *Journal of Pragmatics*, 39(4)(2007), pp. 742 - 759.

界网络、无标度网络、随机网络等不同结构对节点与链接增减的不同反应及其组织特征，等等。我们认为，新兴的研究往往只是经典范式和方法论下产生的新议题，即数字时代下网络社会中实证方法对交往数据和结构的延伸研究，或技术体系转型下媒介融合中对信息生产方式或交往关系变迁的批判分析。此外，这些优秀的研究也还没有形成新的范式和方法论，对于"年轻的"传播与媒介研究而言还未成为"经典"。换言之，它们仍可以被划归入经典范式和方法论中，其中蕴含的交往与媒介的理念仍未逾出代表性的传播研究范式。

通观这不到一个世纪内兴起的对媒介与交往的专门化和系统化研究范式与方法论，我们可以发现这些范式的差异实际上蕴含了关于媒介与交往的不同的基本原理，而这些不同的基本原理又奠基于传播学家对媒介与交往等基本概念的不同定义和解释。因此，对这些基本概念的不同定义进行哲学沉思就成了一种严格科学的要求。此外，这里等待被考察的论题不仅是交往与媒介及其衍生概念，例如交流（dialogue）或撒播（dissemination）、口语或文字。从底层概念的关联角度看，例如信息的交流蕴含着意义的理解，但意义产生于指称还是产生于具有推论关系的临近概念，因此意义概念与交往相关；例如交流的主体不是虚空中的两个笛卡尔式灵魂，而是以身体居于世界中的两个主体，因此交往携带着主体介入世界中的方式，身体或具身性概念与媒介相关；例如交流的目的不单要达到内容的共识，而且也要求主体间的感其所感，因此同感（empathy）概念与交往相关；此外相关联的基本概念还包括意向性、语境、生活世界等等。因此，在严格科学的名义下反思诸传播研究范式与方法论，这要求我们结合具体的媒介与传播研究来沉思，并重新理解与媒介和交往概念及其相关的一系列基本概念群。

作者简介：毛家骥，哲学博士，中山大学哲学系博士后。

谈"是"
——兼论东西方思维差异*

姜李勤

【摘　要】诸子学术为中国文化的重要奠基,但先秦汉语缺乏语法自觉,且无系词职能,故诸子思想中可否萌发有如西方哲学之逻辑与本体论,便是亟待明确之问题。既往学者多以"是"在诸子文本无系词功能而断定中国文化缺乏逻辑与本体思维,如此则忽略了汉语之"隐性系词"现象。解析诸子文本中的经典命题,发掘诸如"者,也"句式一类命题方式是否也无概念定义及范畴演绎的功能,方可真正对中西思维方式的差别做出解答。诸子时代的共同特征便是对语言缺乏真正的信任,亦由此断送了逻辑的诉求,而转入纯粹之驾驭语言,即着意于文字铺陈与语法修辞来烘托语境,延展意向。中西文化亦由此发生明显的歧途,分别演化出独立的思想形态。(1)由语言衍生的逻辑分析以及哲学思辨。(2)驾驭语言的修辞手法及超越语言的感性思维。

【关键词】是　本体论　逻辑　隐性系词

＊ 本文受到中国博士后第 61 批面上项目"先秦名学原创逻辑研究"(2017M612893)支持。

一、东西方语言诉求之别

思维与表达能力是人类尊严之所在，但不同的文化传统对思维的理解与思考习惯的养成有较大的差别，而且由于思维方式的差别导向，孕育出形态各异的文化取向，如宗教、伦理、哲学等。而"思"的方式在不同文明生态中表现出来的最根本差异是——"思"是否可能由语言来承载，更为确切的表述为："思"是否可能由语言命题来承载。

溯源于古希腊的西方哲学与中华文明的伦理传统比较而言，在对待语言的态度上有鲜明的区别。虽然希腊哲学肇始于对世界本原的探究，但自巴门尼德开始便确立了思维与存在同一性的思考维度。柏拉图的哲学思考基本都在对话的平台上充分表达，亚里士多德的《形而上学》《范畴篇》《分析篇》基本都以语言分析作为哲学研究之平台，希腊哲学便明确地开辟出概念分析之哲学导向。唯名论与实在论之争，乃至与上帝相关的诸多宗教议题的探究，均未越出语言之藩篱，而作为德国古典哲学高峰的康德与黑格尔，概念思辨便可称为其整个知识构架的基石，而海德格尔亦由语言导出存在主义之路径，结构与解构亦为深层次的语言问题之争。总而言之，思想家的现实关怀无论落脚在宗教、道德、政治抑或何处，都务须负责任地构建起基于语言的逻辑前提，否则其任何主张成立之合理性便无从谈起。即便是存在主义质疑语言分析，回归诗性思维，也无法超越对语言本身的依托，"语言是存在之家（haus des seins）。语言的本质既非意谓所能穷尽，语言也绝不是某种符号或密码，因为语言是存在之家"，[①]海德格尔亦清晰地将语言做出了表意功能以外的回溯，虽旨归与分析哲学大相径庭，但显然语言的核心地位与优先存在是更为凸显的。

而中国文化早已与此旨趣分道扬镳，语言是否可能通达真理，乃至理解生存，此议题在中国的不同文明时期，不同的文化流派来看，似乎皆有所质疑。《六经》时代尚乏哲学思维的自觉，但《周易》作为群经之首已明显表现出对语言的疏离，即后世所称之"意象思维"。《诗经》《尚书》亦不在命题判断与概念思辨的议题内探讨。诸子时代之儒家，虽孔子语录结集为《论语》，但显然寥寥数千字辐射如此广阔的思想视野，实在言不尽意，况且多为孔子之有感而发，亦乏不同观点的证诘，言外之意、弦外之音都不是语言可以承载的。其作为基本哲学

---

① 海德格尔：《林中路》，孙周兴译，上海：上海译文出版社，2010 年，第 325 页。

构架的"性与天道",却"不可得而闻也"。② 思想与语言之距离不言而喻。孟子虽以好辩称名,亦不乏与万章、告子诸人据理力争,但孟子基本依赖的并非语言命题自身的自明性,而是常识经验的佐证。如"犬之性犹牛之性","冬日则饮汤,夏日则饮水","嗜秦人之炙无以异于嗜吾炙",③此类经典论证都不在命题论证框架内。先秦儒家尚有荀子《正名》诸篇与语言现象多有瓜葛,此留予后文,与名辩学派一并而论。道家老庄对语言缺乏信赖自无容疑之处。"道可道,非常道"即为其基本持论。诸子观点在此不一一列举,但无外乎以"务为治也"为其核心关怀。而纠结于语言本身之现象,难免不为世用,进而斥为"玩琦词","苟察缴绕"。在此作一基本态度的表明,即中西方文化传统对语言问题造成根本差异,而"是"与"思"的内在联结,有待于具体观点的梳理。

二、"是"与抽象思维

"是"论是汉语语境下之表达,在西方语境下,其一般形态为 being 或 sein,甚而可追溯到希腊语的 to on。此问题可称西方哲学历程的主要线索,中西方学者均有充分考察。Ontology 汉译为"本体论",其词根 on 在希腊语有两种渊源,一为形而上学之"是",在语言中表现为系词;一为自然哲学之"本性",在语言中多充当主词。④ On 在语言中所表现之角色鲜明地体现出希腊哲学两个重要的思想维度。亦为自然哲学探讨的"始基"问题,亦为形而上学探究的存在问题。自然哲学肇始于泰勒斯,其为哲学鼻祖,存在问题发端于巴门尼德,当代存在主义思潮亦直承于此。而存在之"是",直接衍生出逻辑学,即亚里士多德的三段论。在西方语境下,此问题并无甚可疑之处,乃势之自然,而尚存逻辑传统有无之争的中国文化,对此务必关注。如三段论经典命题:

人是有理性的动物,

苏格拉底是人,

故:苏格拉底是有理性的动物。

西方逻辑传统对此论题多关注于中项周延与种属之别,而"是"正为中国文化与西方逻辑传统契接的关键所在。在此命题中,"苏格拉底"为特称概念,即《墨经》之"私名",亦为亚里士多德自然分类法的"属","人"为全称概念,《墨经》

② 杨伯峻:《论语译注》,北京:中华书局,2006 年,第 46 页。

③ 杨伯峻:《孟子译注》,北京:中华书局,2008 年,第 255—257 页。

④ 参见陈村富等:《希腊哲学史》(卷 1),北京:人民出版社,2010 年,第 610 页。

称之为"类名"，亦为亚氏之"种"，种差即为"有理性的"，故由具体到一般，由属加种差，皆可有"是"之发生。现代逻辑学可将语言视为数值函数，而"涵属"之可能便奠基于此。"人是有理性的动物"为"人"概念之普遍定义，"苏格拉底是人"为"苏格拉底"之经验存在对于"人"之一般观念的"涵属"，两者共同构成结论。而"涵属"关系之"是"与普遍定义之"是"为三段论的一般性前提，两种形态的"是"在西方语言中俯拾皆是，而在古代汉语场景中，却如凤毛麟角，甚至可以说闻所未闻。"是"在诸子时代的语境下多作代词职能，如《论语》无"此"字，此种表达多以"是""斯"代之。"是"有系词职能不晚于隋、唐。⑤ 但古汉语出现系词之时间上限与诸语言学家多有出入，此种纷争对哲学与逻辑视野之"是"并无过多干扰。因古汉语缺乏语法职能的自觉，古典文本无遵循语法规范之必要，故其行文灵动方便，突出文学渲染。诸子时代虽无"是"之系词用法，但其职能为"隐形系词"替代，即"也"与"者，也"句式，为命题判断的一般形态。如"夫山泽林盐，国之宝也"；⑥"计者，所以定事也，不可不察也"；⑦"鱼，我所欲也"。⑧ 上述文本译为现代汉语表述，皆可由系词"是"来进行转述。此并非牵强附会，因古汉语确有此"隐形系词"职能。《墨子·小取》篇："白马，马也；乘白马，乘马也。……此是而然者也。""获，人也；获事其亲，非事人也。……此是而不然者也。"⑨"是"与"然"用法虽有别，却均可作系词看待。可简单看作"事物"与"事态"之别。"白马，马也"，"获，人也"，皆对应"是"之语言职能。以现代汉语习惯，可将"是"直接添加在命题之中。"白马是马也""获是人也"，但此为当时语言规范所不允，虽难称其为语法，但确为约定俗成，诸多文本皆可作为支持。此可称为先秦汉语之"隐形系词"现象。

唐、宋以降，"是"作为系词在语录体文本中多有出现，且诸多今日看来颇为重要的哲学命题都有"是"的参与。如陆久渊所言："宇宙便是吾心，吾心即是宇宙。"⑩程灏言："天理二字，却是自家体贴出来。"王阳明言："人心即人欲，道心即天理。""人心是天渊。"⑪在理学家为方便说理而兴起语录文体后，"是"在基本命

---

⑤ 参见王力：《汉语语法史》，第12章，北京：商务印书馆，1989年。

⑥ 杜预：《春秋经传集解》，上海：上海古籍出版社，1988年，第682页。

⑦ 陈奇猷：《韩非子集释》，上海：上海人民出版社，1974年，第30页。

⑧ 杨伯峻：《孟子译注》，第265页。

⑨ 吴毓江：《墨子校注》，北京：中华书局，2010年，第629页。

⑩ 北京大学哲学系：《中国哲学史资料简编》，北京：中华书局，1972年，第165页。

⑪ 中国社科院哲学所：《中国哲学史资料选辑·宋元明之部》，北京：中华书局，1983年，第221，464，494页。

题中充作系词者彼彼皆是。此与先秦汉语中"隐形系词"明显有别,但与西方语言中系词职能虽有语法之相似,但其述谓的内容有相当差距。亦可言,虽有系词"是",但语录体之古代哲学文本亦无法契接逻辑与本体论的诉求。在此先对逻辑意义加以考察,如三段论之要求,其一为涵属关系,其二为普遍定义。西方哲学文本所提炼的经典命题多由此意味而言"是",如此方可对其思想构架提供逻辑支撑,进而构成有如三段论的逻辑推理,数理逻辑正是如此发展开来的。即西方语境下,任何哲学命题都不可能如圣谕一般代天宣化,其既需要所以然的有效论证,亦需为相关论断提供逻辑支持。而理学家却无此关注,其所持论多有体悟之言。由文本来分析,其命题不过为互训而已。如"宇宙"与"吾心","是非"与"好恶",由体悟层面而言,虽意义确实有所递进,甚而可称微言大义。但由命题而论,却不能构成有效的述谓。其形态虽为"是"的系词作用来承担,其内涵却并无突破可言。如"心即理","性即理","性即道也,道即性也"一类理学话语,皆为"是"的相似表述。此虽与《说文解字》传统纯粹的文字互训有别,但其简单地将主词与宾词置换的模式在语法而言,既无涵属,亦无定义,故而不可能为逻辑论证提供支持。严译《穆勒名学》,以联珠法拟三段论,亦有此"是"在中西语境下错位问题的疏忽。如《荀子·王制》所举:"义以分则和,和则一,一则多力,多力则强,强则胜物";"故人生不能无群,群而无分则争,争则乱,乱则离,离则弱,弱则不能胜物。"⑫再如《韩非子·解老》:"人有祸则心畏恐,心畏恐则行端直……必成功则富与贵。"⑬,由文体而论,皆符合联珠式的模式,但就其经验常识与逻辑规范而论,皆缺乏合理依据。由常识判断,"群而无分则争"毫无必然性,"无分"并非"争"的充分条件。由历史经验及心理诉求而言,"有分"方为"争"的缘由所在,历史农民起义多有"等贵贱,均贫富"的"无分"主张,历史经验所提供的"息争"的途径并非"有分",而是"平等"。"人有祸"到"必成功"显然更不具备常识参考。如此推断则"祸兮福之所倚"便解读为"有祸者皆有福",此为纯粹的对立转化,充其量为牵强的否定辩证法,而无逻辑进程可言。而由逻辑规范而言,"则"不具备"是"在逻辑意义上的涵属职能。"和则一""争则乱""心有畏恐则行端直"诸论,"则"均有主观意向性的参与,而不具备客观必然性。其命题更近似于心理导向,而非逻辑推断。故以此类联珠法比附三段论逻辑,实在无从谈起。由此可以认为,整个古汉语历程中,"是"无论作为隐形或显性系词,皆无法承载逻辑推断的联结职能,由逻辑而言,"是"在中西方语境中

⑫ 梁启雄:《荀子简释》,北京:中华书局,2010年,第109—110页。
⑬ 陈奇猷:《韩非子集释》,第341页。

的价值存在重大差异。

由本体论而言，ontology 的传统便发端于系词 on，即希腊语之"是"，本体论的传统自然无法回避古希腊自然哲学的议题，而自然哲学家的诉求正为本体论意识的萌芽所在，即"世界是什么"的始基问题，但伴随自然哲学演变为科学的进程，"世界"逐渐由此命题中分化出来，而愈加导向对"是什么"本身的关注，即如何去"是"，巴门尼德为如此思考的先声，并给出"是"与"思"同一性的平台，由此则设下由康德实现的知识论代替本体论的哲学翻转的伏笔。自然哲学家眼中的世界是永恒变化的，至少由现象看如此，形而上学家看到的亦为语言命题中主词的不断置换，而寻求永恒性的职责便由系词"是"来承担，因在西方语言中，任何命题都不能脱离系词的参与，此为语法之规定，如此亦界定了哲学与思维。即由思维看，无任何前定之物，"上帝"之观念即便可以作为思维的对象，亦要由系词"是"来完成述谓。而近代哲学开启后，任何超越性之存在物都被无情地在思维领域中革除掉，信仰与理性分道扬镳。故此，西方的系词语法孕育出的语言表达与思维方式可称为"系词状态"或"述谓状态"，如此任何客观存在物都被清除掉，而唯有纯粹主观，即尚未被对象化的主体"我"，作为意识，而非自我意识被保留下来，而且取得合法地位与先决性。因为无任何作为前提的客观性之限定，主体意识自身在谋求实现的过程中，必然显示出前所未有的活力。故有黑格尔之"自我绝对化"与"精神客观化"的终极诉求。在饱尝绝对自我之精神力量的苦难后，20 世纪哲学渐而回归语言，告别精神，探求构建在语言平台上的主体存在的合理性。

上述仅为西方哲学历程之一斑，而主体性毋庸置疑与本体论、实体观念等同时构成哲学传统的内在驱动力。而主体、本体、实体诸观念的内在联结亦为西方语言自身之禀赋。如"是什么"虽为本体论之探讨，因系词之持存性进而革除所有作为主词之客观主体的存在依据，唯有作为思想者与言说者自身之主体得以保留，并成为存在的前提。而此"我"亦非意识对象，仅作为意识自身存在，进而可称其为对人而言唯一的存在状态，即"存在"。黑格尔哲学遂认识到其绝对性，并以此构建起伦理、宗教、国家等庞大的理论架构，显然如此并非"存在"所能承担，而有后起海德格尔的作为"思"的"存在"的解缚，解构掉黑格尔基于主体存在的一般法则，回归主体存在的自我与多样性，"绝对精神"之本体亦硝烟散尽。而"实体"观念，亦在此互动之内。且不提黑格尔"实体即主体"[14]的僭

---

⑭ 参见黑格尔：《精神现象学》，"序言"，北京：商务印书馆，1996 年，第 10 页。

越,斯宾诺莎所确立的"在自身内并通过自身而被认识"⑮的实体显然处在主体与实体联姻的视野内。综上而论,作为系词的"是"可称西方哲学之主要线索,进而可称,西方哲学便植根于西方语言自身。

而中国哲学根本不在此模式内进行思考,由本体论而言,因无系词之参与,故古汉语并不能突出主词的一般性,故而缺乏明确的本体论意识,"是什么"之问题难于启齿,如"道可道,非常道;名可名,非常名","仁之实,事亲是也;义之实,从兄是也","天命之谓性,率性之谓道,修道之谓教"之类命题的表述,扑面而来的是文学铺陈,情绪渲染,却并非围绕某一中心议题展开述谓,即在语言上表现出来的主词的中心性。在西方语言中,即便有主语从句、谓语从句之类,但均为陈述主词的有益补充而已。而古汉语却多遵循文学手法的铺垫,形成貌似对立统一规律的格局。如"得道者多助,失道者寡助","君子周而不比,小人比而不周","信言不美,美言不信","兼听则明,偏听则暗",这种模式亦为古代汉语语境下最常规的命题表达方式,现代汉语亦常延用。如"不是东风压倒西风,就是西风压倒东风",此种形态虽不尽为阶级斗争哲学的"一分为二"的思维方法,但却易于在问题的两个极端观点上摇摆,而无法构建作为逻辑支持的知识论的完善性。因其缺乏对基于语言本身的概念意义的界定,如此则无概念分析的路径。亦因其缺乏事实经验层面上对性质、程度、偶然因素与必然因素等诸多范畴的精确考量,亦难以作为实践智慧加以借鉴。由逻辑合理性而言,显然命题表述并不一定合乎文学渲染的要求,而上述诸文本皆合乎对仗之文学手法,故而其首要突出的并非逻辑必然性。

由知识论而言,唯有确立表述对象,与对象相关的知识方可得到有效扩展,进而构成涵盖整个存在系统之本体论。而简易的矛盾辩证法并无明确的主词可言,其可能扩展的唯有对二元关系的理解与描述,如"反者道之动,易者道之用",而此并非主客二元结构。在自主思维的状况下,主体之关注仅在于客观之对象,或者对象化之自我,二者不可并存。关注客观世界为科学之维度,关注自我为宗教与哲学之维度,但无论何种状况下,都务必确定明确的议题,即述谓的内容。如"苏格拉底是人","我在思考",便存在这种差别。"苏格拉底是人"是一个命题,表述者并不充当主词,而由系词"是"来表达判断,亦表现主体"我"之存在。而"我在思考"之主词虽为"我",但不过表示对象化之"我"的指称而已,若由"I am thinking"来理解便一目了然,即"在"与"是"皆为系词作用。而主体

---

⑮ 参见斯宾诺莎:《伦理学》,北京:商务印书馆,1983 年,第 1 页。

与本体之存在皆由系词承担,即任何命题都已在系词之形态上蕴含主体"我"的存在。即无论命题内容如何变化,作为言说者的"我"之存在便由系词的持存性而确立,即主体性的绝对存在。因系词确立起来的主体性的存在,亦称为由命题可引发主体性的联想。如此则所有命题皆围绕主体与本体潜台词展开,而主词的不断转化不过是主体意愿所关注对象的转换而已。而古汉语之命题形态在此有根本区别。"得道者多助",依语言习惯的养成,可知其已蕴含"失道者寡助"的表述,"君子周而不比"亦有"小人比而不周"之必然。"兼听则明"与"偏听则暗"亦如是,而前后两句并无逻辑进程,而为直接进行相反场景的置换,甚而可言后句在逻辑上为画蛇添足,其意义完全等同于前句,不过为文学手法之敷衍而已。但此形式如此普遍化地作为命题表述方式,还是有汉语自身之特性问题。其基本类型有如下:

(1)互为反对的程度词,如:

"得道者多助,失道者寡助"

"兼听则明,偏听则暗"

"得失""多寡""兼偏""明暗"皆为互为反对的词汇,由此构成对仗格式来表述命题的两种极端性。

(2)互为反对的指称词,如:

"君子周而不比,小人比而不周"

"君子骄而不泰,小人泰而不骄"

"君子和而不同,小人同而不和"

此类命题构成反对的为"君子"与"小人"之根本差别,而"周"与"比","泰"与"骄","和"与"同"正是似是而非,有待于甄别的规范。"君子"与"小人"为性质之别,因其在价值取向上正好互相反对,而"周"与"比"等皆为程度之别,如此亦可为对仗。

(3)范畴之反对,如:

"信言不美,美言不信"

"善者不辩,辩者不善"

"信"与"美","善"与"辩"两范畴自身便互为反对,由此亦可成对仗。

上述诸例皆为最普及的哲学命题,且不谈作为经验判定的合理性,就语言现象而言,主体"我"无论作为言者,亦或听者,都已纳入伦理语境的支配下,即命题的意义首先表现为价值导向。价值观念的判定与立场的选择为命题首先突出的意味。"我"作为判断主体,在"苏格拉底是人"这样的命题中,表现为纯粹的客观判断。"我"隐藏在系词中,表现为作出判断的能力。而如"君子周而不比,小人比而不周"之命题,"我"首要面临的是"君子"与"小人"的二元立场选择问题,且其间无甚程度商榷的余地。且此类命题多有居高临下的规范意义,后世演化中皆倚身法则之列,则判断能力并无甚作用的余地,立场之优劣是一目了然的。主体"我"被命题唤醒的并非判断能力,而是道德尊严。面对如此带有诫命口吻的命题,显然要选边站队,继而接受观点且付诸实施。道德感皆以道德自觉为前提,"我"在此必然为自我意识,即面对道德戒律,务必会关注自我,进而指导行为与思想。主体之"我"在此则直接附加于主词之上,而非系词之中。而可能打造为本体论的便是"君子""道""善"一类之范畴。若以人类思维来承载,本体性务必需要由杂多而整合为单一,如《巴门尼德斯篇》所讨论的内容即可知"一"作为本体的必要性与可能性。

在诸子时代,老子首先完成这种本体的整合,"道"呼之欲出,孔子虽有名目繁多之纲领,但亦是"吾道一以贯之",即其思想亦需总体的裁量。宋明理学富于思辨,但均表现出思维习惯的相似性。如前文已述,"吾心便是宇宙,宇宙即是吾心","道即性也,性即道也","心即理,性即理"等,即谋求终极存在的同一性。亚里士多德由系词"是"之追问,而建构出"实体"的世界同一性,与割裂现象与实在的柏拉图二元论传统互为纠葛。主体性觉醒及认识论转向之后,主观与客观契合之疑难更为西方哲学的根本议题。中国哲学素来推崇贯通而贬斥纠结,故多有代天宣化之从容而少有逻辑辨析之踟蹰,如"宇宙便是吾心,吾心即是宇宙","天下未有无理之气,亦未有无气之理"[16]诸论,虽貌似一语道贯,但根本没有论证做支撑,在西方系词形态的语法语言中是说不出的,亦是讲不通的。[17]

何以中国哲学命题多为排比与对仗之表达,而不作为独立的述谓命题,此便反射出人类潜在的思维能力的共性。理学家之命题多对本体而言,此类表述实则演绎为终极层面的"合",即如"太极生两仪""阴阳和合"的基本模式。如何"二而一"似乎不在语言与思维的议题内,而有客观之必然性。如同老子言"道生一,一生二,二生三,三生万物",此为隐晦层面的问题,亦为自明,故理学家至二元结构便戛然而止。而在此隐晦的框架内,本体的统一不可能由逻辑思维完

---

⑯ 中国社科院哲学所:《中国哲学史资料选辑·宋元明之部》,第 289 页。

⑰ A=B 即 B=A 的交换律,为近代逻辑学及数学发达后,由语言命题到符号演绎的进程中才出现的无主语、非述谓的形式系统。而 A、B 之符号与"宇宙""吾心""气""理"等概念之根本差别在于其无指称,更无内涵与外延,仅为形式系统整体之函项。而函数关系所体现的纯粹形式之必然性,是语义系统不具备的。弗雷格所言的命题函项理论,如"x 是 y 的公主",必有"是"之系词与"公主"之属差,且"真"之逻辑维度亦非中国哲学所有。

成，故而仅可能借助意象思维。而如"性即道，道即性"的表述，虽构建起意象之平台，亦混淆了主客观差别，却忽略掉何以"道即性"，何以"性即道"之"即"在语言中成立的必然性。此不可作一般文字互训理解，因其有指称职能。"宇宙便是吾心，吾心即是宇宙"亦如是，即由反复之结构，可营造意象之气氛。但在单独表达中"道即性"，"宇宙便是吾心"，务必给出"即"与"是"的合理性，方可称为真命题。但由概念分析与经验常识而论，皆无有效支持。故可言其尚非命题。而唯有借助于此类反复之语言现象来营造"二而一"的臆想空间，方可完成命题表述。故可称此类命题所构建的本体论建立在"二而一"的隐晦意象的天然合理之上。在人类的思维框架内，绝对单纯的"一"是不可认知的，无论形象思维还是概念思维，务必需要构建起二元结构。以形象思维而论，《周易》最为典型，故而为"群经之首"，如阴阳两爻，太极两仪，都是构建在平面内的形象图景，而概念思维则需要在感性直观与概念思辨中谋求契合，但如此却不可在平面图景中表达，有待于构建纯粹之理念空间，此为东西方思维模式的根本区别。而由"两仪"到"太极"，以及诸"气"与"理""性"与"道""心"与"理"的统一皆构建在感性思维的平面模板上，故可称其思想的终极性是不可言说的，而是感性直观。逻辑的终极性问题并非由语言来实现，故此语言亦不能解决哲学的根本关怀。

上述为依傍西方哲学对中国文化传统所塑造的思维形态作出的描述，虽由西方哲学作为样板，中国文化之逻辑问题得以解构，本体论亦依托形象思维，而缘自认知能力的主体性问题故此缺位。但中国语言的特质在哲学层面而言，亦有其独特价值，由先秦名辩学派可窥其一斑。

三、"类"与"相"之别

"类"的概念为名家所关注，实则儒、道诸家对此多有所探究。孔子曰："有教无类。"[18]墨子言："义不杀少而杀众，不可谓知类。"[19]庄子言："其与是类乎，其与是不类乎，类与不类，相与为类，则与彼无以异也。"[20]《说文·犬部》："类，种类相似，为犬为甚。"但如此解读尚乏哲学之精确性。参看《墨子》诸篇："名：达，类，私"，"名：物，达也，有实必待文多也命之。马，类也，若实也者必以是名也命之。藏，私也，是名也止于是实也"，"同：重，体，合，类"，"同：二名一实，重同

---

[18] 杨伯峻：《论语译注》，第 170 页。

[19] 吴毓江：《墨子校注》，第 747 页。

[20] 陈鼓应：《庄子今注今译》，北京：中华书局，1991 年，第 71 页。

也。不外于兼,体同也。俱处于室,合同也。有以同,类同也","异:不体,不合,不类","异:二必异,二也。不连属,不体也。不同所,不合也,不有同,不类也。"再如"推类之难,说在之大小","异类不比,说在量","谓四足兽与,生鸟与,物尽与,大小也。此然是必然,则俱","异,木与夜孰长,智与粟孰多;爵、亲、行、贾,四者孰贵,麋与霍孰高,麋与霍孰霍,与瑟孰瑟","类"的问题在《墨经》诸篇中有较为充分的考察,姑且可作为现代汉语之"种类"理解,"类"观念的哲学价值并不在于此。而诸解读皆有其相似性,如"种类相似","若实也者必以是名也命之","有以同,类同也","不有同,不类也","相似"与"若实"皆表示在某种程度上的相像。"有以同"和"不有同"则表示在某些部分上的相同,两种情形皆表现出外在形态的相似性,亦可称之为经验层面。当然此种相似性亦可在概念上加以命名,如"犬""马"等。但如《经下》所言,此种寻求一般规定性的命名方式颇有难度,即"推类之难"。如"四足兽""生鸟""物尽",都涉及范畴大小的问题。"物尽"之意可理解为"共名",即无所不包,而"四足兽""生鸟"皆是有明确界定的。归类与命名问题在自然科学层面有较大探讨空间,在此不议,而于语言与逻辑层面而言,"类名"本身便产生巨大的歧义。如"马"既可指称某被具体经验到的"马",亦可在头脑中构建"马类"之概念。《墨经》已有充分认识,如《经下》:"欧物一体也,说在俱一唯是。"《经说下》:"俱一若牛马四足,惟是当牛马。数牛数马则牛马二,数牛马则牛马一。若数指,指五而五一。""数指"之"指"乃对"类"而言,故为"一",而"数"之结果为"五",故"五一"。同理,牛与马皆为"四足",故亦可称其皆为"四足类",而其可以命名为"牛马"。若以"牛马"为一类,则"数牛马则牛马一",而将"牛"与"马"分别视为一类,则"数牛数马则牛马二","数"在此皆对"类"而言。故亦可有如此论点。"则牛不非牛,马不非马,而牛马非牛非马",即由"类"而言。"牛马"与"牛"和"马"皆在"类"之大小上有别,故"牛马非牛"与"牛马非马"皆可成立。

如是问题亦在《公孙龙子》中得到广泛关注。如《白马篇》:"白马非马,可乎? 曰:可。"在此"白马"与"马"皆对概念层面而言,无现实指称意味。如下文有"马者所以命形也,白者所以命色也",即可称其皆为概念分析的问题。"白马"为一类,"马"亦为一类。如《经下》言:"推类之难,说在之大小",由"类"的内涵所辐射之"大小"而言,"白马"为小,"马"为大,故"白马"与"马"彼此相"非",在此,名家旨趣为纯粹概念思辨,而不可附会自然分类法的种属之别。而更为详尽的解读在于《通变论》:"曰:羊与牛唯异,羊有齿,牛无齿;而牛之非羊也,羊之非牛也,未可。是不俱有,而或类焉。羊有角,牛有角;牛之而羊也,羊之而牛也,未可。具俱有而类之不同也。羊牛有角,马无角;马有尾,羊牛无尾,故曰:

羊合牛非马也。"[21]在此申明了"非"与"异"的根本差别。"羊与牛唯异"，即"羊"与"牛"不存在彼此相"非"的问题。"异"表现出感性经验层面的区别，如"羊有齿"，"牛无齿"，简单以"羊"与"牛"论"非"是不可行的。虽然由"俱有"的层面而言，"羊有角，牛有角"，即其表现出"类"的相似性，但"牛之而羊也，羊之而牛也"亦不符合语言规范。虽然"羊"与"牛"都有"角"，但不能因此混淆"类"的区别。"羊"与"牛"自身便各自为一"类"，唯有"羊合牛非马"方可合乎判断的要求，即"异"为感性差异，"非"为命题判断，"羊合牛"之可能便在于二者皆有"角"，因"角"可将"羊"与"牛"之两类合并为更大一类，即"羊合牛"。而"羊合牛"与"马"不但有"类"之别，亦有"类"在"大小"上层次的差异。而"羊非牛"与"牛非羊"在"类"的"大小"层次上并无差别，而构成命题的条件是构建起适当的新的"类"，即对现有指称职能的"类"的突破，如此方可体现命题判断的归旨。如"羊合牛非马"，即可突出"角"的关注，而"羊非马"，"牛非马"不具备实质性关注的可能。因由概念自身而言，"羊"与"马"，"牛"与"马"内涵已有明确差别，而不能如"羊合牛"在概念外延上产生"角"的联想，进而明确"羊合牛非马"的命题判断的核心观点。下文"牛合羊非鸡"，"青以白非黄"，"白以青非碧"皆为谋求此种"合类"的差别，以突出判断的意指。如"牛合羊非鸡"，则有"牛羊有毛，鸡有羽"，"牛羊足五，鸡足三"之两种判断依据，如此与"羊合牛非马"之对"角"的指代相比，则造成意义含混，指称不明，故不可取。所以说，"与马以鸡，宁马"。"青以白"与"白以青"之所以可以"合类"，因其有"相与"和"相类"的联结，亦可构成判断。

再如《经说下》："谓：所谓非同也，则异也。同则或谓之狗，其或谓之犬也。异则或谓之牛，牛或谓之马也。俱无胜，是不辩也。辩也者，或谓之是，或谓之非，当者胜也。"单称概念如"犬""狗""牛""马"仅存在"同异"之别，即不构成命题，或称"不辩"，而命题与"辩"务必要体现出意指所在，即有所构建，有所落脚。如"牛马""羊合牛""白以青"等，如此方可突出判断之依据，即"有所谓"。"白马非马"命题之成立，亦在于"白马"有所突出"白"之差别。故"白马非马"命题意在言"白"为"白马"与"马"相"非"的原因之所在。

四、述谓"是"命题与述谓"非"命题

而对于希腊哲学传统对命题的一般规范而言，其哲学命题的形态基本为肯

---

21 王琯：《公孙龙子悬解》，北京：中华书局，2011年，第62页。

定句，且有系词参与述谓，甚而说一般语言形态便如此。如"人是有理性的动物"，命题的落脚点，或称意谓所在便是"有理性的"，或者说以属加种差的命名方式，"人"之"属"与"动物"之"种"的界定便在于"有理性的"。"人是动物"亦为真命题，但其所表述为涵属关系，而非定义。虽由命题层面而言，如上皆为真命题，但由哲学层面却引发"是"如何可能的问题，继而有亚里士多德的十范畴说，即"是"的可能形态。由此引发哲学视野下本体论、主体性等诸多自觉。

而名辩之命题与此截然相反，其基本命题形态，并非"是"，而是"非"，如"白马非马""物莫非指而指非指""羊合牛非马""杀盗非杀人"等。而由语言现象看，"是"在先秦汉语只可充当"隐性系词"，如"获事其亲，非事人也"，"且夫读书，非书也"，"且斗鸡，非鸡也"。而如"物莫非指"的双重否定亦多见于文本，如"普天之下，莫非王土；率土之滨，莫非王臣"。其何以不采纳肯定形式，此显然不尽在文学效果的考量内。而至宋明理学时代，为之一变，理学之基本命题则多为肯定而少见否定。如"宇宙即是吾心"，"道即性"，"天理即人欲"等。但理学命题亦与西方语言环境下的命题有别，如不表达涵属关系，不追求普遍定义，即不在如亚氏范畴学说的框架内，仅为调和概念二元格局的差距。其底色在于形象思维，而非语言逻辑。由名辩诸命题来看，尚为在语言框架内来处理命题，但与希腊哲学所谋求的命题亦有别，如"苏格拉底是人，人是有理性的动物，故苏格拉底是有理性的动物"。此命题今天阐述亦有效，因其为纯粹的分析命题，无待于经验事实与感性联想的考察，由"人"之概念，便可以分析出"有理性的"与"动物"两层内涵。而如"杀盗非杀人"命题，由《小取》篇："盗人，人也"，可以说亦可由"盗"之概念分析出"人"的内涵。由此导出"杀盗非杀人"命题以现代逻辑的中项周延规范可轻易比附与评判，"多盗非多人也，无盗非无人也"的推理方式亦可理解为纯粹的语言游戏而忽略逻辑的一般规律。故其为逻辑上之假命题。而"白马非马""羊合牛非马"在当时语境下而言，当为真命题。以"羊合牛非马"为例，此与墨辩学派"牛马非牛非马"的命题为相同形态，即对"说在当也"的论辩规范加以明确。由"羊合牛""牛马"的概念结合方式来看，颇为相似于亚里士多德自然分类法的规范。"羊合牛"因其皆有角，"牛马"因其为"四足"，故可称其为"类"。"羊合牛"因有"角"，故"非马"，此尚好理解。"牛马非牛非马"则有悖于亚氏之种属观念。"牛马"若为"牛"与"马"之通称，亦为更大之"类"，则"牛马"与"牛"和"马"应构成涵属关系，而不应有"牛马非牛非马"的命题。唯以"牛马"同于"有角"之意指，即为"属差"，方可言"非牛非马"。言"牛合羊"而非"牛和羊"，亦为此意。名辩之"类"意识颇为鲜明，不过缺乏提炼与命名，如猫科、偶蹄类等。"类"止于思维而未能体现为语言，故难言种属之"是"而多言彼此之"非"。

名辩思潮之志趣在于"可谓"而非求"真",以"牛马"为属差之单故可,以"牛马"为"说在数"之复亦可。如"鸡足一,数足二"有"鸡三足"之谓。故可知名家显然在理解思路上与希腊的逻辑传统有别。而如"羊合牛非马"因"角"之别,即"说在当也"的原则下可称其"说在角","牛马非牛非马"则为"说在数","数牛马则牛马一,数牛数马则牛马二",即由计数的层面言,可得"牛马非牛非马"的结论,因有"牛马一"与"牛马二"之别,即"一非二"。亚里士多德的范畴论基本是围绕主体的述谓,而名家关注的则在场景的变换,以谋求命题成立的可能。如"说在同""说在之大小""说在因""说在害""说在量""说在故""说在不然"等,不一而足。"说"便是辩者之技艺,即随机地转换语言环境与思考维度,以谋求对命题的支持。如此必然背离对必然性与确定性的诉求,亦无法扩充客观知识,终将陷于语言游戏的窠臼。《小取》篇诸例,如"桃之实,桃也。棘之实,非棘也","之马之目眇,则为之马眇;之马之目大,而不谓之马大",虽可概括出"是而然""是而不然""不是而然""一周一不周""一是一不是"诸多语言现象,但却流于口实,缺乏突破语言现象的偶然性和探求逻辑规律必然性的热情,难有真正的逻辑进路。且命题成立在于选择语言环境与思考维度的技艺,主词所指称的主体。如"牛""羊""桃""盗"等,皆有待于所施加的条件,如"羊合牛""数牛马""多盗""无盗"等,则完全在语言中隐匿了主体自身的存在,因在命题中便无确定之主词,主词皆需在特定的附加条件下,方可进入命题。如"桃之实""恶盗"等,而如此维度则有赖于论辩者之拣选角度,而主词无自身存在的依据。

这种主导式的语境下,自然无法呈现主体自身的存在状态,亦不会有范畴学说的诉求。因主词若描述主体,务必明确其客观实在性,如此方为本体论之前提。西方语境下谓词论述谓主词为最一般的语言形态,而在古汉语中,显然不具备如此主词之客观性与先决性,故由语言与思维的差异,形成精神诉求的歧途。而儒家道德话语成为主流之后,更需彰显价值优先原则,而无事实客观呈现的必要。甚而"类"的导向亦完全为道德机制掌控。名家对于"牛羊有毛,鸡有羽","牛马四足"等归类依据的考察尚关注自然形态,而儒家基本兴趣则在于以道德规约对"人类"进行内部分化,较之周礼之等级规范而言,拓展出主体能动的因素,但难免陷于道德负累。如"有教无类"尚对周礼之"类"而言,而至孟子有"君子"与"小人","圣人"与"禽兽"诸类之别。显然都以儒家说教为前提,逻辑与哲学的旨趣在名家尚有可开发的资质,但在伦理话语下,已全然无存在空间。

作者简介:姜李勤,博士,西南大学哲学系博士后,遵义医学院马克思主义学院副教授,研究方向为中西比较哲学。

在更暖的世界美好生活的根本希望[*]

艾伦·A.汤普森　著

马成慧　译

【摘　要】环境变化会触及各种环境美德，不仅会影响这些美德的践行条件，也将使诸美德概念本身发生变化。本文认为，不断切近的全球气候的根本变化，很有可能使占统治地位的消费主义文化发生重要演变。同时，本文也思考了这些气候变化会在何种意义上更迭道德图景，尤其是改变那些具有浓厚文化背景的环境美德概念。按照 Jonathan Lear 的观点，克劳族[①]的最后一位首领 Plenty Coups，展现了"拥有""根本希望"的美德，一种恰当地应对文化危机的新的勇敢形式。由此，本文探讨了当今根本希望的可能内容，以及它将以何种方式广泛地影响我们的环境品性。在未来环境美德的架构中，认为自然性就是"自然"独立于人类的自足性的观点，将逐渐式微。

【关键词】气候变化　消费主义　勇敢　希望　责任

---

[*]　本文原载于 *Journal of Agricultural and Environmental Ethics*，23(2010)，pp. 43–59。译文系黑龙江省教育厅项目(1351MSYYB018)的阶段性成果。
　　在标题"Radical Hope"中，Radical 含有"根本的""彻底的""激进的"等意义。由于文中提到的 Lear 教授的著作还没有汉译本，因而也没有可资对照的译名。网络上有读者对 Lear 教授的书进行了评论，将 Radical Hope 翻译为"决定性的希望"。本文译者认为，Radical Hope 更加侧重基础性的、抽象的希望，"决定性"这种表达似乎过于强调瞬时意义。因此，本文将 Radical Hope 译作"根本希望"。

[①]　克劳族(Crow)，北美印第安族部落之一，使用苏族语。——译者注

环境变化会触及各种环境美德。举例来说,全球变暖导致各地冰川面积缩小,然而"世界上很多人都依赖冰川的融水获取食物、饮水以及进行灌溉"。② 如果以未来的视角审视,就有充分的理由认为,现在许多人的用水方式是奢侈的。如此行事之人的品性(character)是无度、不高尚、无思的,甚至是不正义的。最近,Jason Kawall 指出:"在其他情况下人们不认为是贪婪的行为,在当前的全球境况中,或许就是贪婪的。"③

我比较关注某些美德**概念**发生变化的可能性,而无意论证现存各种美德术语的新的**使用方式**。我认为,不断切近的全球气候的根本变化,很有可能使占统治地位的消费主义文化发生重要演变。同时,我思考了这些气候变化会在何种意义上更迭道德图景(moral landscape),特别是在何种意义上改变那些具有浓厚文化背景的环境美德概念。④ 我们对各种环境美德的理解依托于并不稳固的文化和环境基础,因而应当开始思考什么样的品性特质是最适合应对根本变迁的。

本文第一部分阐述了消费文化的脆弱性,我们有理由相信,现在的某些行为方式将不复存在。我在本文第二部分依据 Jonathan Lear 对 Plenty Coups⑤的描述,列出了应对文化损坏应该具备的一些美德观念,并集中论述了"根本希望"——一种恰当地应对文化危机的新的勇敢形式。⑥ 接下来,我探讨了当今根本希望的可能内容,它将广泛地影响我们的环境品性。同时,在未来环境美德的架构中,认为自然性就是自然独立于人类的自足性的观点,将逐渐式微。我以广义的幸福论(eudaimonia)作为自己美德理论出发点。根据这一理论,**环境**

---

② John Gartner, *Glaciers*:*Earth's early warning system*. http://www. chasingglaciers. com/features. cfm. Accessed 10 August 2008.

③ Jason Kawall, *Reconceiving Greed in an Age of Global Climate Change*,未发表的手稿。

④ "具有浓厚文化背景的环境美德概念",其原文表述是 culturally thick conceptions of environmental virtues。按照本文作者汤普森博士的解释,他的这个表述是指某些概念的内涵具有浓厚的文化意蕴。例如,在脱离文化特殊性背景的意义上,"勇敢"一词意指无惧、无畏;但在本文涉及的克劳族文化中,勇敢有更加具体、特殊性的涵义,如偷盗敌人的马匹或者在战斗中用奇袭棒击中敌人等等。后一种勇敢概念,就是"具有浓厚文化背景的环境美德概念"。本文认为环境变迁将会改变人类语词体系中的这一类概念。——译者注

⑤ Plenty Coups(1848 - 1932),北美印第安部落克劳族的最后一位首领,远见卓识并具有出色的外交才能,因带领族人成功地应对巨大的文化变迁而闻名于世。其名字的涵义是"丰富的成就"。为避免造成读者理解上的混乱,译本在行文中使用其英文名字。——译者注

⑥ J. Lear, *Radical Hope*, *Ethics in the Face of Cultural Devastation* (Cambridge:Harvard University Press, 2006).

美德以好生活概念和有关自然世界⑦的基本价值观的关联性为基础。我在这里尝试论证的观点是,未来的人们将不得不建构一些适用于新的世界环境的环境美德,包括在我们以构成人类生命形式的多样、普通、日常的活动为全球生物圈担负责任的情况下,明确什么才是真正的繁荣兴盛。

一、消费主义与文化变迁

自 20 世纪中叶起,世界范围内占统治地位的经济优先性的社会文化模式,变得更加同质化,并集聚成所谓的消费社会的形态。我使用"消费主义"一词,是指这样一系列的态度和价值,它们引领人们趋向高度的消费行为,使人们主要通过购买新的消费产品来获取生活的意义和满足感。⑧ 如果没有工业革命,今天的消费文化是不可能形成的。所以,至少从历史角度看,消费文化与燃烧矿物燃料的能源获取方式紧密相关。工业社会使消费主义文化成为可能,在消费社会中养成的习惯、价值和标准又影响了生活于其中的人们的基础构思、概念和实践。我们生活在工业社会之中,在消费主义和物质财富生活中得以社会化,形成了有关非属人世界(non-human world)的价值观和概念图景,包括一些环境美德观点。这无可争辩。

Wes Jackson 给出了四个观点以阐释我们消费文化的脆弱性,并为重要变迁即将到来的论断提供了论据。⑨ 同时,Jackson 的观点也反映出了我们时代的异常状况。一旦使消费文化成为可能的条件终止了,以这种文化为基础的许多生活方式就不再可行了,或者也只能被算作某些过时的、有瑕疵的习惯,无法相容于新的世界气候情况下的美好生活。

Jackson 的第一个观点是:1930 年之前离世的人没能见证世界人口数量翻

---

⑦ "自然世界",原文是 extra-human world,指人类世界之外的自然世界。——译者注

⑧ N. R. Goodwin, J. A. Nelson, F. Ackerman & T. Weisskopf, "Consumer Society", in Cutler J. Cleveland (ed.), *Encyclopedia of Earth*, Washington, D. C.: Environmental Information Coalition, National Council for Science and the Environment, 2007. http://www. eoearth. org/article/Consumer_society. Accessed 10 August 2008.

⑨ 引自 Jackson 在"全球气候变迁的伦理,文化以及公民维度"(Ethical, Cultural, and Civic Dimensions of Global Climate Change)会议上所做的报告。该会议由人类与自然研究中心(Center for Humans and Nature)主办,会议时间是 2007 年 11 月,会议地点在南卡罗来纳州的查尔斯顿。Jackson 在与 Cohen 的私人交流中提出了第一个观点(J. E. Cohen, "Human Population Grows Up", in *Scientific American*, 2005. http://www. sciam. com/article. cfm? id = human-population-grows-up. Accessed 12 February 2009)。

番,根据专家的预测,2050年之后出生的人也不会看到这一情况。这就意味着,到2050年为止,在有史以来的人类中,只有其中的0.066%经历了全球人口数量翻番的时代。⑩ 和未来世代的大多数人不同,我们习惯于以人口增长率为基础的生活背景。这种人口增长伴随着惊人的、构成我们时代特征的技术发展。技术发展驱动了经济的增长,而经济增长又使消费主义——一种当今世界相对少数的人才能享有的生活方式——成为可能。然而,从人类历史的整体来看,我们凭借一些基本的立场认为是正常的事情,很有可能是极其不正常的。如果真是如此,一旦我们停止追求增长并且回归某种平衡,就不难预见,20世纪晚期大部分(不是全部)的文化性视角和习惯都将不复存在。

不过,虽然全球人口指数性的增长是具有历史性的新现象,但开发碳基能源则不是。Jackson因之提出了第二个观点:智人(Homo sapiens)对碳基型能源的开发贯穿了整个人类历史,其粗暴的方式与现今技术并无差别。农业的产生开启了漫长的从土壤中获取软性碳养分的、播种收获的历史,这种养分本质上也是不可再生的资源。接着,我们在铁器和铜器时代冶铁,因而从木材中获取以碳的形式存储于其中的能量。今天,我们通过燃烧矿物燃料(煤、石油和天然气)中"凝储的远古太阳能"来驱动经济增长,保障我们的现代生活方式。

因此,在防止全球气温继续上升的过程中,我们所要面临的挑战是,尽可能快地发展出从未有过的、第一个不以开发碳基能源为基础的社会形态。人类历史上从未有过的社会形态!如果我们有能力应对这样的挑战,那么在理论上会出现一个新的人类文明形态,并且我们很有可能要去适应一种新的文化形态。或许有人会提出质疑,适当的替代性能源——清洁能源——不是也能使我们的消费生活方式持续下去吗?我会在后面展开探讨这一反对意见。但现在,就让我们假设,防止剧烈变迁所需的大量清洁能源无法及时供给,我们当今工业和经济发达社会中典型的生活方式将不得不发生改变。

如果我们把世界人口不断增长的事实和对碳化石能源(尤其是天然气和石油)的消耗关联起来,就会有另一个理由相信重要的文化变迁即将到来。Jackson的第三个观点是:当我们掌握了将化石性碳(通过1913年发明的Haber-Bosch法⑪)转化为人工合成的硝酸铵肥料(ammonia nitrate fertilizer)之

---

⑩ Annie Dillard, "The wreck of time: taking our century's measure", in *Harper's Magazine*, 296 (1998), pp. 51-56.

⑪ 哈柏法(Haber-Bosch Process,也写作Haber Process或Fritz-Haber Process),是通过氮气及氢气人工合成氨气的方法。由弗里茨·哈柏(Fritz Haber)在1908年实验成功,并由卡尔·博施(Carl Bosch)在1913年前后将之商业化。——译者注

后,骤然上升的人口曲线将与石油产量的上升曲线保持着紧密的一致。这不是偶然的。很久以来,人口数量和对**某种形式**的碳基能源的使用率一直在并行的轨迹上协调同步。化石碳、工业技术和人工肥料将这种轨迹置于一种加速的弧线之上。一旦石油和其他化石燃料枯竭了——许多专家都认为我们目前已经或很快就将达到石油使用的峰值——人口数量就会下降到那时能源经济所能支撑的某一水平。这里的能源经济是指依靠可用日光能源(太阳能和风能),并以如潮汐、地热和核能等其他资源为补充的能源经济。如果没有技术支持,地球上的人口数量规模不会超过 10 亿。[⑫] 我认为,在全球人口数量关键性地锐减的过程中,或者在那之后,率先形成的世界文化不太可能和现在的一样。

Jackson 的第四个观点是:在其有生之年(他出生于 1936 年),我们消耗掉了可用石油资源的 97%,而到其可能离世的时候(2050 年前后),人类将用光地球上几乎所有的石油资源。未来世代的人们如果没有替代性的清洁能源,并且其文化中仅有我们现在养成的实践方式、习惯和品行性情,他们将怎样在这场能源盛宴的日暮途穷之时,过上属于他们世界的好生活呢?现代生活方式一切几乎独有的特征,从大量的食物供给到无处不在的塑料制品,从便宜和丰富的能源到看似永无止境的经济增长,都仰赖于碳氢化合物能源。以悠久的人类历史的眼光来审视,就不难想见,这场能源狂欢是相当冒失的。

在能源供应缩减的情况下,以完全依靠天然气和石油的生活方式为基础的文化是十分脆弱的。但是,就算有足够的**煤**能持续为我们的工业和消费者社会提供动力,问题还是存在的:因为燃烧化石能源是人为的气候变迁的首要原因。几年前,James Hansen 就预测到,我们还有大概十年的时间去大刀阔斧地减少温室气体的排放。若如此,尚可避免错过造成全球变暖进程不可逆转的未知"临界点"。Hansen 在有关大气层中二氧化碳浓度的文章中,提到了同样的观点:

> 如果人类想要保有一个文明能够发展、适宜地球生物存活的星球环境的话,古气候学的佐证和正在发生的气候变化都提示我们,二氧化碳(CO_2)浓度应当从现在的 385 ppm 降低到至多 350 ppm……如果当前超出这一指标的情况不能在短时间内解决,则有可能会埋下不可

---

⑫ 此处指,若没有开发化石碳能源的技术,地球上的人口数量不会超过 10 亿。——译者注

逆转的灾难性效应的种子。[13]

我坚定地认为,如果不去防范全球气候变迁可能造成的最糟状况,那么很简单,当前的消费文化不再可能。

我们现在来考虑一个完全不同的结果:到 2050 年,国际社会协力在全球范围内减排温室气体(GHG),实现年排放量降至 1990 年排放量 80％的目标。假设温室气体排放在 2015 年达到峰值,那么,为了实现这个减排目标,每年的减排任务需要比上一年多 4％。[14] 如果峰值迟些到来,年减排量就非常理想了。总而言之,如果没有重要的替代性能源,即便现在马上开始操作,急剧、持续地减排也将是未来两代人的生活常态。[15]

如果我们设法将大气二氧化碳浓度稳定在 350 ppm,或许可以避免环境灾害的进一步恶化,但仍无法避免经历重要的文化变迁。让我们这样来考虑一下,假定温室气体排放与支撑现今生活方式的能源使用水平相关,这就意味着,温室气体排放降低 4％,能源使用大致也要减少 4％,相应的经济、生活标准以及人们的生活质量感受也会随之下降。由于节约率和使用效率的提升,初期的减排成果会令人感到轻松。因为在某种程度上,我们只会退回到 1990 年的能源消耗水平,同时会拥有效能更高的技术,开始投入使用一些清洁能源,对生活质量的影响也将是最低程度的。然而,如果从现今的"生活标准"来看,要改变发达国家公民所适应的生活方式和社会组织结构,大多数必要的削减将十分艰难。想象一下,我们要连续 40 年,每年减少能源消耗(经济效益)的 2％—5％,同时保持当前的物质消费水平,甚至未来还会有更多的人参与到这种消费之中! 没有充分丰富的替代性清洁能源,这根本就不可能。

经历这种根本文化转变的可能性,向我们提出了道德心理学方面的问题。如果世世代代的人们所践行的根深蒂固的生活方式,突然间变得不合时宜、完全不再可行,或者明显有害无利的话,那会怎么样呢? 我们要具备怎样的适应

---

[13] J. Hansen, M. Sato, P. Kharecha, D. Beerling, V. Masson-Delmotte, M. Pagani, M. Raymo, D. L. Royer & J. C. Zachos, *Target Atmospheric CO₂: Where Should Humanity Aim?* (2008). http://www.columbia.edu/~jehl/2008/TargetCO₂_20080407.pdf. Accessed 30 March 2009.

[14] 此处指,从现在起(本文发表于 2010 年)到 2050 年峰值为止,每年的减排任务要比上一个年度增加 4％,因为每一年的实际排放量比上一年多出 4％。——译者注

[15] 或许我们"绿色的"能源基础设施,例如庞大数量的光伏板产品或风车等,自身就导致了二氧化碳排放,并足以导致一种反向效果,使得全球变暖无法遏制。参见 George Monbiot, *One Shot Left* (2008). http://www.monbiot.com/archives/2008/11/25/one-shot-left/. Accessed 15 March 2009.

能力呢？回应全球变暖所带来的威胁，**短期内**最好的办法是认可减排重要性的政治行动。同时，正如我下面要提到的，环境行动主义的美德也扮演着重要的角色。但长期呢？在后石油经济文化中，在一个更暖的、生物物种也不丰富的世界里，什么样的品性才能够被视为与环境保护有关的、优秀的品性特质呢？解答这一疑难的主要问题是如何形成一种视野，让我们自己重新适应善的形式，因为这种善超出了当今文化的概念资源。在历史上，同样的问题也曾出现过。

二、Plenty Coups 与根本希望

Jonathan Lear 在《根本希望》一书中指出，克劳族的最后一位首领 Plenty Coups，领导他的人民顺利地度过了一个文化彻底毁坏的时代。当时，克劳族的传统生活方式难以持续，克劳人失去了通过战斗来表现勇敢的机会。Lear 指出，Plenty Coups 的领导才能在此时体现出了拥有**根本希望**的美德，这一美德涉及**想象力的卓越**（imaginative excellence）。虽然克劳式的勇敢在实践中不再能够被理解了，但在这种美德的影响下他的人民仍能勇敢前行。

克劳人曾是游牧猎手，他们不断地变换领地以接近野牛（buffalo），为此要与其他部落进行激烈的争斗。为应对这样的生活，克劳族数百年来衍生出一种勇士文化。在传统的克劳族生活中，"每一件事都和打猎、战斗或者准备打猎、战斗有关"。[16] 他们崇敬、赞美勇敢的美德就毫不奇怪了。在地上插上奇袭棒（coup stick）的行为曾是他们勇敢的范例。奇袭棒的首要作用是标示领地，除克劳人以外，其他人不得穿越。[17]

年少的 Plenty Coups 就通过社会化和内化克劳人独特的理想自我形象（ego-ideals），投入到了作为一名克劳勇士的生活之中。那时，克劳人"正在为避免被苏族人（拉科塔人和夏安人）灭族而奋战"。[18] 如果克劳人消亡于苏族人的毁灭性屠杀，界定克劳族勇敢的领导才能就更加容易了，也就是插上最后一根奇袭棒。然而，19 世纪后半叶，欧洲殖民运动对幸存的克劳人的威胁更加直接。在居留地中，部落之间的战斗和突袭记功（counting coup）都不可能了。[19] 如果

---

[16] J. Lear, *Radical Hope: Ethics in the Face of Cultural Devastation*, p. 40.

[17] Ibid., p. 23.

[18] Ibid.

[19] Ibid., p. 31.

克劳式的勇敢范式在实践中失去效用了,Plenty Coups 又怎么去展现勇敢的领导能力呢?

按照 Lear 的观点,Plenty Coups 的领导力就体现在勇敢应对根本的变迁。在一个对克劳人来说,在新的、不断涌现的、未知的境况下,带领他们恰当地顺应变迁需要杰出地运用实践智慧。[20] 在文化彻底损毁的背景下行动,Plenty Coups 需要能够展望克劳人的未来,但他自己也并不知道该如何把握这个未来。[21] 克劳人遭遇的不仅仅是不幸的事件,"甚至不是像大屠杀那样的毁灭性事件,而是事件发生的领域崩塌了"。[22] Lear 阐述到,克劳人没有掌握正在发生的变迁的概念工具,更重要的是,对如何再以克劳人的身份生存下去的问题,克劳人也缺少相应的概念工具。我并不是主张,我们也面临着"事件的终结",只是想说正在逼近的环境变迁或许意味着我们文化视野中重要部分的终结,包括我们习惯于构想和评价自然环境的方式以及我们理解责任观念的方式(我将在下文进行论述)。现在大概很难断定,**作为环境主义者**,我们将如何继续下去。

Plenty Coups 是一位值得赞颂的勇士,他成功地内化了克劳社会理想的自我形象,并虔诚地投入到这样一种生活:像一个勇士那样去理解何为卓越,像一个**克劳人**那样勇敢地生活下去。这就使得面对文化危机的挑战成了一个道德心理学问题。[23] 一个人的品性经由一系列的教育和习俗的塑造而形成,他的外表变得难以改变,心理上变得稳定。对道德感较强的人来说,尤其如此。他对卓越、高贵和美好的看法,在心理层面上"根深蒂固地关联着其认知和动机"。[24] 对 Plenty Coups 这样一位勇敢的克劳勇士来说,要改变其具有浓厚文化背景的勇敢概念,在心理意义上如何可能呢?

Lear 回应道,或许"具有浓厚文化背景的勇敢概念深刻地蕴藏着某种可塑性"。同时,他为这样一种观点进行了辩护:"在传统的勇敢文化观念中长大的人,或许通过某些方式、凭借自己的内心资源扩大了对勇敢定义的理解。在这

---

[20] Ibid. , p. 81.

[21] Ibid. , p. 32.

[22] 此处引用的是 Lear 对 Plenty Coups 申诉的解释。Plenty Coups 是这么说的:"当野牛消失了,我的人民的心跌落到地上,他们没法再重拾信心。**在那之后,任何事都没有再发生了。**"(J. Lear, *Radical Hope: Ethics in the Face of Cultural Devastation*, p. 2. 粗体强调为本文添加。)

[23] "粗略地讲,如果我们相信**应该**意味着**能**:如果我们认为,在这些充满挑战的时代,人们应该找到新的方式——不只是活下来——还要活得好,我们就应该考虑在心理层面上这如何可能。"Ibid. , p. 65。

[24] Ibid. , p. 63.

样的情况下,人们从具有浓厚文化背景的勇敢概念入手,但却莫名地找到了剔除这一概念文化厚度的方式:即找到了勇敢应对具有浓厚文化背景的旧概念未曾涵盖的境遇的方式。"㉕以此类推,我认为,由于气候灾难已然呈现出来,至少我们关于人类环境卓越性的一些概念,在文化新形式确立之前,会同样地、必然地被剔除掉一些文化内容。

Lear 重述了作为首领的 Plenty Coups 的考量:

> 我们当然知道,已经不能再以曾经沿用的方式去应对未来……我们必须尽己所能地发挥我们的想象力,形成根本上不同的对未来可能性的构想……如果要继续生存下去,我需要能够看到继续前行的真实的、积极的、值得推崇的方式。所以,我一方面要承认我们面临着断裂——不管喜不喜欢,我的生活方式会有一个根本的转变;另一方面,我要在度过那种断裂的时候保持某种气节(integrity)……我投身于善是因为我对这样一种信念的坚持:某种善一定会出现,即便它超出了我现在对那种善进行理解的能力。㉖

Plenty Coups 投身于超出其理解能力的善,也对他的人民"重拾善的信念"充满希望——他们不仅能够在传统生活方式的瓦解中存活下来,也能够在当今不可思议的新世界中实现复兴。

Plenty Coups 表现出了 Lear 所说的根本希望的美德,那是"复兴的基础性希望:以尚不可捉摸的方式回归生活的希望",那是能够意识到这个世界的善超出了某种文化把握它的能力的美德。㉗ 根本希望反对绝望,即便是有充分理由的绝望。它是这样一种观点:未能充分把握某种善,不代表人们就应当拒绝相信它是可以被欲求的。㉘"在根本的历史变迁的时代,勇敢概念自身要求某些新的形式。这是必然要面对的现实——**概念的召唤**——此外,我们会发现,如果要很好地应对这一变迁,人们也必须很有想象力地去行动",也就是凭借 Lear 所说的"想象力的卓越"。㉙

㉕ Ibid., p. 65.

㉖ Ibid., p. 93.

㉗ Ibid., p. 95.

㉘ 在 2007 年美国哲学学会(American Philosophical Association)太平洋分论坛的作家见面评论会上,Jonathan Lear 和 Hurbert Dryfus 进行了相关的讨论。我对根本希望的论述得益于聆听他们的交流。

㉙ J. Lear, *Radical Hope: Ethics in the Face of Cultural Devastation*, p. 118.

今天，如果要接受新文化模式的概念、新的人类生活方式，我们也需要想象力的卓越，它能够引导我们在一个完全不同于人类文明繁衍和所有地上生物所适应的行星上，很好地生存下去。我们要怎样回应这种概念的召唤呢？根本希望是一种答案，它是想象力卓越的产物，可以使持有陈旧的好生活观念的人变得勇敢。传统上，勇敢指为值得保护的善而冒险应对严重伤害的意愿。但是，根本希望是在善终结之时的勇敢，怀着善总有一天会以无法想象的方式回归的微弱希望支撑着行动。环境主义倾向于赋予自然世界某些善的形式。如今，当我们造成了"自然的终结"，会去接受自然的善将有一种新的历史形式的可能性吗？[30] 我相信，为了这种可能性（它也可能引领我们走向繁荣），我们对未来的世代负有勇敢的责任。

三、未来的美德

自然环境的善的概念是怎样与人类的繁荣联系在一起的呢？在我看来，美德是这样一种品性特质。繁荣生活的要件是人们拥有这些美德，在这个意义上，人才能过上好生活。我认同（但不打算在这里为之论证）新亚里士多德主义幸福论的一种独特的说法。它采取了**自然善的理路**。按照这一理路，对人类品性和合理性的评价判断"直接依赖于个体和其种族'生活方式'的关系"。[31] 那么，各种环境美德就是各种生态关系的卓越性，即各种生物与陆地生物圈的生态系统之间不同关系的卓越性。我们独特的人类生活也呈现在这一陆地生物圈之中。在环境意义上的优秀的人类，能够认识到在自然之中什么是美好的，关于自然什么是美好的。他们也习惯于依据这样的价值观行事，从而使自然的善在人类走向繁荣的过程中，拥有实质性的角色，就好像——通过主体间美德得以形成的——人类社群和朋友之类的善可以拥有的角色。

这个环境美德理论的浅白梗概，为思考具体环境美德反映重要的文化和环境变迁的方式，构建了一个框架。我们还要考虑两种美德的初步区分，这两种美德是在根本的文化和环境变迁**过程中**过上好生活的品性特质（我称之为"转型的美德"）和在危机平息后所需要的人类卓越性（或者说，"未来美德"）。[32] 我

---

[30] McKibben 提出了"自然的终结"的说法（Bell McKibben, *The End of Nature* [New York: Random House, 1989]），我在下一部分会进行讨论。

[31] P. Foot, *Natural Goodness* (New York: Oxford University Press), 2001.

[32] 以此类推，我们可以对处于尚未完全呈现但日益平常的灾难中（就像泰坦尼克号渐沉之中）的诸卓越形式，与在此之后所需要的卓越形式进行区分。

会在本节大概论述根本希望在一些转型的环境美德中所起的作用,同时论证未来环境美德理论的两个组成部分。

如果根本希望是为了复兴善,而人们所理解的善又不再可能了,我们就需要追问即将发生的变迁威胁到了何种文化性的**环境善**。我从两个维度探讨环境的善,即自然价值和生活价值的维度。自然价值概念丧失的问题与McKibben 的观点有着密切的关系:如果我们认为自然就是没有被人类开发的领域,人为的气候变迁又终结了这个自然世界,自然善的这种意义就丧失了。第二个与自然环境相关的文化性的善更加世俗化,但更加常见:丰富的自然资源、大量的污水池和生态系统功能,保证了现代生活的舒适和便利,保证了我们这个消费社会中大多数成员在感受上偏好的"高标准生活"。因此,我们在消费者和物质主义者的生活方式中形成了一种善的概念。相对稳定的、生物多样性的自然环境,持续地保障着这种善。上述两种自然善的概念,都在不断涌现的气候变迁中面临着威胁。所以,对环境主义者来说,自然内在善的新形式和好生活的新概念就是根本希望的相关内容客体。㉝

根本希望在转型的环境美德中所显现出来的勇敢,首要抵制的是由气候变迁的最棘手问题所造成的不抱期望(despair)和绝望(hopelessness)的情绪。㉞我们可以把根本希望理解为,致力于与环境保护行动主义相关的政治和社会斗争。有些观点认为,一些十分严重的环境损害,包括退化的生态系统、物种的大面积灭绝,以及大量的对某些人的不公正待遇和人们遭受的痛苦,现在已经无法避免了。我们对这些观点不能忽视不理,必须进行抵制。看起来好像我们所付出的最大的努力也无法完全阻止那些恶,甚至很多年都不会带来关键性的改变。但是,我们绝不能放弃抵抗、放弃与环境变迁做斗争。从根本希望之中能够产生一种抵制束手待毙的态度的品质性情,它能够抵制某些看似有充分理由的绝望情绪。诚然,我们在周围的人群中能够发现环境恶化难以避免的证据——很多人根本不会自愿地为了减缓环境恶化,去改变生活方式或者社会组织方式。政治层面的反应也不够积极进取。很讽刺,存在着大量强有力的负面

㉝ 普遍理解的"消费主义",很有可能包含着一个错误的善的概念。这一善的概念,即物质财富的生活,很久以来一直是哲学批判的目标。在本文的语境中,我使用"消费主义"不打算仅仅提取我们社会中的某些子集(即部分特征),而是用以描绘整个社会。我们大多数人所构想的好生活,至少是好生活的一部分,不论我们构想的对或者错,就处于危险之中。

㉞ 此处涉及到 despair 和 hopelessness 的细微差别。两词均有"绝望"的涵义。Despair 更多指主观上放弃了希望,而 hopelessness 则指客观情况令人绝望。——译者注

证据。㉟ 但我们仍然必须怀着根本希望,积极地投身于一种信仰,即培养环境保护行动主义的美德绝不是徒劳的。

减轻气候变迁带来的损害,也要求个人与流行的物质主义习性进行斗争。然而,作为工业化消费社会的成员,我们深受这种习性的影响。我在此处要再次强调,根本希望是某种义务的体现,它要限制、解决我们已经适应了的、并从中获得了很多满足感的消费方式。就像戒掉其他上瘾的事情一样,我们要有这样一种根本希望:开始我们不过是在克制,像斯多葛主义那样去禁欲,但当我们重新建构了对一系列愉悦和痛苦的感受之后,最终会绽放出真正的美德。物质主义的习性和主观幸福感是相悖的,有充分的证据能够证实这种看法。但是,理智地认可这一点是一回事,认识到另一些情况又是一回事了——许多人看起来普通的日常生活和预期,例如每天的热水淋浴、享用非应季的新鲜水果,都与生态稳定的要求相抵触,都是过度放纵的嗜好。㊱

此外,对**他人**做出评判是容易的,例如,评价那些经常冲动购物的人是在过度消费:当然,这种消费行为作为统计离群点(statistical outliers)超出了消费的正常水平。但是,很少有人承认在消费社会中,统计意义上的**正常水平**本身就是过度的。同时,人们在心理上也更难承认,自己的生活虽然只是接近统计上的正常水平,但也已经超出了公正的范围。对大多数人来说,甚至相信少一点要求也能过上好生活,都需要有和 Plenty Coups 类似的想象力的卓越。我们要以根本希望作为资源,从而**献身**到以这种视角为指引的**生活**。根本希望能帮助我们在占统治地位的消费文化的洪流中逆流而上。在致力于新形式的好生活的美德中,在较少索取也能过上好生活的决心中,在为了实现这种生活的**精巧、节俭和克制**等美德中,根本希望就显现出来了。

为了使未来世代走向兴盛的前景更加光明,我们必须要有这样的根本希望,即好的人类生活不需要支撑现代生活标准的物质条件,不需要大量的能源。然而,**相信**这一点并不难——浪漫主义简单生活的强烈冲动近在咫尺——难的是认为这是对的,并切实地这样**生活**。穆勒有一个深刻的洞见,即个体的自由开启了不同的"生活实验",并使社会整体受益。以穆勒的观察作为类比,这个

㉟ 有关宽容在克服环境保护行动主义的心理壁垒方面的作用,参见 Kathryn Norlock, "Forgiveness, Pessimism, and Environmental Citizenship", in *Journal of Agricultural and Environmental Ethics*, 23(1)(2009)。有关环境保护行动主义的美德的论述,参见 R. Sandler, *Character and Environment* (New York:Columbia University Press, 2007), p. 49 及之后的部分。

㊱ 有关对消费性情和他们与主观幸福感之间关系的论证,参见 R. Sandler, *Character and Environment* (New York:Columbia University Press, 2007), p. 55 及之后的部分。

世界的福祉需要一种新的生活实验,以使我们能在消费实质上紧缩并要进行简朴的"生活实验"的情况下,确认什么是好的生活、知道如何过上好生活。切实地致力于此,就需要怀有根本希望,因为在占统治地位的世界文化之中,我们**根本没有**可替换的、可行的关于这种好生活的观念。但如果这么做成功了,就既能降低环境恶化的程度,也能让我们的后代分享我们学习到的经验。当然,他们将**不得不**在生活中少一些需求。

与此同时,我们无法停止开发和消耗这个世界的自然资源,我们必须依靠这个世界生存。[37] 对于人类的生活和福祉来说,非属人的自然世界具有工具性价值,这是无须否认的。然而,许多环境主义者认为,自然的某些部分具有非工具性的价值,包含着内在的善。把自然看作是未被人类侵扰的领域,并从中寻找一种内在价值,是一个悠久的传统,不论被评价物(evaluative properties)是否能够独立于评价者而存在。Dale Jamieson 没有否定"自然"一词具有众所周知的模糊性,他告诉我们,"有关自然性的感受对许多重视自然的人来说非常重要,这一感受是指:说某些事物是自然的,是在说它不是人为影响的产物。"[38]

McKibben 有一个很著名的观点:人类活动导致的气候变迁实际上宣告了自然的终结。因为气候变迁会影响地球生物圈的各个部分,所以受人类侵扰的气候系统使生物圈的任何部分都无法摆脱人的影响(McKibben,1989)。我们认可"自然"概念在某种程度上是有效的,承认有一个在社会结构之外的自然世界,但仍然认为,很多我们倾向于当作自然进行思考的内容,实际上是受到人类活动的重要影响的。[39] Jamieson 反对 McKibben 把全球变暖说成是自然之终结,因为自然性只是在一定程度上有效。不过,他把 McKibben 的焦虑重新做了解释,称之为是对自然丧失自足性的道德忧虑。Jamieson 所说的自然自足性,是指自然摆脱人类控制的有效自由。

根据 Jamieson 的说法,并非独立于人的自然**终结**了,而是气候变迁使自然的自足性陷入到严重的危险之中。[40] 自然的独立性和自足性又有什么区别呢?

---

[37] J. O'Neill, A. Holland & A. Light, *Environmental Values* (New York: Routledge, 2008), p. 1.

[38] D. Jamieson, *Ethics and the Environment* (New York: Cambridge University Press, 2008), p. 162.

[39] 参见 A. Thompson, "Responsibility for the End of Nature, or: how I learned to stop worrying and love global warming", in *Ethics & the Environment*, 14(1)(2009), pp. 79–99 中,有关红冠啄木鸟的论述。

[40] D. Jamieson, *Ethics and the Environment* (New York: Cambridge University Press, 2008), p. 166; 同时参见 E. Katz, *Nature As Subject: Human Obligation and Natural Community* (Lenham, MD: Rowman & Littlefield, 1997); T. Heyd (ed.), *Recognizing the Autonomy of Nature* (New York: Columbia University Press, 2005)。

把自然看作是独立于人类存在的观点是本体论的，是一个以错误的二元论为基础的形而上学观点。按照这个二元论的观点，没有任何人类外力能够将某物的存在由自然的转变成人工的。另一方面，把自然看作自足性的存在，在本质上认为，人类对地球生物圈的基础境况和运行没有因果意义或道德意义上的责任。所以，基于这样的辨析，我们可以认定人为的大规模温室气体排放不会改变自然（不论它是什么）的基础形而上学本体，但这种侵扰可以、也的确不利于自然的因果自足性，却有利于认定人类的集体性的因果和道德责任。

　　人类的许多活动，包括导致大气强迫变迁以及我们由此进行减排的活动，或者如气候工程之类的意向性地对气候的改变，都在相关的意义上让我们不再坚信地球的气候以及大规模的生物体系具有自足性。现在，地球的生物圈永远也无法脱离人类活动的印记、无法不决定于人类的活动了。我们正身处所谓的人类世纪之中。[41] 如果这种理解是正确的，当今的根本希望就必须要致力于接受新的非工具性概念的可能性，一种不仅仅是美学的、自然善的——而是在本质上**区别**于自然自足性的自然价值形式。

　　如果我们不再坚持以自然自足性为基础的自然性的内在价值，秉持内在价值论的理论家们仍会为生命的目的中心说[42]辩护，主张各种生物以自己的方式追求属于它们自己的善，或者主张有感觉能力的个体存在者是自然中独立于人的价值的位点（Loci）。[43] 实际上，部分或所有生物都具有真实的可评价性，它们或许被我们赋予非工具性的价值，或许对它们自身的目的而言就有非工具性的价值。当然，作为**道德行动者**，我们不应该在道德层面上忽视"非属人"价值，也不应该忽视还存在着一些解释它们与道德理由相关的困难。[44] 但我们也完全不清楚，这些"非属人"价值观的来源如何像影响**环境主义者**那样影响着我们。对现代环境主义来说，重视自然性、自然的自足性，是必要的吗？

　　让我们考虑这样一个例子。有一天，人类在太空船的实验室中创造出了人

---

[41] P. J. Crutzen, "Geology of Mankind", in *Nature*, 415(23)(2002). http://www.nature.com/nature/journal/v415/n6867/full/415023a.html. Accessed 9 March 2009.

[42] 生命目的中心说（teleological centers of life）是一种以保罗·沃伦·泰勒（Paul Warren Taylor）的思想为代表的当代生态伦理理论。——译者注

[43] P. Taylor, *Respect for Nature：A Theory of Environmental Ethics* (Princeton, NJ：Princeton University House, 1986)；P. Singer, *Animal Liberation：A New Ethics For Our Treatment of Animals* (New York：Random House, 1975)；T. Regan, *The Case for Animal Rights* (Berkeley：University of California Press, 1983).

[44] John Nolt, "The Move From Good to Ought in Environmental Ethics", in *Environmental Ethics*, 28(4)(2006), pp. 335 – 374.

工生命体,或许其中部分生命体拥有了意识。它们具备非属人的价值。我们很有可能要为他们承担道德上的责任,或许直接对他们的道德考量能力负有义务。但是,如果尊重自然的自足性是环境主义基本价值观的构成成分,我们今天任何一个**环境**伦理概念都难以解释这种道德关系。内在价值观与生命和感知力相关,它作为一种价值观念的来源,面临着与生物多样性价值观同样的困境:支持它就会背离对自然性的维护。结果到头来,"环境主义者最想要的是自然形成的生物多样性,"他们对自然形成的生命和意识形式的欢迎程度,远超过了人工生产的替代物。⑤ 对现在的环境主义来说,自然性是非常重要的。用 Jamieson 的话来说,"不赋予自然的自足性一些价值,环境主义就没有什么内容了。它就是在这个意义上被建构起来的"。⑥ 如果真是如此,气候危机也可以被看作是现在的环境主义的危机。我的分析支持这样一种观点,在未来的环境主义,包括环境价值理论中,把自然的自足性看作善的观点将会明显式微。

根据我刚才提到的观点,否认自然的自足性,就是要认定人类的某些责任。广泛的科学共识认可人类对全球气候变迁负有**因果**责任。⑦ 但是,许多环境问题,包括人为的全球气候变暖,是集体行动的结构性问题。我们理解道德责任的范式不太适合回应这类问题。假如我们现在没有必要的概念工具,就不能对未来的具有那时浓厚文化背景的环境美德进行说明。不过,在未来的环境主义中,道德责任将会扮演重要角色。那些驳斥看重自然自足性的立场正支持了这种观点。我在这里提供两种相关的主张。第一种主张,关切具体的生存负担;第二种主张,将负有责任理解为一种美德,包括在顺应性生态系统管理和生态修复的实践中,相关的品性特质能够起到的作用。

如果自然不是独立于人而自足的,人类就要以一种前所未有的方式承担道德责任——对全球气候境况负有集体责任,因此也对大规模的生态和气象现象负有集体责任(如生物灭绝、飓风)。这样一来,每一位人类成员都承担着责任,都有可能是应当批评的对象。⑧ 然而,如果自然是自足的,人类对支撑地球生命

---

⑤ D. Jamieson, *Ethics and the Environment*, p. 166.

⑥ 引自其 2007 年 1 月 28 日的私人通信。Philip Cafaro 的评论可以作为另一个例子。他如此说道:"克劳人和环境主义者的相似性是这样的:'我们或许可以保护我们的隐藏地,不管怎样找到存活下去的方式,甚至用我们的尊严和能力去交换。但我们作为环境主义者真正想要拯救的东西,是野性的自然吗?算了吧!是野牛吗?它们都快灭绝了。'如果这些就是我们能够希望的("根本希望"),那我还是认输好了。"(2008 年 11 月 17 日私人通信)

⑦ 参见联合国政府间气候变化专门委员会第 4 次评估报告。

⑧ P. French (eds.), *Individual and Collective Reprehensibility* (Rochester, VT: Schenkman, 1998).

的基本境况承担道德责任的生存负担就解除了。⑭ 背负这种负担可能会被理解成一种自然的恶,反之,自然的自足性和人类因之获得的道德上的自由则是自然的善。如果造成人类和其他生物严重伤害的气象和气候变迁无法避免(社会条件也会影响灾害发生的损害程度),那么对我们来说,不用为灾害的发生负责当然更好。这种解脱也意味着我们认定自然工具性的方式消失了。如果这种评价方式的丢失包括在我们要为全球气候担负的责任之中,我们或许就构建了一种根本希望:不管怎样,我们对自然的责任(而不是令人不快的负担)能够与尚不明确的自然善相符。毕竟,我们是自然的一部分。

第二种主张,先把 Jamieson 早期文章中的两个核心观点放在一起进行讨论。这两个观点是 Jamieson 在论气候变迁伦理的文章中提到的:建构新的责任概念的需求和对品性给予更多关注的需求。⑮ Jamieson 有这样一个担心:我们公认的责任概念"假定某些伤害和造成伤害的原因是个体化的,是很容易辨识的,它们就在可把握的时间和空间中"。⑯ 然而,全球环境问题的特征,如气候变迁,背离了这一范式。近来有关集体和分有责任的研究,已经使那种责任理论的思路显得式微了,但实际上,各类文献中广泛缺乏把责任作为美德的讨论。⑰

有关道德责任的行为准则分析,集中于道德行动者的本性、道德表扬及批评的归因,以及随之而来的惩罚施行等形而上学问题。但是,我们对**负责任**的个体和集体也赞赏有加,不是要评论他们承担了具体的义务,而是赞扬他们可敬和良好的品性,包括他们在身处多重选择且各种选择都有合理性的情况下所表现出的**可靠性**、**判断力**和**主动性**。⑱ 不过,个体如何分有集体的责任还是个难题。我主张在人类世界中,人类环境卓越性的重要部分将涉及某些优秀的品性

---

⑭ Martha Nussbaum 评论道,我们今天的境况和克劳人的困境有一个主要的差别。克劳人无论如何也不用对发生在他们身上的严重灾难负责。

⑮ D. Jamieson, "Ethics, Policy, and Global Warming", in *Science*, *Technology*, & *Human Values*, 17 (2)(1992), pp. 139 – 153.

⑯ Ibid. , p. 148.

⑰ G. Williams 是一个例外,因而很值得关注。参见 G. Williams, "Responsibility as a Virtue", in *Ethical Theory and Moral Practice*, 11(4)(2008), pp. 455 – 470。Williams 在其文章的脚注中写道:"心智健全的成年人会否基于自由意志而负有责任,并不能说明为什么有些人比别人更好地承担了责任,也不能说明集体要如何表现出承担责任的美德。" G. Williams, *Responsibility as a Virtue*, p. 458,脚注 6。

⑱ G. Williams, *Responsibility as a Virtue*, p. 457;R. McKeon, "The Development and the Significance of the Concept of Responsibility", in *Revue internationale de philosophie*, 11(39)(1957), pp. 3 – 32.

特质,它们使个体始终认可自身对所有地球生命的境况负有因果上和道德上的责任,因而能展开合理的行动。我认为,承担环境责任的美德会克服某些保守的习性而不断扩展,包括在一个非自足性的自然世界中,积极的人类因素本身就是善的组成部分。

在有关顺应生态系统管理的文献中,已有相关的论述。特别是在关于生态修复实践的文献中,有关人类干预自然重要性的辩论已经司空见惯了。Andrew Light 认为,作为广泛的社会实践的组成部分,参与到生态修复之中对人类文化和自然之间的关系会有重要的积极影响,他认为这种关系拥有规范性的内容。在 Light 所说的自然文化的恢复中,生态修复的实践处于中心地位。[54] 他把环境善认定为"更加实用的环境哲学的任务",其中也包括认可自然的非工具价值,但不是认可自然的自足性。因此,以未来具体的环境美德可能具有的内容(包括负有责任)为根据,这个观点(满足了我的目的)正可以作为根本希望合适的内容客体。

William Throop 沿着这一理路提出了一种环境修复的美德,他认为,对修复环境所做的最重要的比喻应当是"治愈",而不是"园艺"或"工程设计"。治愈的美德包括谦逊、节制、敏感和尊重,能够引导行动者在积极投入到与自然系统的协作时,避免傲慢自大。[55] 最后,Ronald Sandler 认为,全球变暖的现实会调整与修复环境和辅助性恢复相关的各种美德的本质内容和重要性,包括与"开放和居住"相关的美德,并会显著提升与"调和"相关的美德的地位。[56]

让我们在此做一个回顾。我一直认为,如果我们正面对着重要的文化变迁,就要做好修正某些具有浓厚文化背景的环境美德观念——包括对什么是环境责任的理解——的准备,我们因此很快就会面临重要的文化变迁。我已经论证了,人为气候变迁如何威胁到至少两个不同文化性的环境善的观念,根本希望为何应当是环境行动主义美德的一部分;论证了在轻松地生活和修正什么是高标准生活的美德方面,根本希望为何必须与想象力的卓越相融合;论证了环境主义者为何应当对一种超越了自然自足性的非工具自然善、认可人类的因果责任和道德责任的价值观怀有根本的希望。最后,我论证了承担环境责任的美德,首先来源于实用环境哲学的一个分支。

---

[54] A. Light, "Ecological Restoration and the Culture of Nature: A Pragmatic Perspective", in P. H. Gobster & B. Hull (eds.), *Restoring Nature* (Washington D. C.: Island Press, 2000).

[55] *Environmental Virtues and the Aims of Restoration*,未发表的手稿。

[56] *Restoration Virtue and Global Warming*,未发表的手稿。

四、技术与鬼舞

作为总结，我要简要地回应一下前文提到的质疑：我们可以使用替代性的清洁能源，暂时避开占统治地位的消费文化的重要变迁。这种可能性使开发非碳基性能源为基础的文明形式与我们持续存在的物质消费文化并驾齐驱。

麻省理工学院的 Daniel Nocera 构想了一个依靠现阶段的技术就能够实现的未来能源的使用方式、一个分散供给太阳能的世界。[57] 根据 Nocera 的论述，所有当前人类活动拉动的能源消耗大致相当于 13 太瓦（＝13 万亿瓦特），到 2050 年时将会升至 30 太瓦。我们当前对化石燃料能源的需求显然难以持续，那么，我们在没有煤、石油和天然气的情况下，如何能供给额外的 17 太瓦需求呢？消耗地球上所有的植物可以生产 7 太瓦，到 2050 年每两天建成一座核电厂能够提供 8 太瓦，利用地球表面上所有的风能可以提供 2 太瓦，"在这个星球的每条河流上建筑堤坝能够再提供 1 太瓦"。[58] 这种碳氢化合物和"清洁的"替代能源的一揽子计划，能够满足未来的需求，却不仅无法解决环境问题，反而会造成更多的其他问题。

不过，太阳能够持续为地球提供 800 太瓦能源，并且如果生命形式没有本质的变化，到 2050 年我们只需要其中的 30 太瓦。然而，问题是现在还没有能够捕捉到我们所需的太阳能源的技术。我们必须在很短的时间内，开发出这项技术，并在全球范围内使用，如此才能避免灾难性的、失控的气候变迁。然而，我们投入在健康研究上的金融支持，是在基础的能源研究和开发上的 30 倍。[59] 有鉴于此，有什么理由去期待一个有关清洁替代性能源的高招呢？

许多人仍抱有这种期望，我不能说他们一定错了。无论如何，如果替代性能源的理想让我们不去考虑现在或许缺少吸引力、但未来会很完美的可能性，那将是非常遗憾的。根据 Lear 的分析，勇气的重要表现是直面我们想要否定的现实。例如，苏族的首领坐牛（Sitting Bull）曾寄希望于出现一位救星，击败白人殖民者，并引领他们回到旧时代。Lear 认为，坐牛寄希望于鬼舞（the

[57] A. Revkin, *All energy roads lead to the sun*, 2008. http://dotearth. blogs. nytimes. com/2008/03/27/all-energy-roads-lead-to-the-sun/. Accessed 10 August 2008.

[58] Ibid.

[59] Ibid.

Ghost Dance)的做法,使他不能成功地应对现实。⑥

仅仅期待一种替代性能源,不为文化变迁做准备,不在人类活动形成的气候境况中修正有关自然价值的观念,与坐牛对鬼舞的执念如出一辙。两种情况都属于弗洛伊德所说的"逃离现实"。⑥ 如同鬼舞之类的仪式作为苏族人对现实的传统回应一般,我们习惯于期待技术发展提供奇迹般的解决办法。因为必需性——或者在这种情况下,匮乏性——是发明之母,所以人们想当然地认为,面对全球环境灾难,人的创造性必会偶然触发某种技术性的解决途径,帮助我们解决习惯和概念的重要变化所造成的所有麻烦。真的可以依靠技术去解决问题吗? 或者,就让我们以史为鉴吧。

作者简介:艾伦·A. 汤普森(Allen A. Thompson),美国俄勒冈州立大学副教授,国际环境伦理学会副会长(已被选为 2019—2022 年会长),《牛津环境伦理学手册》(*Oxford Handbook of Environmental Ethics*, 2017)合作主编,研究领域包括环境哲学、伦理学以及社会与政治哲学。

译者简介:马成慧,牡丹江师范学院副教授,复旦大学哲学学院博士后,研究方向为伦理学与政治哲学。

---

⑥ J. Lear, *Radical Hope*: *Ethics in the Face of Cultural Devastation* (Cambridge: Harvard University Press, 2006), p. 150.

⑥ Ibid. , p. 151.

漫画的心理学[*]

恩斯特·克里斯 著

牟春 译

一

　　弗洛伊德对喜剧[①]心理学的贡献来自其思想发展的两个不同阶段。首先是关注地形学和经济学之关系的根本性思考,这些思考展现在他的《玩笑及其与无意识的关系》[②]之中。它们是通往另外一条道路的跳板,那条道路是将从病理现象收集而来的知识通向一种新的、一般心理学观念。弗洛伊德对喜剧的另外一部分贡献基于他在这之后近 25 年的进一步研究,它们主要针对的是喜剧的

* 本文根据恩斯特·克里斯的著作《艺术的精神分析探索》第三部分的第一节译出(Ernst Kris: *Psychoanalytic Explorations in Art* [New York: International Universities Press, 1952], pp. 173 - 188)。译者把原文正文中括号里对某些著作和成书年代的简略标注改成了脚注,并添加了详细的出处。由于此书在最后有参考书目的指引,而单篇译文则难以体现这些指引,故做这些添加。凡添加扩充的注释不再一一说明。

本文为国家社科基金项目一般项目"瓦尔堡学派的图像学研究"(项目编号:17BZX130)阶段性成果。

① 指"喜剧"(the comic)这一美学范畴。——译者注
② 弗洛伊德 1905 年著《玩笑及其与无意识的关系》(*Wit and It's Relation to the Unconscious* [New York: Moffat, Yard, 1917; London: Kegan Paul, 1922]);另一个英文译本出自《西蒙德·弗洛伊德基本著作》(*The Basic Writings of Sigmund Freud* [New York: Modern Library, 1938])。

动力和结构问题。这部分思想在其论文《论幽默》③中得到了阐释，它们在某种程度上是为了更清楚地理解自我在精神结构中的位置。

已经有一些研究致力于把这两部分思考进行联系和区别。④ 作为沿着相同方向构思内容的论文，我将不得不频繁重复大家都已知晓的东西。⑤ 我将选择喜剧的一个分支作为出发点，这一分支的优势似乎还未得到分析文献与超分析（extra-analytic）文献的评估，这一喜剧分支便是漫画（caricature）。⑥

我所依仗的材料有三类：从漫画历史得来的社会学资料、临床材料和对儿童的观察。当然，在现有的上下文中，我是无法对材料本身进行说明的，我将要做的乃是从我的出发点，反思和阐述喜剧的精神分析理论所具有的一般意义。

二

首先，我们需要考虑一些准备性的问题。其中第一个问题就是我们在漫画中获得快乐的源泉是什么。我们已经知道我们所预期的答案了：一部分快乐源自精神能量的节省，另一部分则源自它与婴儿期生活的关联。

如果我们试图找到与我们的主题相关的论证支点，我们也许应该把漫画这个语词本身的构成作为我们的出发点。意大利语"caricare"和法语"charger"（charge 相当于 caricature）传达了相同的意思：承载或过度承载。我们可以补充说，承载或过度承载了某种特质。由此某人面孔的某个单一特征被强调了，以至于对其面孔的再现"过度承载"了这一特征。⑦ 漫画激发我们的想象如何运

---

③ 弗洛伊德 1928 年著《论幽默》（"Humour", in *Collected Paper*, V [London, Hogarth Press]）。

④ 参见 T. Reik 1929 年发表的文章《玩笑中的快乐与痛苦》（"Lust und Leid im Witz", in *Imago*, XV）以及著作《玩笑中的快乐与痛苦：精神分析研究六种》（*Lust und Leid im Witz: Sechs Psychoanalytische Studien* [Wien: Internationaler psychoanalytischer Verlag]）；F. Alexander 1933 年发表的文章《一个关于福斯塔夫的注解》（"A Note on Falstaff", *Psychoanalytic Quarterly*, II）；A. Winterstein 1934 年发表的文章《对幽默问题的思考》（"Contributions to the Problem of Humor", in *Psychoanalytic Quarterly*, III）；L. Dooley 1934 年发表的文章《一个关于幽默的注解》（"A Note on Humor", in *Psychoanalytic Review*, XXI）。

⑤ 因此我没有必要每次跟随弗洛伊德的结论时都对此事实做出声明。如果我采用了其他作者的观点，我就会对此声明，虽然一般而言仅当这些观点对弗洛伊德的立场有所推进时我才声明这一事实。

⑥ 在本文中（本文最初发表于 1935 年），"漫画"一词是在一种相当宽泛的意义上被使用的。因为本文未曾区别"肖像漫画"（caricature）和"卡通漫画"（cartoon）。对这两个词富有成果的区分请参见贡布里希和克里斯 1940 年的研究，或参见《艺术的精神分析探索》的第 7 章。

⑦ 此点可参见 Juynboll 1934 年的著作《17、18 世纪意大利绘画中的喜剧题材》（*Het komische genre in de italiaansche Schilderkunst gedurende de 17 en de 18 eeuw* [Leiden: N. V. Leidsche Uitgevers — Maatschappij]）第 148 页，以及克里斯的《艺术的精神分析探索》的第 7 章。

作已经被反复描绘过了，虽然没有谁比柏格森的描绘更加清楚。在我们看来，我们在某种程度上使得我们模特的面容扭曲成了一个鬼脸。

在简单漫画和复杂漫画之间进行区分似乎被证明是有益的。前者是指喜剧性漫画，并在严格和狭窄的意义上使用喜剧性概念，特指弗洛伊德在《玩笑》一书中对喜剧富有洞察力的界定。⑧ 这些简单漫画就像马戏团的小丑一样感染我们。我们从弗洛伊德那里获知，我们快乐的契机是我们所做的对比。观看漫画就是把现实与对现实进行歪曲的产品进行对比。正如弗洛伊德界定的那种具有限制性的喜剧现象，在这里我们又一次轻易地察觉到：漫画带来的快乐的确是由于思想能耗的节省，而我们的快乐则可被认为是源自前意识。

然而，这种观点却很难被视作足够令人满意的观点，因为毫不夸张地说，这种"喜剧性"漫画极为罕见。无疑，我们应该把漫画的倾向性特征（tendentious character）作为它的一个本质特征。事实上，绝大多数的漫画都具有倾向性。它们不是针对某个个体，就是针对某种类型，它们夸大它们所描画对象身上的某一特质，使其外貌的自然和谐遭到破坏，在很多情况下这造成了相貌和个性在人格中的对比。不过，这一过程并非图画再现所特有的品质。我们熟知为了进行攻击而消解统一性的技巧，形式与内容的不协调通常通过这一技巧被展现出来。因此荒谬模仿使内容贬值，滑稽模仿使形式贬值。

所有漫画都具有的攻击性似乎是漫画生产机制的条件。有关漫画的最早定义就对此有所提示，但这一点直到晚近才豁然清晰起来。根据这些最早定义中的一个，漫画产生于17世纪伟大的乔凡尼·洛伦佐·贝尼尼（Giovanni Lorenzo Bernini）的圈子，它试图寻觅的是变形之中的相像。因此这个定义与当时流行的理论合拍，它认为漫画比现实更接近真理。这就确定了漫画成就的性质。漫画服务于**揭露或卸下他人面具**（unmasking）的目的，是一种我们熟悉的降解他人的技巧。现在回到我们的起点：漫画（那种带有倾向性的漫画）带来的精神能量的节省明显可以被视为压抑能耗的节省，或看作解放攻击性的成果。喜剧（在其受到限制的意义上）所产生的效果方式可以被看作所有漫画都具有的要素，其效果一部分来自通过比较而产生的思想能耗的节省。稍后我们将指出这两种快乐源泉之间的相互关联。

作为这一讨论的基础，让我们考虑一幅漫画的架构，我将用语言简短地描

---

⑧ 由于我在这里想要处理的问题是归入"喜剧"（comic）这一词语名下的各种现象中所共同包含的特质和特征，因此我无法避免在两种不同的意义上使用喜剧这一术语：一种是一般意义上的喜剧概念，它遵循日常语言的使用；另一种则是受到限制的喜剧概念，它遵循弗洛伊德的界定。

述一下这幅漫画。这幅漫画的主题是拿破仑与大陆封锁。我们看到我们面前的国王戴着帽子、穿着斗篷，他的身形小得引人侧目，远远脱离现实。他脚踩高跷，并伸出双手握住一双七里靴。他的形象并非那个众所周知的拿破仑，无疑他具有小店主的模样。他服装的诸多细节皆可作为对小店主身份的暗示。

我将克制自己不再更为细致地描述诸单个元素是如何与其主题——拿破仑和大不列颠之间的冲突——关联起来的。虽然这个时期的确产生了大量与此极为相类似的漫画，但我所描述的这一画面却根本不是一幅漫画。它取材于一个奥地利精神病人的梦，他做这个梦时正处于克服阉割焦虑的情绪顶峰。这幅画面中的诸分离元素和漫画的诸分离元素一样被精巧地组织了起来，甚至比漫画元素组织得更精巧。我只想补充一点，那个小店主的相貌是病人年轻时的样子，且有一个让人浮想联翩的名字，即基茨勒（Kitzler）。[9]

这个例子所揭示出的梦与漫画的一致性是容易得到说明的。显然需要指出的是：漫画的形式语言所处的环境与梦所处的环境具有相似之处，它们在本性上都出于原过程（primary process）的运作。因此毫不令人惊奇，在弗洛伊德对喜剧心理学的第一部分贡献中，他就曾做过一个相似的类比。我想提及的是他曾向我们证明：玩笑与梦之间存在着类似之处，并且这种类似源自原过程的运作。不过这种相似性可以引申得更远一些。漫画可被视为玩笑的图解形式——一种普通的玩笑效果，这种效果以漫画类型学为基础可以轻松地得到详细阐释。但在我们推出一个更为有效的概念之前，先让我们来了解一下"玩笑的运作"和"漫画的运作"这两个过程之间的相似性。对此我们最好仍是跟随弗洛伊德的阐述，从玩笑的对立面谜语进行思考。谜语要隐藏的正是玩笑所揭示的。在玩笑中，内容是确知的而形式是隐蔽的；在谜语中，形式是确知的而内容是有待被发现的。玩笑和谜语关联的本质——它们的共同特征刚好都扎根于神话思维，正如我们所知，谜语在所有神话中都具有独特的地位——也许可以参照一个精神病人的行为而得到说明。这个精神病人无法从笑话中得到快乐，但他却受制于一种冲动：只去读笑话的第一行然后猜测笑话的关键所在。他把一个笑话转化成了一个谜语。[10]

一种相似的反应方式可以被任何一个从事漫画研究的人来实验验证。如果构成漫画内容的关联点和典故模糊不清——这种情况适于表述所有离我们时

---

[9] Kitzler 的意思是备忘录（tickler），也有阴蒂（clitoris）之意。

[10] 有关谜语在历史语境中和喜剧性的联系，可以参见 A. Rapp 1949 年发表的文章《玩笑和幽默的系统发生理论》（"A Phylogenetic Theory of Wit and Humor"，*Journal of Social Psychology*，XXX）；也可参见恩斯特·克里斯的著作《艺术的精神分析探索》，第 245 页。

间较为久远的漫画,其原因我们将在后文进行说明。喜剧表达所取得的成就很快就会过时(后世不会把桂冠颁给喜剧艺术家)——漫画就成了象形文字一样的难解之物。我们被迫通过猜测揭开那些关联点和典故;漫画就变成了谜画。

我们上述对比所引出的漫画的相关特性在绘画艺术的另外一个分支——寓意画领域也会出现,在此我们就不再做进一步的探讨了。

三

我们现在试图更细致地阐明玩笑、漫画与梦之间的关联:在梦中,自我放弃了它的统治权而原过程获得了掌控;而在玩笑和漫画中,原过程仍然服务于自我。仅这一表述就足以向我们显示:这里牵涉的问题是一个更为普遍的问题。把被复归(regression)压垮了的自我与"服务于自我的复归"进行对比——如果可以这么进行对比的话——会涉及到巨大而广阔的精神经验领域。

从正常生活的各种层次到病理学领域,自我在好多种情况下都会放弃它的统治权。我们发现,除了在梦中,自我在醉酒状态下——这个状态离正常状态并不遥远——也会放弃其统治权。成人在这一状态下又变成了孩子,恢复了"其权力,可以无视逻辑要求所强加的限制,并且让其想象信马由缰"(弗洛伊德)。在神经官能症和精神病病人所绘制的那些著名的临床绘画中也可看到自我对其统治权的放弃。以上这些事例中有一些涉及到经济问题,它暗示了一种思路,我们将在此表明这种思路,因为它与我们之后想要引出的某些想法相关:无论是由于情感太过强烈还是由于自我自身的软弱,当自我被情感压垮时,它就发现其统治权被剥夺了,而这正是原过程得以开展的原因。

但相反的事例也具有最广泛的意义。在这些事例中,自我驱使原过程服务于它并且利用原过程达到它自己的目的。这种情况并不限于玩笑和漫画领域,而是可以延伸到一般审美表现的广大领域,并且适用于整个艺术和象征生成领域,从巫术和礼仪开始,前意识或无意识地贯穿于整个人类生活。⑪

---

⑪ 参见恩斯特·克里斯的《艺术的精神分析探索》第 1 章和第 14 章,这个领域近期的和更为广泛的论述在这两章中得到了讨论。有关这个领域近期的和更为广泛的论述,参见 H. Hartmann 1939 年发表的文章《自我心理与适应问题》("Ich-Psychologie und Anpassungsproblem", in *Internationale Zeitschrift für Psychoanalyse und Imago*, XXIV, translated in part in Rapaport 1951)。
考察自我在玩笑和漫画中所取得的特殊成就需要考虑自我的"多重功能"。参见 R. Waelder 1936 年发表的文章《多重功能的原则》("The Principle of Multiple Function", in *Psychoanalytic Quarterly*, V)。驾驭强烈的裸露癖倾向(exhibitionistic tendencies)似乎为我们提供了一块坚实的基石。

在弗洛伊德看来,原过程的运作调节着原始表达方式所具有的统一性,它不仅对各原始民族思维过程极为重要,而且似乎也决定着儿童思维过程所采用的"语法"和"句法"的进化。我认为这一概念可使我们发现心理分析学派所持观点与皮亚杰学派所持观点之间的交汇点,近来它们之间的相交互通吸引了许多分析师的注意——比如索绪尔和库比。⑫ 在此我们最好仍是不要再进一步追索了。因为任何有基于此的尝试都会把我们引回对梦的分析这条精神分析旧有的康庄大道上。

四

除了精神能量的节省,弗洛伊德把喜剧与婴儿期生活的紧密联系也看作是各种喜剧样式的突出标志。包括玩笑在内的词语表达恢复了儿童在语言发展时期所采用的表达方式。比如,文字双关恢复了语言在谐音联想方面的古老权力,以对抗语言所指代的那些固定事物。我们不得不自问:儿童行为与它所涉及的喜剧分支——不是语言表达分支而是图画表达方式(从原则上说,即图解的表达方式)——之间的关联本质是什么?仅就漫画而言,这个问题是容易被解答的。正如玩笑返回到了特殊的语言表达方式,漫画也返回到了儿童图解的表达方式(即儿童绘画)所包含的诸代表性要素。⑬ 任何人想要理解儿童绘画,通常都会发现自己不得不去"解释"这些绘画,正如我们已经惯于去释梦一样。因为儿童的图解艺术在很大程度上是被原过程所控制的。在此我将不得不克制自己不再引用更多的细节性论据来支持这个原理。相反,我将试图通过提出以下声明把这些构想与我们之前的想法联系起来:原过程控制着儿童的图解表达,而它在有教养的成人绘画艺术中则是可以被自由地、蓄意地选择的

---

⑫ 参见 R. de Saussure 在 1934 年发表的文章《论遗传心理学和精神分析》("Ueber genetische Psychologie und Psychoanalyse", in *Imago*, XX);L. S. Kubie 1934 年发表的文章《身体象征和语言的发展》("Body Symbolization and the Development of Language", in *Psychoanalytic Quarterly*, III)。

⑬ 这是两个分立的问题,但它们可以用同一套心理学解释来说明。此处应考虑儿童在语言表达进化和图解表达进化这两个进化的相应阶段之间的那个重要的时间段。现可参见 N. Cameron 在 1938 年发表的文章《在图解象征发展过程中的个体因素和社会因素》("Individual and Social Factors in the Development of Graphic Symbolization", in *Journal of Psychology*, V)以及《受科学训练的成年人使用象征表达时所表现的功能之不成熟性》("Functional Immaturity in the Symbolization of Scientifically Trained Adults", in *Journal of Psychology*, VI)。也请参见恩斯特·克里斯的《艺术的精神分析探索》,第 92 页。

一种技巧。⑭ 我们最好是通过引入喜剧表达的第三种样式来补充我们对个体发育历程的反思，这种喜剧表达样式便是喜剧性动作。那些细致的分析表明，所有的喜剧性动作都包含某种模仿技巧，其特点则在于复活了儿童反应的某个特殊阶段。我所指的是那个儿童获得动作能力的发展阶段，特别是通过"模仿动作"而进行表达的阶段。在这个阶段，儿童的动作能力通过模仿成年人的动作活动而获得了重要的动力。

对于这些有关个体发育起源的假设，我们还应从系统发生学的角度考虑其早期的形式。我们最好是从动作的喜剧性表达开始，因为在喜剧的王国里，这种活动显然与反应的原初形态最为接近。我们熟悉喜剧性动作的效果。没有什么比看到我们的话语或动作遭到了模仿更让我们深信我们的感情受到了伤害（言谈模仿可被视为一种"动作"，因而囊括在此处的论述中）。我们显然能够看到，对我们的暴露和贬低并非是使我们的自恋受到伤害的唯一原因，"漫画动作"有一层更深的意义。当我们被模仿时，我们感到我们的个体性或不可分割性（individuality）受到了威胁，我们觉得被替代了、被消解了。⑮ 我们发现某些动作的原始性成分在这种力量中遗存了下来，即动作在巫术和魔法中所起的那部分古老的作用。语词在玩笑中所起的作用也指向这一领域。雷克（Reik）认为语词的喜剧性表达出自于动作的喜剧性表达，并且替代了动作的喜剧性表达。⑯ 他已向我们表明，玩笑的技巧中有多处都提示：玩笑其实复活了语词古老的魔法意义。⑰ 当我们参照漫画考虑喜剧性表达的图解形式所引发的相关问题时，我们就能看到对这些观察的印证支持。因为似乎漫画的前身无疑应追溯到模拟像魔法的世界。

从魔法态度如何转换到漫画家的态度，对于这一转换我们将仅限于做出简

---

⑭ 我知道这一陈述所用的术语过于笼统。更精确的论述参见恩斯特·克里斯《艺术的精神分析探索》第 92 页及其之后以及该书的第 7 章。

⑮ 我在这里的看法受到我与 E. Bibring 之间反复交换观点的激发。Bibring 的临床材料可以广泛地澄清我在此处只是粗略处理的问题。我可以引用他诸项观察中的一项，这一观察为模仿和攻击之间的联系提供了线索：某个病人只模仿（并且是非常准确地模仿）某些人，这些人正是他倾向于攻击的人。

⑯ 参见 T. Reik 1929 年发表的文章《玩笑中的快乐与痛苦》（"Lust und Leid im Witz", in *Imago*, XV）以及著作《玩笑中的快乐与痛苦：精神分析研究六种》（*Lust und Leid im Witz: sechs psychoanaly-tische Studien*［Wien: Internationaler psychoanalytischer Verlag］），1933 年的著作《对笑的反思》（*Nachdenkliche Heiterkeit*［Wien: Internationaler psychoanalytischer Verlag］）。

⑰ 对此观点的进一步讨论和具有启发意义的临床证明，请参见 A. Reich 1949 年发表的文章《怪诞喜剧升华的结构》（"The Structure of the Grotesque-Comic Sublimation", in *Bulletin of the Menninger Clinic*, XIII），重印于《精神分析年鉴》（*The Year book of Psychoanalysis*, VI［New York: International Universities Press］）。

单的说明。对漫画家而言,对图像的歪曲也"代表着"对其原型的歪曲。这一假设印证了那个我们通常所持的观点(之前我们介绍过柏格森对这一观点的表述):从漫画得到的快感来自我们的想象,我们的想象假定漫画人物的相貌是一副鬼脸,而且在喜剧性动作(即"通过动作进行漫画")背后存在着彻底击败对方的倾向性。这一点似乎被社会学的数据所加强和证明了:漫画无论在何时、在多大程度上发展为一种艺术表现形式——显然漫画成为一种艺术表现形式仅发生在相当特定的历史条件下——我们总能在其发展过程中的某一时刻发现对模拟像魔法的使用。在现代漫画的这一发展阶段,对模拟像魔法的使用根源之一肯定可以追溯到这一观念,即当罪犯逃脱真实的惩罚,人们就通过侮辱和嘲弄其再现性图像(在**模拟像**的真正意义上)以达到惩罚的目的。⑱

五

　　我们将再次返回到我们在玩笑、漫画与梦之间所做的对比上,我们要从弗洛伊德的一个观念中获得支持。弗洛伊德把玩笑和梦进行对比,认为前者是极端社会化的产物,而后者则是一种非社会化的产物。我们已经在我们对玩笑过程的惯常阐释中找到了关于这组对比的说明:前意识思维在一瞬间由无意识思维构成,并在一瞬间解释无意识思维。在梦中,由于原过程的运作,思想遭受到了歪曲直至变得完全无法被辨识;在玩笑中——我们需要补充的是,在漫画中同样如此——歪曲仅仅履行了一半,它仍旧服从自我的控制;一种思想不是被歪曲了,而是被改装了(disguised),其歪曲进行的程度对新来者依然保持在可理解的范围内。在此我们当然又会想起那样一种反对意见,即我们所描绘的过程不仅限于玩笑和漫画,而是具有普遍的有效性。⑲但无论如何,既然这一过程与喜剧现象的社会性相关,在我们现下的语境中它就获得了一种特殊的意义。因为喜剧现象的社会性是大多数喜剧样式的基本品质:"一个新笑话就像最近胜利的消息一样迅速流布城镇。"和弗洛伊德的看法相似,我们也许可以补充说:"漫画是一种漫天盖地传播的东西。"

　　带有倾向性的诸喜剧表达样式所具有的基本社会性似乎需要以两个因素

---

⑱　更详细的讨论请参见恩斯特·克里斯《艺术的精神分析探索》第7章。

⑲　参见 T. Reik 1929 年发表的文章《玩笑中的快乐与痛苦》("Lust und Leid im Witz", in *Imago*, XV)以及著作《玩笑中的快乐与痛苦:精神分析研究六种》(*Lust und Leid im Witz: Sechs Psychoanalytische Studien* [Wien: Internationaler psychoanalytischer Verlag])。

作为其条件：首先是他人的赞成，它用于肯定一个人自身所具有的攻击性；其次，玩笑和漫画可以容易地被认作一种邀请，邀请其他人采取一种联合性的攻击和复归策略。因此，带有倾向性的诸喜剧表达样式（我们在此要引入弗洛伊德的论述，我们之后的评论将把弗洛伊德的论述原文和其他论者的发现联系起来）帮助"同伙进行征服和诱惑"。最近，有一个契机从一个不经意的角度向我们展示了这些具倾向性的喜剧表达样式（以及无害的喜剧表达样式）与婴儿期生活领域的关联。我认为我们应该把喜剧的社会性看作婴儿态度的一种遗存，或者更好地表述为婴儿态度的一份遗产，桃乐茜·伯林厄姆（Dorothy Burlingham）把这称之为"儿童寻求交流的渴望"。⑳ 不过，并不能说喜剧的这种社会性揭示的是婴儿期某个特殊反应阶段的专属之物，它之所以让我们印象深刻，是因为它是一种重要的解释，证明了一种活跃在童年时期的冲动调整后可以适应成人的现实世界。

这些思考可使我们联想到喜剧的动力特点对喜剧现象的基本特征有一个更为全面的理解。我们的考察最好从喜剧性意图未能实现其目标的诸事例开始。这里出现的状况是：喜剧性意图未能在环境中唤起适当的回应。在极为通常的情况下，它唤起的不是快感而是不适感，其基调不是痛苦就是古怪，我们轻易就能判断这两者在某一特定的状况下何为主导。由于喜剧性过程失败的事例产生了这一后果——伴随这一后果的是喜剧正常效果的反转，因而我想来谈谈喜剧现象的双面性（double-edged character）。我心中思考的是相当普遍有效的喜剧性品质。㉑

为了更好地理解这一点，让我们围绕喜剧性意图未能实现其目标的简单例子，介绍一下其构架形式。那种不适的体验会影响与此喜剧尝试相关的每一个人——喜剧尝试所意指的人和进行此一尝试的人。在带有倾向性的玩笑中，听者认出了改装后的进攻性，而他的超我呼唤他抗拒这一攻击性。我们可以说他"误解"了这一玩笑性话语，或者说他未能理解这是一个玩笑性的话语。听者一方的"误解"与说者一方的"错误"相对应，"误解"可能是对"错误"的反应。我们同意雷克 1929 年的论述，设想说者被他的坦白冲动所主导。他可能是被夹在了坦白冲动和交流冲动之间（这可以被视作服务于快乐原则的

---

⑳ 参见 Dorothy Burlingham 1934 年发表的文章《寻求与勉强坦白》（"Mitteilungsdrang und Geständniszwang", in *Imago*, XX）。

㉑ 更进一步的讨论请参见恩斯特 · 克里斯《艺术的精神分析探索》第 8 章。

"坦白冲动",它形成了本能生活对坦白冲动的助力)。[22] 我们可以假设,是赞成还是不赞成说者的攻击性,这样一个矛盾产生并强化了听者的不适感。而说者的不适感又被听者的不赞同所强化,这使得他不得不独力处理他自己的意识冲突。通过节省压抑能量来获得快乐的尝试流产了,并且需要新鲜的贯注(cathexes)。[23]

以上叙述虽然粗略,但它直接继承的是弗洛伊德和雷克的主张。它使我们能够理解喜剧源于本能倾向和超我对本能倾向的抗拒这两者之间的冲突,并能让我们把握喜剧所处的位置,即在快感和不快感这两者的中间地带。这些就是喜剧双面性的根芽。这差不多也适用于说明人类进行喜剧性表达的最初尝试。在人类心灵事务的大家族中,与喜剧相邻的要算游戏(play)了——首先是成人的游戏,就像成人发明的喜剧一样,它们在某种程度上可以被理解为"超我的放假"。我们认为成人游戏的前身乃是儿童时期的游戏和取乐(play and fun)。在关键时期游戏和取乐被用来组建一个桥梁,以便本能满足采取一个形式来适应于现实。儿童进行游戏可谓一举双得,一方面获得了对环境的控制,另一方面避免了痛苦(控制了"痛苦"的经验);但除此之外我们还看到,在功能上对快乐的推助提供了一个额外的推动力。当我们把注意力转向成人的喜剧性文字双关所遗存的那一面以及转向儿童的文字游戏,我们就会发现这三者的相互作用。如果我们考虑到交流冲动(在此我们又一次需要参照桃乐茜·伯林厄姆的论述)有时在儿童的文字游戏中——更好的表述是,在儿童游戏性的语词实验中也能找到表现,那么这一现象就在一定程度上得到了说明。虽然显而易见,在一个更早的阶段,文字游戏是为了获取对文字的掌握。[24] 如果儿童游戏的起源被看作快乐原则之外的东西,或者说,不假定其根源在快乐原则之外,它就无法被解释,[25]那么我们就可以容易地把它与儿童的取乐进行对比,把儿童的取乐看作是一种专属快乐原则的行为方式,把它当然地理解为完全是对成人行为的

---

[22] 关于用不同的思考路线对相似情形的进一步探讨,参见 L. Eidelberg 在 1945 年的文章《对玩笑研究的一个思考》("A Contribution to the Study of Wit", in *Psychoanalytic Review*, XXXII)。

[23] 关于相似的观点,参见 R. Waelder 1934 年发表的文章《心理分析中的自由问题以及实现效果问题》("Das Freiheitproblem in der Psychoanalyse und das Problme der Realitätsprüfung", in *Imago*, XX)。

[24] 对两岁儿童的观察一次又一次地印证了这一点,它也能得到出版于各处的汇编材料的支持。参见 D. and R. Katz 1928 年的著作《儿童的话语》(*Gespräche mit Kindern* [Berlin: Springer])。此处的论述接近雷克 1933 年的论述。参见 T. Reik 1933 年的著作《对笑的反思》(*Nachdenkliche Heiterkeit* [Wien: Internationaler psychoanalytischer Verlag])。

[25] 参见 R. Waelder 1933 年发表的文章《关于游戏的精神分析理论》("The Psychoanalytic Theory of Play", in *Psychoanalytic Quarterly*, II)。

反应。㉖ 虽然区分游戏的主要任务和取乐的主要任务——前者是为了控制痛苦,后者则是为了获得快乐——是诱人的,但我们却很难找到证据支持这样一种划分。因为没有一条明显的界限可以划分游戏和取乐,正如它们早在婴儿一岁时是一起被表达和理解的。为了说明它们之间的密切关联,我们可以援引一项可靠的心理学研究所做的发现。根据这些发现,儿童最"有效的"喜剧表达方式是由其最新的发现、最近的智力习得组成的。㉗ 游戏为达成其目的所选择的材料也可以用相同的术语进行描述。我们并不需要在游戏和取乐之间进行对比以确证对儿童的观察,而这一点告诉我们:即使在儿童发育的第二年以及全面发育完成的第三年,取乐也会不断地被作为控制攻击性——或更正确地说,控制矛盾情绪的备选手段。即使是取乐表达的态度也明白地显示出它要执行的是控制任务和防御任务。因为它被看作是(即使在日常语言中也被看作是)与"严肃"完全相对立的东西。在此,取乐也与游戏不同,因为"游戏的对立面不是严肃,而是现实"。㉘ 不过,取乐与严肃的对立终究适用于喜剧的大片领域。成人的喜剧性发明,当然是那种带有倾向形式的喜剧,帮助他们获得对情感的控制,以及控制超我要抵御的力比多倾向和攻击性倾向;根据快乐原则行动的自我就是通过喜剧表达来规避它们的。本我的本能趋向得到许可,但这并不意味着它们以其真实和原初的形式被满足了。喜剧不是一种直接的行动,它是一种再造,具有折中的特性(half-measures characteristic)。

我们最好再对喜剧过程描述一番,即便是用纲要化和简略性的方式,因为喜剧过程可以在漫画领域中得到应用。这种行为不是损毁现实中对手的容貌,而仅仅是想象性的,并落实在其模拟像上。只要这一过程持续地受魔法思维(magical thinking)的主宰,就不能说它达到了漫画的层次。因为虽说改变的确实是行为方式,行为意图并没有改变,与行为施行相关的图像被看作了图像所再现的人的同等物;然而只要牵涉的是漫画,这种信念就不再对意识或前意识有效了。漫画的确试图营造一种效果,然而这种效果并不是"针对"被漫画的那个人,而是"针对"观者,观者受到影响去完成想象要求的特殊效果。

㉖ 我们无法在此进入对这样一种情形的讨论,即儿童的取乐——与其游戏相对——主要是一种推进联络的社会行为模式,我们因而也无法讨论由此得出的那个有关游戏和取乐之功能差异的结论。进一步的讨论参见恩斯特·克里斯《艺术的精神分析探索》第 8 章。

㉗ 参见 E. Herzfeld 和 L. Prager 1929 年的文章《对儿童玩笑和喜剧的理解》("Verständnis für Scherz und Komic Beim Kinde", in *Zeitschrift für angewandte Psychologie*, XXIV)。

㉘ 参见 S. Freud 1908 年的文章《诗与白日梦的联系》("The Relation of the Poet to Daydreaming", in *Collected Papers*, IV [London: Hogarth Press])。

从更为原始的（魔法的）阶段向更高阶段的进化过程伴随着图像自身决定性的转变。[24] 在魔法思维阶段，图像的样子没什么重要的；然而对于漫画，相似性是图像履行其社会功能的前提条件。谈及对现实的再造，这是一个决定性的（虽然是不易确定的）方式，相似性是漫画的前提条件。[30] 正是人与其图像的相似性成就了漫画的特色，即对可辨识的相似性进行歪曲地再造。我们在文章开头曾提到，在一个人和其漫画之间进行对比会造成思维能耗的节省，因而产生弗洛伊德界定下那种狭义的喜剧性。然而，通过凝缩、替换和暗示，歪曲的某些要素表明还存在着其他解释，我们也许可以称之为"曲解"，正是这些元素泄露了漫画的**倾向**（tendency）。现在我们对我们最初只是稍稍涉及的这个问题有了更深的理解。通过对比产生的喜剧效果与巧妙掩饰倾向产生的效果这两种东西相互作用。在弗洛伊德看来，玩笑的"喜剧性"效果能为其倾向产生的效果构造一个幌子（facade），那么这两者的紧密联合似乎就构成了漫画**独特品质**的基础。

总而言之，如果我们所描述的喜剧的折中性满足了本能的要求，那么其**独特品质**就使得漫画得以免受来自两个方向的稽查——外部世界的稽查（我们便是从外部世界借用"稽查"这一术语的[31]）与内部世界的稽查。[32]

相应地，如果喜剧过程获得了成功，我们则认为这种成功依靠两个因素。本能生活的要求被喜剧内容所满足，超我的抗拒被喜剧的改装方式所满足。当自我能够如此控制这两者之间的紧张关系，快乐就可以从不快中产生出来。然而，喜剧现象的双面性可以被视作一种受特定冲突影响的品质，而喜剧现象正源于这种冲突；有时这种冲突成功地推翻了自我的工作，使我们感到这是一次

---

[24] 也请参见恩斯特·克里斯《艺术的精神分析探索》第7章。

[30] 漫画概念可以用更为一般的词语进行表述，可以把漫画看作涉及特殊价值序列的活动而不是产生魔法效果的活动。我们进一步认为，"价值，而不是效果"这样一个表述似乎具有更为广泛的效力，并且开启了通往一般价值心理学的道路。我们仍需声明，对图像的样子**完全**不在意是没有的事情，即使是那些思想依然受魔法统辖的民族对图像的样子也并非**全**不在意。与其他问题一样，在这个问题上，最宽泛意义上的历史描述只有基于心理学提出的概念才能得到开展。儿童对图画态度的发展以及许多精神病患者对图画再现的反应，向我们提供了有关"个体发育模式"的清晰概念，它是心理经验为社会历史科学提供的概念。这里所提出的有关效果和价值的联系，这一观点本身也是根据上述"模式"所带来的发现而推论出来的。

[31] 根据弗洛伊德的精神分析学说，无意识只有得到"稽查"（censorship）才能进入意识层面。——译者注

[32] 希腊画家克特希克勒斯（Ctesicles）画了一幅诽谤王后斯特托拉尼丝（Stratonice）的画。在这幅画上，王后在渔夫的怀抱里。他公开展览这幅画，因而被迫逃离了那个城邦。一开始，王后很生气，想要把这幅画销毁，但之后她又决定这幅画应该被仔细看护和保管。艺术作品太重要了，以至于不能仅因为其内容就销毁它。

失败的尝试。

我们乐于了解导致这样一种失败的一般性条件。表述这些条件是困难的，也许是不可能的，只有一个条件我们想进行大胆的暗示。仅仅引发焦虑和不快的事件无法适用于喜剧表达——如果尝试进行喜剧表达就会造成一种奇怪的效果，除非它们的强度得到降低并经历某种程度的转化。一定程度的谋划（elaboration）是喜剧表达的前提条件，而同时喜剧表达完成了这一程度的谋划。如果这种谋划没有达成，情感的量就依然太大以至于无法使喜剧转化成为可能之事，接下来就会出现从快乐到不快这一喜剧效果的反转。如果我们再次考虑各种喜剧性表达的社会功能，考虑对喜剧现象不同程度的喜爱和容忍，那么这一过程的某些重要特点，它的频率以及它在哪些意料不到的时刻会发生——我们从不知道喜剧过程如何才能不失败——就成了我们无法给出解释的东西。因为我们得把喜剧对历史条件和社会条件的依赖算作是它最被热议的恒定品质之一，我们常常把这种依赖描述为喜剧的"主观"方面。我们知道每个时代、每个社会阶层以及许多地方性团体都有他们自己独特的喜剧形式，它们通常相差甚远，并且不易经受环境的改变。㉝ 当冷漠占据主导地位时，带有倾向形式的喜剧就无法得到理解，如果我们考虑到这一点，喜剧的这种独特性就能够得到理解了。不过，喜剧所允许我们推想的那种贬损向我们暗示：在相似的意义上它是无法把永远被禁止的事物作为其对象的（如果喜剧这么做了，它就会产生痛苦的效果），那种贬损必须在当时仍受推崇的那些事物中被发现，那些事物当**时仍然呈现在超我之中**。我想提醒你们注意唐·吉诃德这个光辉的形象，它能够简短地表达我的意思。㉞ 至于其他，我只想暗示，这一观点会让我们对一些显而易见的问题更加明了。我们都熟悉早先时代的某些时尚造型所创造的那种令人无法抵挡的喜剧效果，最近这种效果被电影大规模地开发出来。但令人注目的是，这只适用于某类时尚，比如那种与我们的记忆、与我们的早年印象与经验仍保持联系的时尚。超出这个界限，我们的历史兴趣就抬头了，而这些印象

㉝ 许多结构性问题需要参照喜剧能够"转化"或"移植"的不同程度来讨论。最近的文献已经搜集了一些相关材料。参见 S. Arieti 1950 年发表的文章《玩笑和喜剧的心理学与心理治疗学的新观点》（"New Views on the Psychology and Psychopalliology of Wit and the Comic", in *Psychiatry*, XIII）。在这一领域中的实验工作倾向于指出文化差异的局限，参见 H. Eysenck 1944 年发表的文章《幽默感的国族差异：三种实验性研究和扩展性研究》（"National Differences in the Sense of Humor: Three Experimental and Additional Studies", in *Character and Personality*, XIII）。

㉞ 一种精神分析的解释，参见 H. Deutsch 1934 年发表的文章《唐·吉诃德与唐吉诃德主义》（"Don Quijote und Donquijotismus", in *Imago*, XX）。

生发喜剧性效果(我们应该补充说明)的机会就大大降低了。㉟

如果现在我们来尝试总结以上论述,我们就会发现带有倾向形式的喜剧其根基在于成人矛盾情绪的冲突,并且有时代表的就是这一冲突的结果。它可以被视作一种同时掌控敬佩和厌恶的手段,而且通过把"不快"转化为快乐,它释放了精神装置中的紧张,或更一般地讲,它降低了精神的能耗。由此我们来到了我们从之出发的那个弗洛伊德的结论,现在我们仅需再考察一个问题:喜剧过程获得的成功可以持续多久?我们知道它的局限,冲突并不总是能被解决的。典型的幽默之人身上具有忧郁的气质,他要么表现出对作为发泄情感通道的幽默具有明显的偏爱,要么就没有其他的情感疏通渠道,这个临床事实可以说已经被令人满意地证明过了。这个事实特别吸引我们的注意,因为它把狂躁症(mania)这个在病理学上与喜剧相平行的重要症状带入了我们的视野。我们可以把它视作喜剧在病理学上的对应物。我们知道,狂躁症的特点在于自我的心满意足,它支持超我放弃其权力,在狂躁症中会大量出现我们在喜剧尝试中的、小规模地发现的东西,即对威胁生存的紧张之平衡。㊱ 最后,我要提到的是位于狂躁症相反一极的狂喜,它的特点是超我的心满意足,这次是自我放弃了其独立性,或许它是为了"合成一体的倾向",㊲这种倾向控制了精神装置。在这两者之间的对比具有实质性的意义,超出了其纯粹形式的暗示。因为如果狂躁症可以被看作是喜剧的病理学关联物,那么我们就得把崇高看作日常经验中与狂喜相对应的东西。不过,我们知道崇高是一种"精神上的伟大"(psychic greatness)。如果喜剧产生心理能量的节省,那么崇高则要求过剩的心理能耗。这个问题的这一方面似乎为弗洛伊德的另外一个思想提供了线索,即幽默的特

㉟ 尝试对相似之物进行说明通常是抱有目的的,因而我们就可以理解相同的素材,为什么与其他戏剧艺术作品相比,当代剧作的生产者需要把先前的喜剧作品进行一种更为彻底的改编,即"现代化"。同样,其他现象也可以通过以下主张得到澄清,即喜剧倾向于把那些仍然呈现在超我之中的东西作为其对象,比如说把某些典型的搞笑形象作为喜剧的一般**角色**。参见对攻击者"距离"的有关论述,H. A. Murray 1934/1935 年发表的文章《幽默心理学》("The Psychology of Humor", in *Journal of Social and Abnormal Psychology*, XXIX)。这个问题与如何理解犹太人的笑话特别相关,这些笑话原则上是被犹太人自己以及那些在某种程度上脱离了其传统的犹太人们所不断讲述并使之流行起来的。参见 E. Hitschmann 1930 年发表的文章《犹太人玩笑的心理学》("Zur Psychologie des jüdischen Witzes", in *Psychoanalytische Bewegung*, II.);以及 T. Reik 1933 年的著作《对笑的反思》(*Nachdenkliche Heiterkeit* [Wien: Internationaler psychoanalytischer Verlag])。

㊱ 参见 B. D. Lewin 1950 年的著作《欣快症的精神分析》(*The Psychoanalysis of Elation* [New York: W. W. Norton Co.])。

㊲ 参见 H. Deutsch1927 年发表的文章《论满意、幸福和狂喜》("Ueber Zufriedenheit", Glück und Ekstase, *Internationale Zeitschrift für Psychoanalyse*, XIII)。

殊地位，^㊳幽默是整个喜剧领域里唯一与崇高接壤的现象。这并不仅仅是因为幽默超越了各种矛盾情感的层次——是后矛盾情感的（postambivalent），并代表着超我对喜剧的贡献；这首先并主要是因为幽默在与主体自身的关联中得到了完成，所以不需要它者就可以提供增量的快乐。它处于个体精神经济体领域之内，而这或许可以说明它与崇高的切近关联。幽默这种喜剧形式似乎是在一个人的生涯中最晚发展起来的，它传递出情感成熟的信号，并且相较于其他喜剧形式最少依赖社会和世俗的限制。在这一点上，幽默也类似于崇高。

在喜剧和崇高之间进行对比是美学的一个老话题。它们处于精神经济体的两极，而这似乎为理解老问题提供了新路径。事实上，声称喜剧是心理学的研究主题似乎还为时过早，因为这样的主张就像是说我们对待问题的态度又一次把我们引向了美学理论的各个门径。此时，我们认为它们还是保持门庭关闭状态为好。

不过，如果我们的发现与希腊美学传统——这是我们所知的最早的美学传统——的发现多有一致，我们便可以把它看作今后两者能够更进一步关联起来的一个可喜征兆。我们将不允许自己被喜剧和崇高之间的对比所误导而忘记它们服务于一个相同的目的：掌控内在的危险。精神分析很快就会认识到，悲剧和喜剧^㊴这对伟大的艺术双生子从根本上可以被视作卸载自我的负担——或许我们可以说卸载自我义务的两种可替换的尝试。

柏拉图的《会饮篇》曾以这样一个描述作结。据说当时天已经亮了，公鸡在叫，所有其他的人要么睡着了，要么走了，只剩下阿加通、阿里斯托芬和苏格拉

㊳ 更为精确地界定幽默的特殊地位是值得一做的事情。在此我们将把自己限于两个观察。罪犯在上绞刑架的路上说到："呵，这个星期开始得多棒"——这是弗洛伊德有关幽默的基本事例之一——也可以被视作是自我嘲讽（self-irony）的一种形式。如果包含在"绞刑架的幽默"中的嘲讽主导了其效果，人们就不禁要认为幽默也具有一种两面性了。只有在这个意义上，我才能够理解 L. Jekels 和 E. Bergler 有关幽默效果的评论，即幽默是自我的进攻策略，帮助自我反对自我理想。参见 L. Jekels 和 E. Bergler 1934 年发表的文章《工作和爱》（"Uebertragung und Liebe", in *Imago*, XII）。也请参见 E. Bergler 1937 年发表的文章《对幽默的心理发生学的一个临床思考》（"A Clinical Contribution to the Psychogenesis of Humor", in *Psychoanalytic Review*, XXIV）。人们可能会倾向于认为，幽默与其他类似的喜剧形式不同，因为它没有自己的技巧和形式媒介。似乎与此一致，我们几乎看不到幽默的纯粹形式，它通常都是在混合体中出现，对其他各种喜剧表达进行补充和渲染。幽默这个术语的历史以及它所表述的概念史已经在 1923 年被克罗齐描述过了——自 17 世纪以来，英语对这个词的使用逐渐决定了它的概念内容，而克罗齐的历史描述则指出了这一概念应如何被理解的方式。

㊴ 也请参见 L. Jekels 1926 年发表的文章《喜剧心理学》（"Zur Psychologie der Komödie", in *Imago*, XII）。

底还醒着，并且用一个大碗轮饮，"而苏格拉底使得他们两人同意，写作悲剧和写作喜剧所需的才能（qualities）是一样的"。

　　作者简介：恩斯特·克里斯（Ernst Kris，1900－1957），奥地利艺术家、心理分析学家，弗洛伊德圈中人。后移民美国，是美国自我心理学领域的开创者。
　　译者简介：牟春，哲学博士，上海师范大学哲学系副教授，研究方向为西方哲学和美学。

盛会空前谱华章
——2017 年外国哲学年会评述

孙小玲

  10 月 21 日至 22 日,中华全国外国哲学史学会和中国现代外国哲学学会 2017 年年会在青岛召开。此次年会由山东大学哲学与社会发展学院承办。年会的主题为"西方哲学:对话、批判与展望"。会议设置了 10 个讨论专题,分别为(1)古希腊哲学的当代意义;(2)近代西方哲学形而上学与知识论的批判与反思;(3)德国古典哲学再评价;(4)哲学与宗教之关系;(5)现象学与诠释学;(6)分析哲学;(7)当代法国哲学的创新与价值;(8)欧陆哲学与分析哲学之分殊和对话;(9)道德哲学与社会哲学;(10)中西哲学的比较与会通。220 多位正式代表以及 40 多位旁听代表参会。10 月 21 日上午举行了会议开幕主旨报告会,21 日下午起展开了 7 个分会场、28 个场次的专题分组讨论会。参会学者提交了 180 多篇论文,几乎覆盖了外国哲学的全部研究领域。笔者有幸参与了此次盛会,并受张庆熊教授委托为新复刊的《现代外国哲学》撰写一篇关于会议的评述性报道。

  诚实而言,这一委托颇让我犹豫了一阵,虽然参加了几组不同议题的讨论,奈何分身无术,无法亲聆各位发言人对自己观点的最终陈述,感受各组讨论中思想的交锋,甚至无法遍阅提交到大会的论文。为了贯彻绿色办会精神,大会印发的论文集收录的大多只是一两千字的文章梗概,由此自然难以作出任何中正和具有学术价值的评述,更遑论笔者才学见识的限制。所以,最终的结果只能类似一个学术游记,描述了一些可能恰好跃入笔者视线的景观,发表作为笔者的一家感言。故预先恳请读者不必过于严肃,且当游记来读,或还有一两个可观之处，也就不枉张教授与笔者的一番苦心。既为游记，自然可以随意自由些，却也不能章法全无，故拟按照历史年代与大会诸个分论题来加以编织。

一、古希腊哲学

对于西方人，希腊是精神的家园，时间的流逝只是彰显了其永恒的魅力。穿越时空，古希腊哲学同样吸引了中国的学人，算上希腊化哲学，这次会议有关希腊哲学的论文大概有 20 篇之多。柏拉图的对话仍然是一个研究重心。黄俊松在《如何进入柏拉图对话?》一文中介绍了关于柏拉图对话研究范式的争论。在近现代以来占据主导地位的一直是发展论范式，按照这一可以被追溯到施莱尔马赫的范式，柏拉图的对话一般都被分为早期、中期和晚期对话。这一解释范式力图将柏拉图的对话连接成一个逐渐发展而成的体系，在这一自足的体系中，每一较后的阶段都被视为前面阶段辩证发展的结果。作者认为这一解释范式显然植根于一种黑格尔式的普遍的历史主义意识，"是一个特殊时代（19 世纪），一个特殊民族（德国），一种特殊的知识氛围（浪漫主义）的产物"。这一范式的优势显而易见，它使得对柏拉图思想系统把握成为可能，所以，即使在黑格尔的观念论式微以后仍然保持了一定的影响力。当然，在上世纪 90 年代之后，英美学界基本上摒弃了这一范式，但至今尚未有可取代它的研究范式。其他关于柏拉图的文章基本上聚焦于对他的单篇对话的阐释，例如刘玉鹏关于柏拉图的《卡尔米德》的讨论勾联了节制的美德与自我认知，对这一困难的对话及其在柏拉图哲学中的位置做了一些富有启发性、当然也可能引起争议的解释。

关于亚里斯多德，提交的论文更多地关注他的实践哲学。刘凤娟的论文《亚里斯多德德性的普遍性再思》提出了从公正概念理解亚氏德性普遍性的第三种途径。德性理论以其与生活经验的息息相关见长，但在规范性方面则比较弱，并因此经常招致相对主义的指控。玛莎·努斯鲍姆从普遍经验的角度为亚氏的德性说提出了辩护。她认为亚氏首先分离出一个出现在任何一种人类生活中的经验境域，并由此确立一个相应的德性概念，用以描述在这种普遍经验中任何人都应当表现的品质，这样德性就有一种经验（而非概念）的普遍性与实践的规范力。与玛莎·努斯鲍姆不同，廖申白则认为普遍性在亚氏那儿应当被理解为有德性的人之间的相似性，而不是德性对于一切心灵直接具有的普遍性，这一对亚氏德性之普遍性的弱理解显然难以如玛莎·努斯鲍姆一样给予德性一种普遍有效的规范能力。刘凤娟认为这两种理解亚氏德性之普遍性的方式都有其问题，亚氏德性论中最显明地体现普遍性的概念是其公正概念。"作为总德的公正与其他德性（特别是伦理德性）一起构成了规范性（普遍性）和具体性相结合的德性体系"。公正无疑是亚氏诸德性中最具有普遍性的德性，但问题在于它如何将其"普遍性"传导给其他普遍性缺乏的德性，或者普遍性的公正如何与其他特殊性的德性结合？并且这一仅仅将普遍性落实于公正德性的解释是否意味着向规范伦理学的妥协？所以，刘凤娟的第三途径似乎也有自己的困难。

虽然西方政治思想史家也认可亚氏思想对现代民主构建的重要贡献，但通常都认为亚氏与柏拉图一样是民主政治的反对者，这一观点显然忽略了亚氏对民主政体的复杂态度。在《亚里斯多德论民主》一文中，董波发掘了亚氏的政治和伦理思想中的"民主要素"，当然亚氏的"民主"不同于自由主义的民主，而更近于参与式民主和社会民主。如何看待亚氏的政治观肯定是个有争议的问题，但文章多少提供了一个理解亚氏政治思想的新视角。

二、希腊化与中世纪哲学

与希腊古典哲学相比，国内对希腊化时期与中世纪哲学的研究一直比较弱，但近年来也有较大的进展，有关文章大约有六篇，被归入"哲学与宗教关系"专题之下。这当然不能反映有关研究的全貌，因为对中世纪思想的研究部分地被归入神学或宗教，而非哲学研究的领域。同时，这一专题的设置也富有意味，既区分了宗教与哲学，又肯定了两者的联系，或许受此导引，内中大部分文章都属于对神学主题或者某个哲学家思想中的神学要素的哲学考量，比如张荣的《奥古斯丁对古希腊自由观的终结及其效应》的主题是奥古斯丁在其神义论框架中形成的意志自由观，但是，正如其副标题"兼谈近代西方政治哲学的奠基之路"表明的，文章着眼的是这一意志自由观的哲学效应。同样，黄裕生的《"自由意志"的出场与伦理学基础的更替》也强调了奥古斯丁的自由意志说在伦理学从古典到现代形态的转换中的关键作用。奥古斯丁的自由意志概念无疑是西方实践哲学领域最重要的概念之一，在德国古典观念论中更是具有决定性的影响，但它是否可以被视为古希腊自由观的终结而不是其在神学语境中的一个变式仍然是个可争议的问题，尤其当我们将希腊化时期哲学，比如斯多亚理论及其发展的自然法学说看作希腊古典哲学的延伸的话，这也有利于我们看到现代政治哲学包括其自由权利说更为复杂的源泉。

关于希腊化哲学有章雪富的《论普罗提诺的爱欲观念》以及何宝申的《普罗提诺神秘主义的哲学批判》。章雪富的文章通过非常细致的文本分析展示了普罗提诺的爱欲观与柏拉图的爱欲观之间的根本性差别,虽然隐含了匮乏,爱欲在柏拉图那儿却仍然引导着灵魂的上升之路,与此相反,普罗提诺则强化了爱欲的匮乏,并以此解释灵魂之下坠与恶的可能性;章雪富指出,这一解释影响了奥古斯丁的自由意志说。在普罗提诺那儿,已经潜藏于古典哲学的灵魂堕落的主题不再能为盛期希腊的理智与美的光辉所遮掩,而显露了其全部的深刻的阴暗。这当然标志着一个时代的结束,同时却也是一个新的时代的开启,从哲学史的角度看,这不过是一种思想方式的转换,置身其中的人却只能祈望无限遥远的神祇来抵御爱和美的匮乏,或者如海德格尔所言:唯有一个上帝能救赎我们?

与章雪富所采纳的委婉的历史解释的方式不同,何宝申则从经典的理性或哲学的视角揭示了普罗提诺神秘主义内在的悖论,但同时允诺了一种形而上解决方式,即摒弃其蕴含的知识批判的宣称,直接说明终极实在的优先性。这一解决方式虽然直截了当,却似乎具有反讽意味,如果形而上与神秘不能将世界包容于自身,或许只能如白矮星一般在无限的萎缩中被自身的重量所粉碎。

这一专栏中的大部分文章关注的是近现代思想中的宗教主题或要素,比如田薇的《康德根本恶的观念与基督教原罪说的隐深关系》。根本恶的概念对许多康德学者来说都是个令人尴尬的概念,所以对康德主流的解释要么选择忽视要么试图将其哲学化。与此不同,田薇并不讳言其与基督教的原罪说(或者堕落神话)的关联乃至于对应,并指出正是这一对受到启蒙挑战的基督教神话叙事伦理的哲学重构,赋予包括康德在内的整个古典观念论以"形而上学的高度与厚度"。就根本恶与康德自律的自由观的关系,田薇提出了一种很值得注意的解释,即自律是从道德形而上学的角度阐释的意志或者理性行动者的理念,而根本恶与人的原初的向善性则从人类学视角描述了人的生存状况。姑且不论这两个视角的关系,问题或许是人类学化的基督教是否可能如田薇所言的那样为哲学提供一个形而上的高度与厚度。

三、近代哲学

近代哲学的文章比较少,大概有十余篇,其中研究笛卡尔的文章占了一半左右。叶斌的《"我思故我在"三段论解释的可能性》主要关涉笛卡尔研究中的一个核心问题,即对笛卡尔的"我思论证"(cogito reasoning)的结构或样态的理解,他赞同将"我思论证"看作一个经典的三段论论证,其大前提是"所有思考之物都存在",这一解释的一个依据是"所有思考之物都存在"这一命题被笛卡尔视作永恒真理的一个例子。与三段论推理解释相对的是对"我思论证"的直观解释，这一解释认为我们可以由"我思"直观到"我在"的真理性，而无需任何推理。因为在"我思论证"建构的第一真理之前不可能有任何被证实的命题可以作为推理的起点（大前提）。换而言之，"所有思考之物都存在"之有效性依赖于"我思故我在"，而不是相反。这一关于"我思论证"的争论不只是对论证的逻辑形式的不同看法，而更多地涉及对笛卡尔的永恒真理及其与我思命题关系的理解。宫睿的《洛克论名义的本质与实在本质》同样也选取了洛克的形而上学研究中一个受到广为关注的核心问题。

贾江鸿的文章《虚无，无所谓与自由：笛卡尔意志理论探析》一文就笛卡尔的"第四沉思"探讨了其自由观，这一沉思主要探讨了人类认知错误的原因。由于"第三沉思"已经证明上帝不会欺骗我们，认知错误就只能归咎于人类自身。与奥古斯丁以自由意志来解释恶的归责问题相似，笛卡尔在此也以意志自由来解释认知错误，这一解释多少越出了认识论的语境而具有存在论或形而上蕴意，也明显地体现了笛卡尔思想中的意志主义要素。但仅由此就将笛卡尔与萨特或海德格尔的存在论思想关联似乎有些困难。施璇的文章《远离古人的道路：笛卡尔的激情分类法》介绍了笛卡尔的《论灵魂的激情》。在作者看来，激情与情感在我们这个时代不是科学研究的主题，就是各种"心灵鸡汤"的运作区域。当然，道德心理学一般也会关注激情问题，但并非作为一个独立的主题。施璇的文章大概会让我们对激情问题能被笛卡尔这样的大哲学家关注的时代有所向往。

方向红的《试论莱布尼茨单子论的内在困境》主要用胡塞尔的现象学理论，批判性地阐发了莱布尼茨的单子论的发生论要素，文章并不仅仅着意提供单子论内蕴困境的可能的解决途径，而且意在揭示包括莱布尼茨在内的近代哲学对自然有机性与整体性的遮蔽。这一文章也可被归入现象学范畴。

四、德国古典哲学

德国古典哲学（或观念论）向来是国内西方哲学史研究的重镇，有关文章大致有 20 篇。其中关于康德的文章占了三分之二，远超过研究黑格尔的文章，这是否表明国内学界对康德思想的关注度已经超出了对黑格尔的关注？当然，仅从一次会议文章所做的量化估算就作出结论未免草率，但对康德思想研究力度的增强似乎是不争的事实，这或许部分地归因于已经在西方持续了半个多世纪的康德思想的复兴。吕妍凝的《阿利森为康德先验观念论的辩护》从题目就可以看到来自这一复兴的影响。与英美康德研究之偏重康德的实践哲学有所不同,提交的论文中一半以上关注的是康德的认识论与形而上学,这与国内康德研究的传统相衔接。

在康德的先验哲学中,自在之物一直是个具有标志性的概念,同时也是经常受到抵制的概念。费希特之后德国古典哲学即以克服与消解自在之物为己任,从而走向了一种绝对的观念论。在他的《康德认识论中的"外部关系论"》中,王建军基于其对康德认识论特质的界说为康德的自在之物学说作了辩护。文章通过对直观与知性范畴在知识构建中功能的细致分析,表明康德的认识论可以被界定为一种外部关系论,换而言之,无论从质料还是形式方面而言,人类知识在康德那儿都只涉及对象与主体的外部关系,而不涉及对象独立于认知主体的内部属性,后者即康德所言的自在之物。作者指出,否认自在之物的可认知性,并不表明康德因此而陷入了怀疑主义,自在之物所标明的毋宁说是人类认知的界限。为理性划界不仅是其理性批判的一个重要任务,而且也体现了康德对启蒙的理解。只有知道自身的界限,人类才能将自身从各种虚妄的迷信中真正解救出来。就此而言,真正的启蒙不是为了以人取代神,而是人对自身能力及其界限的理解。

在康德的实践哲学方面,卞绍斌的《法则与自由:康德定言命令的规范性证成》回应了对康德伦理学的一个主要诘难,即对康德的普遍性公式所表征的形式化的批评,通常我们也称其为空洞性指控。这一指控又可被区分为内容空洞性指控与动机缺失指控。卞绍斌的基本思路是以自律体现的人性价值来解释康德强调的法则之普遍性形式的意义与必要性:正是"基于自由的主体间性和持续性的需要,我们要求约束行动的法则具有普遍性",所以,普遍性法则只能在与康德的目的王国理念的关联中才能得到充分理解。就其对自由价值与目的王国的准政治性的强调而言,卞绍斌的辩护思路明显地受到当下英美康德研究的影响。在英美学界,尤其在罗尔斯之后,康德的实践哲学受到器重的一个原因是它为现代民主宪政弘扬的平等的自由权利提供了道德(形而上学)的辩护。但是,如果已经预设了平等自由的价值,康德的道德观就难以形成有效的辩护。进一步而言,假如已经假设了平等自由的绝对价值,卞绍斌对形式主义的指控的回应何以不是形而上学的? 当然,文章也注意到了这一点,并强调了实践理性或道德法则与自由的互证性。后者事实上构成了笔者的关注点,在《约束性、反思与自由》中,笔者通过对反思或者自我意识的现象学意向性分析,展示了在道德意识的构建中责任(从而也是法则)与自由的原初勾联,并回应了伯纳特·威廉姆斯对一种先验反思可能性的质疑。舒远招的《因为应该,所以能够——康德义务论实践可行性原则探讨》则从道德实践角度解释并辩护了康德的"应当蕴含能够"这一屡受责难的论题。

关于黑格尔的文章大约有四篇，其中曹瑜的《实体、实证与本体：论黑格尔对现代主体性原则的确证》探讨了一个被广为关注的问题，即黑格尔对现代主体性原则的重新解释及其意义。方红庆的《黑格尔的知识论》则从当代分析哲学的"黑格尔转向"入手，探讨了黑格尔思想对当代知识论的发展可能的贡献。

五、分析哲学

本次讨论会参会的分析哲学论文有 20 余篇，主要涉及以下几个方面：维特根斯坦研究，实用主义与分析哲学，知识论研究，心灵哲学及认知理论，基本上涵盖了最近几年来英美分析哲学界的一些主要学术取向与研究路径。

在维特根斯坦研究方面，李国山的《从哲学观看维特根斯坦思想的连续性》一文阐述了维氏前后期思想中一以贯之的"治疗型哲学"观的基本结构，即哲学家受到语言的诱惑一直在探讨无法解答的问题，因此只有分析语言才能寻求治疗"哲学病"的途径。李国山认为，维氏前期哲学是外科手术式的，即通过严密的逻辑分析消除所有哲学问题，而其后期哲学则是精神分析式的，即通过引导人们观察语言的用法而从哲学困惑中解脱出来。代海强的文章《看、面相与意义——后期维特根斯坦论视觉语言》探讨了维氏对于"看"与"看作"的语法分析，从人的视觉经验导出命题的意义问题，进而与本能、习惯和教育等更广泛的问题联系起来，从而形成"综观"，即对语言的真实使用情况的再现方式，并通过它来摆脱哲学困扰。其他发言者如张志平探讨了维氏前期《逻辑哲学论》的简单性原则，孙洁讨论了维氏的描述方法，姚东旭叙述了维氏的颜色理论和知觉意向性问题。

在论述实用主义与分析哲学关联方面，李红的《分析的实用主义研究——当代西方分析哲学研究的新视域》一文系统解读了分析的实用主义的理论主旨、推理维度、经验维度与规范维度。此文认为分析的实用主义不是在排斥语义学的意义上强调语用学，而是通过语用学来深化语义学，通过拓展分析的视域来使语义学、语用学二者并存互补。杨兴凤的文章回顾了古典实用主义的两种路向，丁晓军提出了"分析的哲学践行"的构建设想。

知识论研究持续吸引着分析哲学界的关注。刘素民从"心物无分"与"理智抽象"的关系这个独特的角度入手探讨了阿奎那的知识论。对阿奎那来说，人对绝对本身的肯定是认知活动的先验条件，同时，人的理智并非被动地接受材料,而是主动地转化外来的材料,从而使理智的先验结构包含主动理智和被动理智,两者的动态结合导致了"心物无分",使得被认知的客体具有了"物自体"的意义,至此,康德提出的悟性(知性)与理性的二律背反问题得到了解决。卢析在《卡普兰对中心性论题批评的有效性》一文中认为,卡普兰通过对中心性论题的批评,同时拒斥了方法论直觉主义和方法论反直觉主义,并指出卡普兰的批评只能否定严苛的中心性论题,但并不能对宽松的中心性论题构成挑战。潘松在《迪昂-奎因论题:表面相似下的深刻差异》一文中探讨了在认同整体论的表象之下两位哲学家之间存在的深刻差异。

作为对传统认识论的替代,心灵哲学及认知理论在分析哲学中占有重要地位。在《认知权威与时间》一文中,郑辟瑞论述了塞拉斯的相关理论。塞拉斯认为,观察报告的认知权威必须在某种意义上属于观察者个人。为解决特殊事实的观察知识预设了关于普遍事实的知识,而关于普遍事实的知识预设了在先的特殊知识,这两者造成的无穷后退问题,塞拉斯将知识的权威建立在观察者个人对特殊事实的感知和对过去事实的回忆的基础之上,从而断言事实成立和知道事实成立是同时的而非前后相继的,认知权威的无穷后退问题得到了解决。胡好的《对比解释难题威胁到行动者因果性理论吗?》一文否定了随机行为是失控的和不自由的这一观点,从动机选择、时机选择和纯粹机遇几个方面,论证行动都在行动者的掌控范围内,因此,对比解释难题并没有威胁到行动者因果性理论。此外,文学平的《如何理解信念的目标》一文介绍了威廉姆斯的信念以真理为目标的思想,刘高岑的《论西方哲学的心灵转向》介绍了心灵哲学取代语言哲学成为分析哲学主导学科的转向过程。

六、现象学和解释学专题讨论综述

在中国当代西方哲学的研究中,现象学仍然是显学,此次会议有 20 多篇相关文章(包括法国当代现象学)。胡塞尔的现象学仍然受到一定关注,李朝东的《表象与感受之奠基关系的现象学澄清》主要解释《逻辑研究》中的表象与感受理论。韩骁、卓立和单斌的文章都比较关注胡塞尔后期的发生论现象学。卓立在《明见性与历史性:胡塞尔的信念理论》一文中指出:后期胡塞尔通过向生活世界的前谓词的明见性的回溯,成功地建立起观念明见性与生活经验的通道,但是他后期强调的生活世界的生成性和历史性,可能与他前期坚持的信念的普遍性相抵牾。郑天喆的文章梳理了法国哲学家卡瓦耶斯对胡塞尔现象学的反思和批判,在卡瓦耶斯看来,如果意识是绝对的,那么意识自身的个体性和独特性使得逻辑的必然性无法得到解释;如果逻辑是绝对的,那么这种逻辑不可能建立在意识的基础上。这一对胡塞尔通过意识的意向性分析阐释逻辑与认识论基础的尝试性批判当然未必公允,但却值得深思,因为或许并非偶然,胡塞尔之后的现象学家很少享有胡塞尔的认识论旨趣。

海德格尔的研究相对较为深入,比较值得注意的是这一研究与对中国自身传统的反思的相互融合,陈治国的《"出生"还是"入死":早期儒学与海德格尔现象学走向本真存在的两种道路》代表了这方面的思考。同时,海德格尔提倡的现象学的解释学导向也在国内被普遍接受,解释学被视为现象学运动的一个有机的组成部分,这一点充分体现于会议论题的设置,现象学与解释学被纳入一个论题中。从提交的文章看,有关解释学的研究主要集中于伽达默尔以及保罗·利科的研究。

上世纪 60 年代后逐渐在法国形成的具有超验或神学色彩的新现象学也比较受到瞩目。这一新现象学大致包括列维纳斯的他者现象学,德里达的解构现象学,亨利的身体现象学和马里翁的充溢现象学。这些法国的第二代现象学家们放弃了构成现象学核心的意向性概念与明见性要求,将不可见者、充溢(启示)现象等视为最原初的现象。虽然后期海德格尔关于存在之召唤的现象学已经在某种意义上预示了这一发展路径,但这一新的路径究竟应当被视为现象学的开拓,还是对现象学的偏离,在法国也是一个受到争议的问题。在《充溢现象与主体换位:论马里翁的新现象学》中,欧阳谦试图通过对马里翁的充溢现象及其蕴含的主体换位的思考来解说当代法国现象学的理论品格。对本质上不可见的、缺乏明见性的充溢现象的强调将意识(经验)主体完全置于接受者的位置,由于原初现象的非"透明性",无限的解释在某种意义上取代了胡塞尔倡导的意向分析。这或许意味着现象学的解释学转向的最终完成:所谓现象学不过是解释学,而解释学在西方首先发端于解经学。虽然倾向于将其视为现象学的一种形态,欧阳谦仍然提出了值得思考的问题:马里翁的被给予性现象学是否存在着一种矫枉过正的嫌疑? 他对充溢现象的论述是否存在含糊不清的情形?

除了现象学方面的发展,法国哲学研究的另一重要主题是继续福柯的权利分析对当代资本主义社会及其权力运行机制所做的一些独特的分析,这些分析构成了当代西方政治哲学的一个重要部分。这方面的研究文章有莫伟民的《奈格里的生命政治生产及其与福柯思想的歧异》,李恩来的《鲍德里亚对消费社会运行逻辑的再构》等。

大会还包括了一场欧陆与分析哲学之分殊和对话专题,诚如江怡在他的主题报告《再论分析哲学与欧陆哲学的分野》中指出,两大哲学阵营的分野是一个历史事实,在西方甚至有以冷战来做比拟的,但另一方面,对话的努力也始终未曾间断,并且也似乎在冷战之后有所加强。江怡认为倘若能够找到两个传统哲学家共同关心的问题,或许可以增加对话的可能性,当然结果仍然难以预期。其实我们或许不必过于担心西方哲学中的分歧和对峙,西方传统两千多年来一直在张力中存在与繁荣,分久必合,合久必分。倒是中国西学研究者不应立场过于分明,英美与欧陆思想传统各有所长也各有所短,偏废一者,就难以真正把握西方哲思之精髓。这或许是此一专题设置的意义所在。

七、其他专题

大会还设置了道德哲学与社会哲学的专题讨论,被归入这一专题的论文约有18篇,其中三分之一左右主要在近现代欧陆哲学的语境中探讨伦理社会问题,数量相近的文章则是对英美伦理政治思想的研究,其中一半以上是关于罗尔斯政治伦理思想的研究。其他则包括对中国当代社会状况的伦理反思与一些应用伦理学方面的研究。

除此之外,还有中西哲学的比较与会通专题。这一专题的名称事实上很耐人寻味,因为当下跨越中西文化研究的着落点已经不再是相对外在的比较,而是内在的会通以及基于中西会通的哲学建构,这一会通和建构或许指示了未来中国哲学发展的一个重要方向。在这方面,台湾大儒牟宗三先生确实开风气之先。张任之的《羞感伦理何以是自律的?》基本上沿循了牟氏的研究路径。在该文中,他质疑了本尼迪克特(Ruth Benedict)对罪感文化与羞(耻)感文化的区分与界说。本尼迪克特认为罪感文化是基督教以来西方文化的基本特征,内在化的罪感构成了伦理行动的基础;与此不同,在羞感文化中,人们主要依靠外部的强制力来做善行,所以,一种羞感的伦理学只能是他律的伦理学。东亚文化被认为属于羞感文化。张任之通过对羞感现象的仔细分析显明一种内在化的羞感,从而也是一种自律的羞感伦理学的可能性。他认为当代新儒家就发展出了一种自律的羞感伦理学,这一伦理学所基于的"能羞之在"克服了康德伦理学无个性的理性主体的问题。

在《现代个体权利与儒家传统中的"个体"》中,孙向晨提出了一个很有前瞻性的观点:如果个体权利观念能够真正建立起来,那么儒家心性之学传统中的个体自律的思想可能成为抵御西方个体主义消极面的利器。作者认为权利观念始终没有在现代中国真正建立起来,儒家"个体自律的思想反复使知识分子从重视个体权利滑向整体主义"。不清楚的是,如果成也萧何(儒家),败也萧何

(儒家),那么什么是个体权利在中国得以建立的文化条件和基础？归入这一专题的其他十余篇文章也从不同的角度探讨了中西会通的可能性。

在大会开幕式上,江怡表示,希望通过此次会议引发出未来哲学研究的重要议题和研究方向,为学界同仁提供有益思路,促进研究朝向更广、更深的层次发展。这或许也是张庆熊教授委托笔者撰写一个关于大会的学术评述的深意所在,可惜笔者才疏识浅,难以完成嘱托,只能算作一个抛砖引玉的尝试。

作者简介：孙小玲,哲学博士,复旦大学哲学学院教授,研究方向为现象学和伦理政治哲学。

雷德克里夫穹顶下的牛津哲学

刘科

　　2017年10月，我在校园图书系统里预约了来到牛津以后的第一本书，这本书只能在波德利(Bodleian)图书馆里阅读。波德利图书馆曾被钱钟书先生译为"饱蠹楼"，但它事实上却是牛津大学公共图书馆系统的总称，当然最著名的圆形地标——雷德克里夫馆，是波德利图书馆群中最引人注目的建筑，也是曾让我歆羡不已的读书所在。刷卡进入雷德克里夫馆，四面及顶的雕花隔柜，仿佛容得天下之书。巨大的圆形巴洛克穹顶下宽敞的大厅，呈辐射状遍布硕大的桌椅，每张桌上一眼望去的黄铜色台灯如队列般矗立。大厅中央呈环形，摆放着一些精美的半人高深棕色木柜，间或有读者在这些木柜中查找着事先在网上约好的图书。每本书的扉页下都夹着一张名签，上面标记着读者姓氏的首字母和校园卡的末尾四个数字，我按照书柜的字母顺序很方便地找到了我的那本。从这本书的借阅开始，一个古雅且安静的学术殿堂便向我展现开来。

　　每天都有来自伦敦的观光客带着光怪陆离、香艳炫目的都市繁华，在雷德克里夫馆前拍下自己肃穆的身形。他们能领略到的是这个古老图书馆一重重触及人灵魂的色彩，但也许看不到那些现实中伏身于波德利图书馆橡木长案的学生们，要么沉浸于阅读中不时以铅笔做着标记，要么耽于饱满的思路瞬息不停地敲打着键盘。不得不承认，延续了几个世纪的图书馆建筑让牛津成为一个承载着思想和想象的美丽城市，这些建筑内部曾标注着的那些伟大名字，弗朗西斯·培根、亚当·斯密、托马斯·霍布斯、罗伯特·波义耳、约翰·洛克、约翰·密尔，不断塑造着牛津的卓越不凡。而如今，我能够看到的是，这所大学的活力和精神每时每刻都以这样一种常规的方式进行着，阅读、讲座和交谈。我们不难想像牛津哲学系是怎样在这个伟大精神的凝聚之地运作着，正像我身在其中的雷德克里夫馆一样,它一方面顶着几世纪以来的盛名,一方面又一切如常地消化着庞大的信息和令人振奋的思想碰撞,这一切都把牛津既传统古老又灵活务实的面貌呈现在我们面前。

牛津的哲学系位于老城偏北 Woodstock 路上一个现代风格的院落之中。偏偏这里又被称作雷德克里夫人文中心,这一命名倒像是那古老地标的现代延续。牛津大学如今仍是两种建制,一是传统大学的学院制,一是现代大学的系科制。哲学系恰恰体现了这两种建制融于一身的特点。牛津大学成立于 12 世纪或者更早,牛津大学历史上那些著名的哲学家往往来自不同的学院,正如今天的哲学系,虽然云集了 50 余位全职的终身成员(permanent member),但他们每一位都隶属于不同的学院。这些教授、副教授、讲师们在哲学系的名义下共同合作,并且持续地展开教学和科研活动。这样的组合使得牛津大学哲学系更像一个现代科系制意义下的行政单位,它作为各项研究中心、国家基金和欧盟项目的支撑平台,承担着组织常规教学和学术讲座的任务,甚至还负责各项社会活动的安排和推广。

我试图从记忆中的教研室格局或者专业方向划分来认识哲学系的学科构成生态,不料翻查资料却发现,实际情况与我的经验有着很大的不同。尽管哲学系的教授有着各自不同的研究领域,但并没有严格意义上教研室这种学术单位,哪怕是明晰的学科方向都很难确定。以我曾经访学的德国美因茨大学哲学系做对比,该哲学系下设五个专业方向,每个方向都是以一位教授的学术专长而立,德国大学通常没有副教授职称,只有教授助理,所以每个研究方向都呈现这样的结构,即以一个教授为核心,一批教授助理形成团队来辅助该教授的日常教学、科研,甚至是行政工作。

而牛津哲学系的教授,也许是因为他们分属于各个学院,表现出来的结构格外松散,讲师、副教授、教授各自为政,分别有着自己独立的研究方向,大多时候是以研究中心或中心下设的某个共同课题聚集在一起的。但无论组成形式如何,在我看来,哲学系的特色大概有两点,其一是颇深的古典底蕴,其二是鲜明的分析哲学的风格。

一

宗教哲学、古典形而上学始终是牛津哲学系足以自豪的地方。哲学系的著名教授大多在古典学上浸淫多年,他们丰厚的古典文学学养和修辞学功底形成了牛津哲学的底蕴。牛津大学一度推行以修辞学为主、以学习古典名著为基础的人文教育。后来牛津诞生了高级人文学科,又被称为大课程(Greats)。牛津最著名的系科是高级人文学科,学这个课程的学生要读四个学期,而不是通常的三个学期,但它却吸引着大学里最聪明的本科生。

此外,哲学系的另一个传统强项是对维特根斯坦的研究。我在哲学系访学期间遇到的大多数教授都有深厚的维特根斯坦哲学的研读背景,尤其是在心灵哲学、认知科学哲学、逻辑学,甚至是伦理学和美学方向上,基于语言分析式的论证思路和视角都使其在当代英美哲学的讨论中睥睨群儒。其实在现代哲学史上,牛津曾落后于剑桥,尤其是当维特根斯坦等人在剑桥研究语言哲学时,牛津的日常语言学派还不知所踪。但如今不少牛津的哲学教授们都以维特根斯坦研究作为兴趣,也跟半个世纪以来牛津广开国际交流之门,奋起直追的态度密不可分。

在宗教哲学研究领域,牛津哲学系是托马斯·阿奎纳宗教哲学思想研究的权威,其中最具影响力的是安东尼·肯尼爵士(Sir Anthony John Patrick Kenny)。他于 1931 年出生于英国利物浦,曾获得神学学位,1957 年转向攻读哲学,曾先后任牛津大学研究员、副教授、教授、牛津大学图书馆馆长、大英图书馆馆长、牛津大学副校长、英国学术院主席等职。他是当代著名的英国古典哲学家。他的专长在于古代哲学、宗教哲学,同时又擅长维特根斯坦哲学,是维特根斯坦文学遗产执行人之一。他对当代分析哲学的托马斯主义的形成做出了重大贡献,这一流派的目的是将托马斯·阿奎那的思想以现代哲学的方式表达出来,从而呈现托马斯主义的传统。肯尼教授的著述大量讨论托马斯·阿奎那和现代托马斯主义的主题。肯尼指出托马斯对上帝存在的五种证明所陈述的证据都无法完全成立,并且他进一步提出了五种方法的缺陷。他的学术贡献正是建立在对托马斯五种证明的批评基础上,但他重新建立了对托马斯进行现代哲学诠释的系列方法,甚至指出了其中的很多重要问题。他的《牛津西方哲学史》一书饱受赞誉。《泰晤士高等教育副刊》认为,《牛津西方哲学史》的"专业性值得大书特书",《伦敦书评》也认为此书"和蔼可亲、平易近人"。该书在 2013 年也有了中译本。

在逻辑学领域,哲学系有著名的蒂莫西·威廉姆森(Timothy Williamson)教授,他在 2000 年成为牛津大学的怀克海姆教授(Wykeham Professor),是贝利奥尔学院的荣誉会员。他曾是爱丁堡大学的逻辑学和形而上学教授,还担任过麻省理工学院和普林斯顿大学的客座教授,在 2013—2015 年期任耶鲁大学的客座教授。他的古希腊哲学的理论深厚,这使他不仅是英国逻辑讨论会的精神协会副主席,而且也是亚里士多德学会的主席。威廉姆森对语言、逻辑、形而上学和认识论的分析哲学做出了贡献。

威廉·切尔德(William Child)教授是来自大学学院(University College)的心灵哲学教授。他的研究侧重于两个方面：一个是心智哲学，他主要研究自我认知、记忆、感知、心理、因果关系，以及精神与物理现象之间的关系；另一个是 20 世纪奥地利哲学家维特根斯坦的哲学。对维特根斯坦的研究可以说是他的主要兴趣，目前正在研究的是维特根斯坦著作中有重要贡献的两个主题：意义与使用的关系，以及自我认知的本质。他的代表作是 2011 年出版的劳特里奇丛书《维特根斯坦》，以及 1994 年牛津大学出版社的《因果关系、解释与心智》。

哲学系的教授们往往在维特根斯坦的研究过程中注入自己的兴趣和偏好，从而拓宽了对其他领域的探索。比如在美学研究中，约翰·海曼教授(John Hyman)同样以偏重维特根斯坦研究而著称。他是皇后学院的美学教授，他曾在耶路撒冷希伯来大学担任研究员，2011 年还担任过北京大学的客座教授，2014—2015 年担任巴黎-索邦大学访问教授。2017—2018 年在特拉维夫萨克勒高级研究学院担任萨克勒(Sackler)学者。他从 2008 年开始编辑《英国美学杂志》。尽管作为美学教授，他目前还在西班牙的卡洛斯三世大学经营着自己的艺术设计研究所，但是他对艺术和审美的思考源于他对维特根斯坦的形而上学和认识论的研究。他的主要研究兴趣是思想和行动哲学、艺术哲学和维特根斯坦哲学。在 2015 年出版的专著《行动、知识和意志》中，他认为人类的行为有四个不可简化的维度——身体、心理、智力和道德——这些维度被合并或混淆在传统的"意志"概念中，这些具有维特根斯坦风格的讨论成为他艺术哲学的基础。他的艺术哲学甚至偏重于讨论认知、意识对视觉艺术的影响。他的著作《客观的眼睛》是关于色彩和形状的本质的，它们在绘画艺术中的表现，以及艺术理论中的现实主义概念。在这部著作中，他通过光学以及视觉发展历史的哲学研究来考察它们对西方艺术的开创性影响，这一点从艺术史的角度来看是全新且极具深度的，并且在艺术实践上，他的研究恰恰从当代对艺术作品的评价和判断的争论中，阐发了一套理解艺术的实在性的思路。

在哲学系中，还有一些教授往往在多个方向上都具有广泛的论著。比如在古典哲学研究上最为著名且活跃的大卫·维金斯(David Wiggins)。他在语言哲学、认识论、美学和政治哲学等领域都有广泛的著述。维金斯因其在形而上学领域的研究颇为著名，从根本上发展了亚里士多德的实体概念，他的思路很大程度上受到刚刚去世的哲学家普特南的影响和启发，他既是目前古典哲学研究方面的权威，同样在伦理学上有着巨大的影响力。他在 1980 年出版的著作

《同一性与实质》已经奠定了他在道德哲学领域的地位,因为他对人格同一性问题的讨论,关于身份认同的阐述,以及为"道德客观主义"所做的辩护,都成为当前伦理学讨论的基本理论前提。尽管大卫·维金斯并非专注于伦理学研究,但他在道德哲学方面的基础性论证,奠定了当代英美伦理学研究的总基调。

　　而与此同时,在政治哲学和法哲学研究上风云一时的约瑟夫·拉兹教授,凭借他的完善论的自由主义,深化了牛津伦理学研究的开创性地位。约瑟夫·拉兹同样是一位颇具影响力的教授,他是当代著名的法律、道德和政治哲学家,也是法律实证主义最著名的提倡者之一,以其完美主义自由主义的概念而闻名。拉兹虽然在哥伦比亚大学法学院和伦敦国王学院任兼职教授,但是他的大部分学术生涯在牛津,他属于贝利奥尔学院,也始终是牛津哲学系的法哲学教授。目前,拉兹教授已经退休,他的名字荣列在哲学系的名誉教授的目录中。或许正是他基于自由主义的完善论式的解释改良了传统自由主义理论的弊病,而他分析式的论证使辩护得以深入,今天中国学者对他思想的研究也持续了近30年。拉兹的继任者蒂莫西·恩迪科特(Timothy Endicott)教授是著名的法律学者和哲学家,专攻宪法、语言和法律。他既是哲学系的法律哲学方面的专家,也是贝利奥尔学院的法学教授。从2007年10月至2015年9月,他担任牛津大学法学院首任院长两届。尽管他的主要研究在于财产法和行政法方面,但是他在哲学系仍以法哲学课程的讲授为主。

　　也许是我个人的研究兴趣在道德哲学和政治哲学的缘故,主观上更认为伦理学是牛津哲学系非常侧重的一个研究方向。哲学系目前只有两个研究中心,一个称作未来人类研究中心,另一个则是乌西罗实践伦理学研究中心,而实践伦理学研究中心还有一个作为哲学系五大著名讲座之一的乌西罗讲座。并且在这个研究方向上竟然有两位怀特道德哲学教授——詹姆斯·格里芬教授和杰夫·麦克马汉教授。而我们知道的当代著名哲学家简·奥斯丁和伯纳德·威廉斯都曾是牛津的怀特道德哲学教授。

　　格里芬教授从1960—1966年在牛津的基督教堂任教后,于1966年被任命为基布尔学院的研究员,1996年被任命为牛津大学的怀特道德哲学教授,他也是牛津大学基督圣体学院的名誉会员,2000年格里芬成为罗格斯大学的杰出客座教授。他的著作有《论人权》与《哲学对伦理学的贡献》,前者已有中译本,并在中文学界广受瞩目。格里芬教授几年前刚刚退休,他的学生罗杰·克里斯普(Roger Crisp)教授目前担任乌西罗实践伦理学中心管理委员会的主席。克里斯普教授的研究领域主要在伦理学、政治哲学和古代哲学。他的研究集中在两方面,一是亚里士多德的古希腊哲学,一是亨利·西奇威克的功利主义的道德哲学。克里斯普教授目前正在编辑有关道德哲学史的牛津手册,他的主要工作包括翻译亚里士多德的《尼各马可伦理学》,撰写了《密尔论功利主义的劳特利奇指南》。克里斯普教授最重要的观点体现在他的专著《理由与善》中,他在其中提出了一些新颖的方法来解决最古老的伦理问题。他在这本书中认为,规范性伦理的根本问题是,我们行动背后的终极原因是什么。克里斯普认为,对这些原因的最好阐述不是道德概念,而到目前为止,被普遍接受的是理由和善。

伦理学研究方向的另一位教授是杰夫·麦克马汉(Jeff McMahan),1954年 8 月 30 日出生,是牛津大学的怀特道德哲学教授,曾在罗格斯大学和伊利诺伊大学香槟分校任教。他先在德里克·帕非特(Derek Parfit)门下学习,后来又在剑桥大学师从伯纳德·威廉姆斯。他写了大量关于规范伦理学的文章,而他目前的研究主要集中在应用伦理学问题的讨论上。其著作《杀戮的伦理:在生命边缘的问题》和《战争中的杀戮》,反对传统的正义战争理论;还有与人合编的《民族主义的道德》和《道德和人性》。另外,他还撰文讨论工厂化养殖,并认为这是一个主要的伦理问题,他首次提出野生动物痛苦的伦理争论,成为该理论分析的主要贡献者。他主张通过现代工业农业来制止给动物带来的痛苦,并提出了一种干预自然的理由来减轻野生动物的痛苦。

乌西罗实践伦理中心的另一位教授是托尼·霍普教授,他的研究偏重于实证数据和伦理分析的结合,用以解释病人护理及医疗服务费用的现实问题。他把自己的研究工作主要放在精神健康伦理学领域,目前他还负责讲授牛津大学临床医学伦理学和相关医学法律课程。

相比于孤立且传统的学院制,系科制的整合使哲学系的研究涵盖了更广阔的跨学科主题,比如哲学与理论物理学、神经科学、信息技术、基因技术以及最新的宗教与社会问题相结合的研究。牛津哲学系往往很自豪地认为,他们的这些研究在全球处于领先地位,而且它的权威还吸引着世界各地一流的研究者,它更容易成为一个最优秀、最新锐思想的发布平台。

二

牛津大学的声望吸引着世界各地的哲学家们来这里访问、演讲或者展开学术讨论。在那些停留的日子里,他们深厚的学识成为牛津那些著名讲座所拥有的得天独厚的精神资源。

从最早成立于 13 世纪的莫顿学院开始,牛津的名气逐年递升,它以开放的名声和活跃的论坛很快吸引了当时欧洲的学生和学者们。伊拉斯谟在 1499 年从鹿特丹来到牛津，在这里待了三个月，参加了令他终身难忘的讨论会和学院节日。即使他后来定居在剑桥，但牛津似乎在他的回忆中更受青睐。

我最喜欢的美国作家华盛顿·欧文，曾以一部《英伦见闻录》获得了国际声誉，从而在 1831 年获得牛津大学名誉博士的头衔。一年后问世的《阿尔罕伯拉》续写了伊斯兰摩尔人在古西班牙的辉煌及没落。欧文以历史、传奇与游记奇妙融合的文体，向牛津展现了一种新大陆文人的独特气质。此后的 19 世纪，很多著名的美国作家和学者在他们的欧洲之行中无一不造访牛津，牛津的影响力更加从欧洲扩展到全球。

在网上点开牛津哲学系的主页，你还能看到它在自豪地宣称，历史上几乎每一位著名哲学家都曾在牛津造访和停留。我想这并不夸张，同时也深感作为牛津的学生的确幸运，哲学系为它的学生们开设了那些著名的系列讲座和讨论，无数享誉国际的哲学家出入其中，让学生们更有机会展开溯古及今的哲学问道。

牛津的教学主要由讲座、课程、课程辅导和导师研究辅导四种类型组成。哲学系的教学虽然以我们今天常见的方式展开，但其中尤以系列讲座声名远播。在牛津历史上，比较著名的几个专设讲座一直在哲学系的主持下运行，这其中就包括了著名的约翰·洛克讲座、以赛亚·柏林讲座、实践伦理学中心的乌西罗讲座、勒贝尔讲座、内莉·华莱士讲座、温彻斯特讲座等。

1. 约翰·洛克讲座

约翰·洛克讲座是哲学界最声名显赫的系列讲座，主要以道德哲学和政治哲学的主题而著称。历数讲座学者名单，你几乎可以看到上半个世纪最伟大的哲学家都曾是洛克讲座的演讲人。这一讲座始于 1950 年，得益于亨利·王尔德遗产的资助，之后一直得到牛津大学出版社和万灵学院的支持。这个讲座通常在每年的 Trinity 学期，相当于第三学期举行（牛津大学有三个学期，分别是 Michaelmas、Hilary、Trinity，时间依序是每年的 10 月初至 12 月初，1 月中旬至 3 月中旬，4 月中下旬至 6 月中下旬）。当然这个时间并不是统一且固定的，英国大学高度自治，每个大学的学期制度不同；而且大学开学和结束时间会根据复活节的日子来定，而复活节的时间是不固定的，这让每年的学期和假期都有所变化）。洛克讲座每年主要邀请世界著名的道德哲学家和伦理学家在牛津大学做专题系列讲座，课程大约都在第三个学期的 5 月和 6 月间，持续四至六讲。

约翰·洛克讲座 2011 年邀请的是约翰·库伯（John Cooper），2009 年是托马斯·斯坎伦（Thomas Scanlon），2002 年是克里斯蒂娜·考斯戛德（Christine

Korsgaard)，1996—1997 年是罗伯特·诺奇克（Robert Nozick)，1990—1991 年是约翰·麦克道威尔（John McDowell)，1989—1990 年是托马斯·内格尔（Thomas Nagel)，而 1975—1976 年则邀请了希拉里·普特南（Hilary W. Putnam)。

2014 年洛克讲座邀请了美国哲学家玛莎·努斯鲍姆（Martha Nussbaum)，她在牛津做了题为"愤怒与宽恕"的讲座。努斯鲍姆是芝加哥大学法学与哲学教授，可以说是当今世界最活跃的著名哲学家，努斯鲍姆以她极具个性的思想和阐释力把自己活成了一个传奇。

她在讲座中提到宽恕时讲述道，古罗马哲人塞涅卡如何在每天睡觉前反省自己的不当行为，然后对自己说："这次我宽恕你。"她认为，悲悯和宽恕是一种重要的道德能力，尤其是在直面脆弱性和控制自己情感的过程中，我们需要具备那种饱含深情的态度。

她因为广泛的涉猎而获奖无数，在牛津大学的洛克讲座之后，她获得了2016 年的京都奖，这是诺贝尔奖没有覆盖的领域中声誉最隆的学术奖项。她获得京都奖的原因正在于她阐释了一种基于能力的新正义理论，这种能力理论被学界看作是继罗尔斯的正义理论之后最具突破性的思想。努斯鲍姆的理论事实上广泛取材于她的古典学背景，尤其是亚里士多德的伦理学和古希腊悲剧的研读训练。她自己承认，她在牛津的老师伯纳德·威廉斯在这方面深刻地影响了她，同时她也把最具个人魅力的思考贡献给了牛津。

牛津的学术往往有这样一种特点，正如伯纳德·威廉斯后来到达剑桥，甚至远渡美国任职，很多在牛津度过学术生涯的著名学者都在牛津完成基础训练和研究，却将他们最具成就的思想在其他地方开枝散叶。反过来，牛津哲学系倒也雍容泰然地看待这一切，那些新潮或热门的理论往往能够在此地被冷静地评价和分析，甚至有些时候他们至今还固守这一执念，没有得到传统的认可，什么都将一无所成。

2. 以赛亚·柏林讲座

正像以赛亚·柏林本人的学术气质，这个讲座继承了他的风格，并把这种推动古老牛津成为现代大学的科学与人文精神融合得极为彻底。柏林当年从俄罗斯来到英国，在他见证了 1917 年的彼得格勒革命之后，他的整个学术生涯都在牛津。柏林总是称自己是俄罗斯的犹太人，但实际上英国的学术生活已经使他成为英国社会的核心成员。1932 年他成为第一个入选牛津万灵学院奖学金的犹太人，之后，柏林成为奇切尔政治哲学和社会学教授。奇切尔教授

(Chichele Professor)是牛津大学资深法学教授的荣誉称号,它是以坎特伯雷大主教和牛津大学万灵学院的创始人亨利·奇切尔(Henry Chichele)的名字命名的。1965 年柏林在作为奇切尔教授期间,被邀请成为埃弗里学院第一任院长,后来又担任了沃尔森学院院长,并且一直持续到 1975 年。

柏林凭借着他在美国和英国社会的独特地位,从两个著名的慈善机构——福特基金会和沃尔森基金会获得大笔资金。柏林是个头脑灵活的人,他很擅长筹集资金,并且他颇有办法把自己的理念施诸大学的运营之中。在柏林的设想中,大学应该是现代的、开放的、民主且包容着多元文化的。它应该囊括多学科,充分国际化,去除不必要的等级制度或陈腐的仪式。我们看到,这其实都是柏林自己的特点,他以自己的形象创造了大学,甚至可以说牛津大学的现代形象是在他的指导下诞生的。作为一名学者,既能以学术新论显于学界,又能让这番情怀兼达天下,似乎没有什么能比这更令人满足的!

柏林讲座通常在每年的 Michaelmas 学期进行,2016 年的柏林讲座邀请的是斯坦福大学的迈克尔·弗里德曼(Michael Friedman)教授,这次讲座在牛津最古老的莫顿学院的艾略特讲座大厅举行。

讲座的主题是"从康德到库恩的科学哲学",弗里德曼教授表明一个观点,哲学在试图适应当代科学的发展过程中推动着科学哲学的演进。这一演进路径被弗里德曼归纳如下:它以康德的"科学"哲学的概念为起点,经历了谢林与黑格尔在《自然哲学》中对康德的修正,以及新康德主义对赫尔曼·冯·赫姆霍兹关于自然哲学的反驳,乃至于今天科学史和科学哲学的形成和演进,最终发展为一种"恩斯特·卡西尔和托马斯·库恩的新康德主义"的科学史和科学哲学。

弗里德曼教授在梳理这一演进的研究中,最终发展出一套后库恩式的科学史和科学哲学路径。他希望产生一个一般化的且具历史维度的版本,既保留康德对科学与哲学之关系概念的最初解释,也尽量以公正、客观的态度看待两者之间的根本变化。他的创新在于重新呈现了一个跨越历史的概念,既贯穿历史,又并非与历史无关,它是科学理性的传统在当代的再现。

柏林讲座从 2004 年成立,2016 年弗里德曼教授主讲了科学哲学的演进,2017 年讲座没有举办,2018 年尚在我们期待之中,如此时间已经过去将近 14 年了。这 14 年似乎见证着柏林的判断,自然科学和技术的发展事实上塑造了整个 20 世纪的人类历史,它讲述了"我们这个时代最伟大的成功故事"。弗里德曼的讲座恰恰帮助人们回顾了探讨科学发展的脉络,以及从本体论和认知论视角出发所观察到的人之本性与科学的共鸣。这一系列讲座本身持续着的民主精神及其国际性和跨学科的特色,恰恰印证了柏林遗产的不朽。

3. 乌西罗讲座

乌西罗讲座是以乌西罗实践伦理学中心的名字命名的,这个实践伦理学中心是在 2003 年得到了日本的乌西罗伦理与教育基金会支持而成立的,它同时也得到牛津大学出版社的支持。

这个研究中心是牛津哲学系的一个重要组成部分,可以说集中了分析哲学领域中最优秀的学者来组成挑战和解决时代问题的团队。乌西罗讲座以重要的应用伦理问题为主题,每位学者分析问题的路径和方法几乎都代表了当今世界最高的学术水准。相对来说,这个中心的系列讲座也显得尤为活跃,它不限于教授和研究生们的学术探讨,更致力于把哲学的思考方式在大众中普及。如果说乌西罗研究中心在牛津哲学系占有的地位颇有些独特,那么我更愿意相信的原因是,似乎人们把它视为古希腊精神在今天的延续,即哲学不仅仅产生知识,而且应该使人们的生活在现世中更美好。

这个系列讲座在 2014 年曾邀请了著名道德哲学家考丝戛德(Christine M. Korsgaard),2011 年邀请了菲利普·佩蒂特(Philip Pettit)教授,2007 年邀请了声名显赫的应用伦理学家彼得·辛格(Peter Singer)教授,这几位都是国内学者非常熟悉的当代著名哲学家,他们不仅是乌西罗的讲座者,也都是实践伦理中心的荣誉研究员。而 2017 年 11 月上旬刚刚结束的正是罗格斯大学哲学系的拉里·特金(Larry Temkin)教授的讲座。

特金是牛津的校友,他在 1978 年曾于牛津大学攻读研究生,后成为普林斯顿大学的博士。他在 1993 年讨论不平等的论著被评论家誉为"20 世纪以来分析的政治哲学中最具贡献的七个成就之一"。他于 2012 年在牛津大学出版社出版的《重新思考善:道德理想与实践推理的本质》得到了很高的评价,被认为是最惊人的原创哲学作品。特金曾收到过哈佛大学伦理中心的邀请,而牛津大学的万灵学院也邀请他作为荣誉研究员。

针对彼得·辛格池塘案例的反思,他讲座的主题是"对有需求者的义务:有效的利他主义、多元主义和辛格的池塘案例"。这次讲座主要从一个古老的问题而展开:世界上存在着巨大的不平等,那些很富裕的人应该为那些处境不好的人做些什么呢?特金教授讲座的目的就是通过重新论证我们义务的性质和基础,在辛格池塘案例的基础上提出更有效的解决办法。他在讲座中讨论的是,如果有帮助他人的义务的话,那么对于有需要帮助的人,以及助人过程中可能会出现的困境,如何更好地解释这种义务,从而在现实运用中摆脱这些困境。

11 月 6、8、10 日是特金教授的三次讲座,提前一周就已经没有可以预定的位子,我只能被列在排队名单中默默等候邮件回复。终于在最后等到了空缺,有幸亲临这场讲座之后,我对哲学系的讨论有了一些更深的印象:它能够鼓励和支持一场场真正的探讨,不是个人哗众取宠的辩论,而是最终能达成共识的理性反思。特金教授在讲座结束之后还参加了一场在雷德克里夫人文中心的内部讨论。特金对辛格的批判和改进的确耐人寻味,但同时也引发了不少质疑和思考。但我发现,尽管所有研究者都致力于以实质的结论作为对话和参与讨论的基础,但是没有谁会特别地推进哪一种流派的哲学或思想立场,反而是以理解包容的严肃态度来审视方法和视角。在我看来,这尤为难能可贵,也恰恰是具有国际格局的研究中心才能够真正落实这种人文特质。与其说这是牛津哲学系的一种治学风格,不如说是真正知识分子的整体自觉,他们呈现出一个苏格拉底式的愿景——弃绝传教士式的宣导,而始终致力于批判和反思。

4. 加雷思·埃文斯纪念演讲

这个讲座是为了纪念大学学院的哲学导师加雷思·埃文斯(Gareth Evans)而设立的。埃文斯被公认为是他这一代人中最为出众的哲学家,却于 1980 年去世,年仅 34 岁。哲学系教员们为了纪念他,设立了这个一年一度的讲座。这个讲座在 2010 年邀请罗纳德·德沃金教授。2007 年邀请匹兹堡大学的约翰·麦克道威尔教授,2004 年邀请哈佛大学的托马斯·斯坎伦教授。虽然我不知道这个讲座是否一定要坚持某种特色,但是能够看到这个讲座名单上所邀请的教授都是道德哲学和法哲学界可执牛耳的人物。

5. 勒贝尔讲座

牛津大学的这一讲座和研究项目是 2013 年在华盛顿大学精神病学和行为科学名誉教授 J. Pierre Loebel 和 Felice Loebel 的支持下成立的。牛津大学的勒贝尔讲座以及和它相关的研究项目提供了一个研究生物、心理或社会因素导致精神疾病的哲学平台。这个讲座主要回顾那些导致精神疾病的生物学、心理学和社会因素之间的内在关联,并从哲学角度分析这些概念之间的关系。这个讲座成立四年多以来,产生了许多优秀的研究成果和疾病临床分析的思路,它们的目标旨在为精神病学实践奠定一个统一的理论基础。

6. 内莉·华莱士讲座

一年一度的内莉·华莱士讲座主要是分享教员之间的哲学见解,开展研讨会的主题在人文科学领域（主要在古代哲学、古代历史、希腊和罗马语言文学部分）。

7. 温彻斯特讲座

温彻斯特讲座于 1995 年建立，目的是邀请到国际关系、历史、医学、哲学、宗教、神学或法律等多领域的演讲者。这些演讲也是因温彻斯特（1906—1995年）的慷慨捐赠而得名的。

三

在牛津，哲学系的存在对于以学院为归属的牛津学生来说，也像是一个巨大的公共资源，将它视作牛津的思想和灵魂并不为过。哲学系对学生的教育，以及对社会公众的影响是同时发生的。一是哲学系在大学内部为来自不同学院的学生提供了最高纯度的思想训练和交流平台。哲学系多年以来始终坚持着最具牛津特色的导师辅导课，它非常适合于哲学、政治、文学、历史等学科，这些学科一直都是牛津的强势学科。二是它面对大学之外的普罗大众也不吝担起广开民智的义务，种种抽象的阐释都能辅以有效的传播手段，向社会做出生动的呈现。

哲学系每年招收 500 多名本科生来牛津学习，另外还有 100 多名研究生，其中包含硕士和博士研究生。哲学系的每一个学生也同他们的教授们一样，虽然注册在自己的学院，但是同时在哲学系享受课程和图书馆资源。我跟哲学系的博士生聊天时，多次谈到课程讲授是否令人满意的问题，他们的回答有些让人羡慕。他们觉得，讲座和课堂就像是甜点一样让人热身或者放松，而地道的正餐则是跟导师在一起的辅导课，这才是他们压力最大但却最受益的时刻。作为访问学者的我们只能一瞥讲座和课堂上的浮光掠影，而量身定制的教导则只能是研究生们的福利。导师辅导课是以完全个别化的形式进行的，当学生进入教授的个人空间，不时地留意到他会客厅的书架、墙上的装饰、桌案上的摆设，这种以社会交往的方式展开的辅导必定充满了各种生动且深刻的体验，我想是任何课堂和讲座无法提供的。

我在上个月认识了研究艺术哲学史的 Jason Gaigir 教授，他盛情邀请我在他所在的 SCR 会员中心共进午餐，在这里我算是看到一次导师辅导的情形，也领略了哲学系教授们一些闲暇的日常。大学在圣埃德蒙大楼（St. Edmund Hall）有一个常设高级会员交流室（The Senior Common Room，简称 SCR），有一些哲学系的教授是这个 SCR 的会员。爱德蒙大楼是坐落在曼斯菲尔德学院里的一栋古堡，沿着环形石梯拾级而上，台阶上厚重的地毯几乎把脚步声都嵌在了楼梯黑色的铸铁扶手之间。二楼顶端沿楼梯垂下的吊灯带着简·奥斯丁时代的特质，瞬间让人生出一种穿越时空的愉悦感。

二楼上来是一间放置着自助咖啡机和各种软饮的会客厅，这间会客厅通常是会员们在等待开餐的时间里用来闲聊的。时逢一位教授和她的两个学生端着咖啡坐在沙发上讨论，尽管形式轻松，可是教授依然给她的学生安排了发言顺序。在这顺序下，学生开始略有拘谨，甚至稍作思考后才敢发言，但是轮番讨论下来，我很快听到他们快速且有些激动的语调。Jason 告诉我说，教授们有时候会邀请自己的学生在这里做课程辅导，顺便一起共进午餐，这似乎看起来也和谐自然。

SCR 的会员主要来自曼斯菲尔德学院，但同时也以专业和学术贡献而论，它容纳了精研语言学、历史、古典形而上学的教授以及优秀的讲师和研究生们，还有少量作为临时会员的访问学者。在这里，会员的午餐是免费的，会员可以邀请好友，但是每次邀请友人不超过两位。教授为我在网上约好了午餐，并将我的姓名和对我的称呼全部告诉 SCR 中心。高级会员可以在这间古老的建筑里享受很多免费服务，但他们被要求穿正装用餐，不允许抽烟，不建议在用餐时间看手机。

午餐时餐厅主要放置着两个长条宴会桌，餐盘和三款刀叉一应摆放整齐。座位并不固定，但进来的人会习惯性地依次坐下，而非径直找个左右无人的空位，孤身而坐怎么说也有点无礼或尴尬。他们似乎都把谈话的艺术看作是一种聪慧的技能，很难说仅仅是纯粹的闲聊，因为每一组对话都像是充满了学术气氛的快速思考和回应。除了 Jason 教授，我的左侧和对面都坐着陌生人，当我和教授讨论中国山水画的观看方式怎样具有独特的人文表达时，对面的一位哲学教授则饶有兴味地加入进来，他觉得西方人更看中视觉原理，而东方人对意境的要求甚至改变了绘画和观看的方法。这情景突然让我想起了牛津的著名校友莫里斯曾在他的《牛津》一书中所描述的，"牛津是一座学术之城，学术渗透到了其大部分活动中，有时候，非正式的学术闲谈和师生间的私密交谈倒更像是催生思想和论辩的地方。"牛津主要是一个思维场所，而不是参观景点，它是最有名的智慧和学识的源泉，这种闲散精英式的优越感，无论你喜欢与否，它都已经成为这所大学性格中的一个面向。

当然除此以外，哲学系频繁的学术活动有时候让它更像一个活跃的信息发布平台，而这一身份使它更具时代气息。这种活动并非指学术报告和会议，而是更为广泛的社会讨论。前面曾提到哲学系乌西罗实践伦理学中心，中心的杰出研究员和顾问研究员大卫·埃德蒙兹(David Edmonds)博士,同时也是著名的网络播客和主持人。大卫·埃德蒙兹是 BBC 的电台主持人和获奖纪录片制作人。他最受欢迎的节目是"上帝能不能做出一份他自己吃不下的早餐"。他的畅销书《维特根斯坦的扑克》《你会杀了那个胖子吗?》已被翻译成 25 种语言而被大众熟知。尤其是后一本书,还在《纽约时报》上有三个版面的书评,并被作为编辑首选得到报刊的隆重推荐,美国前总统比尔·克林顿都曾担任过它的义务推广者。大卫在实践伦理学中心的研究主要围绕当代国际热门问题,比如克隆、干细胞再造以及基因技术的伦理问题。在他的节目中,医学伦理学、神经学伦理学、正义战争理论以及恐怖主义、商业伦理学和国际正义理论都会讨论涉及到。

2017 年 10 月 4 号牛津哲学节开幕之际,大卫特别邀请了哲学系的怀特教授麦克马汉(Jeff McMahan),他们在哲学节的论坛上回顾了刚刚去世的著名道德哲学家帕菲特教授(Derek Parfit,1942—2017)的一生成就。可以说,近年来最具影响力的两部哲学著作都是牛津大学的学者贡献的。一部是安东尼·戈特利布的哲学史著作《理性之梦》,另一部就是德里克·帕菲特的《理与人》。

大卫一方面把这个时代最著名的思想家推向公众,一方面把哲学系和乌西罗研究中心正在进行的讨论介绍给大众和网络媒体。在当前流行的网络音频播客上,有一个热播的节目叫做"实践伦理学片段",这是一系列针对学生在英国大学里学习哲学、宗教和实践道德的音频播客。这个节目就是由埃德蒙兹和沃伯顿(Nigel Warburton)的背后团队制作的。这个节目的下载量超过 2100 万次。在埃德蒙兹的主持下,所有被采访者都是来自实践伦理学研究中心的学者。每次访谈大约 20 分钟,其中的讨论都作为哲学系的系列课程,成为教师和学生的教育资源。

BBC 广播第 4 频道的"在我们的时代"可以算是人文类节目中学术含量较高、很受英国当地知识分子欢迎的节目。这个栏目经常同牛津大学和布莱克威尔书店合作进行,主持人布拉戈(Melvyn Bragg)博士在最近一期节目中邀请了牛津大学圣约翰学院的哲学教授艾莉森·希尔斯(Alison Hills)教授。他和嘉宾们讨论了在启蒙运动中伊曼努尔·康德试图通过运用理性来区分正确与错误的意义,他所着眼的是行为背后的意图而不是后果。这类纯思想性、并无现实功利目的的谈话节目并不是冷门,在大学里和社会上都有着广泛的关注度。

在很多牛津毕业生的印象中,古典学、神学和哲学无论如何都已经深深植根于牛津的性格,牛津哲学系仍然以它对传统和古典形而上学的固守而自豪。但我心中也曾略有疑惑,那些在牛津哲学系显赫一时的大家,如今要么已经仙逝,要么即将退休,大凡享誉世界的学者往往最终落户于美国名校,如哈佛、普林斯顿、罗格斯大学或芝加哥大学。相比于观点层出不穷、理论犀利创新的美国学界,牛津哲学泰然自处的底气何在? 我很难在短暂的停留中找到一个确切的答案。但仍然让人侧目的是,它对全球学者的吸引力始终并未减弱。这一切并非靠那些成绩斐然的教授们所打造出的声名延续到今天,而是牛津勃发出的旺盛的生命力,凡是在牛津逗留过的学生和学者们都能持续地感到这种新鲜和活跃。那些不断滋生出来的困惑、持续阅读和思考的欲望,甚至是百思不解之后突然的顿悟,都一遍遍重复着这种强烈而又富有教益的体验。今日出入雷德克里夫人文中心的哲学系学生,谁又敢说不会成为未来的伯纳德·威廉斯或者努斯鲍姆?

作者简介:刘科,上海理工大学马克思主义学院副教授,复旦大学哲学学院博士后,牛津大学访问学者。

留学侧记：法兰克福大学哲学系

李昕桐

哲学系

法兰克福大学哲学系历史悠久,在这里不仅培养了19世纪著名哲学家叔本华,还有在上世纪20年代成长起来的"法兰克福学派"成员马克斯·霍克海默、弗里德里希·波洛克、莱奥·勒文索尔和西奥多·W·阿多诺。

法兰克福大学哲学系在德国的大学中算是比较有规模的哲学研究机构,共有40位教师,研究涉及美学、认识论、伦理学、哲学史、逻辑学、形而上学、精神哲学、政治哲学、宗教哲学、社会哲学和语言哲学。教授有 Wolfgang Barz(理论哲学)、Friedemann Buddensiek(古典哲学)、André Fuhrmann(逻辑学)、Axel Honneth(社会哲学)、Matthias Lutz-Bachmann(中世纪哲学和实践哲学)、Christoph Menke(实践哲学)、Barbara Merker(语言哲学和伦理学)、Martin Seel(理论哲学)、Marcus Willaschek(现代哲学)。

德国的大学教授席位是有严格限制的,实行教授讲座制,通常一个讲座只有一名教授,而且教授聘任制度非常严格,只有当教授因故空出席位时,才需要招聘。申请教授的职位要通过竞争,并且有十分严格的聘任程序。之前那些德国著名的哲学家,诸如海德格尔等人,也都曾为了在大学中获得教授席位而四处奔波。

　　法兰克福大学哲学系的教授中比较熟知的是 Axel Honneth(霍耐特)，他是法兰克福学派第三代的代表人物，还有就是我的合作导师 Christoph Menke(门克)。当然他们每个人都非常优秀，虽各自有其所专注的研究领域，但也非常注重交叉研究，譬如我的合作导师 Menke 就跨美学、伦理学、历史哲学、政治哲学、社会哲学等诸多学科。我上学期上过 Seel 的一门本科课程"哲学导论"，从古希腊哲学到德国古典哲学，从欧陆哲学到英美分析哲学，每节课都有满满的知识量。而且每学期除了基础课程以外，还设有大量的讲座和专题讨论。有趣的是，无论是基础课程还是讲座和研讨会，都不仅有年轻的学生，还有很多中老年哲学爱好者参加，看到那些白发苍苍、孜孜不倦的老者，很令人钦佩和感动。

哲学咖啡屋

　　在法兰克福大学哲学系那一个楼层有一个咖啡屋，狭小却藏书丰富，有很浓重的文化气息。经常有女权主义者在那里聚集，发表激进言论。我对女权主义不感兴趣。虽然我知道现在的世界仍然是男权统治的世界，也

知道女人几乎是被拦在背景后面。只是这样的社会文化要得到根本性的转变，犹如……没有什么语言能够形容。

Normative Ordnung(规范秩序)

Normative Ordnung(规范秩序)是除了法兰克福大学哲学系以外的研究机构，也在 Westend 校区。这是一个跨学科的研究机构，涉及哲学、历史学、政治学、法学、人类学、经济学、神学和社会学等科学。这个研究机构试图通过多角度的融合，形成人们生活的更好的"规范秩序"。

Normative Ordnung 可以说是作为一个问题放在这里。其实它是一个社会学的基本问题，当然实践哲学也以此为基本问题。譬如我的导师门克教授在去年就欧洲难民问题撰写了《回到阿伦特——难民和人权危机》的文章。

Normative Ordnung 作为"*Recht fertigung*"一个可以解释的秩序理解。这是历史的原因，它表示一个确定的合法性，在其中有各种各样的规范和价值(譬如道德、法律、宗教等等)，交织在一起产生某种张力。这些秩序从确定的规范中获得合法性，并产生自己的标准，即自己的规范，而且始终处于一种动态当中。

我们生活在一个巨大而又迅速的社会变革时期。在全球化和新技术可能性时期是否有合法的社会规范，在资源不断稀缺、气候变化、军事冲突的情况下是否有新的世界秩序，对于我们是新的挑战。传统的秩序已经不能回答这样的问题了。当今世界不同的文化和传统要求而且必须产生一个超越国界的、有效的规范和制度。在这里，这些精神科学和社会科学家们的任务就是分析这些过程，即在规范秩序下，他们不是将这样的过程和冲突看作事实或者实证的描述现象，而是更多地提出规范性的观点，即在相互对峙和争辩中重新集合成新的观点。在他们眼中只有在规范的层面上才能揭示当前的动态性，才能解释动荡和冲突的影响。

知识的身体

越夜越孤独。这是法兰克福大学的一个标志，叫做"the body of knowledge"（知识的身体）。由各种语言符号组成，象征着多元文化。这种文化是精神与身体的结合，让文化有了实体的支撑，使一切获得都不虚妄。只是他伫立在夜里，夺目却也格外地孤独。此时我想到了海德格尔的那句话："孤独只存在于唯一的一个地方，在这里思想者和诗人用人类的财富来支撑存在。"

作者简介：李昕桐，哲学博士，黑龙江大学哲学学院副教授，复旦大学哲学博士后，德国法兰克福大学访问学者，研究方向为马克思主义哲学和现象学。

图书在版编目(CIP)数据

现代外国哲学(2018年春季号·总第14辑)
张庆熊,孙向晨主编.
("现代外国哲学"集刊)
—上海:上海三联书店,2018.12
ISBN 978-7-5426-6477-8

Ⅰ.①现⋯　Ⅱ.①张⋯②孙⋯　Ⅲ.现代哲学-国外-丛刊
Ⅳ.①B15-55

中国版本图书馆 CIP 数据核字(2018)第 206480 号

现代外国哲学(2018 年春季号·总第 14 辑)

主　　编 / 张庆熊　孙向晨

特约编辑 / 张康诞
责任编辑 / 邱　红
装帧设计 / 徐　徐
监　　制 / 姚　军
责任校对 / 张大伟

出版发行 / 上海三联书店
　　　　　(200030)中国上海市漕溪北路 331 号 A 座 6 楼
邮购电话 / 021-22895540
印　　刷 / 上海肖华印务有限公司

版　　次 / 2018 年 12 月第 1 版
印　　次 / 2018 年 12 月第 1 次印刷
开　　本 / 710×1000　1/16
字　　数 / 350 千字
印　　张 / 19.25
书　　号 / ISBN 978-7-5426-6477-8/B·606
定　　价 / 68.00 元

敬启读者,如发现本书有印装质量问题,请与印刷厂联系 021-66012351